... DES GELDES

Illustration: Nantamada Faber

Marc Faber
Zukunftsmarkt Asien

Marc Faber

Zukunftsmarkt Asien

FinanzBuch Verlag

Bibliografische Information der Deutschen Bibliothek:
Die Deutsche Bibliothek verzeichnet diese Publikation in der
Deutschen Nationalbibliografie; detaillierte bibliografische Daten
sind im Internet über **http://dnb.ddb.de** abrufbar.

Gesamtbearbeitung: Stephanie Villiger
Übersetzung: Tobias Kunkel
Lektorat: Dr. Renate Oettinger
Druck: Druckerei Joh. Walch, Augsburg

1. Auflage 2004
© 2004 FinanzBuch Verlag GmbH
Landshuter Allee 61
80637 München
Tel. 089 651285-0
Fax 089 652096

Alle Rechte, einschließlich derjenigen des auszugsweisen Abdrucks
sowie der photomechanischen und elektronischen Wiedergabe, vorbehalten.
Dieses Buch will keine spezifischen Anlage-Empfehlungen
geben und enthält lediglich allgemeine Hinweise.
Autor, Herausgeber und die zitierten Quellen haften nicht für etwaige Verluste,
die aufgrund der Umsetzung ihrer Gedanken und Ideen entstehen.

Für Fragen und Anregungen:
faber@finanzbuchverlag.de

ISBN 3-89879-046-0

Weitere Infos zum Thema

www.finanzbuchverlag.de

Man kann die Zeit, in der man lebt, nicht verstehen, wenn man die Zeit vorher nicht verstanden hat. Denn das Lied der Geschichte kann nur als Ganzes gesungen werden.

Jose Ortega Y Gasset

Diejenigen, die sich nicht mit der Vergangenheit beschäftigen, werden ihre Fehler wiederholen; diejenigen, die sich mit ihr befassen, werden andere Wege finden, Fehler zu machen.

Charles Wolf JR

Plus ça change, plus c'est la meme chose.

Alphonse Karr

Inhaltsverzeichnis

Danksagung	9
Vorwort	11
Einleitung zur deutschen Fassung von „Tomorrow's Gold"	15
1 Eine Welt der Veränderung	25
2 Bedeutende Investmentthemen der Zukunft	31
3 Hüten Sie sich vor hohen Erwartungen	59
4 Eine weitere Warnung an Emerging-Markets-Investoren	69
5 Der Lebenszyklus der Emerging Markets	93
6 Wirtschaftszyklen – die Natur der Weltwirtschaft	115
7 Langfristige Wirtschaftszyklen	133
8 Neue Äras, Manien und Bubbles	169
9 Investments in Asien	207
10 Die Lehre von der Inflation	237
11 Aufstieg und Fall der Wohlstandszentren	253
12 Führungsmacht USA?	291
13 Asien im Übergang	333
Epilog: Wohlstandsungleichgewicht – der große Schatten	351
Index	369
Register	377

Danksagung

Als ich an der Universität Zürich Wirtschaftswissenschaften studierte, verbrachte ich als Mitglied des Schweizer Universitäts-Skiteams mehr Zeit auf der Piste als über meinen Büchern. Als ich dann aber ins Berufsleben eintrat, begann ich, mich mit den großen Wirtschaftswissenschaftlern eingehender zu beschäftigen – mit Adam Smith, David Ricardo, John Stuart Mill, Clement Juglar, Arthur Pigou, Joseph Schumpeter, Nikolai Kondratieff, Friedrich Hayek, Gottfried Haberler, Irving Fisher, Alfred Marshall, John Maynard Keynes und Ludwig von Mises. Ebenso befasste ich mich mit Wirtschafts- und Finanzhistorikern wie Fernand Braudel, Will Durant, Robert Sobel und William McNeill, um nur einige zu nennen.

Alles, was ich heute weiß, basiert auf dem gründlichen Studium der Werke dieser großen Vordenker. Ich selbst habe nur sehr wenig Wissen mitgebracht, aber in meinem Berufsleben war es mir vergönnt, einige herausragende zeitgenössische Wirtschaftswissenschaftler, Strategen und Historiker persönlich zu treffen und von ihnen zu lernen. Zu ihnen gehören Sidney Homer, Henry Kaufmann, Charles Kindleberger, Kurt Richebächer, Chuck Clough, Douglas Noland, Stan Salvigsen, Stephen Roach, Barton Biggs, Byron Wien, Ed Yardeni, Gary Shilling, Fred Sheehan, Ray Dalio von Bridgewater Associates, Tony Boekh, Warren Smith, Martin Barnes, Francis Scotland und Chen Zhoa von Bank Credit Analyst, Paul Schulte, Jim Walker, Christopher Wood, Peter Bernstein, David Shairp, David Scott, Charles

Allmon, James Grant, Frank Shostak, Andrew Smithers sowie Charles und Louis Gave. Aus den Gesprächen und Diskussionen mit diesen erfahrenen Experten gewann ich Wissen, und ich profitierte von ihren Erfahrungen. Dafür möchte ich ihnen herzlich danken.

Über die Zusammenhänge an den Finanzmärkten habe ich einen Großteil durch den persönlichen Kontakt zu Markttechnikern wie Robert Prechter, Ralph Acampora, Robert Farrell, Richard Russell, Vince Boening und Michael Belkin gelernt. Im Bereich der Wertpapieranalyse eignete ich mir mein „Handwerkszeug" von Jim Chanos, David Tice und Fred Hickey an. Darüber hinaus habe ich über die Betreuung meiner Klienten viel Erfahrung gesammelt – die meisten von ihnen sind sehr erfolgreiche Geschäftsleute, Value-Investoren und Hegde-Fund-Manager. Ihnen allen bin ich zu Dank verpflichtet. Dank aussprechen möchte ich auch folgenden Personen, die zum Entstehen dieses Buchs beigetragen haben: Gary Coull von CLSA, dass er es mir ermöglichte, diese Ausgabe zu schreiben; Angelique Marcil für die Begleitung des gesamten Projekts; Simon Harris, Aligo Mok und ihrem Produktionsteam dafür, dass sie meinen Entwurf in einen lesbaren Text übersetzt und ein attraktives Buch geschaffen haben; Jeffrey Marcil für seine Hilfe bei der Indexierung; schließlich meiner Tochter Nantamada, dass sie die Textpassagen mit farbigen Illustrationen so lebendig gestaltet hat.

Marc Faber
November 2002

Vorwort

In den späten 90ern verkündeten Journalisten, Politiker und auch einige – unkluge – Zentralbanker wieder einmal, dass der US-Wirtschaftszyklus tot sei. Die Begründung dieser Behauptung war, dass die technische Revolution im Bereich der Mikroprozessoren die Wirtschaft in eine reibungslos laufende Realtime-Informationsmaschine transformiert hat. Zyklen waren Überreste der Old Economy, in der die Informationflüsse langsam und alles andere als perfekt waren.

Heute wissen sie es besser. Die Probleme, mit denen das weltweite Finanzsystem zu kämpfen hat, sind das direkte Ergebnis jener Euphorie, die das Ende des Wirtschaftszyklus begleitet hatte. Zu viel Kredit treibt zu viel Spekulation an, das sind die Hauptmerkmale des Endes eines Booms. Das gilt immer und überall. Die Geschichte ist voll von geplatzen Blasen.

Marc Faber zeigt diesen Effekt anhand vieler Beispiele auf. Im Mittelpunkt seiner Überlegungen stehen die Wirtschaftszyklen – in der Wirtschaft, im Kreditwesen, beim Investieren und in der Psychologie. Das Buch beschäftigt sich mit größeren Trends – sie sind sozusagen die Natur der Weltwirtschaft. Aber auch die kurzen Zyklen, die quasi auf dem Rücken langer Zyklen stattfinden, werden untersucht. Das können Verwerfungen sein, die durch industrielle Revolutionen, politische Unruhen oder einfach nur durch eine Veränderung in der Lebensweise der Menschen ausgelöst werden. Manchmal laufen die Zyklen und Wellen in die gleiche Richtung und verstärken sich gegenseitig, manchmal bewegen sie sich entgegengesetzt und senden unterschiedliche Signale an die Investoren und Marktteilnehmer.

Japan ist hierfür das beste Beispiel. Obwohl die zurückliegenden zwölf Jahre weitläufig als eine Periode des ständigen Abstiegs betrachtet werden, gab es zwei zyklische Aufschwünge in den Jahren 1995/96 und 1999/2000. Das Wachstum verebbte schnell wieder, als das Bankensystem den Aufschwung nicht unterstützen konnte, aber in beiden Fällen stieg der Aktienmarkt um 30 bis 40 Prozent. Die Investoren merkten nicht, dass der Jahrhunderttrend noch nicht gedreht hatte, und konzentrierten sich stattdessen auf den kurzfristigen Zyklus. Einige schlaue Trader machten zweifellos ein gutes Geschäft, aber die meisten Investoren verloren Geld, weil sie die zyklischen Aufschwünge als Trendwechsel interpretierten und damit falsch lagen. Das ist eine Lehrstunde für uns alle: Der Trend ist letztlich stärker als der Zyklus, aber Letzterer bietet mehr Möglichkeiten, Geld zu verdienen. Unglücklicherweise lernen die Investoren kaum aus der Geschichte, trotz der vielen Investment-Modeerscheinungen und Manien der Vergangenheit, und sie tendieren dazu, immer wieder die gleichen Fehler zu machen.

Dieses Buch soll dem Leser helfen, die Signale von Investment-Bubbles zu erkennen. Zudem soll es ihm Hilfestellung geben, wenn es darum geht, unterbewertete Vermögensklassen zu entdecken, deren Potenzial wachsen wird. Es geht um das Identifizieren von Trends und Zyklen. Marc Faber hält derzeit zwei Vermögensklassen für besonders attraktiv: Asien (vor allem China) und Rohstoffe. Damit findet er seitens CLSA unsere volle Unterstützung.

Dr. Faber kommt unabhängig von Chris Wood, unserem globalen Strategen, und auch unabhängig von meiner Person zu den gleichen Schlussfolgerungen. Woran liegt das? Ich vermute, es liegt daran, dass wir alle drei das Regelwerk der österreichischen Wirtschaftslehre als Fundament gewählt haben, um darauf unsere Beobachtungen zu formulieren. Dieses Regelwerk meidet formalisierte, mathematische Modelle und verlässt sich stattdessen auf die deduktive Logik und das Verstehen der menschlichen Natur. Zwingenderweise ist diese Methode subjektiv, aber sie zeigt die Realität – ob das die Quasi-Wissenschaftler des wirtschaftswissenschaftlichen Mainstreams hören wollen oder nicht. Denn nicht zuletzt sind Gier und Furcht die treibenden Kräfte bei den meisten, wenn nicht sogar bei allen Investmententscheidungen.

Bei unserer Arbeit sind wir, das Volkswirtschafts- und Strategen-Team von CLSA, im vergangenen Jahr (2001) zu der Schlussfolgerung gekommen, dass Asien sich am Scheitelpunkt eines starken, zyklischen Aufschwungs befindet, der durch eine steigende Inlandsnachfrage angetrieben wird. Das alleine ist schon ein Grund, die asiatischen Aktienmärkte in einem positiven Licht zu sehen. Dieser Zyklus wird durch einen starken Jahrhunderttrend unterstützt. Der „Drache China" ist entfesselt worden. Das Wachstum in diesem Land hebt auf dem Fundament eines gestärkten Privatsektors ab. Wie Marc Faber zeigt und mit Argumenten untermauert, wird China schon bald der wichtigste Konsument von natürlichen Ressourcen, der größte Anbieter von Leistungen für Touristen und der dominierende Partner bei Joint Ventures und Übernahmen sein. Der Rest Asiens wird – bildlich gesehen auf dem Rücken dieses Drachens reitend – enorme Vorteile daraus ziehen.

Wir haben diesen Jahrhunderttrend „Die Milliarden-Boomers von Asien" genannt. Auch wenn sich ein Großteil dieser Argumentation aus der günstigen Demographie Asiens ergibt, ist es nicht nur ein „Babyboom"-Phänomen. Vielmehr geht es auch um die Erholung aus einer Finanzkrise und um die Erkenntnis, dass die Lage morgen besser sein wird als heute. Das Vertrauen in Asien steigt wieder, Konsum und Investitionen werden bald folgen.

Dieses Buch gibt der Geschichte eine neue Dimension. Es bringt die Emerging Markets im Allgemeinen und Asien im Besonderen in einen historischen Zusammenhang. Es zeigt, dass unterbewertete Vermögensklassen entstehen, wenn die Anleger keine bedeutenden Investmentthemen finden können. Wie Marc Faber argumentiert: „Das ist der Zeitpunkt, zu dem diese Themen am interessantesten sind." Und wenn die asiatische Region nun wieder stärker wächst, wird das die Rohstoffe ebenfalls aus ihrem langfristigen Abwärtstrend lösen. Die Asiaten besitzen noch relativ wenig Waren. Deshalb wird die dortige Bevölkerung mit jedem neuen Anstieg beim Einkommen mehr Güter nachfragen als Dienstleistungen – und Güter bestehen aus Rohstoffen. Der kommende Aufschwung in Asien – und es wird ein langer sein – ist eine gute Nachricht für die Rohstoffpreise und Rohstoffproduzenten.

Fabers Schlussfolgerungen in Bezug auf Asien sind optimistisch und schlüssig. In diesem Buch geht es um das Investieren – und wie man es noch besser machen kann. Das „Gold von Morgen" wird, wenn sich die Geschichte weiterhin wiederholt, für die meisten von uns eine Überraschung sein. Das Buch **„Zukunftsmarkt Asien"** wird uns helfen herauszufinden, was diese Überraschung sein könnte.

Dr. Jim Walker
CLSA Chief Economist
Hong Kong, November 2002

Einleitung zur deutschen Fassung von „Tomorrow's Gold"
Marc Faber, 7. September 2003

Es ist nun fast ein Jahr vergangen, seitdem ich dieses Buch geschrieben habe. Meine Ansichten zum Zustand der Weltwirtschaft und der Finanzmärkte haben sich seit damals in keiner Weise geändert. Einige Ereignisse haben mich sogar dazu veranlasst, im Jahr 2003 meine Erwartungen für die künftigen Erträge aus US-Finanztiteln weiter zu reduzieren. Sowohl der Irak-Krieg als auch die SARS-Seuche können langfristige, negative geopolitische und wirtschaftliche Auswirkungen haben. Auch sind Aktien in den USA nach ihrer starken Performance zwischen Oktober 2002 und heute teuer – vor allem wenn man bedenkt, dass seit Juni dieses Jahres die Anleihen kollabiert sind. Wenn ich auf das Umfeld niedrigen Wachstums bzw. auf die Rezession zurückblicke, die wir durchleben, seit der High-Tech- und Telekommunikations-Investitions-Boom in den USA beendet ist, dann muss ich Folgendes feststellen: Die Ungleichgewichte, die während des Booms entstanden sind und die die Rezession eigentlich ausgleichen sollten, sind im Gegenteil nur noch schlimmer geworden und haben ein wirtschaftliches Umfeld geschaffen, das höchst instabil und langfristig nicht aufrechtzuerhalten sein wird. Vor dem Krieg der USA gegen Saddam Hussein habe ich damit gerechnet, dass sich die irakische Bevölkerung gegen die USA auflehnen wird – so wie sich die Libanesen gegen die Israelis aufgelehnt haben, indem man sie als Besetzer und nicht als Befreier betrachtet – und dass dieser Aufstand gegen die USA für die Iraker ein guter Weg sein wird, um ihre nationale Identität und einen vereinigten Irak zu schaffen. Dieser Aufstand findet bereits statt. Doch der gefährlichste Teil dieser Aktion ist nicht in Baghdad, sondern in Washington zu suchen. Die Bush-Administration scheint sich in einem Stadium der Ablehnung gegenüber der Ernsthaftigkeit der US-Position im Irak zu befinden. Es ist offensichtlich, dass die toten US-Soldaten und die Plünderungen in Baghdad und Basra das Produkt einer organisierten Opposition gegen die US-Besatzung sind. Die USA befinden sich nun in einem Guerilla-Krieg im Irak – ein Konflikt mit niedriger Intensität. Die Toten unter den Amerikanern sind nicht das Produkt wütender Einzelgänger unter den Hussein-Loyalisten. Sie sind das Produkt einer zielgerichteten Opposition gegen die USA. Dass sich die USA in einem klassischen Guerilla-Krieg befinden, ist übrigens auch die Meinung des neuen Kommandeurs des US-Militärs im Irak, General John P. Abizaid. Damit steht er im krassen Gegensatz zu Verteidigungsminister Donald Rumsfeld.

In einem Guerilla-Krieg ist der Sieg kein leichtes Unterfangen. Ich erinnere mich an ein Treffen mit einem Mitglied der französischen Fremdenlegion auf der Insel Korsika in den 60ern. Er kämpfte 1954 in Dien Bien Phu in Vietnam und war beim Aufstand der Algerier für die Unabhängigkeit Algeriens 1962 dabei. Sein Regiment, so erzählt er, war erleichtert, als es Vietnam verließ. Jeder Legionär freute sich darauf, in Algerien stationiert zu werden, weil alle annahmen, in ein wahres Paradies zu kommen, verglichen mit den harten Kämpfen und der schrecklichen Niederlage, die sie in Vietnam erlebt hatten. Aber das erwies sich als Illusion: Der algerische Krieg war wesentlich schlimmer als der Vietnam-Krieg, weil die französischen Truppen niemals wussten, wer Freund und wer Feind war. Deshalb erlitten sie riesige Verluste durch Hinterhalte, Sabotageakte und Lagerüberfälle. Das große Problem bei einem Guerilla-Krieg ist, dass der Feind nicht sichtbar ist und die Kämpfer in der einheimischen Bevölkerung Unterschlupf und Unterstützung finden, solange diese nicht bedingungslos die Besatzungstruppen unterstützt. Karl von Clausewitz beschreibt in seinem klassischen Werk „On War" (erstmalig veröffentlicht 1832), dass jeder „Angriff, der nicht zum Frieden führt, sich zwingenderweise in Verteidigung verwandelt. Somit schwächt die Verteidigung selbst den Angriff. Ohne sophistisch zu sein, halten wir es für den größten Nachteil eines Angriffs, dass man sich letztlich in einer sehr ungeschickten Verteidigungsposition wiederfindet."

Das ist genau der Punkt, an dem sich die Koalitionstruppen im Irak nun wiederfinden: in einer sehr unglücklichen Position. Nicht nur, dass sich die Minderheit der Sunniten den Besatzungstruppen entgegenstellt, weil sie in einer neu zusammengestellten irakischen Regierung von den Schiiten zahlenmäßig übertroffen würden, sondern auch, weil es wahrscheinlich ist, dass radikale Schiiten mit Unterstützung des Iran die Besatzer bekämpfen. Nach gut informierten Kreisen wird es irgendwann im nächsten Frühjahr zu einem amerikanischen Angriff gegen den Iran kommen. In jedem Fall ist es mehr als fraglich, dass die Besetzung schnell vorbei sein wird. Es ist zwar sehr unwahrscheinlich, dass die von den Irakis angewandten Taktiken zu einer „Teutoburger Niederlage" führen werden (im Jahre 9 n. Chr. hatte der germanische Anführer Arminius die römischen Legionen in einen Wald gelockt und so drei römische Legionen unter dem Kommando von Publius Quintillius Varus vernichtet; Kaiser Augustus soll ausgerufen haben: „Varus, Varus, gib mir meine Legionen zurück!"). Doch ein teurer, lang andauernder Krieg mit hohen Verlusten, genauso wie der Algerien-Krieg, ist wohl nicht auszuschließen.

Arminius wurde in Deutschland weithin als Held gefeiert wurde, als – so der römische Historiker Tacitus – „Befreier Deutschlands", da die Römer immer wieder gezwungen waren, sich südlich des Rheins und hinter die Flüsse des Limes und die Donau zurückzuziehen. Das ist der Grund, warum Deutschland im Gegensatz zu Gallien, dem heutigen Frankreich, niemals romanisiert wurde. Auch wird deutlich, dass die so genannte „Pax Romana", der Friede, der unter Augustus seinen Zenith erreichte, mehr ein Mythos denn Realität ist, da die Römer fortwährend teure Kriege in den Provinzen des Reiches führten. Ich führe dieses Beispiel aus der Römerzeit deshalb an, weil so viele amerikanische Kommentatoren und Politiker versuchen, die militärische Verwicklung der USA nicht nur im Mittleren Osten, sondern auch in anderen Regionen der Welt als notwendig zu rechtfertigen, um eine „Pax Americana" zu erreichen. In meinen Augen ist die Lage, in die sich die Koalitionstruppen im Irak selbst gebracht haben, wesentlich ernster, als die Finanzmärkte dies sehen und auch sehen können. Wenn sich die Lage verschlechtert, hat dies nicht nur Auswirkungen auf das Haushaltsdefizit und die Chancen von Präsident Bush, wiedergewählt zu werden, sondern auch auf die Weltpolitik. Denn man kann davon ausgehen, dass weder die Russen noch die Chinesen (die zunehmend vom Öl des Mittleren Ostens abhängig werden) Interesse daran haben, dass die Amerikaner diese Politik fortsetzen.

Was SARS angeht, so ist es wichtig, die wirtschaftlichen und sozialen Konsequenzen einer infektiösen Seuche zu verstehen. Während der gesamten Wirtschaftsgeschichte wurden Städte nicht nur aufgrund ihrer für den Handel günstigen Lage, der Nähe zu ausgebildeten Arbeitern und dem Vorhandensein ausreichender Ressourcen als Grundbedingung für die Industrialisierung, wohlhabend und – wie Rom zur Zeit Jesu Christi mittels reiner militärischer Macht – bedeutend. Was sie zusätzlich benötigten, waren eine funktionierende Administration, eine gut entwickelte Rechts- und Handelsinfrastruktur, niedrige Steuern und vor allem religiöse Toleranz und Freiheit, die Wissenschaftler, Künstler, Lehrer, Philosophen und Erfinder anzog.

Auf der anderen Seite verfielen Städte aus ganz unterschiedlichen Gründen: innerer sozialer Unfriede, teure Militäraktionen zu dem Zweck, ihre Handelsreiche oder andere kommerzielle Interessen zu schützen, Protektionismus, die Unfähigkeit, sich an sich verändernde wirtschaftliche Bedingungen anzupassen, und Intoleranz gegenüber Minderheiten, was die Kaufmannsfamilien und religiösen Minderheiten dazu veranlasste, die Städte zu verlassen. Hinzu kamen der Wettbewerb durch die Öffnung neuer Territorien oder durch neue Industrien oder Städte sowie Seuchen. Zu ihnen zählt der „Schwarze Tod", der 1346 in der Hafenstadt Kaffa erstmalig in Europa auftrat, als sie vom mongolischen Anführer Kipchak Khan Janibeg belagert wurde (die Mongolen katapultierten Leichen über die Stadtmauern in die Wohngebiete hinein – der erste aufgezeichnete Fall von biologischer Kriegsführung). Die Pest breitete sich rasch in allen Hafenstädte des Mittelmeeres und in den europäischen Handelszentren aus und dezimierte in der zweiten Hälfte des 14. Jahrhunderts die europäische Bevölkerung um fast 40 Prozent. Die Todesrate war in den dicht besiedelten Gebieten der Handelshäfen naturgemäß wesentlich höher und beschleunigte deren wirtschaftlichen Abschwung. Erst 1550, mehr als 200 Jahre nach dem Ausbruch der Pest in Kaffa, erreichte die europäische Bevölkerung wieder ihre frühere Bevölkerungszahl. Ein weiteres Beispiel sind Pocken oder Influenza, die durch die Eroberer auf den amerikanischen Kontinent gebracht wurden: Vor der Anlandung Cortez' betrug die mexikanische Bevölkerung 20 Millionen Menschen. Weil die Azteken gegen die Krankheitserreger nicht immun waren, dezimierte sich ihre Einwohnerzahl innerhalb von 50 Jahren auf nur noch drei Millionen.

Einer ähnlichen Gefahr war Hong Kong im Frühjahr 2003 ausgesetzt: Es litt sowohl unter strukturellen Veränderungen in der Weltwirtschaftsgeografie (Wettbewerb durch die Öffnung Chinas und das Auftreten anderer, wichtiger Handelszentren in China) als auch unter SARS, einer Seuche, von deren Dauer, Schwere und Wirkungsweise man so gut wie nichts wusste.

Nach dem Zusammenbruch der sozialistischen und kommunistischen Ideologie in China wurde die Weltwirtschaftssphäre um mehr als das Zweifache ausgedehnt, weil nicht nur China, sondern auch Vietnam und Indien der weltweiten

Marktwirtschaft und dem kapitalistischen System beitraten. Das bedeutet, dass es neue Wettbewerber für die Wohlstandszentren gibt, wie Hong Kong, Taiwan, Südkorea und Japan, die so lange von der Situation profitieren konnten, wie China eine geschlossene Gesellschaft unter sozialistischer Politik war. Genauso wie sich durch den Bau von Kanälen und Eisenbahnen im 19. Jahrhundert die Produktion in den USA von der Ostküste zu den Großen Seen bewegte, wird die Öffnung Chinas zu einer massiven Re-Allokation der Produktion, des Handels und der Finanzmärkte auf das Festland führen, und Shanghai wird wahrscheinlich die zentrale Position wiedererlangen, die es vor der Übernahme durch die Kommunisten hatte. Ferner werden andere Provinzen mit ihren billigen Arbeitskräften die Volkswirtschaften von Taiwan, Südkorea, Japan und Hong Kong unterwandern. Hinzu kommt, dass Hong Kong heute sehr stark den Seuchen Südchinas ausgesetzt sind, einer Region, in der die Menschen eng mit Haus- und Wildtieren zusammenleben. Die Geflügelpest im Jahre 1997, die nicht zwischen Menschen übertragbar war, tötete eine Million Hühner, verschonte aber die Einwohner. Doch mit SARS sah sich Hong Kong mit der schwersten Krise seit den 67er-Unruhen konfrontiert. Wahrscheinlich sprang der Virus von Schweinen oder Vögeln auf den Menschen über, und er kann auch zwischen Menschen übertragen werden. Natürlich wird Hong Kong den Wettbewerb durch die vielen neuen Handelszentren in China und auch künftige Krankheitsepidemien überleben. Aber diese beiden Entwicklungen werden seine wirtschaftliche und finanzielle Kraft im Vergleich zu anderen Städten Asien, vor allem in China, schwächen.

Noch ein Wort zu SARS: Aufgrund des modernen Transportwesens, der engen Beziehungen zwischen den Volkswirtschaften und der schnellen Informationsübermittlung durch die neuen Medien können sich Seuchen heute wesentlich schneller verbreiten als früher. Sie können zu Panik und zum Zusammenbruch eines ganzen Wirtschaftssektors führen – beispielsweise kam in Hong Kong der Tourismus vollständig zum Erliegen, die Hotelbelegungsraten in Hong Kong fielen auf zehn Prozent, die Einzelhandelsumsätze und Restauranteinnahmen kollabierten, und das Geschäftsleben kam nahezu zum Stillstand. Ich bin mir sicher, dass das Chaos, das durch den SARS-Virus entstanden ist, von terroristischen und militärischen Strategen sehr wohl zur Kenntnis genommen wurde. Während also Amerika mit seiner haushohen Luftüberlegenheit jedes Land seiner Wahl bombardieren und dem Erdboden gleichmachen kann, könnten eines Tages feindliche Elemente mithilfe biologischer Kriegsführung die westliche Welt destabilisieren. Man stelle sich nur vor, was passieren würde, wenn eine Seuche wie SARS in New York City ausbräche!

Im Verlauf des Jahres 2003 wurde ein weiterer, oftmals übersehener, aber sehr wichtiger wirtschaftlicher Trend offensichtlich: das Aufsteigen Chinas zum wichtigen Konsumenten der Güter anderer asiatischer Exportnationen. Während China in den frühen 90ern ein bedeutender Wettbewerber für andere asiatische Länder auf den Güter-Exportmärkten wurde und somit auch zur Asien-Krise 1997 mit beitrug, wird dieses Land nun zunehmend ein wichtiger Abnehmer ressourcenreicher asiatischer Länder als Folge seines enormen Bedarfs an Rohstoffen. Wenn man bedenkt, dass seit 2001 einige Rohstoffpreise in einem schwachen weltwirtschaftlichen Umfeld sehr stark gestiegen sind, ist es offensichtlich, dass ein Teil dieses Preisanstiegs durch die steigende Nachfrage aus China verursacht wurde. Sein Importwachstum hat im Jahr 2003 das Exportwachstum übertroffen. In diesem Zusammenhang ist es wichtig zu wissen, dass die chinesische Wirtschaft viel größer ist, als die Statistiken behaupten. Offiziell beträgt die Größe der US-Wirtschaft elf Billionen US-Dollar, und das Bruttoinlandsprodukt Chinas beläuft sich auf nur 1,2 Billionen US-Dollar. Nach diesen nominalen BIP-Zahlen ist die US-Wirtschaft also zehnmal größer als die chinesische Wirtschaft. Aber bereits heute sind die Märkte in China wesentlich größer als in den USA. China produziert mehr Stahl als die USA und Japan zusammen und importiert zusätzlich noch Stahl, und es stellt jährlich mehr Kühlschränke, Motorräder, Fernsehgeräte, Videorecorder, Handys und Waschmaschinen her als die USA.

Vor diesem Hintergrund ist die chinesische Volkswirtschaft bereits heute die zweitgrößte Ökonomie hinter den USA mit einem BIP von rund 60 Prozent des BIP der USA, würde man die chinesische Wirtschaft nicht in Geld-, sondern in Produktionseinheiten ausdrücken oder nach der Kaufkraft berechnen. In den ersten sechs Monaten 2003 stiegen die Exporte Thailands um 13 Prozent, aufs Jahr hochgerechnet, aber die Exporte nach China – vor allem Nahrungsmittel – erhöhten sich um 82 Prozent! Deshalb wird es nur eine Frage der Zeit sein, bis China die USA als wichtigstes Exportziel ablösen wird mit weitreichenden wirtschaftlichen und geopolitischen Auswirkungen. Wenn China erst einmal Asiens wichtigstes Exportziel geworden ist, dann hängen die asiatischen Volkswirtschaften wesentlich stärker vom chinesischen Wirtschaftszyklus ab als vom amerikanischen. Die Volkswirte rund um den Globus werden nicht mehr länger die Industrieproduktion, Hausneubauten, Geldmenge, Arbeitslosenrate und Einzelhandelszahlen der USA beobachten, sondern diese Indikatoren für die chinesische Wirtschaft beobachten. Dann werden alle asiatischen Volkswirtschaften, vom armen Bangladesh bis zum reichen Japan, wirtschaftlich durch Handelsbeziehungen in Asien verbunden sein, die – inklusive Japan – bereits heute einen wesentlich größeren Wirtschaftsblock als Euroland oder die USA darstellen und das weltweite Zentrum der Produktion, des Handels und der Finanzen sein. „Unmöglich", werden nun einige Leser denken, „die USA werden die größte Volkswirtschaft der Welt und der Wachstumsmotor für die absehbare Zukunft sein!" Aber die Realität zeigt, dass Asien die dominierende wirtschaftliche Kraft werden wird. Allein die Industrieproduktion von Japan und China zusammen ist heute schon größer als die der USA oder Europas – ganz zu schweigen von der Industrieproduktion der gesamten Region mit ihren 3,6 Milliarden Bewohnern, die 56 Prozent der Weltbevölkerung ausmachen. Zusätzlich haben vor kurzem China und die ASEAN-Länder ein Handelsabkommen geschlossen, das Zölle und Tarife zwischen diesen Ländern innerhalb von fünf Jahren abbauen beziehungsweise vereinheitlichen wird. Sind erst alle Zölle abgebaut, wird es nicht mehr lange dauern, bis der Großteil der asiatischen Wirtschaftssphäre auch eine gemeinsame Währung einführen wird, und die wird gegenüber dem Dollar zulegen. Das allein wäre noch kein Problem: Die chinesische Währung könnte locker um 50 Prozent zulegen, und China hätte gegenüber den USA immer noch massive Handelsüberschüsse, weil es viel wettbewerbsfähiger ist als die USA. Aber wenn der chinesische Renminbi gegenüber dem Dollar zulegt und andere Länder in Asien ihre Währung gegenüber dem Dollar ebenfalls steigen ließen, dann würde China Exportmarktanteile gegenüber anderen Ländern verlieren. Deshalb kann es sich kein asiatisches Land leisten, seine Währung im Alleingang aufzuwerten. Alle asiatischen Währungen könnten aber gegenüber dem Dollar um 30 Prozent zulegen, und Asien wäre immer noch wettbewerbsfähiger als Europa und die USA, während die allgemeine Neuausrichtung der Währungen nach oben das wirtschaftliche Gleichgewicht in Asien nicht beeinflussen würde. Ich halte diesen Punkt für enorm wichtig, weil unsere heutige Weltwirtschaft von erschreckenden Ungleichgewichten gekennzeichnet ist. Im Jahr 2003 nahm die US-Kredit-Bubble ein unvorstellbares Ausmaß an. Schnelles Kreditwachstum, das hauptsächlich aus dem Hypothekenmarkt stammte, erlaubte es den Immobilienbesitzern, ihre Hypotheken zu refinanzieren und Geld aus ihren Häusern zum Konsum herauszuholen. Dies kann über zwei Wege geschehen: Entweder sind die neuen Zins- und Tilgungsraten niedriger als bisher, was zu einem höheren, frei verfügbaren Einkommen führt (positiver Effekt), oder es werden neue, wesentlich höhere Grundschulden für die Immobilie gestellt, die durch das gestiegene Preisniveau der Eigenheime gerechtfertigt sind. Dieser höhere Kreditbetrag wird vom Konsumenten dann für den Konsum verwendet (lediglich einmaliger Effekt). Dieses Geld wurde ausgegeben und hielt den US-Konsum auf einem relativ hohen Niveau. Die Industrieproduktion blieb aber in etwa gleich, während die Zahl der Produktionsarbeitsplätze weiterhin zurückging. Auf der anderen Seite stieg die Industrieproduktion in China stark an, und durch schnell steigende Exporte in die USA traf sie schnell auf die expandierende Nachfrage der amerikanischen Konsumenten. China aber kaufte nicht mehr amerikanische Güter, sondern steigerte seine Importe aus anderen asiatischen Ländern mit dem Ergebnis, dass die Außenbilanz der USA, die das Handels- und Haushaltsdefizit widerspiegelt, und die asiatischen Währungsreserven nur noch größer wurden. Sicherlich werden diese Ungleichgewichte für einige Zeit weiterbestehen können, aber sicherlich nicht für ewig, weil das riesige US-Handelsbilanzdefizit in einen massiven Wohlstandstransfer mündet – weg von den USA und hin nach Asien. Zwischenzeitlich haben wir in den USA Politiker, wie Herrn Greenspan und Herrn Bernanke, die öffentlich kundtun, dass die USA unbegrenzt viel Geld drucken und es von Hubschraubern abwerfen können und dass sie – die beiden genannten Herren – auch bereit sind, „außergewöhnliche Maßnahmen" zu ergreifen für den Fall, dass sich die US-Wirtschaft nicht erholt. Dass eine derart inflationäre Politik eines Tages zu großen Problemen führen wird, sollte jedem klar sein. Denn wenn der Konsum künstlich angeheizt wird und nur das Ergebnis einer hohen Preissteigerungsrate der Wohnimmobilien ist, dann werden Investitionen, Produktionsstandorte und auch das Dienstleistungsgewerbe gnadenlos nach Asien verlagert. Es sieht tatsächlich so aus, als ob die Finanzmärkte rund um die Welt die Problematik dieser expansiven Geld- und Kreditpolitik bereits zur Kenntnis genommen haben. Nachdem sich die Rentenmärkte seit September 1981 in einem bedeutenden Bullenmarkt befunden haben, sieht es so aus, als ob diese Märkte weltweit im Juni 2003 ein bedeutendes Hoch erreicht haben. Mit anderen Worten: Die Zinssätze sollten von jetzt an stark steigen, da der Deflationsdruck abnimmt und die Inflation beginnt, sich zu beschleunigen. Auch der Goldpreis ist weiterhin gestiegen und steht aktuell bei rund 370 US-Dollar, ausgehend von 258 US-Dollar im Frühjahr 2001, ein Zeichen dafür, dass finanzielle Vermögenswerte (z. B. Aktien) von harten Vermögenswerten (z. B. Rohstoffe) hinsichtlich der Bedeutung abgelöst werden. Ich gehe davon aus, dass diese Entwicklung die nächsten Jahre anhalten wird, da die Investoren dem Papiergeld zunehmend misstrauisch gegenüberstehen, nachdem dessen Menge von Zentralbankern unbegrenzt erhöht werden kann. Im Gegensatz zum ungedeckten Geld ist das echte, neue Goldangebot – abgesehen von Zentralbankverkäufen, die übrigens bald von Käufen asiatischer Notenbanken mehr als ausgeglichen werden könnten – auf die Kapazität der Goldminen beschränkt, die jährlich rund 2.500 Tonnen Gold produzieren. Deshalb scheint ein wesentlich höherer Goldpreis nur eine Frage der Zeit zu sein.

Wenn im Jahr 2003 die Rentenmärkte weltweit ein Meilenstein-Hoch nach einem 22 Jahre dauernden Jahrhundert-Bullenmarkt erreicht haben, wird es immer wahrscheinlicher, dass der japanische Aktienmarkt ein Jahrhunderttief in diesem Jahr erreicht hat, nachdem er seit 1989 um mehr als 70 Prozent gefallen war. Seit Juni dieses Jahres sind die Renditen japanischer Regierungsanleihen von weniger als 0,5 Prozent auf mehr als 1,5 Prozent gestiegen, während der Aktienmarkt um mehr als 40 Prozent von seinem Tiefpunkt aus zulegen konnte. Da japanische Institutionen und Einzelanleger in Aktien stark untergewichtet und in Anleihen sowie Geldmarktkonten stark übergewichtet sind, wird ein Wechsel in Aktien die japanischen Aktienpreise wahrscheinlich noch viel weiter antreiben. Der MSCI World Free Index hat für Japan nur eine Gewichtung von 8,7 Prozent und ordnet dem Rest von Asien nur 3,4 Prozent zu. Mit anderen Worten: Wenn ein Investor dem MSCI World Index als Benchmark folgt, hätte er 54 Prozent seines Geldes in den USA und nur 12,4 Prozent seines Vermögens in der asiatischen Region investiert – eine Region, die bereits heute der bei weitem größte Wirtschaftsblock der Welt ist und das mit Abstand stärkste Wachstumspotenzial aller Regionen besitzt. Ich bin der Meinung, dass angesichts des relativ ungünstigen wirtschaftlichen Ausblicks für die USA und des viel versprechenden Wachstumspotenzials der gesamten asiatischen Region die Investoren mindestens 50 Prozent ihrer Vermögenswerte in Asien investieren sollten.

Kapitel 1

Eine Welt der Veränderung

Die Goldene Regel ist, dass es keine Goldene Regeln gibt.
George Bernard Shaw (1856–1950)

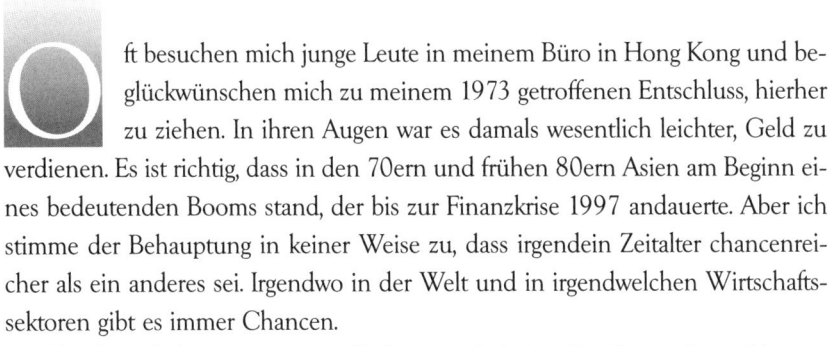

Oft besuchen mich junge Leute in meinem Büro in Hong Kong und beglückwünschen mich zu meinem 1973 getroffenen Entschluss, hierher zu ziehen. In ihren Augen war es damals wesentlich leichter, Geld zu verdienen. Es ist richtig, dass in den 70ern und frühen 80ern Asien am Beginn eines bedeutenden Booms stand, der bis zur Finanzkrise 1997 andauerte. Aber ich stimme der Behauptung in keiner Weise zu, dass irgendein Zeitalter chancenreicher als ein anderes sei. Irgendwo in der Welt und in irgendwelchen Wirtschaftssektoren gibt es immer Chancen.

Als ich nach Asien zog, waren die kommunistischen Länder noch geschlossen, aber es gab Möglichkeiten, an der schnellen Expansion in Ländern wie Japan, Hong Kong, Taiwan, Südkorea und Singapur teilzuhaben. Heute liberalisieren China und Vietnam ihre Volkswirtschaften, und Kambodscha, Myanmar, Nordkorea und Laos werden dem zweifellos folgen. Indien hat seine Isolation und den Ethos der Autarkie ad acta gelegt, um wesentlich marktorientierter zu werden, als dies in den 70ern der Fall war.

Die Chancen auf erfolgreiche Investments sind meiner Meinung nach heute sogar besser als damals, als ich nach Osten zog – vor allem seit der Krise 1997, als die Aktienkurse und Immobilienbewertungen im Westen auf ein sehr niedriges Niveau fielen. Aber – und das ist wichtig – die Möglichkeiten heute sind andere als vor 30 Jahren. Es gibt ein neues Asien zu entdecken. Wenn ich noch einmal

26 Jahre alt wäre, würde ich eher nach Shanghai, Ho Chi Minh, Yangon oder Ulan Bator ziehen. Ich würde die lokale Sprache perfekt lernen, mit sechs Konkubinen zusammenleben und einen Laden aufmachen.

Dieses Buch will nicht wirtschaftliche Katastrophen oder kolossale Booms vorhersagen. Es will Investment-Möglichkeiten in einer Welt entdecken, deren wirtschaftliche, politische und soziale Bedingungen sich laufend verändern und deren Wandel mit schnelleren Transportmitteln, schnellerer Kommunikation und einfacherem Zugang zu Informationen vonstatten geht. Mit dem Zusammenbruch des Kommunismus und Sozialismus sowie dem Ende der Eigenständigkeit und Isolation, also der Öffnung der heimischen Märkte für ausländische Investoren und Produkte sowie der heimischen Produkte für ausländische Märkte, erleben wir die dramatischsten Veränderungen in der Weltwirtschaft seit den Entdeckungsfahrten Ende des 15. Jahrhunderts und der industriellen Revolution des 19. Jahrhunderts. Radikale Veränderungen auf den Märkten in China und Indien und vor allem im wirtschaftlichen Gleichgewicht nach Beendigung des Kalten Krieges haben die Weltwirtschaft in dem gleichem Maße vergrößert wie die Entdeckung Amerikas. Aus diesem Grund bieten sie exzellente Möglichkeiten für geschickte Investoren.

Mit der Entdeckung Amerikas und der Handelsrouten um das Kap der Guten Hoffnung hat sich die etablierte Weltordnung radikal und dauerhaft verändert. Das ökonomische Zentrum der Welt, das sich bis dahin auf den Mittelmeerraum konzentriert hatte, verschob sich an die europäische Atlantikküste, ausgelöst durch den umfangreicher werdenden Waren- und Personenverkehr nach Amerika und in den Fernen Osten. Genauso wird der Aufstieg Chinas, Indiens und Rest-Asiens mit seinen drei Milliarden Menschen enorme Auswirkungen auf die Weltwirtschaft sowie auf das soziale und geopolitische Gleichgewicht haben. Gleiches gilt für den Aufstieg Russlands und der ehemaligen Staaten der UdSSR.

Es ist sehr unwahrscheinlich, dass die reichsten Städte und Wohlstandszentren von heute ihre Stellung in der Zukunft behaupten werden – und Investoren sollten die Geschwindigkeit der Veränderungen, die genau jetzt stattfindet, nicht unterschätzen! Die Industrielle Revolution war eine landwirtschaftliche Transformation, weil eine höhere Produktivität in der Nahrungsmittelerzeugung eine immer größer werdende Bevölkerung ernähren konnte. Zusammen mit der Erfindung der Eisenbahn führte sie die westlichen industrialisierten Ländern in die Urbanisation und brachte große Veränderungen in das wirtschaftliche Umfeld der Welt des 19. Jahrhunderts. In unserem Zeitalter der sofortigen und nahezu völlig freien Kommunikation können Länder wie Indien und China, die jetzt in die Weltwirtschaft eintreten, sich aufgrund der technologischen Errungenschaften und des Wissens der westlichen Gesellschaft schneller als jemals zuvor wandeln. Somit wird die Welt zu einem Ort mit viel intensiverem Wettbewerb, aus dem neue Gewinner hervorgehen werden. Sie werden diejenigen etablierten Wohlstandsregionen und Wirtschaftseinheiten verdrängen, die es nicht schaffen, sich an die neuen Bedingungen anzupassen.

Wer theoretisch vor 30 Jahren in einen Tiefschlaf fiel und im Jahr 2002 wieder aufwachte, der kennt Städte wie Hong Kong, Singapur, Taipei und Seoul noch nicht. Er wird nicht fähig sein, ein Faxgerät, Mobiltelefone, PCs, Drucker, Digitalkameras und Bloomberg-Terminals zu bedienen. Er wird sich über die Ausweitung des Welthandels wundern, die durch Schiffscontainer, Boeing-747-Frachtmaschinen und den Abbau von Kapitalkontrollen verursacht wurde. Und brächte man ihn nach Shanghai oder Moskau, würde er wohl glauben zu träumen, weil er sich niemals hätte vorstellen können, dass der Kommunismus zu einem solch abrupten Ende kommt und die Volkswirtschaften in dieser Region einen Aufschwung erleben würden, dessen Intensität einem Vulkanausbruch gleicht.

Wir sollten auf noch viel überwältigendere Veränderungen in den nächsten 30 Jahren vorbereitet sein, wenn die Regionen der Welt immer enger miteinander verbunden sein werden. Die Mobilität von Menschen, Gütern und Informationen steigt exponentiell. Das wird enorme Auswirkungen auf die Investmenterträge haben. Viele Unternehmen werden scheitern, andere – die vermutlich heute noch gar nicht existieren – werden aufblühen. Die einzige Konstante, die ich für unsere Zukunft erwarte, ist eine beständige und schnelle Veränderung der politischen, wirtschaftlichen und sozialen Bedingungen in der Welt.

Was sich wahrscheinlich nicht verändern wird, ist die menschliche Natur. Der Historiker Will Durant folgerte, dass

... die Geschichte wenig Veränderung in der Handlungsweise der Menschheit aufzeigt. Die Griechen zu Platos Zeit verhielten sich ähnlich wie die Franzosen der Neuzeit; und die Römer verhielten sich wie die Engländer. Die Mittel sowie die Art und Weise der Vermittlung änderten sich; die Motive und Ergebnisse blieben aber dieselben: handeln oder ruhen, nehmen oder geben, kämpfen oder zurücktreten, Anbindung oder Ruhe suchen, sich anpassen oder absondern, Hilfe anbieten oder Fürsorge ablehnen. Auch verändert sich die Natur des Menschen nicht in den unterschiedlichen Klassen: Im Großen und Ganzen haben die Armen die gleichen Beweggründe

wie die Reichen, nur weniger Möglichkeiten oder Qualifikation, sie umzusetzen. Neues wurde nicht von Regierungen eingeführt, sondern immer von Rebellen.
Will und Ariel Durant, The Lessons of History, New York, 1968, Seite 34

Mein Versuch, in den folgenden Kapiteln einige dieser möglichen Veränderungen vorzustellen, basiert auf historischen Ereignissen und teilweise auf aktuellen wirtschaftlichen Entwicklungen, die ich als nahezu irreversibel betrachte. Und doch wird die Menschheit immer und immer wieder den gleichen Verlockungen und Emotionen erliegen. Wir sind immer noch zu einem Großteil von unseren Urinstinkten getrieben. Hin und wieder erliegen die Menschen der Gier, der Leichtgläubigkeit, maßlosem Optimismus, der Ansteckung, der Imitation und dem Größenwahn; dann wieder werden sie von Angst, Sorgen, Verzweiflung und Pessimismus erfasst. Somit wird die Geschichte weiterhin, wie Voltaire bemerkte, „eine Ansammlung von Verbrechen, Verrücktheiten und Unglücksfällen der Menschheit" bleiben.

Was die Methodik betrifft, so habe ich Beobachtungen der aktuellen weltweiten Begebenheiten mit persönlichen Investmenterfahrungen sowie mit Erkenntnissen aus der Wirtschaftsgeschichte und -theorie kombiniert. Eine solche Analyse kann niemals die Erwartungen aller Leser erfüllen, weil sie lückenhaft und in vielen Fällen oberflächlich bleibt. Da die Weltwirtschaft die Summe aller einzelnen wirtschaftlichen Entscheidungen ist, die von jedem Mann, jeder Frau und jedem Kind auf der ganzen Welt getroffen werden, bleibt die Wirtschaftslehre eine äußerst komplexe und „trostlose" Wissenschaft, die viel Raum für Interpretationen zulässt.

In Kapitel 2 analysiere ich ausgewählte langfristige Investmentthemen und versuche, einige vorsichtige Prognosen über wahrscheinliche wirtschaftliche und finanzielle Trends abzugeben. In den Kapiteln 3 und 4 möchte ich übersteigerte Erwartungen dämpfen, indem ich aufzeige, wie Investoren immer wieder riesige Verluste erleiden mussten – in der Wohlstandpyramide, in der sich die Armen unten und die wenigen Reichen oben befinden, sind viele Anleger von oben nach unten gefallen. Mein Ziel ist aufzuzeigen, dass die Menschen, wenn sie an die Spitze der Pyramide aufsteigen wollen, etwas Ungewöhnliches unternehmen müssen und sich nicht der Mehrheit fügen dürfen. Abermals möchte ich Voltaire zitieren: „Folge dem Kurs auf der Gegenseite der Gewohnheiten, und du wirst es fast immer gut machen."

Die Kapitel 5 bis 8 handeln von Zyklen in der Wirtschaft, bei Preisen und in Aktienmärkten. Ich werde zeigen, dass ökonomische Aktivitäten und Preise immer ober- und unterhalb eines gedanklichen Gleichgewichts schwanken. Manchmal wird sich die Wirtschaft auf einen „Exkurs des Wohlstands" und in einen Boom hinbewegen, während die Preise in die Stratosphäre emporschießen. Zu anderen Zeiten wird eine „Exkursion der Dunkelheit" unterdurchschnittliches Wachstum, Rezessionen oder auch Depressionen bringen, während der die Preise auf Niveaus zusammenbrechen, die in Boom-Zeiten unvorstellbar waren. Genauso werden sich hohe Inflation oder Hyperinflation mit niedriger Inflation oder Deflation abwechseln. Und auch wenn ich Erklärungen für die Ursachen solcher Veränderungen angebe, so fällt eine präzise Antwort doch sehr schwer. Dennoch halte ich es für unentbehrlich für einen Investor, sich dieser Zyklen und der Psychologie der Geschäftsleute und Investoren an den bedeutenden wirtschaftlichen Wendepunkten bewusst zu sein.

In Kapitel 9 konzentriere ich mich auf Asien und seine Veränderungen in den vergangenen 30 Jahren. Kapitel 10 behandelt einen speziellen Fall in der Welt des Investments – die Möglichkeiten, die eine hohe Inflation und in Schwierigkeiten steckende Volkswirtschaften einem umsichtigen und rationalen Investor bieten. Ich habe diesem komplexen Thema absichtlich ein ganzes Kapitel gewidmet, da die heutige Welt – im Gegensatz zu den frühen 80ern – extrem apathisch in Bezug auf die Inflation geworden ist. Wie auch immer, nach einem 20-jährigen Bärenmarkt bei den Rohstoffen ist ein künftiger Anstieg der Inflationsraten – zumindest in einigen Wirtschaftssektoren – sehr wahrscheinlich.

In Kapitel 11 zeige ich die radikalen Veränderungen auf, die unsere Welt erfahren hat, und lege dar, welche riesigen Veränderungen in nächster Zukunft auf die Weltwirtschaft zukommen werden.

Kapitel 12 wirft einen kritischen Blick auf die US-Wirtschaft, das Finanzsystem und die aktuelle Wirtschaftspolitik. Der österreichische Wirtschaftswissenschaftler Friedrich Hayek stellte fest: „Je mehr der Staat plant, desto schwerer wird die Planung für das Individuum." Als gleichgesinnter Befürworter der freien Marktwirtschaft werfe ich einen sehr kritischen Blick auf die aktuelle Politik der Federal Reserve und andere Regierungsinterventionen. Im Lichte der Terroranschläge des 11. September sowie der Antwort darauf durch die USA werde ich analysieren, wie in der Vergangenheit Weltreiche sich riesigen und kostspieligen Herausforderungen ausgesetzt sahen, um ihre Grenzen und Territorien zu kontrollieren, und die imperialistischen Ambitionen eben dieser Länder zu steigenden Inflationsraten und schwächeren Währungen führten.

Kapitel 13 und der Epilog handeln von Entwicklungen, die ich für Asien und die Welt für die nächsten Jahre erwarte. Ich bin kein Anhänger der Zukunftsforschung, und ich weiß sehr wenig über die Vergangenheit und das Heute – und noch weniger über die Zukunft. Aber das soll uns nicht davon abhalten, über die Sachverhalte und über die Art der Veränderungen, die für den künftigen Weg kennzeichnend sein werden, nachzudenken – ein Weg, der steinig sein wird, der aber auch immer großartige Reize für diejenigen bieten wird, die einen Blick für Chancen haben.

Die moderne Wirtschaft ist durch eine gestiegene Arbeitsteilung geprägt, mit Hunderten von Industrie- und Dienstleistungssektoren, Ländern und Regionen mit einer sehr großen Breite von wirtschaftlichen, sozialen und politischen Systemen, die miteinander interagieren. Dies macht jede Analyse wirtschaftlicher und finanzieller Trends unvollständig und oberflächlich. Ich appelliere an ein entsprechendes Verständnis meiner Leser und hoffe, dass einige Erkenntnisse aus diesem Buch vertiefenden Studien zur Komplexität der heutigen wirtschaftlichen Prozesse dienlich sind.

Kapitel 2

Bedeutende Investmentthemen der Zukunft

Diese Währung, so wie wir sie steuern, ist eine wundervolle Maschine. Sie verrichtet ihren Dienst, wenn wir sie ausstellen: Sie bezahlt und kleidet die Truppen, liefert die Verpflegung und Munition, und wenn wir eine maßlose Menge ausgeben müssen, bezahlt sie sich selbst durch Wertverlust.
Benjamin Franklin (1706–1790) in einem Brief an Samuel Cooper, 22. April 1779

Früh im Jahr 2002, fast zwei Jahre nach dem Beginn des US-Bärenmarktes, schrieb ein bekannter Investmentstratege, dass „der am meisten frustrierende Aspekt für einen Portfoliomanager in diesen Tagen ist, dass es keine langfristigen Investmentthemen gibt". Investoren wollen eine wichtige, fundamentale, industrielle Veränderung identifizieren, ein beträchtliches Engagement in eine Gruppe von Aktien eingehen und sich dann zurücklehnen, um dessen Entwicklung anzusehen. Aber nichts dergleichen schien zu geschehen. Meiner Meinung nach sollte es allen Investoren klar sein, dass ein riesiger Geldstrom um die Welt fließt – ich nenne ihn „Pool". In den zurückliegenden Jahren hat dieser Pool als Ergebnis der Kreditexpansion und des steigenden Geldangebots schnell an Volumen zugenommen – wofür die Zentralbanken dieser Welt unter Führung von Alan Greenspan, des US-Finanzministeriums und des Internationalen Währungsfonds (IWF) verantwortlich sind. Und unabhängig davon, ob diese künstliche Stimulation der Geldbehörden gesund ist oder zu weiteren, unvorhersehbaren Problemen führt, bleibt die Tatsache bestehen, dass – in einer freien Marktwirtschaft und frei von Kapitalkontrollen – dieser Pool zu irgendeinem Punkt auf der Welt fließen und wirtschaftliche Aktivität ankurbeln und anderswo zu Inflation oder einem Bullenmarkt in einer Anlageklasse führen wird.

Das große Problem

Um diesen Prozess besser verstehen zu können, stellt man sich am besten eine riesige, flache Schüssel vor, die auf einem sehr hohen Turm hoch über der Welt aufgestellt ist. An seiner Basis ist der Turm von Investoren umgeben (siehe Abbildung auf der allerersten Seite im Buch) Beständiger Nachschub frischen Wassers (Geld) fließt aus einem riesigen Hahn, der durch die Zentralbanker dieser Welt kontrolliert wird, in die Schüssel. In einem Stadium des Gleichgewichts, wie Ökonomen es nennen würden (das in der realen Welt nicht existiert), würde die Schüssel überlaufen, und das Geld würde gleichmäßig auf die Erde fließen – die Volkswirtschaften rund um den Globus würden expandieren, und alle Anlageklassen würden in etwa mit derselben Wachstumsrate profitieren. Aber die Schüssel ist instabil, weil sie so riesig ist und auf einem flexiblen Turm steht, und sie neigt sich – je nachdem, welchen Druck die Anleger an der Basis auf den Turm ausüben – in die eine oder andere Richtung. Wenn alle Investoren zusammen bullish in Bezug auf Amerika sind, lehnen sie sich so stark dagegen, dass das Geld auf den amerikanischen Kontinent schwappt. Wenn sie optimistisch für den Nasdaq sind, dann wird die Schüssel auf die Hightechs, Telecoms, Medien- und Biotech-Sektoren gekippt. Das heißt: Die Richtung des Überschwappens, also die Richtung, in die das Geld sich bewegt, hängt von der Einstellung der Investoren ab, die wiederum von Meinungsmachern, den Medien, Analysten, Strategen, Politikern und Wirtschaftswissenschaftlern beeinflusst und manipuliert werden können.

Ein anderer Vergleich: Die Investmentgemeinschaft ist entsprechend ihrer absoluten Größe sehr mächtig – ähnlich wie eine Herde von Elefanten, die in finanziellen Dingen unerfahren ist. Die Elefanten, die sehr unterwürfig sind, hören auf die Kommandos ihrer Mahouts (Elefantentreiber). Mit ihrer Kraft und ihrem Gewicht können sie den Turm für geraume Zeit in die eine oder andere Richtung biegen. Die Mahouts sind auch nicht besonders mit der Materie vertraut – eine Gruppe von Fondsmanagern, Aktienhändlern, Volkswirtschaftlern oder Strategen –, aber sie haben ein großes Interesse daran, die Produktivität ihrer Elefanten zu steigern und so viel Geld wie möglich mit ihnen zu verdienen. Deshalb geben sie von Zeit zu Zeit neue Anweisungen, gegen welche Seite des Turms die Elefanten sich lehnen sollen. Das ist logisch, weil das Gehalt der Mahouts von der Performance der Elefanten und dem Geschäftsvolumen, das sie erledigen, abhängt. Jedesmal, wenn die Elefanten neue Anweisungen erhalten, überflutet das Wasser aus der Schüssel eine andere Region, einen anderen Industriesektor oder eine völlig andere Anlageklasse.

Es ist ganz einfach: Solange die Schüssel durch den Hahn der Zentralbanker gefüllt wird, solange der Turm von den Mahouts und ihren Elefanten gerammt wird, solange werden immer einige Vermögenswerte begünstigt werden, während andere an Attraktivität verlieren. Im derzeitigen geldpolitischen System, welches das Geld weiterfließen lässt, wird es immer bedeutende Investmentthemen geben. Was die Investoren also wirklich frustriert, ist nicht das Fehlen von Themen, sondern ihre Unfähigkeit, diese vorauszusehen.

Das Problem bedeutender Investmentthemen ist, dass die Investoren genauso wenig Vorstellungskraft besitzen wie unsere Elefanten und dass sie darauf konditioniert sind, nur auf die Anweisungen zu hören, die sie von CNBC, Wall Street und Propagandamaschinen der Regierung erhalten. Im Ergebnis werden Investmentthemen erst lange nach ihrem Auftreten für die meisten Investoren sichtbar – nämlich dann, wenn die Schüssel gekippt ist, eine Seite überflutet hat und einen Bullenmarkt in einem speziellen Sektor entstehen ließ. Es ist nicht überraschend, dass die größten Mittelzuflüsse in Vermögensklassen wie Aktien, Renten, Immobilien oder Rohstoffe dann auftreten, wenn jeder das neue Thema verstanden hat – was sich unvermeidlich mit dem Gipfel der Popularität und denen der Preise dieses Sektors deckt. Das muss so sein, denn wenn das ganze Geld aus der Schüssel in einen Wirtschaftssektor geflossen ist, dann wird dieser Sektor teuer im Vergleich zu den Sektoren, die nicht vom Geldstrom profitieren konnten.

Dann folgt eine weitere Komplikation: In einer Marktwirtschaft kontrollieren die Zentralbanker den Wasserhahn, und die Mahouts kontrollieren in großem Umfang die Elefanten. Aber niemand kann kontrollieren, was das Geld machen wird, wenn es den Erdboden erreicht hat. Sicher, wenn sich die Schüssel auf eine Seite neigt, wird das auf einen Sektor geschüttete Geld diesen für einige Zeit gravierend aufblähen. Aber dann werden einige geschickte Leute – einige ehrlich, andere weniger ehrlich (ich denke hier an diejenigen Analysten und Unternehmensvorstände, die, während sie weiterhin ein leuchtendes Bild ihrer Firma zeichnen, ihren Positionen verkaufen) – die riesigen Bewertungsdifferenzen zwischen den aufgeblähten und den vernachlässigten Sektoren erkennen. Sie werden beginnen, Papiere der erstgenannten Kategorie zu verkaufen und ihr Geld auf die Gegenseite zu bringen. Während somit das Geld weiterhin in das nun entdeckte bedeutende Investmentthema fließt (vor kurzem war dies die „New Economy"), treibt dieser Geldfluss hier nicht mehr die Preise nach oben, sondern tröpfelt in andere Sektoren des Investmentuniversums.

Dieser Prozess wird zunächst von den meisten Mahouts und ihren sich langsam bewegenden Elefanten unbemerkt bleiben. Schließlich aber erkennt die Öffentlichkeit, dass die Cheerleader der bedeutenden Investmentthemen sie in die Irre geführt haben. Ganz egal, wie stark sie sich auch gegen den Turm stemmen oder wie viel Geld in ihre favorisierten Sektoren strömt, das Leck saugt das Geld ab. Das belastet die favorisierten Investmentthemen, während die vernachlässigten Sektoren nach oben treiben. Das Leck wird zur Flut.

Wenn die Mahouts und ihre Elefanten letztendlich bemerken, dass, egal wie viel Geld sie in einen Sektor fließen lassen, dieser im Wert nicht mehr steigt, sondern fällt, dann beginnt ein bedeutender Wechsel. Die Mahouts zwingen ihre Elefanten, neue Positionen rund um den Turm einzunehmen, um das Wasser in die neu beachtete Vermögensklasse zu lenken – aber zu dieser Zeit haben sie bereits die ersten spektakulären Gewinne im neuen Investmentthema verpasst.

Für mich ist dieses Leck-Problem die Hauptschwierigkeit, der die Zentralbanker gegenüberstehen, wenn sie versuchen, den Markt zu stützen oder die wirtschaftliche Aktivität mit monetären Mitteln zu beeinflussen. Notenbanker können die Geldmenge, die in die Schüssel fließt, regulieren, aber der Marktmechanismus wird sich selbst in seine letztendliche Richtung kontrollieren – zum Glück für uns alle, wenn wir an den Intellekt und den falschen Glauben an wirtschaftliche Trugschlüsse dieser Herren denken.

Der Knackpunkt ist, dass es bei bedeutenden Investmentthemen nicht offensichtlich ist, wann sie am attraktivsten sind und die höchsten Erträge oder niedrigsten Risiken versprechen. Das ist bei ihrer Entstehung der Fall. Wenn sie für jeden offensichtlich werden, sind sie meistens bereits in der finalen Phase der Euphorie, die mit Sicherheit genauso enden wird, wie wir es im Hightech-Sektor in den vergangenen beiden Jahren erfahren mussten.   zeigt die Nettomittelzuflüsse in Technologiefonds zwischen 1997 und 2002. Investoren begannen erst Ende 1999 wirklich damit, Geld in Tech-Fonds anzuhäufen, als der Nasdaq bereits über 3000 Punkten stand, und der Run dauerte bis ins erste Halbjahr 2000 fort. Zu diesem Zeitpunkt war das Investieren in die „New Economy" für jeden Investor rund um die Welt eine glasklare Sache (genau das Gegenteil von heute, wenn sich die Strategen über das Fehlen von klaren, langfristigen Investmentthemen beklagen). Aber es war auch so ziemlich die schlechteste Zeit, um in die – scheinbar – langfristige Story von Technologie, Medien und Telekommunikation (TMT) zu investieren.

Abbildung 1

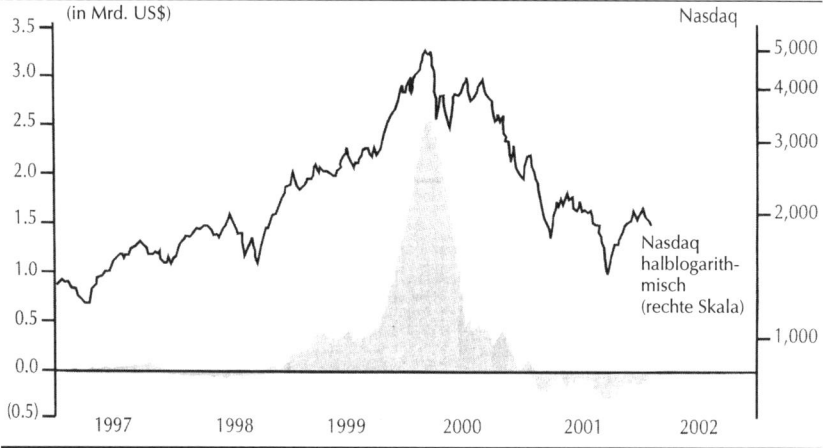

„NEW ECONOMY"-EUPHORIE
Nettomittelzuflüsse in Technologiefonds (17-Wochen-Durchschnitt)

Quelle: The Leuthold Group – Februar 2002

Ich habe mich mit allen bedeutenden Investmentthemen der vergangenen 30 Jahre eingehend beschäftigt – inklusive Gold, Öl, Gas und Währungen in den 70ern, japanischen Aktien in den 80ern, Emerging Markets zwischen 1985 und 1997 und US-Aktien in den 90ern. Jedesmal haben die Investoren sehr lange gebraucht, diese neuen Themen zu erkennen. Sie waren zu langsam – in Bezug auf ihre Verluste –, um zu verstehen, dass sich das Investmentspiel ständig verändert und sie auffordert, das Offensichtliche zu verlassen und sich in einen komplett neuen Sektor zu begeben. Ein gutes Beispiel sind die Preisbewegungen der asiatischen Emerging Markets zwischen 1985 und 1997. Die große Bewegung trat zwischen 1985 und 1990 auf (siehe Abb. 2 und 3). 1990 war die Party in Asien fast komplett vorbei, und ab 1994 begannen sich die Verluste anzuhäufen, als dann alle asiatischen Märkte mit Ausnahme Hong Kongs ihren Gipfel überschritten hatten. In US-Dollar gerechnet erreichten Südkorea, Taiwan, Indonesien und Indien zwischen 1989 und 1991 ihr Top, während Malaysia, Thailand und die Philippinen ihren Höhepunkt 1994 hatten.

Kapitel 2

Abbildung 2

TAIWANS HOCHPUNKT
Taiwan Weighted Index

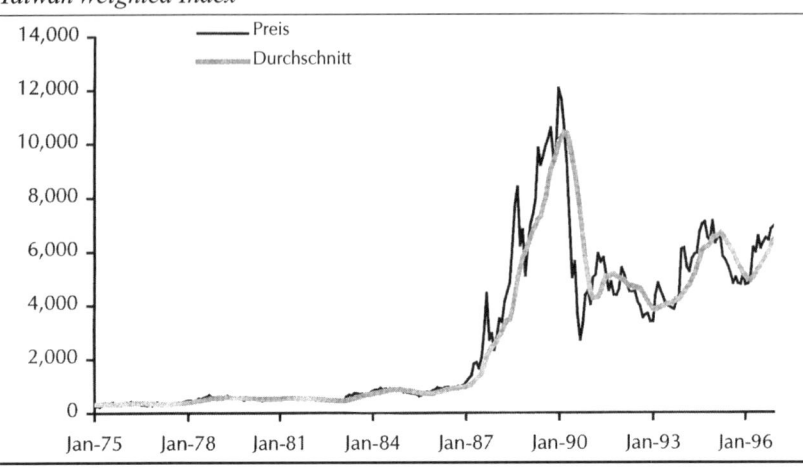

— Preis
— Durchschnitt

Quelle: Baring Securities

Abbildung 3

INDONESIENS ANSTIEG
Indonesia Jakarta Composite Index

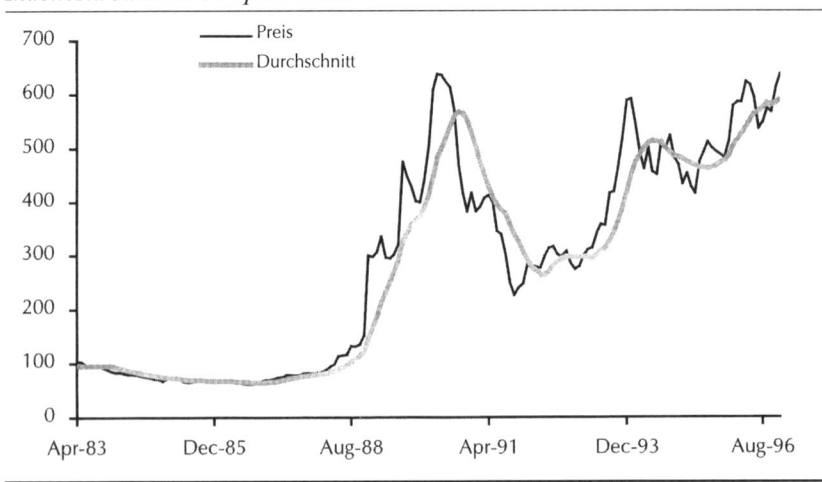

— Preis
— Durchschnitt

Quelle: Baring Securities

Wenn man die Mittelzuflüsse nach Asien betrachtet (siehe Abb. 4), fällt auf, dass ausländische Investoren zwischen 1985 und 1990 fast komplett fehlten, als sich die asiatischen Märkte ihrer besten Performance erfreuten und um das Zehn- bis 20fache anstiegen. Wie auch immer, nach ihrer astronomischen Performance und auf dem Rücken der starken Entwicklung des japanischen Marktes in den 80ern „verliebten" sich die Investoren geradezu in diese Region und schlossen sich enthusiastisch dem neuesten bedeutenden Investmentthema an: in Asien übergewichtet zu sein. Ich erinnere an die frühen 90er und an die Asienkrise von 1997: Viele Finanzinstitutionen hatten mehr Geld in Asien investiert als in den USA. Betrachtet man nochmals Abb. 4, ist es wirklich bemerkenswert, dass die Investoren ihre Käufe asiatischer Aktien nicht steigerten, als der große Bullenmarkt von 1985–1990 zu Ende ging, sondern dass die Auslandsinvestoren ihre Käufe genau vor der Asienkrise 1997 vornahmen. Deshalb möchte ich die Leser bitten, extrem vorsichtig zu sein, in ein weithin akzeptiertes und populäres bedeutendes Investmentthema zu investieren. Denn wenn fast jeder Investor auf der Welt es kennt, tritt der Markt in seine spekulativste – und finale – Phase ein (siehe auch Kapital 7). Zugegebenermaßen können die Preise in dieser Phase fast vertikal ansteigen, wie wir es beim Nasdaq gesehen haben. Aber diese Phase ist auch mit hohem Risiko behaftet und führt immer ins Aus, wenn die Blase einmal platzt.

Abbildung 4

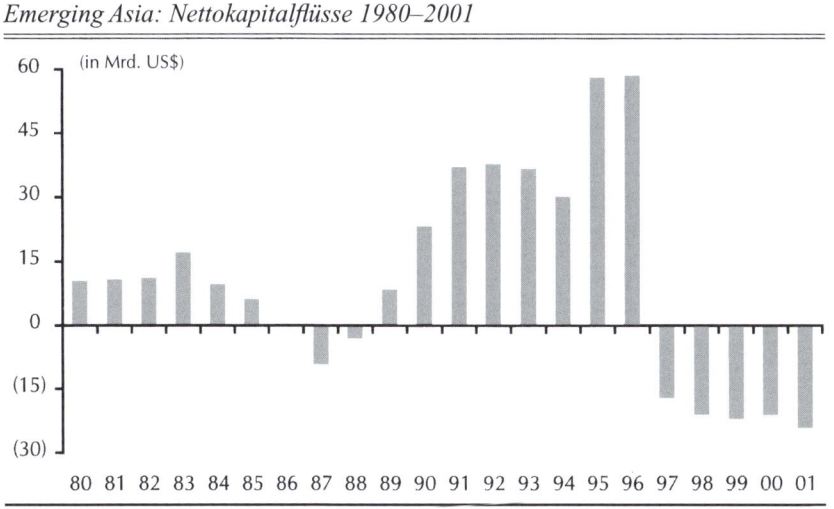

SPÄTE LIEBE
Emerging Asia: Nettokapitalflüsse 1980–2001

Quelle: Kim Eng Securities

Kapitel 2

Abbildung 5

VERPASSTE CHANCEN
Performance von Wal-Mart 1984–2002

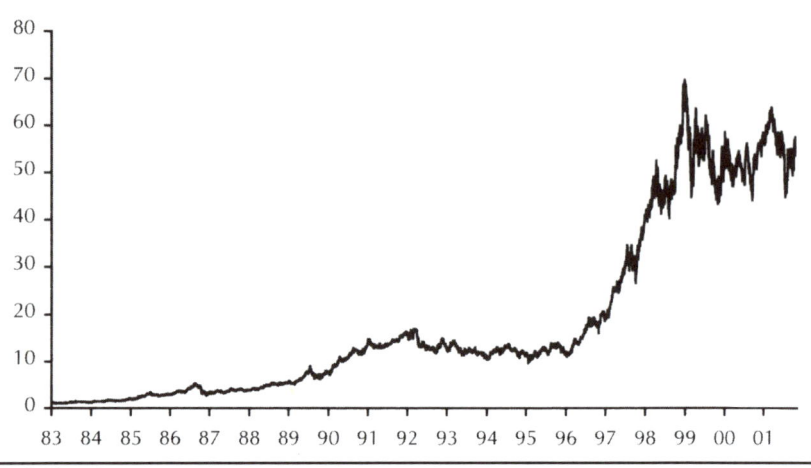

Quelle: The stock picture

Zwei weitere Aspekte halte ich für wichtig: Wenn die Investmentgemeinde von einem Investmentthema fasziniert ist, treten ausgezeichnete Möglichkeiten an anderer Stelle auf. Unterbewertung findet immer in Bereichen statt, denen niemand Aufmerksamkeit schenkt. Es ist eine Tatsache: Je größer eine Manie in einem Sektor oder einem Aktienmarkt ist, desto wahrscheinlicher ist es, dass vernachlässigte Vermögensklassen woanders riesige Gewinnpotenziale anbieten. Das ist eine der Kardinalregeln des Investierens, und sie wird für den geduldigen Langfristinvestor immer funktionieren.

In den 70ern fokussierten sich die Investoren zunehmend auf Öl- und energiebezogene Aktien, genauso wie auf Minenwerte. Diese wurden ein so bedeutendes Investmentthema, dass die Energie-Aktien an ihrem Gipfel im Jahr 1980 volle 28 Prozent des S&P 500 ausmachten. Zur selben Zeit arbeitete ein Freund von mir im Corporate-Finance-Büro von White Weld & Co. Er erzählte mir von seiner Jugendzeit in der Umgebung von Sam Walton und wie großartig die Firma „Wal-Mart" war. (Sie ging 1970 mit nur 24 Läden und einem Umsatz von 46 Mio. US-Dollar an die Börse.) Ich schenkte meinem Freund wenig Aufmerksamkeit (der damals 4.000 Wal-Mart-Aktien besaß – ich hoffe, er hat sie behalten), weil zu dieser Zeit nur sehr wenige Aktien außerhalb des Energie- und Minensektors gut liefen. Tatsächlich war ich recht skeptisch bezüglich seines Investment-Scharfsinns, weil er so ein netter Mensch war, und ich kaufte niemals die Aktie (zu meiner späteren Verlegenheit). Auf jeden Fall verpassen wir alle großartige Möglichkeiten im Leben – und jetzt höre ich auch auf den Rat von netten Menschen. Wir wissen alle, wie gut Wal-Mart in den vergangenen 30 Jahren performt hat (siehe Abb. 5), während es zum weltgrößten Unternehmen beim Umsatz (200 Mrd. US-Dollar jährlich) und zum dominanten Investmentthema innerhalb der Universums der Einzelhändler geworden ist. (Natürlich ist die Aktie nach dem Erreichen dieses Status aus Sicht eines Investors nun wesentlich weniger attraktiv.)

Ein anderes Beispiel für ein bedeutendes Investmentthema, das eine hervorragende Möglichkeit „direkt danach" geschaffen hat, ist die japanische Aktienblase Ende der 80er. Zu dieser Zeit waren die Investoren so stark auf japanische Aktien fokussiert, dass sie die größte Rally in Anleihen in der Finanzgeschichte komplett verpassten, während der die Renditen der langlaufenden japanischen Staatsanleihen von über sechs Prozent zu Beginn der 90er auf wenig mehr als ein Prozent in 2002 fielen. Es gibt unzählige weitere Beispiele für bedeutende Investmentthemen, die große Chancen in anderen Marktsektoren schufen – die Nasdaq-Bubble eingeschlossen, die zu starken Bewegungen in Old-Economy-Aktien und im Universum der Mid- und Small-Caps geführt hat, was wiederum ein erneutes Hoch im Value-Index im Frühjahr 2002 hervorrief. Wir dürfen niemals vergessen, dass Liquidität, die sich aus der großen Schüssel in einen Wirtschaftssektor ergießt, schließlich – mit derselben Sicherheit, wie die Nacht auf den Tag folgt – in andere Sektoren fließt und in diesen zu starken Bullenmärkten führen wird.

Meine zweite Beobachtung im Zusammenhang mit bedeutenden Investmentthemen ist, dass der Zeitpunkt, zu dem das Geld vom populären und teuren Sektor in den vernachlässigten Sektor des Investmentuniversums fließt, nur sehr schwer, wenn nicht sogar unmöglich vorauszusagen ist. Ein populärer Sektor, so wie Japan gegen Ende 1990, kann die Investmentgemeinde wesentlich länger in den Bann ziehen, als man gemeinhin annimmt, auch nachdem die Preise bereits ihren Gipfel überschritten haben. Das Problem der zeitlichen Abstimmung interessiert die Leute weniger, wenn ein bedeutendes Investmentthema aus der Mode gekommen ist und es keinen vollwertigen Ersatz in den Augen der Investmentgemeinde gibt, wie einen das gewisse Strategen glauben machen wollen – siehe das Jahr 2002.

In diesem Zustand der Orientierungslosigkeit ist es am wahrscheinlichsten, dass sehr bald ein neues Investmentthema auftreten wird. Unter Timing-Gesichtspunkten sind genau dann, wenn es in den Augen der Investoren anscheinend keine bedeutenden Investmentthemen gibt, die Möglichkeiten für sie am interessantesten, weil Chancen in der Regel im Umfeld genereller Ungewissheit auftauchen. Ich möchte deshalb betonen, dass sowohl in der zeitlichen als auch in der größenmäßigen Abstimmung der bevorstehenden Bewegung die Aussicht auf Gewinne dann am größten ist, wenn es in den Augen der Investoren an bedeutenden Investmentthemen fehlt.

Ich habe „in den Augen der Investoren" betont, weil es in der realen Welt niemals an bedeutenden Investmentthemen fehlt. Lediglich nimmt die Investmentgemeinde nicht wahr, was sich bereits am „Aufkochen" und „Sich-Entwickeln" befindet. Das Jahr 1982 war ein solcher Fall: Der Edelmetall- und Energie-Boom der 70er war bereits 1980 an seinem Ende angelangt, und die Investoren wussten nicht, was sie mit ihrem Geld machen sollten, weil sie eine weitere Welle der Inflationsbeschleunigung fürchteten. Die Investoren hatten jegliches Vertrauen und viel Geld verloren, da die US-Aktien nicht höher als 1964 standen (inflationsbereinigt waren sie von ihren Hochpunkten Mitte der 60er sogar um 70 Prozent gefallen), Anleihen ebenfalls einen Sturz hinter sich hatten und seit 1980 die Eigentümer von Energie- und Rohstoff-Aktien ebenfalls eine Menge Geld verloren hatten. Doch in diesem Umfeld der Unsicherheit und Angst entstand der größte Bullenmarkt für Aktien und Anleihen, der den S&P 500 in weniger als einem Jahr von 102 auf 170 (plus 66 Prozent) und die Treasury-Bond-Futures von 56 Ende 1981 auf 83 im Jahr 1983 steigen ließ. (Bis 1986 haben sich die T-Bond-Futures im Preis fast verdoppelt, und bis 1987 ist der S&P 500 um mehr als das Dreifache gestiegen.)

Es war eine Besonderheit des 82/83er-Bullenmarktes, dass er so „scharf" und so kurz war, dass die Investoren, die zum Einstieg auf eine Korrektur warteten, den Großteil der Bewegung verpassten. Meine Beobachtung ist somit Folgende: Je länger ein Trend anhält, desto mehr Zeit wird nach dem Wendepunkt vergehen, bevor der Wechsel wahrgenommen wird, auch wenn die neuen Investmentthemen sich umgehend eines mächtigen Bullenmarktes erfreuen. Dasselbe passierte 1989 in Japan, nachdem der Aktienmarkt gefallen war und die Investoren sich weiterhin auf Aktien konzentrierten, während sie ihre Aufmerksamkeit eigentlich dem Anleihenmarkt hätten zuwenden sollen. Auch seit März 2000 bis heute gab es einige bedeutende Investmentthemen. Das Wichtigste war, dem Nasdaq fern zu bleiben oder ihn zu shorten. Ein anderes war, den S&P 500 zu meiden, der von großen Aktien belastet war und bis März 2000 vom Prozess der Indexierung profitierte. Auf der Long-Seite war ein bedeutendes Investmentthema, Small- und

Mid-Caps zu besitzen, welche die Large-Caps in den vergangenen beiden Jahren stark outperformen konnten. Ferner war angesagt, die asiatischen Emerging Markets und Russland zu besitzen, die wesentlich besser als der S&P 500 performten (siehe Abb. 6). US- und UK-Wohnimmobilien waren bisher ebenfalls ein weiteres Thema, weil sie weiterhin zulegen konnten – zumindest bis jetzt. Und schließlich war der Besitz von Goldminen und physischem Gold attraktiv – bis Mitte 2002 haben sich Minenwerte innerhalb von zwölf Monaten mehr als verdoppelt, und Gold wurde zur stärksten Hauptwährung, nachdem es von 252 US-Dollar pro Unze im August 1999 auf über 320 US-Dollar je Unze im Sommer 2002 gestiegen ist. Also fehlt es niemals an Möglichkeiten, insbesondere wenn die Zentralbanken das System mit Liquidität überfluten, was unausweichlich zu Preissteigerungen in mindestens einer oder auch mehreren Vermögensklassen führen wird. Was fehlt, wenn sich Jahrhunderttrends oder bedeutende Bullenmärkte umkehren – eine Phase, die normalerweise von mehreren gegensätzlichen Trends charakterisiert ist, die dieses Ereignis überdecken –, ist das Verständnis der Investmentgemeinde dafür, dass die Karten des Investmentspiels neu gemischt wurden und das Spiel mit neuen Regeln begonnen hat.

Abbildung 6

DEN S&P 500 OUTPERFORMT
Emerging Markets vs. weltweite Aktien, 2000–2002

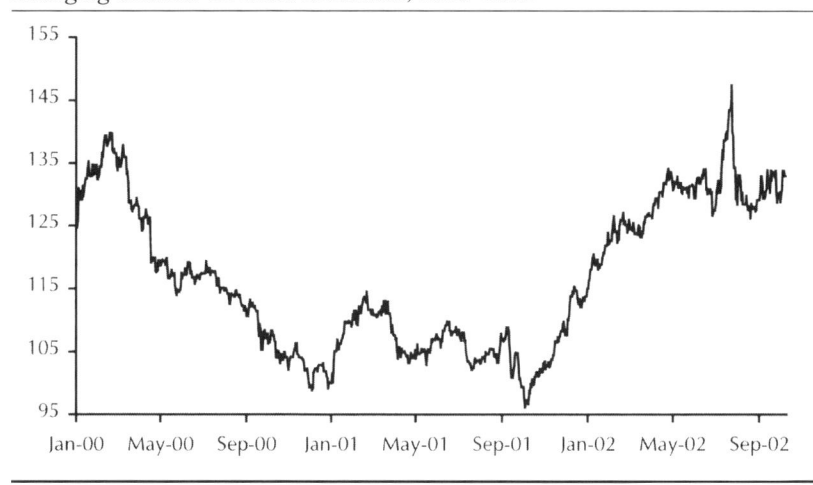

Quelle: BCA Research

Kapitel 2

Künftige Investmentthemen

Es ist wichtig, Folgendes zu verstehen: Wenn ein bedeutendes Investmentthema einmal überreizt wurde oder die Preise kerzengerade in die Höhe geschossen sind (Gold in den späten 70ern, der japanische Aktienmarkt in den späten 80ern und der Nasdaq bis März 2000) und das Ganze mit einem ernsten Rückschlag endete, dann verändern sich die Marktführer immer, weil die Investoren schließlich in einen neuen Sektor umschwenken. Ich würde sagen: Je größer eine Manie in einer Aktie oder einem ganzen Markt war (seien es Edelmetalle, landwirtschaftliche Rohstoffe oder Sachwerte wie Immobilien, Kunst und Sammlerstücke), desto wahrscheinlicher ist es, dass das Platzen der Blase zu einer permanenten Verlagerung der Anlagegelder in eine andere Anlageklasse führt. Deshalb sehe ich den Nasdaq und den S&P 500 nicht als eine Vermögensklasse an, die eine künftige Führerschaft übernehmen kann. Ich werde in Kapitel 12 genauer erklären, warum ich bezweifle, dass die US-Finanzmärkte die Art der Führerschaft übernehmen können, die wir hier versuchen zu entdecken. Dasselbe gilt für die westeuropäischen Aktienmärkte, die eng mit dem S&P 500 korrelieren.

Somit verbleiben noch die folgenden Haupt-Anlageklassen, die Möglichkeiten für große Kapitalgewinne bieten können: Immobilien, Renten, Rohstoffe, japanische Aktien, Emerging Marktes, der US-Dollar und andere Währungen. Ich liste hier nur große Anlageklassen auf. Das bedeutet: Es ist sehr wohl möglich, dass innerhalb des Nasdaq oder innerhalb des gesamten US-Aktienmarktes einige Sektoren von Zeit zu Zeit gut performen, wie wir es in den Jahren 2000 und 2001 bei den Einzelhändlern, Bauwerten und Small-Caps gesehen haben. Ebensowenig habe ich Zweifel daran, dass sich irgendwann der extrem gedrückte Telecom-Sektor stark erholen wird. Denn je mehr Unternehmen pleite gehen oder nachhaltig geschwächt werden, desto mehr wird die Position der stabileren Firmen gestärkt, die von dieser Situation profitieren und ihren Marktanteil ausbauen. Außerdem muss man Folgendes verstehen: Wenn ein bedeutendes Investmentthema vorbei ist, treten von Zeit zu Zeit starke Bärenmarkt-Rallys auf, die Gewinnmöglichkeiten in der Größenordnung von 30 bis 50 Prozent und manchmal auch mehr bieten. Im Rahmen dieses Buches bin ich nur an Anlageklassen mit großem Marktwert und dem Potenzial, über die nächsten zehn Jahre zu steigen, interessiert, wie beispielsweise den japanischen Aktien in den 80ern oder den US-Aktien in den 90ern. (Natürlich muss auch diskutiert werden, ob es möglich ist, dass solche nachhaltigen und säkularen Bullenmärkte der Vergangenheit angehören.) Nachfolgend stelle ich die Aussichten für Vermögensklassen vor, die unter bestimmten Bedingungen überlegene, langfristige Erträge bieten können. In Kapitel 12 zeige ich außerdem auf, warum US-Aktien auch auf ihrem derzeitigen Niveau (der S&P 500 liegt aktuell bei rund bei 800 Punkten) nicht besonders attraktiv sind und es somit unwahrscheinlich ist, dass sie die erwähnte Führerschaft übernehmen.

Können US-Anleihen hohe Kapitalgewinne bieten ?

Es gibt eine zunehmende Anzahl von Experten, die meisten Zentralbanker eingeschlossen, die Angst davor haben, dass die Welt in die Deflation gerät, oder die zumindest glauben, dass Deflation die größte Bedrohung für die Weltwirtschaft ist. Dies steht im krassen Gegensatz zu den frühen 80ern, als die größte Sorge einer sich beschleunigenden Inflation galt und bekannte Propheten Anleihen als „Zertifikate der Konfiszierung" bezeichneten. Es wäre damals unvorstellbar für das Federal Reserve Board gewesen, einen Artikel mit dem Titel „Deflation verhindern; Lehren von Japans Erfahrungen in den 90ern" zu veröffentlichen, so wie vor kurzem geschehen (International Discussion Paper, Nummer 729, Juni 2002).

In den frühen 80ern hat der amerikanische Anleihenmarkt eine über 30-jährige Bärenphase beendet, in der die Rendite der langlaufenden Treasuries von zwei Prozent auf rund 15 Prozent gestiegen ist (siehe Abb. 7). Außerdem erreichten die zehnjährigen US-Staatsanleihen durch die inverse Zinskurve am 30. September 1981 ein Rekordniveau von 15,84 Prozent, während der Basiszinssatz für kurze Zeit auf über 20 Prozent anstieg. Vergleichen Sie das mit heute: Die Fed Fund Rate ist an einem 40-Jahres-Tief angekommen, langlaufende US-Staatsanleihen rentieren bei weniger als fünf Prozent und zehnjährige Staatsanleihen bei nur vier Prozent! Gleichzeitig wurde diese Inflationsangst der frühen 80er, die bis in die 90er angehalten hat, von einer unbekümmerten Haltung und der Meinung abgelöst, dass die Inflation tot sei (das Inflationsgespenst starb nur sehr langsam in den zurückliegenden 20 Jahren). Der Anleihen-Bullenmarkt startete in den frühen 80ern sehr verhalten, weil das Inflationsgespenst so tief in den Köpfen der Investoren verankert war. Somit erlebte der Anleihenmarkt, wie man in Abb. 7 sehen kann, einen harten Rückschlag von Ende 1983 bis in den Sommer 1984. Um zu illustrieren, wie langsam die Psychologie der Investoren sich änderte, hier die Titel-Schlagzeile der Business Week vom 28. Mai 1984: „Schwierigkeiten im Staatsanleihen-Markt". Einige Händler mussten wegen der starken Preisrückgänge zu Beginn des Jahres 1984 große Verluste hinnehmen. Thomas Strauss, damals geschäftsführender Partner bei Salomon Brothers, wurde mit den Worten zitiert: „Die Psychologie der Investoren ist so schlecht, dass niemand auch nur etwas von Anleihen hören will. Es ist wirklich eine Niederlage." (Das sehr negative Sentiment gegenüber Anleihen wurde von einer sehr niedrigen Erwartung für Treasury Bond Futures widergespiegelt, die in den Mai-Wochen 1984 bei rund 20 Prozent lagen).

Ich habe diese Ereignisse am Beginn eines Jahrhundert-Renten-Bullenmarktes deshalb gesondert herausgestellt, weil es wichtig ist zu verstehen, dass sich große Skepsis unter den Investoren breitmacht, wenn ein Umschwenken in ein bedeutendes Investmentthema stattfindet. Somit werden, was auch immer das nächste Thema sein wird, starke Korrekturen und kostspielige Preisrückschläge des neuen, führenden Sektors eher die Regel sein als die Ausnahme. Ich möchte betonen, dass es in den frühen 80ern nur sehr wenige Marktbeobachter gab, die glaubten, dass ein Jahrhundert-Aktien-Bullenmarkt begonnen hatte.

Mir scheint, als ob das aktuelle Umfeld für Anleihen fast ein Spiegelbild der frühen 80er ist. Die Renditekurve ist steil (und nicht entgegengesetzt, wie es damals der Fall war); Kurzfristzinssätze befinden sich auf einem Rekordtief (nicht auf einem Rekordhoch); das Inflationsgespenst der frühen 80ern wurde von einer Deflationsangst verdrängt. Während die Investoren in den frühen 80ern die schlimmste Periode für den amerikanischen Anleihemarkt hinter sich hatten – während der die Preise für langlaufende Anleihen zwischen 1977 und 1981 um 50 Prozent gefallen sind (siehe Abb. 7) und der Dollar von vier Mark auf 1,75 Mark zwischen 1969 und 1980 einbrach –, wurden die heutigen Investoren durch fallende Rohstoffpreise, niedrige Inflation, fallende Zinssätze, einen aufstrebenden Anleihenmarkt und einen starken US-Dollar geleitet.

Wie in Kapitel 12 noch aufgezeigt wird, tendieren Weltreiche in ihrer Entwicklung (so wie die USA sich heutzutage selbst wahrnehmen) dazu, wachsende Inflationsraten, steigende Zinssätze und schwache Währungen aufzuweisen. Und sollte es ein ehernes Gesetz in der Wirtschaft geben, das immer Recht hat, dann jenes, dass ein exzessiver monetärer Stimulus und schnelle Kreditexpansion zu einem bestimmten Zeitpunkt immer auf reale Vermögensklassen wie Immobilien, Rohstoffe und Edelmetalle „überlaufen" und nachträglich zu höheren Konsumentenpreis-Inflationsraten führen werden. Und in der Tat zog das von mir oben erwähnte Schriftstück der Fed in Bezug auf Japan folgenden Schluss: „Wenn Inflation und Zinsraten gegen null gefallen sind und das Risiko der Deflation so groß ist, sollte der Stimulus – sowohl monetär wie auch fiskalisch – weit über das konventionelle Niveau hi-

Abbildung 7

ENTWICKLUNG FESTVERZINSLICHE
US Treasury Bond Futures (nächster Future-Kontrakt), 1977–2002

(% auf Basis eines 20-jährigen 6%-Koupon)   (Points - 32nds of pt)

08/22/1977:
Futures begin trading

Data through 11/30/1999
converted to 6% coupon

Quelle: CRB

nausgehen, das Standardprognosen für künftige Inflation und wirtschaftliche Aktivität abgeben." Der Bericht folgert, „dass im Falle Japans früher fallende Zinssätze einige der Schwierigkeiten aufgrund von Bilanzproblemen erleichtern hätten können, indem die Last der Schulden reduziert und die Aktienpreise gestützt worden wären. Die Finanzschwäche verhinderte daher die potenzielle Effektivität von zusätzlichen monetären Erleichterungen in Japan während der 90er nicht." Diese Studie reflektiert die Meinung der Fed heutzutage und die von Alan Greenspan betriebene Geldpolitik in den letzten 15 Jahren sehr gut.

Wenn es irgendwo ein Problem gab, wie den Oktober-Crash 1987, die Savings&Loans-Krise 1990/91, die Mexiko-Krise 1994, das Long-Term-Capital-Management (LTCM)-Debakel 1998 und den aktuellen Nasdaq-Crash, oder wenn es auch nur nach einem Problem aussah (Y2K gegen Ende 1999), hat die Politik immer reagiert, indem sie das System mit übermäßiger Liquidität unterstützt, um wirtschaftliche Schwierigkeiten um jeden Preis abzuwenden. Aber dass diese expandierende Geldpolitik ewigen Wohlstand nicht garantieren kann, sollte klar sein. Sie lindert lediglich die Symptome, die in die Krise geführt haben, aber nicht deren Ursachen. Außerdem hätte ein Sich-Einmischen in eine freie Marktwirtschaft unabsehbare Folgen. Am Ende von Fehlverhalten und Exzess, welche die Krisen auf den Weg brachten, werden neues Fehlverhalten und ein neuer Exzess an einer anderen Stelle geschaffen, was dann zu einem späteren Zeitpunkt eine umso größere Krise hervorbringen werden (siehe auch Kapitel 6).

Zudem versteht sich die Fed als „Zentralplaner", der stets bereit ist, das System zu retten: Genau das ist die moralische Gefahr, die diese Rettungsaktionen mit sich bringen. In den späten 90ern wurden die Investoren immer stärker davon überzeugt, dass die Fed den Aktienmarkt niemals abstürzen lassen wird und immer bereitsteht, den Bullenmarkt in US-Aktien zu unterstützen. Somit investierten sie weiterhin in aberwitzige Bewertungen, die mit der wirtschaftlichen Realität nur mehr wenig zu tun hatten. Anleger, die im Frühjahr 2000 immer noch den Nasdaq bei über 5000 Punkten kauften, lagen mit ihren Vermutungen nicht einmal falsch: Mit aggressiven Senkungen der Zinssätze in 2001 versuchte die Fed, den Aktienmarkt zu stützen. Was sich aber als falsch erwies, war die Erwartung, wo das Geld hinfließen würde. Wie ich oben erklärt habe, kann man zwar den Wasserhahn kontrollieren, aber nicht den Wasserfluss. Somit hat die übermäßige Geldschöpfung der Fed in den vergangenen beiden Jahren nicht mehr den Weg in die Aktienmärkte gefunden, sondern ist in die Immobilien gewandert und hat den Markt auf ein Niveau getrieben, das ich jetzt durchaus als Bubble-Niveau bezeichnen kann.

Solange eine Zentralbank gewillt ist, einen unendlichen Geldstrom für die Wirtschaft zur Verfügung zu stellen, wird es immer irgendwo zu inflationären Tendenzen kommen. In einigen Fällen wird sich die Inflation auf Vermögensklassen (Anleihen und Aktien, Immobilien, Sammlerstücke) konzentrieren, in anderen Fällen wird sie sich ihren Weg zu Löhnen und Konsumentenpreisen bahnen. Somit ist es unwahrscheinlich, dass sich in einem Umfeld, in dem Deflation um jeden Preis verhindert werden soll, Anleihen besonders gut entwickeln werden, wenn man die aktuell bereits niedrigen Renditen betrachtet und sich vor Augen führt, dass sie bereits einen 20-jährigen Bullenmarkt hinter sich haben. Wenn auch Anleihen in den USA Aktien noch einige Zeit outperformen werden, dürfte sich der Jahrhundert-Anleihen-Bullenmarkt in seiner letzten Phase befinden oder vielleicht schon zu Ende sein, anstatt zum nächsten bedeutenden Investmentthema zu werden.

Ich gebe zu, dass in naher Zukunft Staatsanleihen befriedigend performen können, weil die Wirtschaft wahrscheinlich schwächer wird, als die Masse es erwartet. Ich erwarte, dass die amerikanischen Haushalte letztendlich ihre Ausgaben für Immobilien und Konsum reduzieren werden, was die Anleihenpreise weiter nach oben treiben könnte. Somit werden trotz unserer Sorge um die langfristigen Aussichten des Anleihenmarktes die Staatsanleihen in naher Zukunft stabil sein werden oder sogar noch ein wenig zulegen können. Ebenso denke ich, dass zu einem gewissen Zeitpunkt der Kauf eines vorsichtig ausgewählten Portfolios von Anleihen angeschlagener Firmen und Junk Bonds hohe Erträge erzielen könnte, da sie in zunehmenden Maße Aktiencharakter haben – das bedeutet, dass sich die Preise erholen werden, wenn die Wirtschaft letztendlich wieder Fahrt aufnimmt.

Wie sieht es bei Immobilien aus?

Die durchschnittlichen Häuserpreise im Vereinigten Königreich stiegen laut Nationwide, Großbritanniens größter Baufirma, in den zurückliegenden zwölf Monaten um 22 Prozent, während sich diese Zahl in den USA bei 8,8 Prozent bewegt. Folgt man Marktbeobachtern, wird die Blase in UK jetzt platzen, aber im US-Markt zeigt sich erst der Anfang spekulativer Aktivität, und somit könnte sich die breit diskutierte „housing bubble" über Jahre hinziehen. Aber ich persönlich habe Zweifel daran, dass sie sich noch viel länger fortsetzen wird.

Zurück zum Beispiel der Wasserschüssel: Das Geld, das seit dem Jahr 2000 aus der riesigen Schüssel geschüttet wurde, ist zu Immobilien durchgesickert. Deshalb stiegen, trotz der Schwäche in den Aktien, die Immobilienpreise in einzelnen Märkten weiter an – auch im Silicon Valley und in der San Francisco Bay Area. Aber in meinen Augen ist dieser Anstieg ziemlich suspekt, weil er durch künstlich niedrige Kurzfristzinsen und indirekte Subventionen verursacht wurde, die durch staatlich geschützte Firmen wie Fannie Mae ausgegeben wurden – Unternehmen, die weiterhin den Verkauf bestehender Häuser und das Refinanzieren von Grundschulden unterstützten. Aber sobald die Zinssätze steigen, wird der Refinanzierungs-Boom, der im Herbst 2002 einen neuen Höhepunkt erreichte, ein jähes Ende finden und unausweichlich zu einer Konsolidierung oder einem Preisverfall im Immobilienmarkt führen. Abb. 8 (mit freundlicher Genehmigung von Bridgewater Associates) zeigt sehr deutlich die starke Korrelation zwischen den Anleihenrenditen (invertierte Scala) und dem Refinanzierungsindex.

Nun könnte man meinen, das beste Umfeld für den Wohnimmobilienmarkt seien eine schwache Wirtschaft und ein schlecht performender Aktienmarkt: Dies würde die Zinssätze niedrig halten oder sogar zu einem weiteren Verfall führen, weil die Leute ihr Geld aus den schlecht laufenden Aktien in Immobilien stecken. Dieses Szenario ist eine klare Investmentgelegenheit – zumindest für einige Zeit. Aber letztendlich fordert eine schwache Wirtschaft ihren Tribut von den Zuwächsen der persönlichen Einkommen und vom Arbeitsmarkt und vielleicht auch von den

Abbildung 8

ENGE KORRELATION
Index der Hypotheken-Refinanzierungen vs. zehnjährige Anleihenrendite, 1990–2002

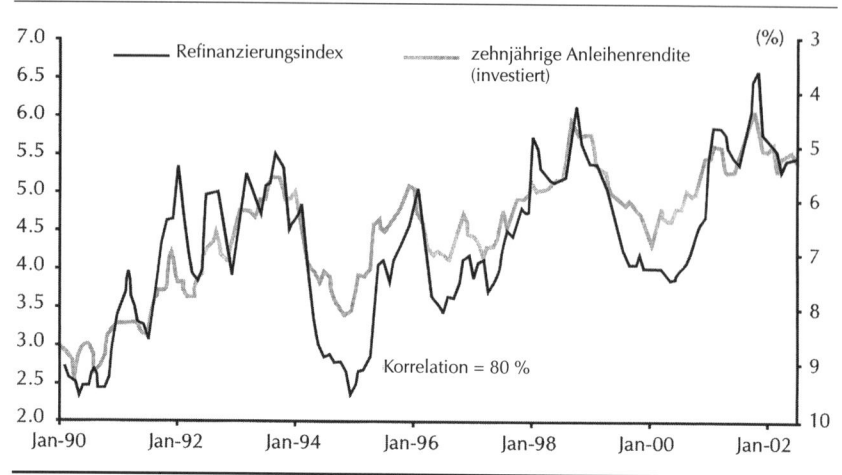

[Diagramm: Refinanzierungsindex und zehnjährige Anleihenrendite (investiert); Korrelation = 80 %]

Quelle: Bridgewater Associates

Zinssätzen (über den Wert des US-Dollars) ein, die sogar im Umfeld einer schwachen Wirtschaft steigen könnten (siehe auch Kapitel 10). Außerdem wäre es das erste Mal, dass ich einen kontinuierlichen Anstieg der Immobilienpreise in einem Aktien-Bärenmarkt erlebe. Normalerweise tun es nach einiger Zeit die Immobilienpreise den Aktienkursen gleich und sinken ebenfalls.

Letztlich – und das ist der wichtigste Punkt – würde ich mich mit US-Wohnimmobilien als einem bedeutendem Investmentthema viel wohler fühlen, wenn die Immobilienpreissteigerungen in den zurückliegenden Jahren nicht durch einen beängstigten Anstieg der Hypothekenschulden verursacht worden wären. In Abb. 9 (mit freundlicher Genehmigung von Ed Yardeni) kann man erkennen, dass die Hypothekenschulden in den 80ern und frühen 90ern um rund 150 Mrd. US-Dollar jährlich angestiegen sind. Dann, im Jahr 2000, kletterte die Rate auf rund 400 Mrd. US-Dollar, und jetzt (in den letzten vier Quartalen) ist sie auf fast 600 Mrd. US-Dollar explodiert. Kein trivialer Betrag – auch nicht für eine Zehn-Billionen-US-Dollar-Volkswirtschaft. Zusätzlich sollte der aktuelle Rekord beim Verkauf bestehender Häuser in einer Zeit, in der die Verkäufe neuer Häuser unterhalb ihres Vorjahresniveaus liegen, mit einiger Sorge betrachtet werden. Hoher Umsatz ist in jedem Markt einer der verlässlichsten Indikatoren für spekulative Aktivität und dient als

Abbildung 9
ÜBERHITZTER IMMOBILIENMARKT
Eigenheim-Hypotheken

(4-Quartale-Summe, in Mrd. US$)

Quelle: Federal Reserve Board, low of funds account, Ed Yardeni / Prudential Securities (www.prudential.com)

Warnzeichen dafür, dass der Markt überhitzt ist (im Gegensatz dazu bildet der Markt mit niedrigem Volumen und Umsatz einen Boden – siehe Kapital 5)

Angesichts dieser Entwicklung bin ich der Meinung, dass US-Immobilien im Vergleich zu US-Aktien oder den Immobilienpreisen in Europa im Durchschnitt nicht überteuert sind. Aber einige Hauptmärkte scheinen bereits sehr strapaziert zu sein, und ich habe Zweifel, dass US-Immobilien auf lange Sicht ein bedeutendes Investmentthema werden. Jeder Markt, der aufgrund enormer Kreditzuwächse steigt, sollte mit größter Vorsicht beobachtet werden, wie das Debakel im Telecom-Sektor in den zurückliegenden 18 Monaten zeigte.

Anders ist die Lage im Immobilienmarkt anderer Regionen. In einigen aufstrebenden Volkswirtschaften Asiens sind die Immobilienpreise nach der Asien-Krise aufgrund einer Nachfrage, Beschlagnahme und Währungs-Crashs eingebrochen. 1998 und 1999 stabilisierten sie sich, und seit kurzem steigen sie wieder. Somit bietet der asiatische Immobilienmarkt mit Preisen um die 1.000 bis 1.500 US-Dollar pro Quadratmeter für Luxusappartements in Städten wie Kuala Lumpur, Jakarta, Manila und Bangkok sowohl relativ hohe Mietrenditen als auch Potenzial für künftige Kapitalgewinne. Nach dem Zusammenbruch des argentinischen Peso sind die Immobilienpreise in Buenos Aires mal wieder ein Schnäppchen.

Mit dem Zusammenbruch des Kommunismus und Sozialismus erfährt die Welt eine riesige Veränderung in wirtschaftsgeographischer Hinsicht (Näheres in Kapitel 11). Shanghai, Peking, Moskau, Ho Chi Minh oder Bangalore entwickeln sich sehr schnell und werden wirtschaftlich immer wichtiger mit der Folge, dass dort die Immobilienpreise langfristig steigen. Andererseits werden Städte (ganz besonders Hong Kong) underperformen, die nur deshalb gedeihen konnten, weil sie als Handels-Zwischenstation und Finanz-Zugangstor gedient haben, solange China und Russland noch geschlossene Gesellschaften waren.

Mein Fazit: Ich bezweifle, dass US-Wohnimmobilien das nächste bedeutende Investmentthema sein werden. Im Gegensatz dazu dürften Immobilien in einigen Emerging Markets, wie in Asien, Osteuropa, Russland und auch Lateinamerika, sehr hohe Erträge in den nächsten fünf bis zehn Jahren einbringen.

Aufstrebende Volkswirtschaften

Die Emerging Markets werde ich in Kapital 9 detaillierter behandeln, möchte aber bereits an dieser Stelle einige Punkte als Beleg für meine Empfehlung, Emerging Markets zumindest langfristig überzugewichten, ansprechen. In den letzten beiden Jahren haben internationale Investoren Rekordsummen in US-Vermögenswerte in Form von Direkt- und Portfolio-Investitionen gesteckt. In letzter Zeit sind die Summen kleiner geworden – also wird das Geld, das nicht mehr in die USA fließt, woanders investiert werden. Zweifellos wird einiges davon nach Europa und Japan fließen, aber die Aktienbewertungen in den aufstrebenden Märkten sind um so vieles niedriger, dass mit Sicherheit einiges von diesem Kapital in diese Anlageklasse fließen wird. Wie man in Abb. 10 sehen kann (mit freundlicher Genehmigung von Bank Credit Analyst's Weekly Emerging Markets Strategy Bulletin, www.BCAresearch.com), bewegt sich das relative KGV im Vergleich zu dem der USA in den Emerging Markets nahe dem Allzeit-Tief. Und während die Gewinnaussichten in den USA weiterhin sehr düster sind, treten die Emerging Markets in eine Phase steigender Unternehmensgewinne ein, die weniger durch Exporte als durch inländische Nachfrage getrieben wird. Letztere wird durch überschüssige Liquidität erhöht; angesammelte Sparguthaben werden ausgegeben, und der Markt für Konsumentenkredite wächst schnell. Diese Entwicklung bereitet mir ein wenig Sorge. Auch wenn die Konsumentenkredite, deren Höhe den kurzfristigen Ausblick überschatten könnte, bis jetzt noch kein gefährlich hohes Niveau erreicht haben, so kann nicht ausgeschlossen werden, dass es zu einem wahren Konsumentenkredit-Boom kommt, mit all seinen negativen Folgen.

Abbildung 10
NAHE DEM ALLZEIT-TIEF
Relatives KGV: Emerging Markets vs. USA, 1990–2002

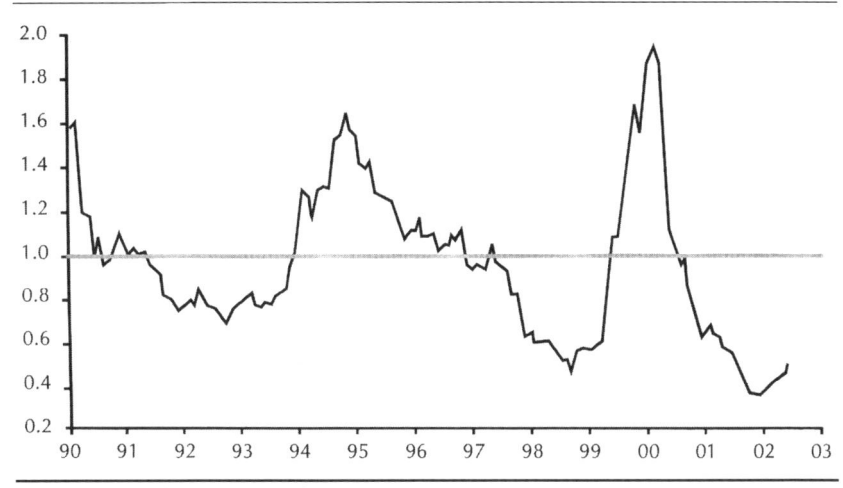

Quelle: www.BCAresearch.com – emerging market strategy

Eine weiteres Problem, das einige Strategen in den aufstrebenden Volkswirtschaften auftauchen sehen, ist, abgesehen von schleppenden Exporten, das schrumpfende Volumen ausländischer Direktinvestitionen (FDI). Gemäß Bridgewater Associates sind die FDIs (außer China) in die wichtigsten, aufstrebenden Volkswirtschaften von 95 Mrd. Dollar in 1999 auf aktuell 59 Mrd. Dollar zurückgegangen. Der Einbruch war in Lateinamerika besonders stark, wo die FDIs von 4,2 Prozent 1999 auf aktuell 1,9 Prozent der Gesamtwirtschaft eingebrochen sind. (In Asien steigen die FDIs im Gegensatz dazu wieder und kommen den Rekorden von 1997 nahe.) Jedoch sehe ich in diesem allgemeinen Rückgang der FDIs nicht den einzig relevanten Anreiz für Aktieninvestoren. Meiner Meinung nach sind Portfolio-Investitionen viel wichtiger, die in Asien und Osteuropa zunehmen. Außerdem war es sogar teilweise das hohe Niveau der FDIs, das zur Asien-Krise geführt hat, weil Überinvestitionen Überkapazitäten in fast jedem Wirtschaftssektor und somit Gewinneinbrüche zur Folge haben.

Was Asien und die anderen aufstrebenden Märkte jetzt brauchen, ist ein besseres Umfeld für Preise von Rohstoffen und rohstoffnahen Produkten – das sich bereits zu entwickeln scheint – und nicht unbedingt mehr Investitionen. Bedeutende Investmentmöglichkeiten der Zukunft sehe ich in jenen aufstrebenden Volkswirtschaften, die von einer Beschleunigung bei den Rohstoffpreisen profitieren können, inklusive Russland, Indonesien, Malaysia, Thailand und die Philippinen. Auch weniger bekannte Märkte wie Sri Lanka und Bangladesch sowie die sich schnell liberalisierende Volkswirtschaft Vietnams sehe ich als günstige Investments. Argentinien, Brasilien, afrikanische Länder und Staaten des Mittleren Ostens werden folgen.

Ich möchte drei weitere Punkte zu aufstrebenden Volkswirtschaften anmerken. Erstens akzeptiere ich, dass makroökonomische Trends wichtig sind und dass in einer harten, weltweiten Rezession jeder in einem gewissen Ausmaß leidet. Aus diesem Grund verstehe ich, dass die Anleger zögern, in Emerging Markets zu investieren. Aber es ist wichtig zu verstehen, dass die heutigen aufstrebenden Volkswirtschaften in fast jedem Sektor der Weltwirtschaft die billigsten Produzenten sind. Öl und Gas im Mittleren Osten, Mineralien in Russland und Südafrika, Software in Indien, elektronische Artikel in China, Textilien in Bangladesch, Schuhe und Kaffee in Vietnam, Stahl in Brasilien, Zellstoff und Papier in Indonesien oder Gesundheitspflege, Unterhaltung und kosmetische Operationen, – das alles kann in diesen Ländern viel billiger als sonstwo angeboten oder produziert werden. Diese Liste ist weder komplett noch genau. Der Punkt ist folgender: Es ist umso wahrscheinlicher, dass die Billigproduzenten relativ gut performen werden, je schlechter das wirtschaftliche Umfeld auf der Welt wird, weil sie als Letzte aus dem Geschäft gedrängt werden. Der einzige, nahe liegende Einspruch zu dieser Darstellung wäre, dass dies nur so lange gültig ist, wie der Welthandel nicht unter dem von den USA neuentdecktem Protektionismus zusammenbricht.

Zweitens: Wäre man vor zehn Jahren in einige aufstrebende Volkswirtschaften gereist und hätte sie dieses Jahr erneut besucht, dann wäre man von den dort erreichten Fortschritten tief beeindruckt. Es gibt eine Infrastruktur, die Telefone funktionieren überall gut, moderne Geschäftsmethoden haben sich verbreitet, Managementstile haben sich verbessert, und der Lebensstandard hat in vielen Fällen einen regelrechten Satz nach vorne gemacht. Und all das ist in einer Phase passiert, die für die aufstrebenden Aktienmärkte schlecht verlief: Die meisten von ihnen stehen heute niedriger als 1990 oder 1994. Man kann dieses Phänomen mit den Depressionsjahren in den USA vergleichen: Riesige technologische Fortschritte wurden in den 30ern und 40ern gemacht, und es gibt keinen Zweifel daran, dass der Lebensstandard in den späten 30ern höher war als in den 20ern – trotzdem übertraf der Dow Jones Industrial Index bis 1954 nicht sein 1929er-Hoch. Der wirtschaftliche Fortschritt in vielen aufstrebenden Volkswirtschaften kann deshalb nicht an der Performance ihrer Aktienmärkte gemessen werden. Vermutlich wird die Größe einiger dieser Volkswirtschaften von den offiziellen Statistiken signifikant unterbewertet, weil sie eine große Zahl von Transaktionen auf Tausch- oder Bargeldbasis nicht erfassen.

Der dritte Punkt betrifft vor allem die aufstrebenden Volkswirtschaften Asiens. Bis heute sind die asiatischen Länder stark von den USA abhängig, sowohl was den Export als auch was die Direktinvestitionen betrifft. Doch sehe ich ein Asien, das wesentlich stärker abhängig von der chinesischen Volkswirtschaft sein wird. China wird der größte Konsument natürlicher Ressourcen in Asien werden, die größte Anzahl von asiatischen Touristen stellen und sehr stark in der ganzen Region in Joint Ventures oder komplette Geschäftsübernahmen investieren. Diese kommende Integration wird meiner Meinung nach für die ganze Region positiv sein, weil jedes Land zunehmend von seinen Wettbewerbsvorteilen profitieren wird.

Um diese Überlegungen zusammenzufassen: Die Emerging Markets mit ihren enormen Rohstoffen werden die größte Chance haben, das bedeutende Investmentthema für die nächsten fünf oder zehn Jahre zu werden und die Aktienmärkte in den westlichen, industrialisierten Ländern signifikant outzuperformen. Dennoch werden sie eine volatile Anlageklasse bleiben. Sollten, wann auch immer, Märkte wie Thailand und Indonesien so gut performen, wie sie es in den ersten sechs Monaten des Jahres 2002 getan haben, dann sind Gewinneinnahmen jederzeit möglich.

Rohstoffe

Seit Anfang 2002 haben einige Rohstoffpreise stark zugelegt. Die Baumwoll-Futures stiegen von ihren 30-Jahres-Tiefs um 27 Prozent, die Preise für Palmöl sind seit Jahresanfang um 37 Prozent gestiegen, die für Getreide von ihren Tiefpunkten in 2001 um 40 Prozent, Reis-Futures erholten sich an der CBOT von ihrem Allzeit-Tief um fast 50 Prozent. In der Zwischenzeit sind Industriemetalle bis zum Herbst 2003 um mehr als 30 Prozent gestiegen. Edelmetalle wie Gold und Platin sind ebenfalls in den letzten zwei Jahren gestiegen. Ist das der Anfang eines bedeutenden Vormarsches der Rohstoffpreise? Ich denke, ja.

Wie gezeigt, führen bedeutende Investmentthemen zu relativ billigen Preisen in anderen Vermögensklassen. Dies gilt für Rohstoffpreise noch mehr als für andere Vermögensklassen. Niemals zuvor in der Geschichte des Kapitalismus waren die Rohstoffpreise so niedrig im Vergleich zum CPI (Konsumentenpreisindex) oder zu Finanzwerten, wie sie es nun, nach einem 20- bis 30-jährigen Bärenmarkt, sind. Ich habe vorhin erklärt, wie das Geld, das aus der großen Schüssel in bedeutende Investmentthemen fließt, irgendwann einmal in andere Sektoren durchsickert. Dieser Prozess scheint begonnen zu haben, denn einige große Investoren haben starke Bedenken bezüglich der Stabilität der riesigen Wasserschüssel, die über unserer Welt thront.

Man kann nun gegen diesen Punkt natürlich Einspruch erheben und sagen, dass die Rohstoffpreise ganz einfach deshalb so niedrig sind, weil das Angebot für viele Rohstoffe die Nachfrage übertrifft und somit jede nachhaltige Preissteigerung ausgeschlossen ist. Das mag in einigen Fällen richtig sein, aber Fakt ist, dass alle großen Rohstoff-Bullenmärkte von einem Tiefpunkt aus gestartet sind, der von Überangebot gezeichnet war. Die Frage ist doch, ob der aktuelle Überfluss an vielen Rohstoffen eines Tages von einem sehr knappen Angebot ersetzt wird oder ob einfach nur ein stark fallender US-Dollar zu einem Preisanstieg bei den Rohstoffen führen kann. Ich habe vorher das psychologische Umfeld des bedeutenden 82er-Tiefpunktes für Aktien in den USA beschrieben und betont, dass das aktuelle Finanzumfeld fast ein Spiegelbild dieser Zeit ist. Die Angst vor Inflation wurde von einer weit verbreiteten Angst vor Deflation ersetzt, und finanzielle Werte haben die natürlichen Ressourcen als das bedeutende Investmentthema bei nahezu allen Investoren abgelöst.

Die aktuelle Situation erinnert mich stark an 1969/70, den Vorabend eines der größten Rohstoff-Booms. Die Rohstoffpreise waren damals im Vergleich zu Aktien ebenfalls sehr niedrig, und Experten sagten, dass Rohölpreise, die damals um die 1,70 Dollar pro Barrel schwankten, auf weniger als einen Dollar in den 70ern fallen würden, weil die Märkte unter einem Überangebot litten. Niemand konnte sich damals vorstellen, dass die Ölpreise 1980 50 US-Dollar pro Barrel in den Spotmärkten erreichen und diejenigen von Gold und Silber in einer Dekade um mehr als das 20fache steigen könnten. Auch konnte sich niemand vorstellen, dass der US-Dollar so stark fallen werden würde, wie es dann tatsächlich der Fall war. In diesen Tagen waren die Investoren immer noch von den „Growth Stocks" besessen, die oftmals für das 50fache ihrer Gewinne verkauft wurden, und sie schenkten den relativ niedrigen Preisen der Rohstoffe kaum Beachtung.

Was dann in den 70ern geschah, zeigt Tabelle 1. Dies soll alle Investoren daran erinnern, dass von Zeit zu Zeit „harte" Vermögenswerte die Aktien und Anleihen mit einer hohen Gewinnmarge outperformen können. Die Ölpreiserhöhung durch die Organisation Erdöl exportierender Länder (OPEC) im Herbst 1973 und am 1.1.1974 auf 11,65 US-Dollar wurde nicht sonderlich ernst genommen. Milton

Friedmann schrieb damals, der Preis werde in Kürze wieder auf unter zwei US-Dollar je Barrel fallen. Die Stärke der Rohstoffpreise in den frühen 70ern war im Licht der harten 73/74er-Rezession besonders bemerkenswert. Ich möchte nicht unbedingt behaupten, dass wir auf eine Wiederholung der 70er-Jahre zusteuern. Aber ich will aufzeigen, dass die Investoren – die in den 70ern in keinster Weise weniger erfahren waren als die heutigen – das nächste bedeutende Investmentthema gänzlich übersehen.

Auch sollten wir erkennen, dass Rohstoffpreise heute sogar niedriger sind als zu Anfang der 70er – sicherlich in realen Werten, aber in einigen Fällen sogar in nominalen Werten (siehe Abb. 11). Eine Eigenart der 90er war das Fehlen eines synchronisierten Wachstums in der Weltwirtschaft. In den frühen 90ern wuchs Europa kaum, während der gesamten 90er hatte Japan kaum Wachstum zu verzeichnen, und in den späten 90ern führte die Asien-Krise zu einer schwachen Nachfrage nach industriellen Rohstoffen. Wenn es, wie die Optimisten behaupten, eine synchrone Wirtschaftserholung geben sollte, dann werden aller Wahrscheinlichkeit nach die Rohstoffpreise sehr stark steigen – vor allem die Industrierohstoffe, die extrem niedrig sind und deren Lagerbestände, wie im Falle von Kupfer, Blei, Aluminium, Zinn, Zink und Nickel, ebenfalls recht klein sind. Letztendlich ist es auch wahrscheinlich, dass der US-Dollar, der fast so überbewertet ist wie Mitte der 80er (in gewisser Weise sogar noch stärker), einen mehrjährigen Bärenmarkt gestartet hat (siehe Abb. 12).

Tabelle 1

70ER-BOOM IN REALEN VERMÖGENSKLASSEN
Performance verschiedener Anlageklassen – Juni 1970–1980

	Ertrag (%)	Rang
Öl	34.7	1
Gold	31.6	2
US-Münzen	27.7	3
Silber	23.7	4
Briefmarken	21.8	5
Chinesische Keramik	21.6	6
Diamanten	15.3	7
US-Ackerland	14.0	8
Old Masters	13.1	9
Wohnimmobilien	10.2	10
Konsumentenpreisindex	7.7	11
Treasury Bills	7.7	12
Devisen	7.3	13
Anleihen	6.6	14
Aktien	6.1	15

Bemerkung: jährlicher Ertrag; Quelle: Salomon Inc.

Kapitel 2

Abbildung 11

ZU STARK GEFALLEN
Adjustierte Preise der 17 Rohstoffe des DRB Index

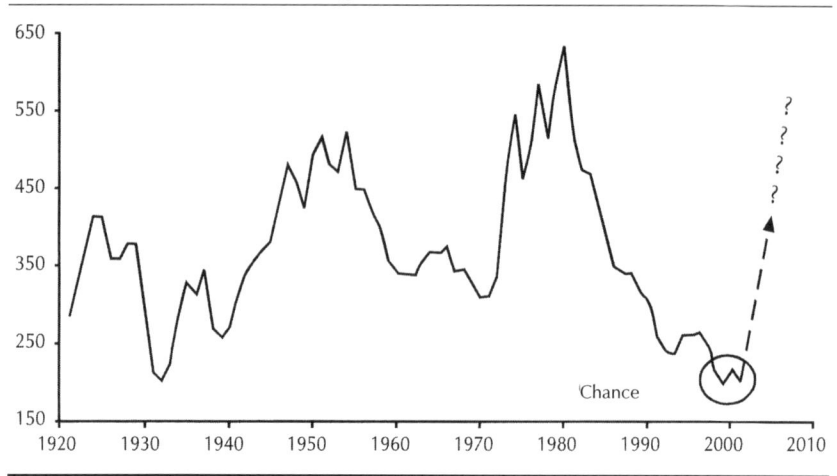

Quelle: www.ditomassogroup.com

Abbildung 12

ÜBERBEWERTET
realer, effektiver US-Dollar-Wechselkurs

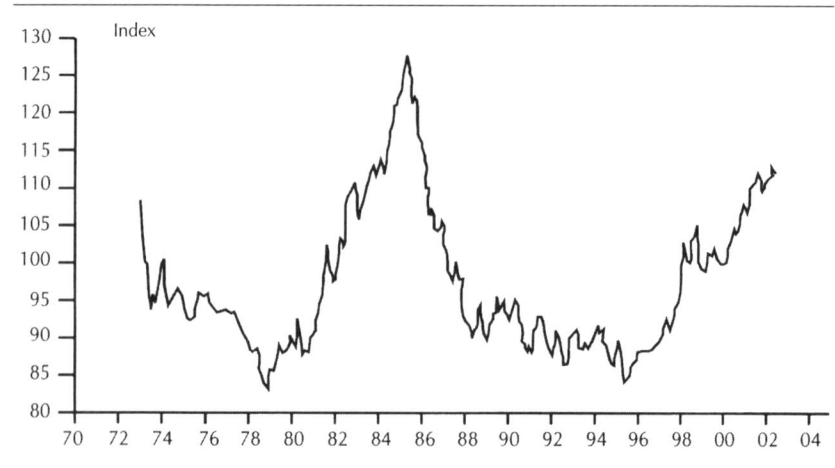

Quelle: ABN-Amro

56

Wie in Kapitel 12 gezeigt wird, wird dieser Bärenmarkt aber wahrscheinlich nicht so dramatisch ausfallen wie in den 70ern, als der Dollar um fast 70 Prozent gegenüber den europäischen Hartwährungen gefallen ist. Denn weder Europa und Japan noch irgendeine aufstrebende Volkswirtschaft wird sich wünschen, dass ihre Währung um mehr als nochmals zehn bis 15 Prozent gegenüber dem Dollar aufwertet. Somit ist es das wahrscheinlichste Szenario, dass alle Währungen gegenüber einem Korb von Rohstoffen, inklusive Gold und Silber, abwerten werden. Für den einzelnen Investor stellt sich die Frage, wie er am besten am kommenden Rohstoff-Bullenmarkt partizipieren kann. Während wir noch der Meinung sind, dass die Gold- und Silberpreise am Beginn eines langfristigen Bullenmarktes stehen, der in einigen Jahren in einem spekulativen Wahnsinn à la Nasdaq 2000 enden wird, wird es andere, bessere Gelegenheiten bei den Rohstoffen geben, die noch niedriger bewertet sind als Gold, etwa Kaffee, Zucker, Gummi, Weizen, Mais oder Baumwolle. Da es nicht jedem Leser möglich sein dürfte, zehn Tonnen Kaffee und fünf Tonnen Zucker in der Küche einzulagern, sollte er einen Korb von Rohstoff-Futures kaufen und periodisch einen „Roll-over" durchführen.

Eine andere Möglichkeit, am Rohstoff-Bullenmarkt zu partizipieren, ist, Minenwerte, andere Rohstoff-Aktien (etwa Papier, Plantagen, Eisenerz, Industriemetalle, Kali, Düngemittel oder Öl) und Ackerland zu kaufen – idealerweise in aufstrebenden Volkswirtschaften, die einen starken Bezug zu Rohstoffen haben. Wenn wir die Performance der Emerging Markets in der Vergangenheit betrachten, können wir in der Tat eine enge Korrelation zwischen der Performance des Commodity-Research-Bureau (CRB)-Index und den Emerging-Markets-Aktienmärkten feststellen. Steigende Rohstoffpreise waren immer gut für Emerging Markets, während fallende Preise zu wirtschaftlichen Problemen und schlechter Performance führten. Somit sollten die Investoren, wenn die Rohstoffpreise am Beginn eines mehrjährigen Anstiegs sind, Emerging Markets übergewichten – aus den oben genannten Gründen vor allem die rohstoffreichen.

Ziel dieses ersten Kapitels war es zu zeigen, dass bedeutende Investmentthemen immer existieren und dass immer wieder an bedeutenden Wendepunkten im Investmentspiel – und wenn sich die Regeln verändern – die Investoren das Aufkommen eines neuen Themas nicht entdecken können und genau dann frustriert sind, wenn sie am neugierigsten für neue Möglichkeiten sein sollten. Das Problem ist, dass in dieser Phase der Entwicklung der Investments die Investoren noch viel zu stark auf das alte Thema fixiert sind um die neue Anlageklasse zu entdecken. In gewisser Hinsicht ist diese geistige Lähmung der Investoren verständlich. Wie gezeigt, bestehen in anderen Sektoren enorme Unterbewertungen, wenn sich ein bedeutendes Investmentthema seinem Ende zuneigt, weil das ganze Geld während der finalen und manischen Phase des Booms nur in ein Thema fließt. Andere Sektoren des Investmentuniversums werden dann von den Anlegern völlig vernachlässigt. Während einer Investmentmanie wird man deshalb auch oft hören, dass die gedrückten Sektoren „immer runter gehen" und dies auch weiterhin so machen werden.

In meinen Augen ist das Investmentumfeld, in dem wir uns gerade befinden, fast ein Spiegelbild der Periode von 1981/82. Aktien und Renten haben damals einen Jahrhundert-Bullenmarkt betreten, der bis vor kurzem andauerte. Zur gleichen Zeit begannen die Rohstoffe ihren schrecklichsten Bärenmarkt aller Zeiten – ein Bärenmarkt, der mehr als 20 Jahre dauerte und die Preise der Rohstoffe, real gemessen, auf das tiefste Niveau im Kapialistischen Zeitalter brachte – mit dem Ergebnis, dass sie jetzt, in realen Werten, niedriger als jemals zuvor in der Geschichte des Kapitalismus notieren. Der Weg der Rohstoffe zu einem Jahrhundert-Bullenmarkt kann sehr holprig sein, vor allem dann, wenn sich die Weltwirtschaft erneut in 2003 oder 2004 abschwächt. Aber man darf auch den tiefen Einbruch, den die Anleihen in 1984 erfuhren, nicht vergessen. Sie befanden sich bereits in einem mächtigen Jahrhundert-Bullenmarkt, der im Herbst 1981 begann und bis heute andauert; dennoch fand eine harte Marktbereinigung gleich zu Beginn dieser Entwicklung statt. Aktuell gibt es, genau wie 1981/82, viel zu viele Gegenströme. Daher kann alles passieren, wenn die Volatilität in dieser verrückten Phase der Investmentwelt dazu tendiert, sehr hoch zu sein. Auch wenn ich Gold, Silber und alle anderen Rohstoffe langfristig positiv sehe, so habe ich doch keine Ahnung, wie stark eine künftige Korrektur sein kann oder ob wir nicht sogar neue Tiefpunkte in einigen Rohstoffen erleben (trotzdem nicht sehr wahrscheinlich für Gold und Silber – siehe Kapitel 12).

Die Emerging Markets sind – verglichen mit den USA – ähnlich unterbewertet, und ich erwarte eine signifikante Outperformance für diese Vermögensklasse in den nächsten Jahren. Auch Immobilien in ausgewählten, aufstrebenden Volkswirtschaften sehe ich positiv, bin aber in Bezug auf den Fortbestand des Immobilien-Booms in den USA und in Großbritannien skeptisch. Dennoch rate ich Investoren in den nächsten beiden Kapiteln, ihre Erwartungshaltung gegnüber langfristigen Investmenterträgen auf ein reales Niveau zu reduzieren und nicht die Erträge des mächtigen Bullenmarktes, den wir in den späten 90ern in den Finanzmärkten der westlichen industrialisierten Ländern erlebt haben, in die Zukunft zu projizieren.

Kapitel 3

Hüten Sie sich vor hohen Erwartungen

Die Kunst, reich zu werden, besteht nicht im Fleiß, noch weniger in der Sparsamkeit, sondern in einer besseren Ordnung, in Pünktlichkeit und darin, zur richtigen Zeit am richtigen Ort zu sein.
Ralph Waldo Emerson (1803–1882)

Die Geschichte zeigt, dass sich auf sehr lange Sicht keine einzige Anlageklasse und kein Geschäft sehr gut entwickelt haben. Nehmen wir an, dass im Jahre 1000 einer unserer Vorfahren das Äquivalent von nur einem Dollar auf ein Konto gelegt hätte. Ein wenig bescheidener als die heutige Online-Trading-Community und die Investoren von Investmentfonds, die von ihren Geldern jährliche Erträge von über 15 Prozent erwarten, hätte sich unser Vorfahre klugerweise für ein Konto mit nur fünf Prozent jährlicher Verzinsung entschieden und dann sein Kapital bis heute liegen lassen. Nun hat bedauerlicherweise keiner von uns dieses Glück, so kluge Vorfahren zu haben – denn dieser eine Dollar wäre heute bis auf 1.546 Millionen Milliarden (eine Quintillion) US-Dollar angewachsen. Würden wir heute dieses kleine Glück zu nur sechs Prozent anlegen, könnten wir uns über einen jährlichen Vorsteuerertrag von 93 Quintillionen US-Dollar freuen – drei Millionen mal so viel wie das aktuelle Welt-BIP. Da das Welt-BIP im Wesentlichen der Cashflow ist, den man vom Wert aller weltweiten Anlagen erhalten kann, wird aus dieser kurzen Berechnung schnell klar, dass Träume von einer extrem langfristigen Rendite von auch nur fünf Prozent jährlich völlig unrealistisch sind. Ansonsten läge das Welt-BIP nicht bei 30 Bio. Dollar, sondern bei einem Vielfachen: 93 Quintillionen Dollar. Schließlich betrug der zusammengerechnete Wert aller weltweiten Anlagen im Jahre 1000 wesentlich mehr als einen US-Dollar (einige Historiker schätzen, dass im Jahre 1000 das Welt-BIP nach heutiger Dollar-Kaufkraft bei rund 25 Mrd. US-Dollar gelegen hat.) Ganz offensichtlich wurden Wohlstand und Investitionen durch Naturkatastrophen – etwa Erdbeben, Fluten, Dürre, Seuchen, Feuer, Vulkanausbrüche und Tornados – oder Kriege, Revolutionen, Enteignungen, Hyperinflation, Depression, Betrug sowie Wertverlust zerstört.

Die Entdeckungsreisen

Ich will nicht behaupten, dass es in den zurückliegenden 1000 Jahren keine großartigen Investmentmöglichkeiten gegeben hat. Ganz im Gegenteil: Möglichkeiten gab es immer. Das gilt vor allem für die Zeit nach den Entdeckungsreisen zum Ende des 15. Jahrhunderts, die den wirtschaftlichen Wirkungsbereich der Welt dramatisch vergrößert haben. Genauso ließ die Industrielle Revolution zu Beginn des 19. Jahrhunderts eine Vielzahl von großartigen Investments für die Käufer entstehen. Aber leider hat kein großartiges Investment den Test der extremen Langfristigkeit bestanden. Man überlege Folgendes: Im Zeitalter des Prä-Kapitalismus waren die Kriegsführung und die Eroberung neuer Gebiete genauso ein „Investment", wie wenn sich heute ein Unternehmen zusätzliche Anlagen anschafft oder einen Mitbewerber übernimmt mit der Absicht, die Produktionskapazitäten und den Gewinn zu vergrößern. Die Eroberung Mexikos durch den Spanier Hernando Cortez und die Perus durch Francisco Pizarro müssen als die beiden größten Investments aller Zeiten bezeichnet werden. Das vor allem angesichts der Tatsache, wie wenige Soldaten gebraucht wurden, um den Sieg zu erringen, und wie viel Gold und Silber aus der Neuen Welt nach Spanien floss. 1532 nahm Pizzaro den Inca-Monarchen Atahuallpa (der von einer Armee von 80.000 Mann beschützt wurde) mit nur 168 Soldaten gefangen, behielt ihn als Häftling, zwang ihn zur Herausgabe des größten Lösegeldes der Geschichte (einen großen, mit Gold gefüllten Raum) und brachte ihn dann um. Und innerhalb von zehn Jahren erschlossen die Spanier die Silbermine von Potosi (heute Bolivien), aus der das meiste des weltweiten Silbers im 16. Jahrhunderts stammte. Ich habe Zweifel daran, dass sich irgendein Investment jemals dieser Arbeitsproduktivität erfreut hat, die Pizzaro mit seinen 168 Männern erreichte.

Dennoch waren Spaniens „Investmenterträge" in Amerika kurzlebig. Zwischen 1535 und 1560 stiegen die Gold- und Silberimporte stark an und schufen einen gewaltigen Boom – man sagt, dass die Straßen der Stadt Cadiz aus Gold gepflastert waren. Aber danach pendelten die Transporte sich ein und nahmen dann ab, was zu mehreren Pleiten der spanischen Krone gegen Ende des 16. Jahrhunderts und zu einer katastrophalen Depression in Spanien im 17. Jahrhundert führte (diese wurde durch einen 25%igen Bevölkerungsrückgang verschlimmert, die Folge einer Epidemie.

Trotzdem veränderte die Entdeckung Amerikas die Wirtschaftsgeographie der Welt radikal. Die blühenden Wirtschaftszentren Italiens des 14. und 15. Jahrhunderts wie Venedig, Amalfi, Genua und Florenz wurden in die Bedeutungslosigkeit gedrängt, als sich die Handelszentren verlagerten – zunächst nach Lissabon und Cadiz, und später nach Amsterdam und Antwerpen, dann im 18. Jahrhundert nach London.

Ich erwähne das an dieser Stelle, weil wir erkennen müssen, dass sich – als Ergebnis des Zusammenbruchs der kommunistischen und sozialistischen Ideologie und des Endes der Isolationspolitik des indischen Subkontinents – der wirtschaftliche Bereich der Welt enorm vergrößert hat, da drei Milliarden Menschen unserem System des freien Marktes und des Kapitalismus beigetreten sind. Die Tragweite der Übernahme des Kapitalismus in Ländern wie China, der ehemaligen Sowjetunion, Vietnam und Indien darf nicht unterschätzt werden; sie wird die Weltwirtschaftsgeographie ein weiteres Mal radikal verändern (mehr dazu in den Kapiteln 11 und 13).

Dutch East India Company

Ein anderes großartiges Investment war die 1602 gegründete Dutch East India Company, die bevollmächtigt wurde, in Asien als Regierung zu fungieren, in den Krieg zwischen den Spaniern und den Portugiesen einzugreifen und ein Monopol im ostindischen Handel zu sichern. Das Grundkapital von 6,4 Millionen Gulden (das entsprach 64 Tonnen Gold, die heute rund 640 Mio. US-Dollar wert wären) war für diese Zeit riesig, und es war zehnmal größer als das Kapital der zwei Jahre zuvor gegründeten English East India Company. Von Anfang an arbeitete die holländische Firma sehr erfolgreich. Zwischen 1620 und 1720, so wird berichtet, bezahlte sie eine jährliche Dividende von fast 20 Prozent. Aber bereits Ende des 17. Jahrhunderts verließ sie das Glück, und nachdem sie insolvent geworden war, wurde sie gegen Ende des 18. Jahrhunderts von der holländischen Regierung übernommen.

Die Dutch West India Company war weniger erfolgreich. 1624 kaufte sie die Insel Manhattan von den Canarsees-Indianern mit billigem Schmuck und Kleidung im Wert von 24 US-Dollar, doch New Amsterdam blieb unter holländischer Herrschaft ein Dorf von weniger als 1.000 Einwohnern. 1667 wurde es, nachdem es zuvor von den Engländern erobert wurde, in New York umbenannt und verblieb dauerhaft in englischem Besitz – bis zum Vertrag von Breda: Es wurde gegen die Gewürz-Insel Run ausgetauscht, die wegen ihres Muskat-Gewürzes damals eine sehr wertvolle Anlage darstellte.

Auch für die Briten war New York kein großartiges Investment. Als sie 1783 nach einer kostspieligen militärischen Intervention und mehreren zerstörerischen Feuersbrünsten die Stadt evakuierten, betrug die Bevölkerung immer noch weniger als 25.000. Somit verpassten die Briten die enorme kommerzielle Entwicklung, die New York in den folgenden 200 Jahren durchlebte. Das Gleiche gilt für die meisten kolonialen Besitztümer. Mit der Zeit kosteten sie ihre westlichen Mutternationen wesentlich mehr, als diese aus ihnen Nutzen ziehen konnten. Nur sehr wenige brachten befriedigende Ergebnisse ein, so wie Haiti für die Franzosen und Angola für die Portugiesen, aber jeweils nur, wie in Peru, für kurze Zeit.

Modeerscheinungen des Investments

In den frühen Zeiten des Kapitalismus erwiesen sich viele Modeerscheinungen des Investments als, zumindest vorübergehend, „großartige Investments". Die Mississippi-Company-Aktien stiegen zwischen 1719 und 1720 um das 40fache, um anschließend Pleite zu gehen. Genauso stieg die Aktie der South Sea Company 1720 um das Achtfache, brach aber dann völlig zusammen (siehe Kapitel 12). Von den 190 während der South Sea Bubble im Jahre 1720 in England gegründeten Firmen überlebten nur vier! Die Industrialisierung des 19. Jahrhunderts versprach gewaltige Profite durch Erfindungen, Innovationen, die Erschließung neuer Territorien und die Entdeckung von Rohstoffquellen, Plantagen und neuer Industrien, die zu wiederkehrenden Anlage-Manien führten, unter anderem in Firmen, die in Zollschranken, Kanäle, Eisenbahnen, Minen, Immobilien, Banken oder Elektrizität involviert waren. Aber wieder einmal schufen die meisten Investments in die neuen Industrien nur vorübergehenden Wohlstand, weil mit dem Einsatz der Erfindungen und Innovationen der Prozess der „kreativen Zerstörung" begann. So schafften es die meisten Kanäle und Eisenbahnlinien nicht, anständige Erträge zu liefern, endeten im Konkurs oder mussten umstrukturiert werden.

Meines Wissens bestanden nur drei Kanäle den Test der Zeit: der Erie- (1825), der Suez- (1869) und der Panama-Kanal (1914), obwohl ein Großteil der Profite sich den Investoren entzog. Die Erie Canal Company war anfangs ein großer finanzieller Erfolg, doch später litt sie unter dem Wettbewerb durch die Eisenbahnen (siehe auch Kapitel 4). Die erste Panama Canal Company ging pleite und verfehlte es, ihre Unternehmung zu vervollständigen. Der Suezkanal war ein finanzieller Erfolg, wurde aber 1955 von Oberst Nasser verstaatlicht (zur selben Zeit fiel der Aktienmarkt in Kairo, nach Marktkapitalisierung der viertgrößte Aktienmarkt auf der Welt vor dem Zweiten Weltkrieg, auf null). Genauso gingen die meisten Eisenbahnunternehmen auf der Welt früher oder später bankrott oder wurden verstaatlicht. Sie brachten den Investoren im Endeffekt nur riesige Verluste ein.

Das 20. Jahrhundert schuf eine weitere Welle von großartigen, wenngleich auch nur temporären Investmentmöglichkeiten bei Stahl, Stromversorgung, Telefonen, Autos, Chemie, Radio, Luftfahrt, Büroausstattungen, Computer, Einzelhandel, Konsumgütern und kürzlich den Internetunternehmen. In den 20ern wuchsen die Stromversorger-, Auto- und Radiofirmen, und ihre Aktien waren fast genauso „heiß" wie die der Hightech-Firmen Ende der 90er. Aber nach 1929 brachten sie keine befriedigenden Renditen mehr. Von mehr als 200 Automobilherstellern im Jahr 1910 haben nur drei überlebt. Kein einziger US-Radiohersteller von damals ist heute noch auf dem Markt präsent. Der Dow Jones Utilities Average brauchte bis 1965, um sein Hoch aus dem Jahr 1929 zu toppen, war in den ganzen 70ern meistens niedriger als 1929 und ist heute nur rund 50 Prozent höher als zum Gipfel 1929 (zugegebenermaßen zahlten die Versorger bis vor kurzem großzügige Dividenden). Aber man darf nicht vergessen, dass die Stromversorgung in den 20ern eine genauso revolutionäre Industrie war, wie es das Internet heute ist, weil man zum ersten Mal in der Geschichte Fabriken an jedem Ort betreiben konnte – nicht nur in der Nähe von Kohle- oder Wasserkraftquellen. Das veranlasste die Investoren, die Preise auf das 30fache der Gewinne zu treiben, und Ben Graham, ihre Bewertungen als „unglaublich absurd" zu bezeichnen. Was hätte Graham wohl zu den Hightech-Bewertungen gesagt?

In den 50ern, 60ern und bis 1972 boten sich viele großartige Investmentmöglichkeiten in neuen Geschäftsfeldern wie Bowling, Luftfahrt, Discountläden, Katalog-Versandhäusern, Fast Food oder Fertighäusern an. Kleine Geschäftsinvestmentunternehmen (small business investment companies, SBICs) waren bei den Investoren sehr populär, unter anderem, weil sie Steuervorteile boten. Firmen wie Xerox, Avon, Polaroid, Disney, Levitz Furniture, K-Mart, IBM, Burroughs, Digital Equipment, Sperry Rand, NCR, Mohawk Data, Memorex, Addressograph, Bunker Ramo, Dictaphone und University Computing waren für einige Zeit hochprofitable Investments. Aber wie viele haben überlebt, und wenn sie überlebt haben, wie gut lief es für sie seitdem? Die Aktien von Avon und Xerox (heute Fuji-Xerox) notieren heute viel niedriger als 1972, Polaroid meldete Konkurs an (Chapter 11), und IBM, einer der wenigen Überlebenden der ersten Generation von Computerfirmen, notiert nur zweimal so hoch wie damals, wohingegen der Dow mehr als achtmal so hoch steht – selbst nach seinem kürzlichen Verfall.

Fortschritt, Überalterung und Wertverfall

Wenn es ein „ehernes Gesetz" des sehr langfristigen Investierens gibt, dann dieses: Sehr hohe Erträge sind nur kurzfristiger Natur. Das reale, inflationsbereinigte Wachstum des S&P 500 betrug zwischen 1954 und 2001 nur 1,4 Prozent jährlich. Darüber hinaus lag die Rate von US-Unternehmen mit einem Wachstum von 20 Prozent p. a. für einen Zeitraum von fünf Jahren nur bei zehn Prozent, für zehn Jahre nur bei drei Prozent, und keine einzige Firma wuchs währenddessen mit dieser Rate über 15 Jahre! Wettbewerb durch Konkurrenten oder durch neue Erfindungen, Regierungsinterventionen in Form von Besteuerung, Verstaatlichung, Preiskontrollen oder Enteignungen und die Überalterung sind unausweichlich mit dem Fortschritt verbunden: Irgend etwas drückt die überdurchschnittlichen Erträge auf oder unterhalb des Durchschnitts der Gesamtwirtschaft. Das wichtigste Merkmal aller großartigen Investments ist auf lange Sicht, dass sie beginnen, negative Erträge zu erwirtschaften, und schließlich vom Markt verschwinden. Und auf jedes erfolgreiche Vorhaben oder Unternehmen fällt eine höhere Anzahl von Pleiten. Dies ist erforderlich, um die Form der Wohlstandspyramide zu erhalten, mit wenigen „Reichen" an der Spitze und vielen „Armen" am Boden – mehr oder weniger konstant über die gesamte Geschichte.

„Aber was ist mit Immobilien?", würde jemand vielleicht einwerfen. Richtig, hier gab es einige hervorragende, langfristige Investments. Eine Familie, die Grundbesitz in England zu Beginn des letzten Jahrtausends besessen hatte – Eigentumsrechte wurden durch den Beschluss der Magna Carta 1215 gesichert –, könnte auch heute noch im Besitz dieser Liegenschaften sein. Aber viele dieser Besitztümer gingen durch Erbschaftsteuern und kostspieligen Unterhalt verloren. Und wie steht es um den Grundbesitz der amerikanischen Indianer, australischen Aborigines, mexikanischen Azteken und der Stämme in Afrika? Hier liegt kein gutes Investment vor, weil Eroberer und Kolonialmächte den Besitzern ihr Land wegnahmen. Wie ist die Lage in Osteuropa, Russland, China, Vietnam oder Burma? In all diesen Ländern wurden Immobilien im 20. Jahrhundert durch die brillante Idee des Kommunismus (ein weiteres „Neue Ära"-Konzept, das Wohlstand für die Massen versprach) wertlos. Somit hat auch der Grundbesitz, wie die anderen Investments, im Allgemeinen nur über relativ kurze Perioden fabelhafte Erträge eingebracht. In den zurückliegenden 1.000 Jahren haben die meisten Immobilien den Test des sehr langfristigen Invesmenthorizonts nicht bestanden.

Taugt die Kunst als Investment? Wenn Ihre Vorfahren das Book of Kells (heute in der Trinity-College-Bibliothek in Dublin, sicherlich einen Besuch wert) im Jahre 1000 gekauft hätten, so wäre es ein großartiges Investment gewesen – auch wenn es bis heute nicht 1.546 Quintillionen US-Dollar wert wäre (höchstens 100 Mio. US-Dollar). Und für jedes Book of Kells oder jede Gutenberg-Bibel, die überlebt hat, wurden Tausende andere durch Feuer, Krieg, Diebstahl oder Verwahrlosung zerstört. Wie in einer Lotterie beweist die Tatsache, dass jemand einen Gewinn erzielt hat, in keiner Weise die langfristige Leistung und Profitabilität aller Investments.

All dies mag den Eindruck erwecken, dass – so deprimierend es klingen mag – materielle Güter selten für sehr lange Zeit befriedigende Erträge gebracht haben. Aber beachten Sie Folgendes: Sollte der Verdienst eines Investments lediglich an den Erträgen, die es seinen Investoren gebracht hat, gemessen werden – oder sollten nicht auch andere Faktoren in die Berechnung mit einfließen? Eisenbahnen und Kanäle waren kaum großartige Investments, dennoch hat es die Eisenbahnindustrie ermöglicht, neue Territorien für die Landwirtschaft, Fertigung und andere Formen der Nutzung zu erschließen, und sie hat die Urbanisierung auf der ganzen Welt beschleunigt (auf der „dunklen Seite" ermöglichte sie Massendeportationen). Der Suez- und der Panama-Kanal hatten enorme Bedeutung für den Welthandel, und die Luftfahrtindustrie (insgesamt seit Beginn trotz starken Wachstums unprofitabel) führte zu einer Explosion des Tourismus und nicht zuletzt zur Möglichkeit der Übersee-Produktion.

Soziale Nebenprodukte und Spin-offs

Somit waren zwar einige großartige Innovationen und Unternehmungen – im Sinne von Erträgen für Investoren – dürftig, aber sie brachten den Fortschritt und die weltweite wirtschaftliche Entwicklung voran. Tausende von Missionarsschulen auf der ganzen Welt sowie alle Akademien und Universitäten würden sicher in diese Kategorie fallen. Dennoch, so absurd es klingen mag, haben einige Unternehmen und Industrien, die aus der rein ökonomischen Perspektive gesehen nutzlos und unproduktiv aussehen, einen enormen und dauerhaften Nutzen für ihre Gesellschaften gebracht. Man denke nur an die ägyptischen Pyramiden, den Borobudur-Tempel des neunten Jahrhunderts, das Angkor Wat der Khmer und den Copan- und Tikal-Tempel der Mayas. Ursprünglich waren es vielleicht ökonomisch sehr nachteilige Strukturen, aber heute bieten sie einen großen Nutzen als Touristenattraktionen. In der Tat ist es eine ökonomische Ironie, dass sehr große Strukturen – wie die Pyramiden: ökonomisch nutzloser Besitz und zu groß, um von den Invasoren zerstört oder von den britischen oder französischen Kolonialisten gestohlen zu werden – sehr wohl überlebt haben, während produktive Geschäfte letztendlich alle durch Wettbewerb oder Überalterung zerstört wurden.

Auch ist es überraschend, dass ökonomisch unproduktive Industrien, wie Prostitution und Glücksspiel, den Test der Zeit sehr gut bestanden haben. Diese werden auch weiterhin florieren, mit oder ohne Internet, und sie werden niemals veralten. Somit scheinen, so paradox es klingen mag, Dinge, die keinen wirtschaftlichen oder Investitions-Wert haben, die beständigsten zu sein. Es gibt eben kaum Wettbewerb für Dinge, die keinen oder nur einen geringen wirtschaftlichen Wert haben.

Damit komme ich auf die wenigen großartigen und dauerhaften „Geschäfte", die während der gesamten Geschichte florierten. Man könnte sie als die erfolgreichsten „Firmen" bezeichnen: das Judentum, das Christentum, den Islam, den Hinduismus und den Buddhismus. Diese Organisationen überlebten, weil ihre „Geschäfte" nicht auf Investments mit materiellen Gütern bezogen sind, sondern auf die Seele ausgerichtet sind – Aberglaube, Hoffnung, Ängste und Glauben der Menschen. Die menschlichen Charaktereigenschaften veralten niemals. Zufällig vielleicht erging es dem Christentum in Bezug auf das Schaffen und den Erhalt von Wohlstand recht gut. Es erbaute seine Kirchen, Klöster, Schulen, Universitäten und Kathedralen an erstklassigen Standorten und wurden meistens von der Steuer befreit. Mit dem Anwachsen der weltweiten Bevölkerung und dem vermehrtem Sterben der Menschen kam es in die Gunst eines stets steigenden Cashflows. Kirchliche Ausbildung wirkte sich positiv auf die wirtschaftliche Entwicklung und den Fortschritt auf der ganzen Welt aus. Aber in welchem Ausmaß irgendeine Religion zur Wohlstandsschaffung unter den Nationen beiträgt, ist äußerst fraglich –

wenn man an das beständige Chaos denkt, das intolerante Glaubensinterpretationen mit endlosen religiösen Kriegen bis heute geschaffen haben.

Welche Lehren kann man aus all den Investments in den vergangenen 1000 Jahren ziehen? Dass wirtschaftlicher, sozialer und politischer Wandel die einzige Konstante zu sein scheint. Früher großartige Investments ändern sich, werden zerstört oder gehen – auf lange Sicht – Pleite. Dass jeder Unternehmung, Kolonisation, Firma, Erfindung, Innovation, Eroberung oder Fusion, die erfolgreich waren, eine weitaus größere Zahl solcher Investment gegenübersteht, die fehlgeschlagen sind. Und dass es auch das erfolgreichste Investment nicht schafft, auf sehr lange Sicht fünf Prozent Rendite zu erwirtschaften. Deshalb ist es äußerst wichtig, die „richtigen und unterbewerteten Investmentthemen" auszuwählen. Ebenso wichtig ist es, überbewertete und populäre Titel ausfindig zu machen und diese zu verkaufen, da diese zwangsläufig underperformen müssen. Um es in ganz einfachen Worten zu sagen: Man hätte im Venedig des 14. und 15. Jahrhunderts Grundbesitz haben sollen, dann im 16. Jahrhundert in Lissabon, im 17. Jahrhundert in Amsterdam, im 18. in London, dann im 19. an der Ostküste und im 20. Jahrhundert an der Westküste der USA. Genauso hätte man Aktienbesitz in den letzten 200 Jahren von Zeit zu Zeit von dem einen in einen anderen Sektor oder von dem einen in ein anderes Land tauschen sollen: Deutsche Aktien in den 50ern (Länder, die Kriege verlieren, bieten in der Regel bessere Investmentmöglichkeiten als die Länder, die sie erobern – siehe Kapitel 12), US-Growth-Aktien in den 60ern, Öl- und Minenwerte in den 70ern, Japan, Taiwan und Südkorea in den 80ern und US-Aktien in den 90ern. Aus der sehr langfristigen Sicht ist eine Buy-and-Hold-Strategie sicherlich eine reine Verluststrategie.

Es ist richtig, was alle großen Philosophen und Religionsgründer behaupteten: Materielle Güter sind unbeständig; menschliche Sinne, Glauben, Ideen, Ethik, Sinne und Gefühle hingegen ändern sich kaum. Ein Tatsache, die für die beständige Natur der Religionen, philosophische und erzieherische Institutionen genauso gilt wie für periodisch wiederkehrende Investment-Manien. Weniger schön ist natürlich, dass diese Unbeweglichkeit der menschlichen Natur ebenso negative Geschäftsmodelle, Unternehmungen und Institutionen ermöglichte – Kriminalität, Krieg, Völkermord und eine fast unvorstellbare Vielfalt von Schmutz.

Kapitel 4

Eine weitere Warnung an Emerging-Markets-Investoren

So paradox es klingen mag, die Reichtümer von Nationen können an der Härte der Krisen, die sie durchleben, gemessen werden.

Clement Juglar (1819–1905)

Wenn man die internationalen Finanzzeitungen der zurückliegenden Jahre liest, könnte man meinen, dass Emerging-Markets-Investments ein einmaliges Phänomen der 80er- und 90er-Jahre waren, das von W. I. Carr, Vickers da Costa, Templeton, Morgan Stanley, CLSA und Baring Securities „erfunden" wurde. Für einige Zeit dachten die Investoren – beeindruckt von den überragenden Gewinnen in den späten 80ern und frühen 90ern –, dass die Straßen zu den Emerging Markets mit Gold gepflastert seien. Die Emerging-Markets-Portfoliomanager waren damals so populär, wie es die Übernahmekünstler Mitte der 80er oder heute die Hedgefonds-Manager sind. In der Tat waren Emerging Markets Anfang der 90er so populär, dass viele Leute mehr Geld in Asien investiert hatten als in den USA. Ihre Ignoranz gegenüber der Wirtschaftsgeschichte bestrafte sie in den späten 90ern hart, als die Asien-Krise Wohlstand in einem seit dem Zweiten Weltkrieg nicht mehr gesehenen Ausmaß zerstörte.

Ich persönlich war immer an Wirtschafts- und Finanzgeschichte interessiert. Lange Zeit habe ich Erstausgaben von dicken, wirtschaftlichen Wälzern gesammelt. Da Bücher aber recht sperrig sind, habe ich beschlossen, meine Käufe auf Werke über Wirtschaftszyklus-Theorien zu beschränken – ein Thema, das mich besonders interessiert. Der Vorteil alter Bücher ist, dass sie Einblick in die Art und Wei-

69

se geben, wie die Zeitgenossen Ereignisse wahrgenommen haben. Dies kann man der heutigen Sichtweise gegenüberstellen.

Die Wirtschaftswissenschaft ist eine junge und unvollständige Forschungsdisziplin. Vor dem 18. Jahrhundert wurde so gut wie keine wirtschaftliche Literatur veröffentlicht. Aber nach Adam Smiths „On The Wealth Of Nations" von 1776 erschienen zahlreiche wirtschaftliche Aufsätze im Vereinigten Königreich und in Frankreich, die sich hauptsächlich um Themen wie Staatsschulden, Steuerwesen, Freier Handel, Bevölkerungswachstum, Landpacht und Löhne drehten. Die erste bedeutende Arbeit über Wirtschaftszyklen, Clement Juglars „Des crises commerciales et de leur retour periodique en France, en Angleterre et aux Etats-Unis", wurde 1860 veröffentlicht (und mit einer Reihe von Zeitungsaufsätzen in einer zweiten Auflage 1889 wiederveröffentlicht). Etwa zur selben Zeit publizierte der deutsche Wirtschaftswissenschaftler Max Wirth die „Geschichte der Handelskrisen", und Samuel Benner verfasste „Benner's Prophecies", das erste Buch über Rohstoff- und Aktienmarktzyklen.

Der Grund, warum Bücher über Wirtschaftszyklen im letzten Teil des 19. Jahrhunderts erschienen sind, ist ein ganz einfacher: Obwohl Europa und Amerika nach der Industriellen Revolution gewachsen waren, merkten die Menschen, dass auf Perioden schnellen Wachstums immer wirtschaftliche Krisen folgten. Diese Beobachtung brachte auch die Wirtschaftswissenschaftler des frühen 20. Jahrhunderts wie Wesley C. Mitchell, A. C. Pigou, Nikolai Kondratieff und Joseph Schumpeter dazu, sich auf die Betrachtung von Konjunkturzyklen, deren Ursachen und deren Regelmäßigkeit zu fokussieren.

Die aufstrebenden Staaten Amerikas

Laut Mitchells „Business Cycles" (1920) durchlief die Wirtschaft Amerikas in den vergegangenen 110 Jahren 15-mal eine „Krise". Die Liste der Krisenjahre (1812, 1818, 1825, 1837, 1847, 1857, 1873, 1884, 1890, 1893, 1903, 1907, 1910, 1913 und 1920) zeige, dass „diese Zyklen in Dauer, Intensität, in der relativen Bedeutung ihrer verschiedenen Phänomene und in ihrer Phasensequenz weit voneinander abweichen".

Nun könnte man fragen, was amerikanische Wirtschaftszyklen des 19. Jahrhunderts mit den heutigen aufstrebenden Volkswirtschaften in Asien, der ehemaligen Sowjetunion und Lateinamerika zu tun haben. Meiner Meinung nach sind die Schwankungen der amerikanischen Wirtschaft dieser Zeit ein hervorragender Präzedenzfall für die heutigen Emerging Markets – weil Amerika damals der größte Emerging Market der Welt war. Eine Studie der vergangenen Wirtschaftszyklen Amerikas und der wiederkehrenden Krisen könnte uns somit einen Einblick in das aktuelle Umfeld für ein Emerging-Markets-Investment verschaffen – und gleichzeitig mit dem Märchen, dass man in aufstrebenden Volkswirtschaften auf einen Schlag reich werden könne wie zu Beginn der 90er Jahre, und ebenso mit dem Desinteresse an diesen Märkten nach ihrer schwachen Entwicklung in der zweiten Hälfte der Dekade aufräumen.

Aufstrebende Volkswirtschaften und Industrien konnten immer mit gewaltigen Geschäftszyklen von Wohlstand und Depression in Verbindung gebracht werden. Deshalb ist es sinnvoll, zuerst einen Blick auf die aufstrebende amerikanische Volkswirtschaft im 19. Jahrhundert zu werfen, bevor diese Zyklen in den Kapiteln 6 und 7 näher betrachtet werden. Je tiefer man in dieses Thema einsteigt, desto mehr Ähnlichkeiten kommen ans Tageslicht. So haben die USA beispielsweise ein schnelles Bevölkerungswachstum erlebt und eine bedeutende Transformation von einem überwiegend landwirtschaftlichen Produzenten zu Beginn des 19. Jahrhunderts zum weltgrößten Hersteller von Industriegütern gegen Ende des 19. Jahrhunderts durchlaufen.

Im Jahr 1790 waren die USA eine Nation mit weniger als vier Mio. Einwohnern, die über ein riesiges Land verstreut waren (im Vergleich zu den 180 Mio. in Europa, den 190 Mio. in Indien und den 320 Mio. in China). Nur sieben Städte hatten mehr als 5.000 Einwohner, und zwölf überstiegen die Marke von 2.500. Die anderen 3,7 Mio. Einwohner lebten auf dem Land. Während der ersten Hälfte des Jahrhunderts wuchs die Bevölkerung mit durchschnittlich 3,5 Prozent p. a. (hauptsächlich als Folge der Einwanderung), dieses Wachstum verlangsamte sich aber auf zwei Prozent in der letzten Dekade vor dem Jahr 1900 (siehe Tabelle 1).

1885 erreichten die USA, die zu Beginn dieses Jahrhunderts kaum Industrien besaßen, 60 Mio. Einwohner und waren, was die Industrie betrifft, auf der Welt führend, indem sie 28,9 Prozent der weltweiten Industriegüter fertigten. Britannien lag mit 26,6 Prozent an zweiter Stelle und Deutschland mit 13,9 Prozent an dritter. Amerikas Aufstieg zu dieser weltwirtschaftlichen Bedeutung ist, vom wirtschaftshistorischen Punkt betrachtet, einzigartig – und heute ist es der Traum eines jeden Emerging-Markets-Investors, die nächste Wachstumsstory à la Amerika im 19. Jahrhundert ausfindig zu machen.

Aber Amerikas Weg vom sehr bescheidenen Anfang zur noch nie dagewesenen wirtschaftlichen Dominanz und zum Wohlstand war nicht geradlinig und mit

Tabelle 1
DAS AMERIKANISCHE WUNDER
US-Bevölkerungswachstum 1790–1900

Zählungsjahr	Gesamtbevölkerung	Anstieg zur vorhergehenden Zählung (%)
1790	3.929.625	-
1800	5.308.483	35,1
1810	7.239.881	36,4
1820	19.638.453	33,1
1830	12.866.020	33,5
1840	17.069.453	32,7
1850	23.191.876	35,9
1860	31.443.321	35,5
1870	38.558.371	22,6
1880	50.155.783	30,1
1890	62.947.714	25,5
1900	75.994.575	20,7

Quelle: *A Century of Population in the United States 1790–1900*, US Department of Commerce and Labour, Washington, 1909

Gold gepflastert – erst recht nicht für ausländische Investoren. Eigentlich war er von einer Vielzahl heimtückischer, auch für erfahrene Fahrer unvermeidbarer Schlaglöcher übersät. Außerdem waren Teile dieses Weges von allen Arten von Banditen und korrupten Bürokraten kontrolliert, die clever genug waren, dem naiven und leichtgläubigen Reisenden das Geld aus der Tasche zu ziehen.

Im 19. Jahrhundert war das Wirtschaftswachstum in Amerika eng mit der Baumwollindustrie (vor allem im Süden), dem Bau von Kanälen und Eisenbahnlinien über den Kontinent (die den Westen geöffnet haben), der Ausbeutung der großen, natürlichen Ressourcen (z. B. die Goldfunde in Kalifornien), der Entwicklung der neuen Landgebiete und dem Aufstieg der Stahlindustrie verbunden.

In der ersten Hälfte des 19. Jahrhunderts wuchs die Baumwollindustrie sehr schnell, und der Wohlstand des Südens hing größtenteils von guten Ernten und hohen Preisen ab. Mit der Erfindung der Baumwollpflückmaschine durch Ely Whitney im Jahr 1793 wurde der Süden zu einer hoch spezialisierten Region der Baumwollproduktion, und die schnell wachsenden Einnahmen, die man über den Export erzielte, wurden zum Kauf von Lebensmitteln aus dem Westen und von Industrieprodukten sowie Dienstleistungen aus dem Nordosten verwendet. Während die gesamten USA um 1800 kaum Baumwolle herstellten, produzierten die Plantagen 1860 fünf Sechstel des weltweiten Angebots (2.300 Millionen Pfund). Für den Süden war diese Industrie damals mindestens genauso wichtig wie die Ölindustrie heute für den Mittleren Westen und sicherlich wirtschaftlich bedeutender als die landwirtschaftlichen Sektoren heute in Ländern wie Neuseeland oder Australien.

So wie das Schicksal des Südens vom Baumwollpreis abhing, so erging es auch der US-Industrieproduktion hauptsächlich im Nordosten und den US-Importen. In den frühen 1830ern hatte der Baumwoll-Boom einen günstigen Einfluss auf die gesamte Wirtschaft. Das Einkommen aus dem Baumwollhandel stieg von 25 Mio. US-Dollar 1831 auf 71 Mio. US-Dollar 1836. Aber als 1837 die Preise zu fallen begannen, schrumpften das Einkommen und die Konsumfähigkeit des Südens, was wiederum der Industrieproduktion im Nordosten, wie auch dem Import von Luxusgütern aus Europa, schadete. Die harte Depression von 1837 bis 1842 beruhte in gewissem Umfang auf dem Verfall des Baumwollpreises um 70 Prozent (siehe Abb. 1). 1879 waren die Baumwollpreise nicht höher als 1826.

Immer wenn eine Wirtschaft von einem einzigen Rohstoff abhängig ist – man denke nur, abgesehen von Baumwolle und den USA, an die Elfenbeinküste und Kakao, an den Mittleren Osten und Öl, an die heutigen, riesigen Finanzmärkte des Westens –, wird der Wirtschaftszyklus sehr stark mit den Preisbewegungen dieses Rohstoffs korrelieren. Steigende Preise werden einen „Ausflug in den Wohlstand" bringen und fallende Preise unausweichlich zu unterdurchschnittlichem Wachstum oder in einen „Ausflug in die Depression" führen.

Abbildung 1

DIE BAUMWOLL-BLASE – GEPLATZT
New Yorker Preise für Middling Upland Cotton, 1826–1882

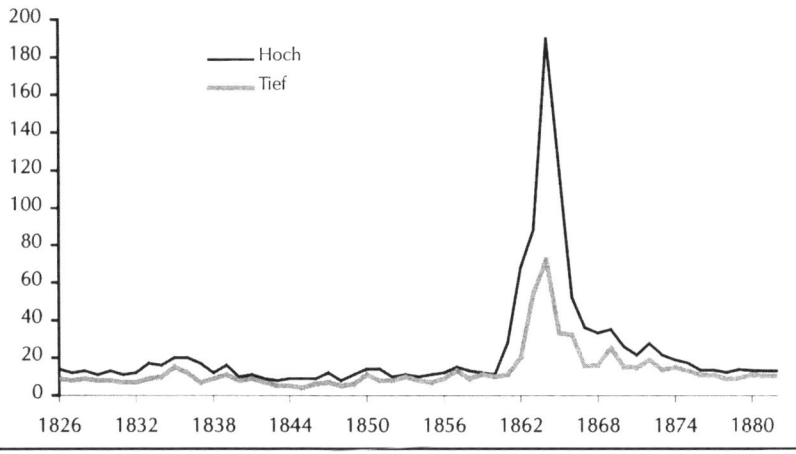

Quelle: Samuel Benner, *Benner's Prophecies*, Washington, 1884

Der Grund, warum ich an dieser Stelle die US-Baumwollindustrie anführe, ist folgender: Obwohl sie sehr schnell expandierten, gingen viele Baumwollerzeuger Pleite, weil sie zu hohe Preise für den Grund und Boden bezahlten. Das Vertrauen des Südens in Baumwolle und die zum Anbau eingesetzte, billige Sklavenarbeitskraft führten denn auch zum Bürgerkrieg. Außerdem waren Baumwollfabriken damals genauso populär bei den Konsumenten wie Videorekorder, Farbfernseher, Mobiltelefone und Soft Drinks es heute sind. Investoren, die in Emerging Markets oder in schnell wachsenden Industrien oder Technologien investieren, dürfen diesen Punkt niemals übersehen. Auch wenn eine Industrie langfristig schnell wächst, ändert sich nichts an der Tatsache, dass die Preise fallen, wenn sich die Märkte für die Produkte verschlechtern – was nicht nur für die Eigentümer, sondern auch für die Lieferanten und Gläubiger schmerzhafte Folgen hat! Heute will jede aufstrebende Wirtschaft durch den Export von industriellen Konsumgütern, elektronischen Komponenten und Halbleitern wachsen. Aber das bedeutet nicht, dass jede Industrie Jahr für Jahr erfolgreich sein wird. Haushaltselektronik, PCs, Mobiltelefone, Nike-Schuhe, Soft Drinks und Bekleidung sind heute keine anderen Rohstoffe als Baumwolle im 19. Jahrhundert, und diese Branchen sind somit in Zeiten von Überproduktion und Preisverfällen sehr anfällig.

Aber was ist mit Infrastrukturinvestments? In den vergangenen Jahren wurden Infrastrukturprojekte, vor allem in China, bei der internationalen Investmentgemeinde sehr beliebt. Aber die Geschichte des Kanal- und Eisenbahnbaus in den USA im 19. Jahrhundert sollte den vorherrschenden Enthusiasmus ein wenig dämpfen. Denn langfristig haben die Investoren mehr Geld verloren, als sie verdient haben.

Anstoß für den Kanal-Boom in den USA, der von 1820 bis 1836 dauerte, war die Fertigstellung des 364 Meilen langen Erie-Kanals 1824. Der Erie-Kanal verkürzte die Reisezeit und verringerte die Verschiffungskosten für Reisen von Detroit, Cleveland und Buffalo nach New York um 90 Prozent. Neun Jahre später umging der Welland-Kanal die Niagara-Fälle und verband die Großen Seen mit dem St. Lawrence River. Die Wasserwege waren äußerst erfolgreich, weil sie es ermöglichten, Getreide von den großen Seen nach New York zu bringen. Genauso verbanden sie New York mit dem Hinterland und seinem riesigen wirtschaftlichen Potenzial und machten die Stadt zur finanziellen und kommerziellen Metropole der Union (vor 1820 hatte Philadelphia mehr Einwohner). Dieser günstige Einfluss auf New York verursachte eine regelrechte Kanal-Manie, weil jede Stadt und jeder Staat, der ein oder mehr Gewässer hatte, Kanäle plante oder baute, um diese miteinander zu verbinden – in der Hoffnung, ebensolchen Erfolg zu haben. Der amerikanischen Kanalbau-Boom von 1820 bis 1836 regte auch die Phantasie der europäischen Emerging-Markets-Investoren an, und die Nachfrage nach amerikanischen Kanal-Anleihen und -Aktien war so groß, dass es nicht genügend Emissionen gab, um sie zu befriedigen. Als der Morris-Kanal und die Banking Company sich am Kapitalmarkt eine Million US-Dollar besorgten, war die Nachfrage so groß, dass sie auch 20 Millionen hätten auftreiben können. Der Großteil der Nachfrage kam aus England. Kanäle waren damals offensichtlich genauso populär, wie es die Internet-Aktien gegen Ende der 90er waren.

Mit dem Baumwoll- und Kanal-Boom ging eine wilde, spekulative Orgie bei Immobilien und Bank-Aktien einher. Zwischen 1830 und 1837 bekamen 347 neue Banken ihre Lizenz, die häufig von Leuten mit sehr fragwürdigem Hintergrund und ohne jede Bankerfahrung geführt wurden. Diese Banken ermöglichten es den Spekulanten, Land zu aufgeblähten Preisen in öffentlichen Auktionen auf Kredit zu kaufen. Der öffentliche Landverkauf stieg von 4,7 Mio. Morgen im Jahr 1834 auf 12,6 Mio. Morgen im Jahr 1835 und auf 20 Mio. Morgen im Jahr 1836, während sich die Landpreise in den meisten Teilen des Ostens und Südens mehr als verdoppelten – auch wenn sich das lächerlich im Vergleich zum Standard in Hong Kong in den 90ern ausnimmt. Der Land-Boom in Chicago in den frühen 1830ern wurde sehr gut dokumentiert. Bis dahin war Chicago relativ unbekannt, und die Grundstücke dort waren wesentlich billiger als Immobilien an der Ostküste. Aber die Planung des Illinois-Michigan-Kanals weckte ein riesiges spekulatives Interesse für Land in Chicago. Innerhalb weniger Jahre stiegen die Preise um rund das 100fache. Der Kanal sollte den Hafen von Chicago und den Michigan-See mit dem Illinois River verbinden, der bei St. Louis in den Mississippi fließt. Der Bau begann 1836 – zur selben Zeit erreichten die Landpreise in Chicago ihren Gipfel. Nach der 1837er-Krise, in der die Aktienpreise kollabierten (siehe Tabelle 2), stürzten die Grundstückspreise in Chicago um 90 Prozent ab. Es dauerte zehn Jahre, um den Kanal fertig zu stellen, weil der Bau während der Depression von 1837 bis 1842 stillstand: Der Staat Illinois, der mit riesigen Schulden und einer schlechten Wirtschaftslage zu kämpfen hatte, konnte seinen Verpflichtungen nicht nachkommen– genauso wie acht andere Staaten. Mit der Fertigstellung des Kanals wurde Chicago zu einer bedeutenden Transportdrehscheibe – aber viele Investoren hatten mit ihrem Handel ihr letztes Hemd verloren.

Wie der erste Boom in Amerika endete, sollte für Emerging-Markets-Investoren von Interesse sein: 1836 fielen die britischen Reserven um fast 50 Prozent, weil

Gold nach Amerika abfloss und dort in amerikanischen Wertpapieren investiert wurde. Die Bank von England wurde somit gezwungen, den Diskontsatz zweimal anzuheben, was zu einer monetären Panik in England und zur Schließung einiger Banken führte. Diese höheren Zinssätze in Britannien (der Tagesgeldsatz stieg 1837 auf ca. 15 Prozent) reduzierten die Nachfrage nach amerikanischen Wertpapieren quasi über Nacht – und das genau dann, als die Geldnachfrage in Amerika am höchsten war.

Das plötzliche Ausbleiben ausländischen Kapitals traf die USA extrem hart. Alle amerikanischen Banken mussten Zahlungen in Hartgeld aussetzen, und zwischen 1837 und 1839 gingen mehr als 1500 Banken bankrott. Diese Krise wurde durch einen starken Preisverfall bei Baumwolle (siehe Abb. 1) noch verstärkt, woraufhin viele Spekulanten Pleite gingen, was wiederum zu einem rapiden Verfall der Nachfrage nach Konsumprodukten aus dem Süden führte. Bis zum Herbst 1837 wurden neun Zehntel der Fabriken im Osten geschlossen. Die „Hard Time Depression" von 1837 bis 1841 war in der Tat extrem hart. Sie hatte auch einen sehr negativen Einfluss auf Europa, vor allem auf England, weil das viele Geld, das in amerikanischen Kanälen, Banken und Immobilien investiert war, wertlos wurde. Tabelle 2 gibt eine einprägsame Vorstellung von der Stärke der Baisse bei Finanzanlagen, die auf den Wohlstand folgte – eine direkte Folge von steigenden Baumwollpreisen, übermäßiger Geldschöpfung und euphorischen Käufen von amerikanischen Wertpapieren durch Ausländer.

Tabelle 2

WIE ZAHLEN SICH WANDELN
Preise ausgewählter Aktien, 1837 und 1841

Papier	Hoch 1837	25. November 1841
United States Bank	122	4
Vicksburg Bank	89	5
Kentucky Bank	82	56
North American Trust	95	3
Farmers' Trust	113	30
American Trust	120	0
Illinois State Bank	80	35
Morris Canal	75	0
Patterson R R	75	53
Long Island R R	60	52

Quelle: Sereno Pratt, *The Work of Wall Street*, und Robert Sobel, *Panic on Wall Street*

Vom wirtschaftshistorischen Standpunkt aus gesehen waren die Krise 1837 und die nachfolgende Depression (die in Europa als die „Hungrigen 40er" bekannt sind) interessant, weil sie zum ersten Mal eine internationale Tragweite aufwiesen. Die Krise wurde durch ein Ereignis außerhalb der USA ausgelöst, nämlich das Anheben des Diskontsatzes in Britannien. Dies reduzierte den Geldfluss von Europa in die USA und führte zur ersten Pleitewelle bei amerikanischen Banken. Der Katalysator der Asien-Krise 1997 war ebenso ein Umschwung in den Erwartungen der ausländischen Investoren, die nicht länger bereit waren, die steigenden Handelsbilanzdefizite der asiatischen Länder zu finanzieren (siehe Kapitel 9).

Dies ist ein sehr anschauliches Beispiel dafür, wie schnell ein Umschwung in den Erwartungen der Investoren die genannte Schüssel von einer zur anderen Seite kippen kann (Kapitel 2) – mit der Folge einer Geldknappheit in einer Region oder einem Sektor, wenn der Geldfluss sich verändert. Mit der Globalisierung sehen wir, dass gegen Ende einer Wirtschaftsexpansion (die normalerweise auch die manische Phase ist) die Ausländer die treibende Kraft für den Boom sind. Wenn sie, warum auch immer, ihre Nachfrage nach Vermögenswerten, die sie kaufen, reduzieren oder alle zusammen aus dem Markt aussteigen, ist eine Krise die unausweichliche Folge.

Eine Erholung fand Mitte der 1840er statt, und sie wurde stärker. Dies resultierte hauptsächlich aus dem Bau von Eisenbahnlinien, die eine führende Rolle bei der wirtschaftlichen Entwicklung im 18. Jahrhundert spielten und auch die nächste Krise verursachten. Abb. 2 zeigt, dass 1835 ein Mini-Boom stattfand – aber im Vergleich zum geschilderten Kanal-Wahnsinn hatte er nur geringen Einfluss auf die Wirtschaft.

Aber nach 1848 weitete sich der Bau von Eisenbahnlinien schnell aus, kurbelte die Wirtschaft an und führte zur ersten Einsenbahnlinien-Manie in der Mitte der 1850er sowie zur anschließenden Krise 1857. Es gab noch zwei weitere Gründe für den wirtschaftlichen Aufschwung und den Boom der 1850er: Die Baumwollpreise kletterten allmählich (siehe Abb. 1) wieder nach oben, und die Baumwollproduktion stieg von 2,1 Mio. Ballen im Jahr 1850 auf 4,5 Mio. Ballen im Jahr 1859. Auch wurde der Eisenbahnlinienbau durch den Goldfund auf dem Grundbesitz des Schweizers Johann Sutter im Sacramento Valley in Kalifornien angetrieben. Tabelle 3 zeigt, wie die Goldproduktion nach 1847 anstieg und mit dazu beitrug, die wirtschaftliche Expansion zu finanzieren und einen riesigen Grundstücks- und Einsenbahnbau-Boom in Kalifornien auszulösen.

Abbildung 2

EISENBAHNSPITZEN
Eisenbahnmeilen in den USA

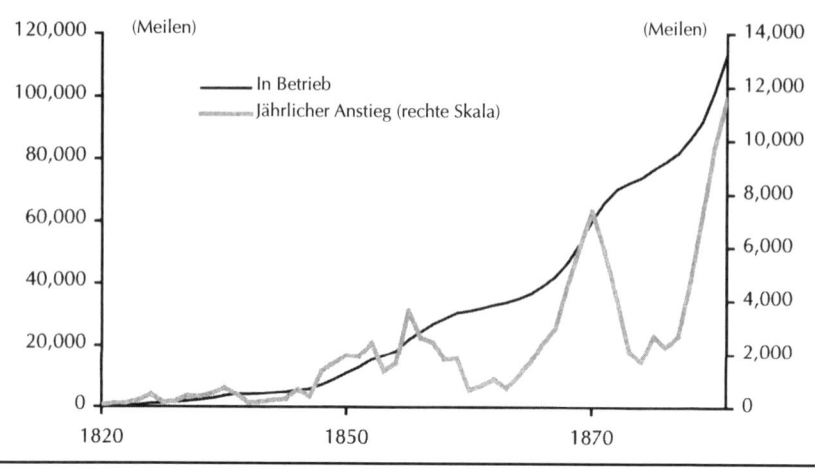

Legende: In Betrieb — Jährlicher Anstieg (rechte Skala)

Quelle: Samuel Benner, *Benner's Prophecies*, Washington, 1884

Tabelle 3

IN THEM THERE HILLS ... IRGENDWO DA DRAUSSEN ...
Goldproduktion, 1847–1856

Jahr	Produktion (1.000 Feinunzen)
1847	43
1848	484
1849	1935
1850	2419
1851	2661
1852	2902
1853	3144
1854	2902
1855	2661
1856	2661

Quelle: *Historical Statistics of the United States*

Die Eisenbahnen in Amerika führten zu einer Verzehnfachung der Roheisenproduktion und zu einer Verdoppelung der Kohleproduktion zwischen 1850 und 1856. Ausländer, die nach dem Kanalbaudebakel 1837 die US-Märkte mit dem festen Vorsatz verließen, niemals zurückzukehren, kauften eifrig US-Eisenbahnwertpapiere und, zum ersten Mal in der Finanzgeschichte Amerikas, spekulative Minen-Aktien, um Kapital aus den erwarteten riesigen Gewinnen durch die Goldfunde zu schlagen. 1853 befanden sich 26 Prozent aller amerikanischen Eisenbahnanleihen in den Händen ausländischer Investoren, die sich vor allem auf die spekulativeren Titel konzentrierten. Einer der interessanten Aspekte des Eisenbahn-Booms von 1850 bis 1957 war, dass er für Investoren bereits lange vor der Finanzkrise 1857 endete. Tabelle 4 vergleicht die Performance von Eisenbahn-Aktien mit der Fertigstellung von Eisenbahnmeilen zwischen 1850 und 1860. Wie man sehen kann, erreichte der Eisenbahnindex bereits im Dezember 1852 sein Hoch, die Fertigstellungen aber erst 1856. Dies lag hauptsächlich an den Kapitaltransfers, die ihr Hoch bei 56 Mio. US-Dollar 1853 erreichten und anschließend bis 1856 auf nur noch zwölf Mio. US-Dollar fielen. Der Grund für die Abschwächung der Überseekäufe waren die Auseinandersetzungen um die Halbinsel Krim (1854 bis 1856) zwischen Großbritannien, Frankreich und der Türkei auf der einen Seite und Russland auf der anderen Seite. Der Krieg entzog Europa Liquidität, führte zu steigenden Zinssätzen und brachte die kontinentale Nachfrage nach amerikanischen Eisenbahn-Aktien zum Erliegen – just zu dem Zeitpunkt, als die Eisenbahnfirmen ihren größten Kapitalbedarf hatten, um ihre Expansion zu finanzieren. Kurz gesagt: Es gab ein großes Überangebot an Wertpapieren auf den amerikanischen Kapitalmärkten, was auf die Preise drückte – wenn auch die Geschäftbedingungen in

Tabelle 4

RECHTZEITIG AUSSTEIGEN
Performance der Eisenbahn-Aktien vs. Eisenbahnbau 1850–1860

Jahr	Alle Aktien umfassender Eisenbahnindex		fertiggestellte Eisenbahnmeilen
	Hoch	Tief	
1850	95	79	1.656
1851	86	87	1.961
1852	110	89	1.926
1853	105	89	2.452
1854	98	74	1.360
1855	80	66	1.654
1856	73	68	3.647
1857	71	39	2.647
1858	61	49	2.465
1859	56	47	1.821
1860	74	48	1.846

Quelle: Smith, Walter & Cole, *Fluctuations in American Business*, 1790–1860

Amerika bis 1857 gut blieben. In der Tat war der Krim-Krieg per saldo sehr günstig für Amerika, weil die Preise für landwirtschaftliche Güter anstiegen und die Industrieproduktion angekurbelt wurde. Für Investoren bedeutet dies, dass Aktienpreise lange vor einem wirtschaftlichen Abschwung oder weit vor Gewinneinbrüchen fallen können, und zwar aus dem einzigen Grund, dass sich die monetären Bedingungen verschlechtern oder einfach weil das Aktienangebot die Nachfrage der Investoren übersteigt.

Der Katalysator für die Krise 1857 war der Ausfall der Ohio Life & Trust Company, die auf Land- und Eisenbahninvestments sowie auf Warentermingeschäfte spezialisiert war. Zusätzlich wurde die Stimmung durch den Untergang des Dampfers Central America am Kap Hatteras mit kalifornischem Gold im Wert von 1,6 Mio. US-Dollar gedämpft – Goldladungen aus Kalifornien brachten immer Vertrauen und Liquidität für die Banken der Ostküste. Die Panik erreichte ihren Gipfel 1857, als 1.415 Banken und viele Eisenbahngesellschaften ausfielen (die New York Mining Exchange wurde ebenfalls geschlossen), und die Krise dehnte sich bis nach London und Paris aus, wo viele amerikanische Wertpapiere aktiv gehandelt wurden.

Ein interessanter Aspekt der Panik von 1857 war, dass hauptsächlich eine Finanzkrise vorlag und der Wirtschaft, vor allem in Bezug auf den Süden, relativ wenig Schaden zugefügt wurde. Während die Exporte amerikanischer Baumwolle 1856 128 Mio. US-Dollar betrugen, stiegen die Einnahmen aus den Baumwollexporten bis 1860 auf 192 Mio. US-Dollar. Die starke wirtschaftliche Entwicklung der Baumwollanbauregionen in einer Zeit, in der sich der Finanzsektor des Nordostens in einer Krise befand, bestärkte den Süden in der Auffassung, dass in einem Konflikt die Wirtschaft ihrer Feinde zusammenbrechen würde – ein Gedanke, der schließlich zum Ausbruch der Kampfhandlungen und des Bürgerkriegs führte. Dies ist ein weiterer Punkt, den Investoren beachten sollten: Eine harte Finanzkrise kann durch eine Reihe von Gründen ausgelöst werden (exzessive Spekulation, wie es in den 1850ern der Fall war, eingeschlossen) und muss nicht unbedingt durch einen allgemeinen, langfristigen Abschwung in der realen Wirtschaft begründet sein.

Die weltweite Krise von 1873

Für Emerging-Markets-Investoren ebenfalls von Interesse sind die Faktoren, die im Vorfeld zur weltweiten Krise von 1873 und zur nachfolgenden Depression führten. Das Ende des amerikanischen Bürgerkriegs (1861 bis 1865) und die deutsche Vereinigung, die eine Folge des französisch-preußischen Krieges (1870 bis 1871) war, verliehen der amerikanischen und der deutschen Wirtschaft enormen Schwung. Beide Ereignisse machten es möglich, gegenüber den Briten und Franzosen aufzuholen, die bis dahin die Industrielle Revolution angeführt hatten. Dies galt insbesondere für Deutschland, dessen Wirtschaft durch die Reparationszahlungen des Französischen Krieges angekurbelt wurde. Max Wirth beschrieb in „Geschichte der Handelskrisen" (1874), wie zwischen 1869 und 1874 ein Neuemissions-Boom über Österreich, Deutschland und Preußen schwappte, der zur Finanzierung von Eisenbahnlinien, neuen Eisen- und Stahlwerken, Immobilienfirmen und Banken gedacht war. In Preußen wurden 1871 259 Firmen und 1872 504 Firmen gegründet, zum Vergleich zu den 34 im Jahr 1870 und zu den 225 seit Beginn des Jahrhunderts (1866 bis 1973 wurde als „das goldene Gründerzeitalter" bekannt).

Die Menschen hatten großes Vertrauen in die Zukunft, weil die Wirtschaft in Europa und in den USA in den späten 1860ern schnell expandierte (zwischen 1866 und 1873 verdoppelte sich der deutsche Pro-Kopf-Eisenverbrauch). Die bullishe Stimmung wurde durch das Verlegen des ersten transatlantischen Kabels (durch Cable & Wireless) und durch die 1873 eröffnete Weltausstellung in Wien weiter verstärkt. Hyndmann, ein zeitgenössischer Ökonom, schrieb damals:

Was die Sache noch verschlimmerte, war die Gründung aller Arten von Bankinstitutionen, die nichts anderes als den Börsenhandel im Sinne hatten. Die eigentlichen Aufgaben von Banken und Firmen wurden aus den Augen verloren, und die Anleger tauchten in den Spekulationsstrudel ab mit keinem anderen Verlangen, als zu spielen und in der Lotterie der Aktienmärkte Geld zu machen. Hypothekenbanken und Baugesellschaften leisteten den Gebäudespekulationen in den großen Städten übermäßig Vorschub, unter dem Berlin und Wien immer noch leiden. Diese Gebäudespekulationen gehörten zu den schlechtesten und ruinösesten aller Geschäfte dieser Zeit. Der Preis für Land wurde auf ein rein fiktives Niveau getrieben, und es wurden extrem viele Kredite vergeben, um das Ödland so eng mit Häusern zu bebauen, dass es, als der Crash kam, unmöglich war, auch nur einen Teil der ursprünglichen Hauptschuld zu begleichen. Die tolle Idee war, in guten Lagen – oder was als gut bezeichnet wurde – Häuser hochzuziehen und von diesen Mieteinnahmen zu kassieren – in einer Höhe, die in neun von zehn Fällen niemals realisiert wurden. Ähnliche Verrücktheiten können in geringerem Um-

> fang auch in London beobachtet werden, und die spekulativen Bauherren, die mit wenig Kapital arbeiteten, mussten von der Hand in den Mund leben, da das Leihen zu Wucherzinsen, um die billig und schäbig gebauten Häuser fertig zu stellen, auch hier zu Hause sehr bekannt ist.
>
> H. M. Hyndmann, *Commercial Crisis of the Nineteenth Century*, London, 1892.

Das wichtigste Ereignis in Amerika in den 1860ern war – abgesehen vom Bürgerkrieg – die schnelle territoriale Expansion in Richtung Westküste, unterstützt durch den Bau der großen, transkontinentalen Eisenbahnlinien (die erste davon war die Union Pacific, die 1869 fertiggestellt wurde). Der Bau der transkontinentalen Eisenbahnlinien führte zu einer weiteren spekulativen Manie, die zum Großteil erneut von ausländischen Investoren finanziert wurde. Zwischen 1860 und 1873 haben sich die in Betrieb genommenen Meilen mehr als verdoppelt (der größte Zuwachs fand zwischen 1870 und 1873 statt; siehe Abb. 2). Ausländer, die im Jahr 1853 51,9 Mio. US-Dollar in Eisenbahnwertpapieren hielten, steigerten ihre Bestände auf über 260 Mio. US-Dollar im Jahr 1872. Aber dieses Mal war die Eisenbahn-Manie nicht auf britische oder amerikanische Eisenbahnwertpapiere beschränkt: Österreich verdreifachte seine Eisenbahnmeilen innerhalb von acht Jahren, und Russland baute 12.000 Meilen in nur vier Jahren. Zusätzlich legten lateinamerikanische Schuldner, allen voran Argentinien, in London und Paris für eine Reihe von Eisenbahnprojekten Fonds auf (im Jahr 1869 hielten britische Investoren 200 Mio. US-Dollar südamerikanische Eisenbahnbau-Anleihen, und diese Investments führten schließlich zur Baring-Krise in den 1890ern). Auch der Suez-Kanal wurde 1869 fertig gestellt und erregte erneutes Interesse im Hochsee-Transportwesen sowie großen Optimismus in Bezug auf den internationalen Handel und wirtschaftliches Wachstum.

Wenn man zeitgenössische Kommentare liest, kann man diesen Optimismus nicht übersehen; er ist vergleichbar der Stimmung zu Beginn der 90er in Bezug auf die aufstrebenden Volkswirtschaften wie China, Indien und Lateinamerika oder der Euphorie unserer „New Economy" vor kurzem, von der man annahm, dass sie von Innovationen und Wissen getrieben wurde. Damals wie heute schien der Himmel die Grenze zu sein, während Risikobedenken hintangestellt wurden. Überall waren Schwindel, Aktienmanipulation, Regierungskorruption und alle Arten von illegalen oder dubiosen Geschäften Praxis, aber niemand beachtete das besonders, wie es McCulloch beschreibt:

Bei der Spekulation, wie auch bei den meisten anderen Dingen, schöpft ein Individuum Vertrauen von einem anderen. Somit kauft und verkauft jemand nicht, weil er wirklich präzise Informationen hat, etwa vom Verhältnis von Angebot und Nachfrage, sondern weil es vor ihm bereits ein anderer getan hat.
J. R. McCulloch, *Principles of Political Economy*, 2nd ed., London 1830

Das Ende des Wohlstands kam im Mai 1873, als die Wiener Börse von einer verheerenden Finanzpanik erfasst wurde, die sich wie ein Buschfeuer nach London, Paris, Wien, Berlin und dann nach New York ausbreitete. Obwohl im Mai 1873 die Weltausstellung in Wien eröffnet wurde, begannen die Aktienkurse bereits im April zu fallen und kollabierten am 8. und 9. Mai vollständig. Innerhalb eines Monats verloren fast alle Bank-Aktien die Hälfte ihres Wertes, und „die Wiener Börse stand förmlich unter der Herrschaft des Schreckens", wie ein Zeitgenosse schrieb. Im September 1873 erreichte die Krise New York. Einem deutschen Verfasser zufolge konnten amerikanische Anleihen in Europa auch dann nicht platziert werden, wenn sie „von einem Engel unterschrieben" waren. Die führende und prestigeträchtigste amerikanische Investmentbank, Jay Cooke & Co. (damals in etwa so bedeutend wie heute Goldman Sachs oder Morgan Stanley), wurde gezwungen, ihre Türen zu schließen und das Geschäft aufzugeben. Die Investmentgemeinde war fassungslos, und es folgte eine Panik, die eine zehntägige Börsenschließung nach sich zog. Auf die 1873er-Krise folgte, anders als bei der Krise von 1857, eine deflationäre Depression, die sechs Jahre andauerte (der Großhandelspreisindex fiel von 133 im Jahr 1873 auf 91 im Jahr 1878). Die meisten im Bau befindlichen Eisenbahnlinien gingen Pleite, und in den Folgejahren der Krise wurden allein in den USA mehr als 20.000 Unternehmenszusammenbrüche im Handel und in der Industrie gezählt. Amerika erlebte die härteste Rezession des 19. Jahrhunderts – ein Einbruch, der beinahe so groß war wie jener der Großen Depression von 1929 bis 1932.

Es gab viele Gründe für den Kollaps von 1873. Der Eisenbahn-Boom machte Kapital unbeweglich und trocknete die Finanzressourcen aus, die Eisen- und Stahlindustrie expandierte zu stark, es gab einen nahezu ungezügelten Aktienhandel, Betrügereien von Aktienverkäufern, korrupte Regierungsbeamte und ausufernde Spekulation in Immobilien – das alles trug zur Panik und zur darauf folgenden Depression bei, die in der ganzen Welt zu spüren war. Wenn man die Werke von zeitgenössischen Ökonomen liest, stellt man fest, dass bereits 1869 die ersten Warnsignale auftauchten. Aber sie wurden im Wirbel der Spekulation ignoriert, da die Geschäftsaussichten weiterhin viel versprechend aussahen, denn es traten viele Länder in den Prozess der Industrialisierung ein. Aber ein Faktor darf in Bezug auf den Kollaps der Aktienblase in Wien, Berlin, London und New York nicht vergessen werden: Eine Flut neuer Aktien und Anleihen kam zwischen 1871 und 1873 auf den Markt. Früher oder später musste dieses Papierangebot die Nachfrage der investierenden Öffentlichkeit übersteigen und die Preise drücken.

Das 19. Jahrhundert war zweifelsfrei eine Periode schnellen wirtschaftlichen Wachstums in Europa und vor allem in den USA, damals die größte aufstrebende Volkswirtschaft. Doch liest man wirtschaftsgeschichtliche Literatur, so kann man nur staunen, wie viel Geld Investoren immer wieder verloren hatten und wie gewaltig Rezessionsphasen waren. Vor allem ausländische Investoren wurde immer und immer wieder zur Kasse gebeten. Das eindrucksvollste Charakteristikum der ausländischen Investoren war, dass sie während des gesamten 19. Jahrhunderts bei den Investment-Modeerscheinungen Nachzügler waren. Sie kauften amerikanische Kanal-, Eisenbahn und andere Industrie-Aktien ausnahmslos am oder nahe am Gipfel des Zyklus. Wenn die Preise niedrig und die Geschäftsaussichten gedrückt waren, waren ausländische Investoren normalerweise abwesend, weil sie sich ihre Finger während des vorangegangenen Booms verbrannt hatten.

Somit hat sich auf dem Gebiet des Investierens in Emerging Markets nichts verändert, und zu meinem Erstaunen scheint niemand aus der Vergangenheit gelernt zu haben. Von Zeit zu Zeit, wie im Falle der aufstrebenden Volkswirtschaften von 1990 bis 1997 und wie im TMT-Sektor gegen Ende der 90er, scheinen die Investoren viel zu optimistisch in Bezug auf die Aussichten einer neuen Region oder einer neuen Industrie zu werden, über die sie normalerweise nur sehr wenig wissen. Wie Bertrand Russell bemerkte: „Der Grad der Emotion verhält sich invers zur Sachkenntnis einer Person – je weniger man weiß, desto ‚heißer' wird man."

Ein Investor, der im 19. Jahrhundert amerikanische Eisenbahn- und Kanal-Aktien (von denen die meisten Pleite gingen) gekauft hat, hätte in den 90ern chinesische Infrastrukturfonds und Telefonfirmen in den abgelegensten Ecken der Welt und später Hightech-Firmen erworben, von deren Geschäft er keine Ahnung gehabt hätte. In den späten 80ern verkündeten die Investoren, dass eine Rezession in Japan unmöglich sei; dieselben Leute meinten Mitte der 90er, dass Südostasien keinen Wirtschaftsabschwung erfahren könne; und noch vor kurzem behaupteten führende Volkswirtschaftler, dass der Wirtschaftszyklus tot sei und die US-Wirtschaft für immer wachsen würde. Aber es sollte klar sein, dass das Investieren in schnell wachsende, aufstrebende Wirtschaften wesentlich komplizierter ist, als es dem oberflächlichen Beobachter erscheinen mag. Somit zeigen sich viel versprechende Einstiegszeitpunkte für aufstrebende Volkswirtschaften, wie es in der amerikanischen Volkswirtschaft des 19. Jahrhunderts der Fall war, genau dann, wenn die ausländische Investmentgemeinschaft unter den Verlusten leidet, die sie erzielt, weil sie für Aktien- und Immobilieninvestments in aufstrebenden Volkswirtschaften zu viel bezahlt hat und schwört, niemals mehr Aktien dieser Vermögensklasse zu kaufen.

Geographische Verlagerungen

Ein letzter Punkt beim Investieren in aufstrebenden Regionen ist folgender: Die Zentren wirtschaftlicher Aktivität verändern sich mit der Zeit, wie im vorangegangenen Kapitel gezeigt wurde. In Tabelle 5 kann man erkennen, dass New England einen relativen Rückgang in der Produktion während der zweiten Hälfte des 19. Jahrhunderts erfuhr, während die Region um die Großen Seen überdurchschnittlich wuchs. Globale Investoren sollten diesen Punkt sorgfältig bedenken: Ökonomisches Wachstum könnte sich von den westlichen Industrienationen zu den aufstrebenden Volkswirtschaften Asiens und der ehemaligen Sowjetunion verlagern und Wohlstandszentren wie das Silicon Valley und Hong Kong auf den Status von Buffalo oder New Orleans herunterschrauben.

Tabelle 5

ARBEIT FOLGT DEM WOHLSTAND
Produktionsarbeitsplätze in Regionen in % des gesamten US-Arbeitsmarktes

	1859	1869	1879	1889	1899	1904	1909	1914
New Enlgand	29,88	26,76	24,31	20,57	18,91	17,87	17,30	16,83
Middle Atlantic	41,66	39,52	42,04	38,69	37,54	36,99	35,82	35,89
Great Lakes	12,09	18,36	19,19	22,29	22,65	22,29	22,73	23,73
South-East	9,80	8,48	7,57	8,90	11,55	1287	13,61	13,05
Plains	2,30	4,79	4,46	6,01	5,41	5,37	5,32	5,10
South-West	0,34	0,37	0,44	0,67	0,79	0,97	1,26	1,30
Mountain	0,03	0,17	0,31	0,49	0,71	0,69	0,82	0,82
Far West*	3,90	1,54	1,70	2,37	2,43	2,93	3,14	3,26

* beinhaltet Goldminen; Quelle: *The Cambridge Economic History of Europe*, Cambridge, 1965

Kapitel 4

Bis hierhin sollte gezeigt werden, dass Geld verdienen nicht so einfach ist, wie es kluge Leute behaupten – indem sie in Büchern schreiben, dass der Dow Jones auf 36.000 und 100.000 Punkte steigen wird und dass eine Buy-and-Hold-Strategie auf lange Sicht in keinem Fall geeignet war, da sich das wirtschaftliche Umfeld auf der Welt beständig verändert. Ein Investor, der im 19. Jahrhundert Kanal- oder Eisenbahn-Aktien gekauft und bis heute gehalten hätte, hätte gar nichts verdient, weil die meisten Kanäle und Eisenbahnlinien im 19. Jahrhundert Pleite gingen. In dieser Hinsicht lohnt es sich, einen Blick auf die Performance von Eisenbahn-Aktien im 19. und im frühen 20. Jahrhundert zu werfen.

Oben haben wir gesehen, dass Eisenbahn-Aktien ihr erstes bedeutendes Hoch im Jahr 1852 erreichten, bevor sie in der Panik von 1853 ihren Boden fanden. Danach erholten sie sich und kletterten 1864 und 1869 auf neue Hochs. Doch die meisten Einsenbahn-Aktien konnten in den 1860ern nicht ihre 1852er-Hochs übertreffen, als das Volumen des Eisenbahnbaus gerade mal ein Viertel von 1856 betrug. Danach zeigte, Benner zufolge, der Trend der Eisenbahn-Aktien bis zum Ende des Jahrhunderts nach unten, auch wenn die in Betrieb genommenen Eisenbahnmeilen zwischen 1852 und 1900 um das 14fache anstiegen (siehe Abb. 2). Ein Großteil der Eisenbahnfirmen gingen nach dem internationalen Aktiencrash

Abbildung 3

WIE EIN STACHELSCHWEIN ...
Aktien-Tiefst- und -Höchstände, 1860–1891

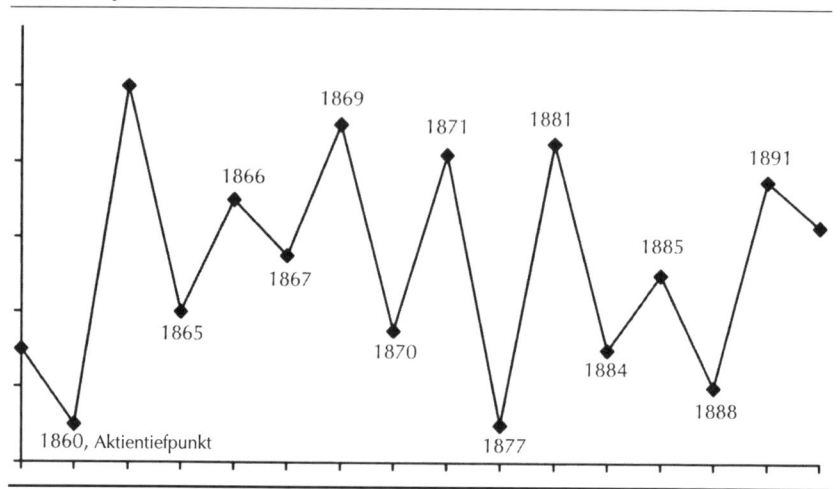

Quelle: Samuel Benner, *Benner's Prophecies of Future Ups ans Down in Prices* (Cincinnati, 1884)

von 1873 und noch mehr in der harten Rezession von 1893 bis 1896 Bankrott. 1893 meldete die New York, Lake Erie & Western Railroad zum vierten Mal Konkurs an, und die Northern Pacific und die Western Railroad folgten schnell. Fünf Prozent der amerikanischen Banken machten in diesem Jahr Pleite, während 30 Prozent der in Betrieb genommenen und zu Unternehmen gehörenden Eisenbahnlinien in Konkurs gingen. Die Depression dauerte bis 1896 und führte bei 90 Prozent der amerikanischen Eisenbahnlinien zu Finanzproblemen. Somit ist es offensichtlich, dass Eisenbahnlinien kein besonders gutes Investment in der zweiten Hälfte des 19. Jahrhunderts waren. Ich möchte hervorheben, dass nicht alle Eisenbahnpapiere zur selben Zeit ihren Gipfel erreichten (die Zusammensetzung des Rail Index wurde natürlich mit der Zeit geändert, da neue Linien eröffneten und alte in den Konkurs rutschten), aber irgendwann zwischen 1852 und 1869 erreichten die meisten Eisenbahn-Aktien den Zenith des Jahrhunderts.

Dies ist ein gutes Beispiel für eine Wachstumsindustrie in der extrem erfolgreichen und schnell wachsenden, aufstrebenden Volkswirtschaft der USA des 19. Jahrhunderts, deren Aktienpreise sich für ein halbes Jahrhundert schlecht entwickelten und gegenüber den Industriewertpapiere im ersten Teil des nächsten Jahrhunderts gravierend underperformten. Abb. 4 zeigt, dass der Dow Jones Average für 20 Eisenbahnlinien Ende 1906 bei fast 140 Punkten einen Gipfel erreichte, aber dann bis auf 70 Punkte im Jahr 1921 fiel.

Was war für die Eisenbahnindustrie seit Mitte des 19. Jahrhunderts schief gelaufen? Eine Reihe von Faktoren kann für die schlechte Entwicklung verantwortlich gemacht werden. Als mehr und mehr Linien eröffnet wurden, litten diese unter einem mörderischen Wettbewerb, und die Frachtraten kollabierten. Der Bau neuer Eisenbahnlinien war sehr kapitalintensiv, und deshalb mussten ständig neue Wertpapiere ausgegeben werden, nicht nur für Amerika, sondern auch für Linien in Europa, Russland und Lateinamerika. Das Angebot neuer Scheine nahm kein Ende und drückte die Preise bereits bestehender Wertpapiere. Die Eisenbahnlinien hatten auch große Anleihenbestände ausstehen, die in der deflationären Phase im letzten Teil des 19. Jahrhunderts zur Last wurden. Das Wichtigste aber war, dass die Interstate Commerce Commission 1887 gegründet wurde und damit begann, die Eisenbahnlinien zu regulieren, die am Handel zwischen den Staaten teilnahmen. Vor allem die Hepburn Acts von 1906 und die Mann-Elkins Acts von 1910 gaben der Kommission die wesentliche Kontrolle über die Raten und hatten somit einen zerstörerischen Effekt auf die Unternehmensgewinne zwischen 1910 und 1921, als sich die Inflation beschleunigte und Preiserhöhungen fortwährend abge-

Abbildung 4

WENN DER DAMPF AUSGEHT
Dow Jones Averages – Eisenbahn-Aktien vs. Industrie-Aktien, 1897–1927

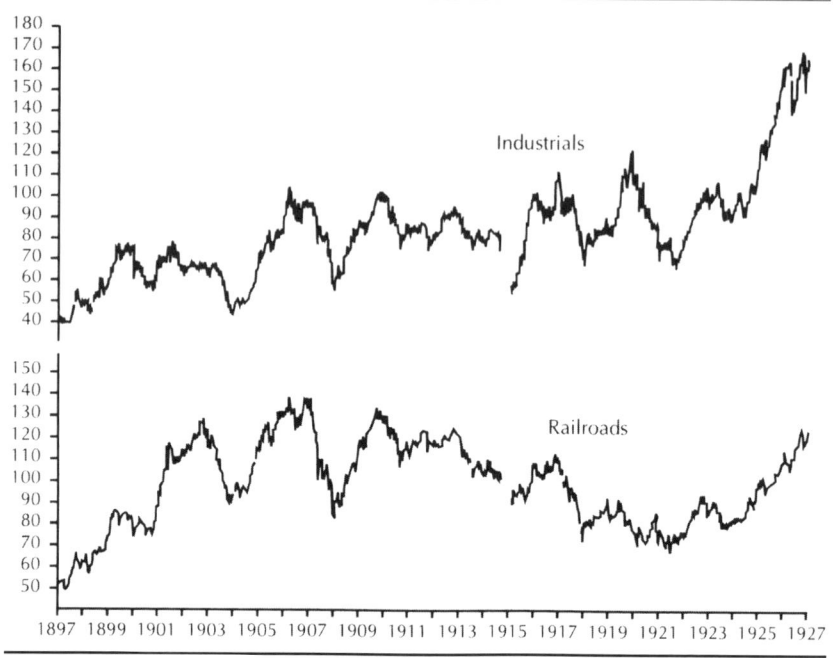

Quelle: Ralph E. Badger, *Investment Principles and Practices* (New York, 1935)

lehnt wurden. Im Ergebnis kollabierten die Gewinne der Eisenbahnlinien bis 1920. Abb. 4 zeigt, wie sich Eisenbahn-Aktien von ihren Hochpunkten im Jahr 1906 aus halbierten und nicht an der starken Rally der Industrie-Aktien von 1918 bis 1920 teilnehmen konnten.

Ich habe zwei Gründe, warum ich die Eisenbahnindustrie diskutiere: Erstens war sie bis in die frühen 20er der mit Abstand größte Industriezweig im Land. 1925 war sie, gemessen am Kapital, immer noch größer als die öffentlichen Versorger und mehr als zweimal so groß wie die Stahlindustrie sowie fast zehnmal größer als die Autoindustrie. Somit kann gesagt werden, dass sich die Aktien des größten Industriesektors Amerikas von der Mitte des 19. Jahrhunderts bis 1921 schlecht entwickelten.

Zweitens bieten die US-Eisenbahnlinien, mit Blick auf den neuerlichen Enthusiasmus vieler zeitgenössischer Investoren für Infrastrukturprojekte und Telefonfir-

5 x Capital testen und 35% sparen!

Ihre Test-Vorteile:

Ein Geschenk für Sie,
das Sie in jedem Fall behalten dürfen.

5 aktuelle Ausgaben Capital.
Frei Haus für nur 9,75 € statt 15,– €.

Plus weitere Abo-Extras:

Capital Vertraulich.
Alle 14 Tage kommt der kostenlose Finanzbrief mit Tipps zur besten Geldanlage direkt aus der Capital-Redaktion.

Exklusiver Online-Bereich.
Exklusiv für Abonnenten mit vielen kostenlosen Specials unter www.capital.de/premium, wie z.B. digitales Heftarchiv, kostenloser Faxabruf, monatlich aktualisierter Capital-Fondkompass etc.

BRESSER Taschenfernglas

So klein, dass es überall reinpasst, mit 8fach-Vergrößerung, voll vergüteter Optik zur Verminderung von Reflexionen, Augenmuschel aus weichem Gummi und Dioptrin-Einstellung. Objektiv: ø 21 mm; Maße: 6 x 3,5 x 9 cm

GRATIS
Ein Geschenk Ihrer Wahl.

Mini-Taschenlampe

Photonentechnik, Lebensdauer bis zu 100.000 Betriebsstunden, intensives blaues Licht
Maße: ca. 6,4 cm lang

CAPITAL
Das Wirtschaftsmagazin

Bitte freimachen, falls Marke zur Hand, oder faxen an: 040 3703-5657!

Antwort

CAPITAL KUNDENSERVICE

20080 HAMBURG

JA, ich teste Capital 35% günstiger.
Als Geschenk, das ich nach Zahlung des Test-Abo-Preises von 9,75 € erhalte, wähle ich:
☐ **BRESSER Taschenfernglas** ☐ **Mini-Taschenlampe**

Name

Vorname _____ Geburtsdatum 1 9

Straße/Hausnummer

Postleitzahl   Wohnort

Telefonnummer

E-Mail-Adresse

☐ Ja, ich bin damit einverstanden, dass Sie mich ggf. per Telefon oder per E-Mail über weitere Gruner+Jahr-Angebote informieren.

Ich bezahle per Bankeinzug (5 Hefte für 9,75 €, danach ½-jährl. zzt. 36,40 €)

Geldinstitut

BLZ   Kontonummer
              ✗
Datum   Unterschrift   **Bestell-Nr. 238 415 H5**

Ich erhalte 5x Capital und Capital Vertraulich für insgesamt 9,75 € statt 15,– € Wenn Sie bis eine Woche nach Eintreffen des 4. Heftes nichts von mir hören, erhalte ich Capital weiterhin 14-täglich für zzt. 2,80 € statt 3,– € pro Ausgabe frei Haus. Ich kann jederzeit schriftlich beim Capital Kundenservice, 20080 Hamburg kündigen – mit Geld-zurück-Garantie für schon bezahlte, aber noch nicht gelieferte Ausgaben. Das Angebot gilt nur, solange der Vorrat reicht, und nur in Deutschland. Alle Preise verstehen sich inkl. MwSt. und Zustellkosten.

Jetzt ausfüllen, abschicken und Gratis-Geschenk sichern.

Noch schneller geht's per

Telefon
040 3703-3803

Fax
040 3703-5657

E-Mail
Capital-Service@guj.de

(Bitte die Bestell-Nummer 238 415 H5 angeben.)

men in den Emerging Markets, einige interessante Einblicke. Es wurde gezeigt, dass die Eisenbahn-Aktien zwischen 1852 und 1869 ihren Gipfel erreichten und sich dann bis 1920 nicht mehr gut entwickeln konnten, obwohl die Industrie und die gesamte US-Wirtschaft weiterhin schnell wuchsen. Daher muss Wachstum per se nicht unbedingt höhere Aktienpreise implizieren. Es scheint, als ob Kapitalnachfrage und -angebot sowie Preiskalkulation und auch ein reguliertes Unternehmensumfeld innerhalb einer Industrie wesentlich wichtiger für Aktienpreise sind. Die kapitalhungrigen Eisenbahnlinien mussten ständig neue Papiere ausgeben, wodurch sich die Nachfrage der Investoren zu einer Zeit, in der die Frachtraten fielen und die Profitabilität litt, erschöpfte (ähnliche Probleme haben die heutigen Telecomfirmen). Auch blieben die Ratensteigerungen im inflationären Umfeld zwischen 1910 und 1920 wegen der eisenbahnunfreundlichen Politik der Interstate Commerce Commission hinter den Kostensteigerungen zurück. Die Politik forderte ihren Tribut.

Ich würde daher als Emerging-Markets-Investor bei Infrastrukturprojekten sehr vorsichtig sein. Diese werden einen riesigen Kapitalbetrag absorbieren, und mit der Zeit wird der Wettbewerb die „Macht der Raten" drücken oder den Telefonfirmen die Fähigkeit nehmen, Gebühren zu berechnen. Und wenn das Preisumfeld günstig oder die Inflation hoch ist, kann man sich sicher sein, dass eine Menge staatlicher oder regionaler Kommissionen die Raten niedrig halten wird. Deren Angestellte – die an US-Universitäten ausgebildet wurden, mit großer Freude die Geschichte der wachsenden Macht der Interstate Commerce Commission gelernt haben und sehr eifrig darin sind, das anzuwenden, was ihnen der westliche Kapitalismus beigebracht hat – werden freudig die Erträge kappen, die die Betriebe in aufstrebenden Volkswirtschaften verdienen könnten, um zu verhindern, dass die Inflation außer Kontrolle gerät – vor allem wenn diese Projekte von Ausländern finanziert wurden. Mit anderen Worten: Ich erwarte für viele Infrastrukturprojekte in aufstrebenden Volkswirtschaften ähnliche Bedingungen, wie sie die US-Eisenbahnindustrie zwischen 1910 und 1920 erfahren musste.

Ich möchte noch erwähnen, dass in den 20ern glücklichere Zeiten für die Eisenbahn-Aktien kamen. Von 1921 bis 1929 stieg der Dow Jones Transportation Average von 70 auf 189 Punkte, während der Dow Jones Industrial Average von unter 70 auf ein Hoch von 386 kletterte, was wieder einmal die Underperformance der Eisenbahnlinien im Vergleich zu den Industrie-Aktien zeigt. Obwohl die Gewichtung der Eisenbahn-Aktien innerhalb des Marktes nicht mehr so bedeutend war wie in den 20ern, ist es doch interessant, ihren völligen Zusammenbruch zwischen 1929 und 1932 zu beobachten, der den Transportation Index auf 13,23 Punkte einbrechen ließ (siehe Abb. 5). An diesem Punkt wurden die Eisenbahn-Aktien nicht nur am Tiefpunkt des gesamten 20. Jahrhunderts, sondern sogar tiefer als zur Panik von 1857 gehandelt – zumindest was die wenigen Linien angeht, die in der Zwischenzeit nicht bankrott gegangen waren.

Mein Vorschlag lautet: Diejenigen Investoren, die glauben, dass Aktien langfristig immer steigen, sollten einmal ernsthaft über die trostlose Performance der amerikanischen Eisenbahn-Aktien zwischen 1850 und 1932 nachdenken, vor allem im Hinblick darauf, dass diese nicht nur die mit Abstand größte Komponente des US-Marktes bis zum Ende des 19. Jahrhunderts waren, sondern auch darauf, dass sie bis ins frühe 20. Jahrhundert die populärste Gruppe darstellten.

Aber die schlechte Entwicklung der Eisenbahn-Aktien bis 1932 war kein Einzelfall. Zwischen 1929 und 1932 fiel der Dow Jones Industrial Average vom Hoch bei 386 auf 41 Punkte. An diesem Punkt war der Dow niedriger als 1914, als der Erste Weltkrieg ausbrach, und in etwa gleich hoch wie 1897! Er stand auch 50 Prozent unter seinem Hoch von 1920 (was einmal mehr zeigt, dass ein nachfolgender Bärenmarkt, nachdem eine Manie einmal beendet ist, alle Gewinne, die sich seit Beginn des Bullenmarkts angesammelt haben, wieder zunichte machen kann).

Abbildung 5

DER TOTALE ZUSAMMENBRUCH
Dow Jones Transportation Average, 1915–1940

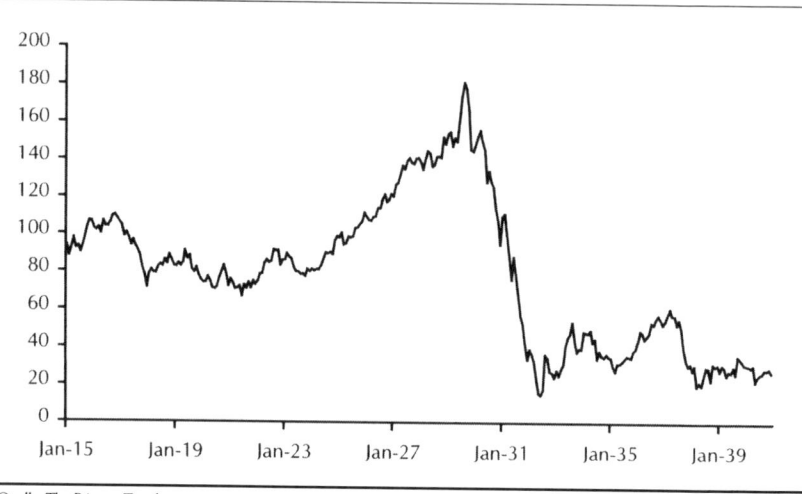

Quelle: The Primary Trend

Hinzu kommt, dass ein Investor, der eine Buy-and-Hold Strategie mit Eisenbahn-Aktien von 1850 bis heute durchgehalten hat, den Auto-Boom der 10er, den Geräte-, Radio-, Film- und Versorger-Boom der 20er, den großartigen deutschen Aktien-Boom der 50er und den höchst einträglichen, japanischen Bullenmarkt nach dem Zweiten Weltkrieg bis 1989 total verpasst hat. Auch konnte er nicht an dem überdimensionalen Anstieg der Hightech-Firmen in den 90ern teilhaben.

Ich möchte nochmals betonen: Jede Volkswirtschaft und jede Industrie durchläuft Zyklen. Diese Zyklen sind vor allem in aufstrebenden Volkswirtschaften, aufstrebenden Industrien und aufstrebenden Firmen gewaltig, die rasch wachsen und sich schnell entwickeln und die deshalb einen großen Kapitalbedarf haben. Gleichzeitig hängt ihre Fähigkeit, Kapital einzusammeln, sehr stark von den Erwartungen der Investoren ab. Wenn die Investoren Vertrauen haben und optimistisch sind, dann bieten sie nicht nur Geld an, sondern zu viel Geld und lösen deshalb zunächst einen Investitions-Boom und eine Investment-Manie aus. Später dann verursachen sie den unausweichlichen Abschwung, weil sich Überkapazitäten aufbauen, da neue Wettbewerber in den boomenden Sektor eintreten. Im Ergebnis unterliegen neue Industrien und aufstrebende Volkswirtschaften den Kräften eines sehr mächtigen Wettbewerbs und des schnellen Alterns in den frühen Phasen des Wachstums. Nach alledem sollte jedem klar sein, dass die Geschwindigkeit der Innovation und das Altern viel schneller in neuen Industrien anzutreffen sind – so wie vor kurzem im Hightech-Sektor – als in den alten Industriezweigen wie der Papier-, Stahl- und der Chemiebranche. Genauso ist die Geschwindigkeit der Veränderung auch in aufstrebenden Volkswirtschaften wesentlich höher – wie wir in Südkorea, Taiwan und Singapur in den vergangenen 30 Jahren und in China seit 1990 gesehen haben – als in entwickelten Volkswirtschaften wie Deutschland und der Schweiz, wo sich die wirtschaftliche Landschaft im letzten Viertel des Jahrhunderts kaum verändert hart.

Die Konsequenz dieser Bedingungen in der sich immer schnell verändernden Weltwirtschaft, in der ganz neue Industrien entstehen und sich neue wirtschaftliche Zentren bilden (Texas im frühen 19. Jahrhundert, Silicon Valley in den 60ern, Shanghai und Bangalore in den 90ern), lautet: Eine Buy-and-Hold-Strategie einer jeden Vermögensklasse ist ein zerstörerischer Plan (siehe auch Kapital 11). Der Investor muss sein Vermögen von Zeit zu Zeit neu ausbalancieren, um zu vermeiden, in einer Industrie oder einem Land vom Abschwung und Verfall erfasst zu werden, und er muss fortwährend ein offenes Auge für neue Möglichkeiten haben, die in neuen Industrien und sich öffnenden Regionen auftreten und dort für eine bestimmte Zeit aufkeimen.

Ich möchte betonen, dass es in dieser Analyse nicht um die Unterscheidung von „growth investing" und „value investing" geht, sondern um folgende Tatsache: Wenn ein Investor in Wachstum mit niedrigen Bewertungen investieren kann, dann sind beträchtliche Kapitalgewinne eher möglich, als wenn er in werthaltige Situationen investiert, deren Wachstumsaussichten nicht existent sind. Und weil, wie gezeigt, aufstrebende Industrien und Länder inmitten sehr starker geschäftlicher Veränderungen wachsen – Boom- und Pleite-Zyklen –, werden billige Vermögensklassen (etwa Immobilien, Aktien oder Anleihen) immer wieder während einer Krisenperiode und während eines wirtschaftlichen Abschwungs auftauchen. Auf der anderen Seite werden die Investoren, wenn sie Vermögenswerte innerhalb der Boom-Phase und während der Investment-Manien kaufen und halten, entweder eine schlechte Entwicklung haben oder alle zusammen Geld verlieren, weil immer eine Pleite und eine Periode der Underperformance folgt, wenn ein Boom zu Ende geht, denn die Objekte des Booms und der Manie verändern sich mit der Zeit.

Mit anderen Worten: Es ist sehr unwahrscheinlich, dass ein Boom in einem Wirtschaftssektor von einem anderen Boom im selben Sektor abgelöst wird. Es ist viel wahrscheinlicher, wie später gezeigt werden wird, dass ein Boom in einem Sektor von einem anderen Boom abgelöst wird, dieser Boom aber in einem anderen Sektor oder einer anderen Region der Wirtschaft stattfindet. Im nachfolgenden Kapitel will ich eine detailliertere Analyse der Möglichkeiten für Investoren vornehmen, von diesen Zyklen in aufstrebenden Volkswirtschaften zu profitieren.

Kapitel 5

Der Lebenszyklus der Emerging Markets

Es ist eine Grundregel, dass es töricht ist, das zu tun, was andere Leute tun, weil es fast immer sicher ist, dass zu viele Leute das Gleiche tun.
William Stanley Jevons (1835-1882)

Nun werde ich mich auf den Aktienmarktzyklus in aufstrebenden Volkswirtschaften konzentrieren. Ich möchte klarstellen, dass neue Industrien, die von revolutionären Erfindungen und Innovationen angetrieben sind, auch „aufstrebende Volkswirtschaften" innerhalb eines makroökonomischen Systems sind. Da aber neue Industrien und aufstrebende Regionen unterschiedliche Antriebskräfte haben, werde ich Geschäftszyklen in Kapitel 6 diskutieren und mich an dieser Stelle auf Aktienmärkte in Ländern konzentrieren, die sich in der frühen Phase der wirtschaftlichen Entwicklung befinden. In vielerlei Hinsicht ähneln Wirtschafts- und Marktzyklen dem menschlichen Lebenszyklus. Zunächst befinden sich Volkswirtschaften und Aktien in einer embryonalen Phase. Dann, wenn sie das Jugendalter erreichen, wachsen sie sehr schnell (eine bullishe Phase), während der sie zu „Unfällen" neigen, das heißt sie durchleben Krisen und erleiden Crashs. Später reifen die Märkte, verlieren einiges ihrer Energie und Volatilität, werden träge und sterben letztendlich (Verfall und Bärenmärkte). Erfreulicherweise gibt es für Volkswirtschaften und Aktienmärkte ein Leben nach dem Tod. Ein neuer Zyklus beginnt, der sich, wie ein Leben nach der Wiedergeburt, sehr stark vom vor-

Kapitel 5

angegangenen Zyklus unterscheidet. Abb. 1 zeigt die verschiedenen Phasen, die ein Emerging Market durchlebt, und Abb. 2 vergleicht diesen Trend mit dem Seoul Composite Index zwischen 1985 und 1998. Einige Worte zur Warnung: Die Phasen sind normalerweise nicht klar erkennbar. Sie tendieren dazu, sehr komplex und

Abbildung 1

DER LEBENSZYKLUS DER EMERGING MARKETS
Eine schematische Sichtweise

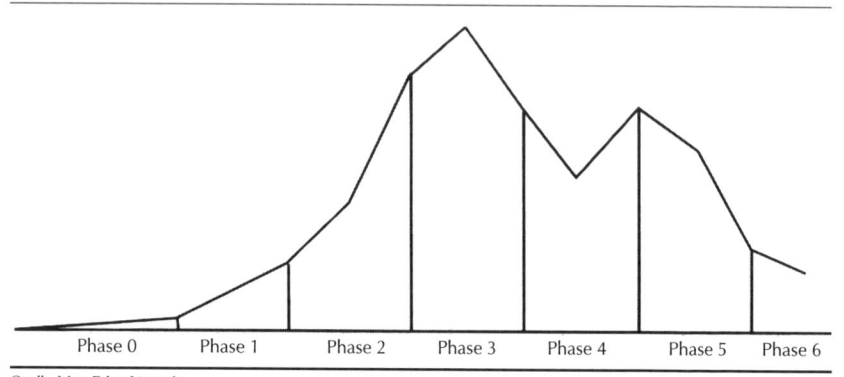

Phase 0   Phase 1   Phase 2   Phase 3   Phase 4   Phase 5   Phase 6

Quelle: Marc Faber Limited

Abbildung 2

EIN KONKRETES BEISPIEL
Seoul Composite Index, 1985–1997

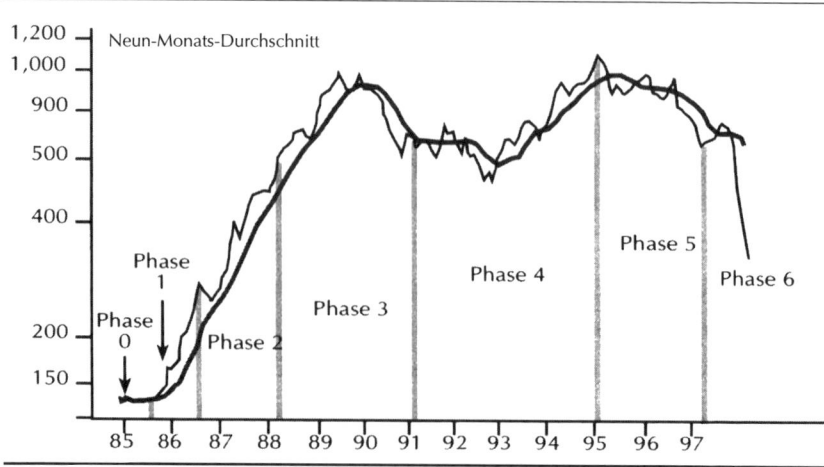

Neun-Monats-Durchschnitt

Quelle: Datastream

verschwommen zu sein, und die meisten Investoren, mich eingeschlossen, wissen niemals wirklich, in welcher Phase der Markt sich gerade befindet. Außerdem findet der Übergang von einer Phase in die nächste nur langsam und schrittweise statt und ist deshalb nicht so klar abgesteckt wie im Bild.

Die sieben Phasen des Lebenszyklus

Die nachfolgende Erörterung konzentriert sich auf Ereignisse, die normalerweise auftreten, und auf die Symptome, die während der verschiedenen Stadien aufstrebender Aktienmärkte sichtbar werden. Diese Ereignisse und Symptome werden sich, abhängig von den Eigenheiten des einzelnen Marktes, in unterschiedlichem Ausmaß zeigen. Offensichtlich ist die Wahrscheinlichkeit zu erkennen, in welche Phase des Zyklus sich der Aktienmarkt hinein bewegt, umso größer, je extremer diese Phasen sind.

Phase 0 – Nach dem Crash
Ereignisse
- Langandauernde wirtschaftliche Stagnation oder langsame Schrumpfung in realen Werten;
- Das reale Pro-Kopf-Einkommen ist seit Jahren gleich geblieben oder gefallen;
- Hohe Arbeitslosigkeit;
- Wenig Investitionen und sich verschlechternde internationale Wettbewerbsbedingungen;
- Die politische und soziale Situation wird instabil (beispielsweise Streiks, hohe Inflation, beständige Abwertung, Terrorismus, Grenzkonflikte);
- Unternehmensgewinne sinken;
- Keine ausländischen Direkt- oder Portfolioinvestitionen;
- Kapitalflucht.

Symptome
- Nächtliche Ausgangssperren;
- Wenig Tourismus (unsicher);
- Hotelbelegung von nur 30 Prozent, seit Jahren keine Hotelneubauten mehr, Hotels werden geschlossen;
- Extrem niedriges Handelsvolumen an den Aktienmärkten – normalerweise 90 Prozent weniger als am letzten Hochpunkt;
- Nach dem vorangegangenen Boom gingen die Aktienmärkte jahrelang seitwärts oder fielen leicht und haben eine solide Basis ausgebildet;
- In realen Werten und im Vergleich zu Preisen anderer Vermögensklassen in der Welt sind Aktien geradezu lächerlich unterbewertet. Gedrückte Wirtschaftsbedingungen überschneiden sich normalerweise mit Boom-Bedingungen irgendwo anders in der Welt. Im Ergebnis sind das internationale Kapital und die heimischen Ersparnisse woanders investiert und vernachlässigen die Volkswirtschaft in Phase 0 total. Natürlich schafft der Kapitalfluss in die Boom-Region sehr niedrige Bewertungen der Vermögensklassen (Aktien, Währungen und Immobilien) in der Phase-0-Region;
- Kaum ein ausländischer Fondsmanager besucht das Land;

- Schlagzeilen in der Presse sind sehr negativ;
- Die Kreditbedingungen sind streng, und das Kreditvolumen schrumpft wegen des hohen Anteils schlechter Kredite, die während des vorangegangenen Booms vergeben wurden;
- Entweder haben noch keine ausländischen Broker ein Büro eröffnet, oder sie sind im Begriff, ihre Büros, die sie während des vorangegangenen Booms eröffnet haben, zu schließen;
- Seit langem wurden keine Länderfonds mehr aufgelegt und keine Research-Reports von Brokern veröffentlicht;
- Auf Investorenkonferenzen hat das Publikum an keinerlei Themen einer solchen Volkswirtschaft, eines solchen Sektors oder einer solchen Vermögensklasse (Rohstoffe eingeschlossen) irgendein Interesse und behauptet, dass so ein Markt sowieso immer nur nach unten geht;
- Investoren behaupten, dass sie in der Vergangenheit viel Geld verloren haben, als sie in diese Phase-0-Märkte investiert haben, und dass sie nicht vorhaben, noch einmal in einen solchen Markt zu investieren;
- Genfer Privatbankiers geben öffentlich bekannt, dass sie niemals auch nur daran denken würden, in solch einen Markt zu investieren.

Beispiele
- Lateinamerika und vor allem Argentinien nach dem Petrodollar-Boom in den 80ern (siehe Abb. 3);
- Der Mittlere Osten vor dem Öl-Boom der 70er;
- Kommunistische Länder nach dem Zweiten Weltkrieg bis in die späten 80er;
- Ein Großteil von Asien ex Japan, neben anderen einschließlich Thailand, den Philippinen und Südkorea zwischen 1980 und 1985;

Abbildung 3

NACH DEM PETRODOLLAR-BOOM
Bolsa Index in USD, monatlich

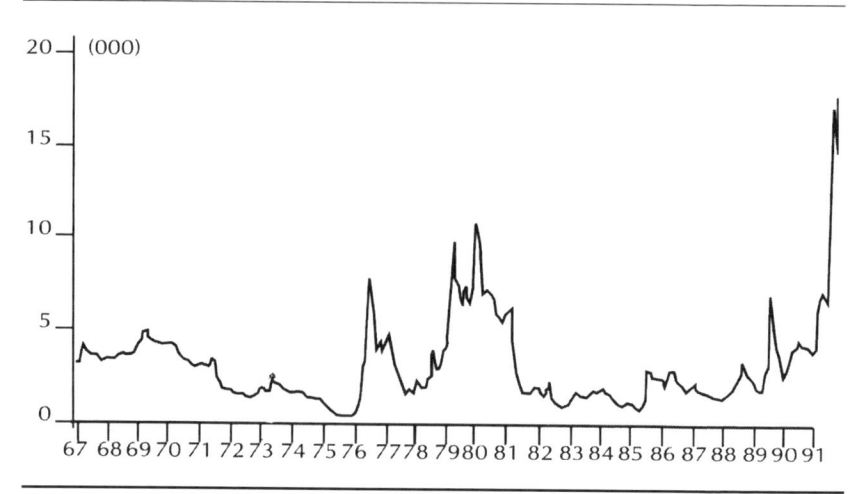

Quelle: Baring Securities

- Indonesien, Thailand, die Philippinen und Malaysia nach der 97er-Krise, bis vor kurzem Südafrika und der gesamte afrikanische Kontinent in den letzten Jahren.

Es ist wichtig zu verstehen, dass die Phase 0 normalerweise in Sektoren und Volkswirtschaften zu finden ist, die zunächst einen Boom erfahren haben, auf den dann eine ernste Krise gefolgt ist. Nachdem die Krise ihren Lauf genommen hat, folgt eine Periode der Investoren-Aversion – eine Folge der Verluste, die sie wegen ihrer schlecht getimten Käufe während des Booms angehäuft haben. Je länger die Phase 0 dauert und je schlechter die Wirtschaftsbedingungen und die finanziellen Vermögensklassen sind, desto höher ist die Wahrscheinlichkeit, dass Phase 1 in Gang kommt. Sie zeichnet sich dadurch aus, dass ein Ereignis eine Verbesserung der wirtschaftlichen und sozialen Bedingungen hervorruft. Damit Phase 1 in Gang kommt, ist ein Katalysator erforderlich, der die Wirtschaft aus ihrer Lethargie in eine – anfangs langsame – Wachstumsphase bringt.

Phase 1 – Der Zündfunke

Katalysatoren
- Soziale, politische und wirtschaftliche Bedingungen beginnen sich zu verbessern (zum Beispiel neue Regierung, Friedensverträge, Annahme der Marktwirtschaft und des kapitalistischen Systems, Einführung von Eigentumsrechten);
- Neue Wirtschaftspolitik (Steuersenkungen und begünstigte Behandlung ausländischer Direktinvestitionen, Zurücknehmen von Kapitalgewinnsteuern, Währungsreformen, Aufheben von Währungskontrollen, Erlaubnis für Ausländer, 100 Prozent eines Vermögensgegenstandes (Immobilien eingeschlossen) zu erwerben, Aufhebung von Handelsbarrieren;
- Externe Faktoren, Entdeckung von Rohstofflagerstätten, Preisanstieg eines wichtigen Rohstoffs, Verwendung neuer Erfindungen und Innovationen;
- Liquiditätsverbesserung auf Grund steigender Exporte, der Rückführung von Kapital und wachsender Mittelzuflüsse ausländischer Portfolios und Direktinvestitionen;
- Der Ausblick für künftige Unternehmensgewinne verbessert sich erheblich, als Ergebnis eines oder mehrerer der oben genannten Faktoren;
- Aufnahme von großen Infrastrukturprojekten, welche die Stromversorgung, Straßentransportkapazitäten und Hafenanlagen verbessern sollen;
- Privatisierung ganzer Industriezweige.

Symptome
- Verbesserung im Kassenbestand und im Wohlstand;
- Konsum, Investition, Unternehmensgewinne und Aktien beginnen zu steigen, während die Kreditkonditionen gelockert werden;
- Aktien beginnen plötzlich zu steigen;
- Tourismus verbessert sich;
- Arbeitslosigkeit beginnt zurückzugehen;
- Wenige weitsichtige ausländische Geschäftsleute interessieren sich für Joint Ventures und andere Direktinvestitionen;
- Einige Contrarian-Fondsmanager beginnen zu investieren;

- Hotelbelegung steigt auf 70 Prozent;
- Ausgangssperren werden aufgehoben;
- Wesentliche Verbesserung in der Stimmung der Wirtschaft und im Vertrauen der Investoren;
- Eine zunehmende Anzahl von Unternehmerfamilien kauft die Aktien ihrer Firmen zurück oder überführt sie komplett in das Privatvermögen, wenn sie auf die niedrige Bewertung aufmerksam werden.

Beispiele
- Mittlerer Osten nach 1973;
- Mexiko nach 1984;
- Thailand nach 1985;
- Indonesien nach 1987;
- China nach 1990;
- Argentinien, Brasilien und Peru nach 1990;
- Russland und Osteuropa nach 1993.

Die Investoren müssen verstehen, dass für den Start von Phase 1 eine „Verlagerung" – wie ein starker Preisanstieg eines wichtigen Rohstoffs, die Anwendung einer wichtigen, neuen Erfindung, plötzlich steigende Exporte oder Veränderungen im Steuer- und Investmentrecht – stattfinden und diese als Katalysator für die Wirtschaft funktionieren muss, durch den neue Investments angeregt werden, die neue Gewinnmöglichkeiten versprechen. Dies hat der brillante Wirtschaftshistoriker Professor Charles Kindleberger wie folgt ausgedrückt:

> ... was auch immer die Quelle einer solchen Verlagerung ist, wenn diese groß genug und durchdringend ist, wird sie den wirtschaftlichen Ausblick durch die Veränderung der Gewinnmöglichkeiten in wenigstens einem wichtigen Wirtschaftssektor umwandeln. Verlagerungen bringen Gewinnmöglichkeiten in einigen neuen oder bestehenden Bereichen und schließen andere gleichzeitig aus. Im Endergebnis versuchen Unternehmen und Privatleute, mit Ersparnissen oder Krediten den Vorteil der Ersteren zu nutzen und sich von Letzteren abzuwenden. Wenn die neuen Möglichkeiten diejenigen, die verlieren, übertreffen, ziehen Investments und Produktion an.
>
> Charles P. Kindleberger, „Manias, Panics and Crashes", New York 1978

Ich kann also nicht oft genug betonen, dass eine neue Führerschaft mit einer Vision für wirtschaftliches Wachstum, politische Einigkeit und soziale Verbesserung normalerweise Wunder wirkt. Ein Beispiel ist Singapur. Unter dem visionären Lee Kwan Yew machte dieser kleine Stadtstaat in den vergangenen 30 Jahren einen riesigen Schritt nach vorne. Oder China unter dem „revolutionären" Deng Xiaoping, der es wagte, die konservativen Kräfte der Kommunistischen Partei herauszufordern und China für die Welt zu öffnen. Dasselbe passiert jetzt in Russland unter Vladimir Putin. Wenn ein Anführer einen Sinn für die Einigkeit und ein Ziel in einem Land entwickeln kann – eine Art wohltätigen Nationalismus –, wird sich das Wirtschaftsklima automatisch verbessern. (Auch wenn der Nationalismus nicht wohltätig ist, wie es im Hitler-Deutschland der Fall war, kann sich die Wirtschaft vorübergehend verbessern.) Große Infrastrukturprojekte und die Einführung gut funktionierender Strukturen in der Legislative und im Handel werden schließlich die Wirtschaft von Phase 0 in die Phase 1 heben, weil sowohl physische als auch legislative Infrastrukturen notwendige Bedingungen für eine effiziente Produktion von Gütern und Dienstleistungen sind.

Wenn letztlich eine Verlagerung von einer umfassenden Kreditexpansion begleitet wird (Kreditinflation), kann ein mächtiger Boom in Phase 2 starten und bis in das frühe Stadium von Phase 3 andauern.

Phase 2 – Der Erholungszyklus
Ereignisse
- Arbeitslosigkeit fällt und Löhne steigen;
- Investitionen in Kapazitätserweiterungen steigen, da man erwartet, dass die Verbesserung der Wirtschaftsbedingungen für immer anhalten wird („Irrtum des Optimismus");
- Große Zuflüsse ausländischer Fonds treiben die Aktien in die Überbewertung;
- Die Kreditexpansion steigt schnell und führt zu einem starken Anstieg in realen und finanziellen Vermögenswerten;
- Immobilienpreise steigen um ein Vielfaches;
- Neuemissionen von Aktien und Anleihen erreichen Rekordmarken;
- Ausländische Broker und andere ausländische Finanzinstitutionen eröffnen Büros;
- Mergers & Acquisitions-Tätigkeit steigt an;
- Inflation beginnt sich zu beschleunigen, Zinssätze steigen.
- Aber es gibt auch Ausnahmen: Wenn Länder gleichzeitig unter Hyperinflation und Depression leiden, führt die Erholung, die normalerweise dann durch eine Finanzreform in die Wege geleitet wird, zu sinkender Inflation und fallenden Zinssätzen.

Symptome
- Die wirtschaftliche Hauptstadt ähnelt einem riesigem Bauplatz;
- Hotels sind voll mit ausländischen Geschäftsleuten und Portfoliomanagern. Viele neue Hotels werden gebaut;
- Die Schlagzeilen in der internationalen Presse sind jetzt sehr positiv;
- Eine große Anzahl von Länderfonds wird aufgelegt. Die Mittelzuflüsse ausländischer Portfolios steigen an;
- Ausländische Broker veröffentlichen eine regelrechte Lawine von dicken, bullishen Länderresearch-Reports;
- Je dicker diese Reports, je mehr Büros eröffnet wurden, je mehr Fonds aufgelegt wurden, desto weiter „hinten" befindet man sich in Phase 2;
- Länder, die sich in Phase 2 befinden, werden bevorzugte Reiseziele.

Beispiele
- Houston, Dallas, Denver und Calgary in den späten 70ern;
- Der gesamte Mittlere Osten, Iran eingeschlossen, zwischen 1978 und 1980;
- Japan zwischen 1987 und 1990;
- Süd- und Nordasien in den späten 80ern;
- Lateinamerika zwischen 1992 und 1994;
- Russland und China heute.

Der Leser ist möglicherweise überrascht, dass ich hier Houston, Dallas usw. als aufstrebende Volkswirtschaften aufgelistet habe. Die Absicht ist aufzuzeigen, dass man nicht allzu dogmatisch mit dem Konzept der „aufstrebenden Volkswirtschaften" sein sollte und man nicht annimmt, dass nur weniger entwickelte Länder in dieser Kategorie fallen. Auch in einer modernen und gut entwickelten Wirtschaft gibt es aufstrebende Industrie- und Dienstleistungssektoren, genauso wie es aufstrebende geographische Regionen gibt, die für eine gewisse Zeit weit stärker wachsen können als der Durchschnitt der ganzen Nation (aber nicht für immer). Im Ergebnis würde ich den Investoren raten, ein offenes Auge für das Konzept des Investierens in „aufstrebende Volkswirtschaften" zu haben und nicht nur weniger entwickelte Länder, sondern auch aufstrebende Teile in entwickelten Volkswirtschaften einzuschließen (siehe Kapitel 6).

Ein wichtiger Aspekt von Phase 2 und 3 ist die euphorische Stimmung, welche die Geschäftswelt erfasst. In Phase 2 ist es üblich, dass die Geschäftsleute dazu tendieren, ihre Gewinnerwartungen zu überschätzen und somit optimistische Irrtümer zu machen, wenn sich die gegenwärtigen wirtschaftlichen Bedingungen verbessern. Der Wirtschaftswissenschaftler A. C. Pigou bemerkte:

Wenn ein optimistischer Fehler gemacht wurde ..., tendiert er dazu, sich als Ergebnis von Reaktionen zwischen verschiedenen Teilen der Wirtschaftsgemeinschaft zu verbreiten und zu wachsen. Dies kommt hauptsächlich durch zwei Einflüsse zustande: Erstens weist die Erfahrung darauf hin, dass, abgesehen von all den finanziellen Verbindungen, welche die unterschiedlichen Geschäftsleute untereinander haben, ein gewisses Maß an psychologischer gegenseitiger Abhängigkeit besteht. Eine Veränderung im Ton in einem Teil der Geschäftswelt verbreitet sich selbst in einer ziemlich unvernünftigen Art und Weise über andere und total unverbundene Teile aus ... Zweitens ... schafft ein optimistischer Fehler in der einen Gruppe von Geschäftsleuten den Grund für bessere Erwartungen in einem Teil der anderen Gruppen.

A. C. Pigou, The Economics of Welfare, London 1920, Seite 233

Da es in einer Gruppe einfacher ist, optimistisch zu sein, weil die Gruppe stark durch das Prinzip der Imitation beeinflusst wird, kann sich eine positive Stimmung in dem engem Kontakt, den Geschäftsleute untereinander pflegen, schnell verbreiten. Moderne Telefone, Internet, CNBC, Bloomberg- und Reuters-Terminals oder CNN haben die Internationalisierung des Investor-Sentiments erleichtert. Großartige Erwartungen schüren den Boom weiter, die kritischen Stimmen werden leiser, und die Urteilskraft in Bezug auf die Geschäftsbedingungen lässt nach. Im Ergebnis wird der optimistische Irrtum größer. Es ist normal, dass Menschen das, was sie sich sehnlichst wünschen, später auch glauben. Wenn sie auf einfache Weise Geld verdienen, werden sie deshalb auch leichtgläubig und leichtsinnig – und sind dabei auch noch glücklich.

Phase 3 – Der Boom
Ereignisse
- Überinvestments rufen Überkapazitäten in vielen Sektoren der Wirtschaft hervor;
- Infrastrukturelle Probleme, Engpässe und übermäßige Kreditexpansion führen durch steigende Löhne und Preise zu starkem Inflationsdruck;
- Der Inflationsdruck muss sich nicht in den Konsumentenpreisen vollziehen. In einem deflationären Umfeld bleiben die Konsumentenpreise konstant, und die Großhandelspreise fallen oftmals. In diesem Fall bleibt die Geldpolitik locker, Kredite wachsen wesentlich schneller als das BIP, und die Inflation ist in Vermögenspreisen wie Aktien und Immobilien deutlich zu erkennen;
- Die Wachstumsrate der Unternehmensgewinne verlangsamt sich, und in einigen Industriezweigen beginnt sie zu fallen;
- Normalerweise, aber nicht immer, führt ein Schock, wie etwa ein starker Anstieg der Zinssätze, ein großer Betrugsfall, eine Unternehmenspleite, ein Margin Call, der von einem großen Spekulanten nicht bezahlt werden kann, oder ein externes, ungünstiges Ereignis zu einem plötzlichen und völlig unerwarteten Verfall der Aktienkurse;
- Mit der Zeit beginnen die Aktienpreise aus keinem anderen Grund wie dem, dass sie zu weit gelaufen sind, zu fallen, und einige Spekulanten oder Insider entscheiden sich, Gewinne mitzunehmen, weil sie wissen, dass ein Boom nicht ewig andauern kann, und weil sie sehen, dass sich das Bild der Unternehmensgewinne verschlechtert;
- In solchen Fällen ist es nur eine Frage der Zeit, dass zu einem bestimmten Zeitpunkt das Aktienangebot aus dem Unternehmenssektor und von den Insidern die Nachfrage der „dummen" und leichtgläubigen Öffentlichkeit übersteigt – einer Öffentlichkeit, die von den bullishen Statements der Unternehmensvorstände und der Presse derart beeinflusst wurde, dass sie zu jedem Preis gekauft hat.

Symptome
- Phase 3 gipfelt in einer Manie, die als eine in der jeweiligen Generation einmalige Chance angesehen wird, und endet in einem gewaltigen Crash. Das ist die am leichtesten zu erkennende Phase des Zyklus, weil die Spekulation völlig aus der Kontrolle gerät;
- Das einzige Problem ist, dass diese Phase riesige Gewinne in relativ kurzer Zeit hervorbringen kann, bevor sie zu Ende geht und es zum Crash kommt;
- Oftmals bricht die Währung mit den Aktien zusammen, da die Ausländer verkaufen;

- Das Kreditvolumen explodiert, und das System unterliegt der Hebelwirkung hoher Verschuldung;
- Viele Appartementhäuser, Hausbauprojekte und neue Hotels, Bürogebäude und Einkaufszentren werden fertig gestellt. Häufig wird eines der größten und verschwenderischsten Gebäude der Welt gebaut (siehe Abb. 4);
- Die wirtschaftliche Hauptstadt ähnelt einer „Boom Town" – die Nachtclubs sind voll mit Spekulanten und Brokern, die ihr Geld im Aktien- und Immobilienmarkt gemacht habe. Am Tag gibt es ein riesiges Verkehrsgedränge;
- Oftmals wird ein neuer Flughafen eingeweiht, und ein zweiter befindet sich in der Planungsphase;
- „Neue Städte" oder Industriezonen werden geplant und entwickelt;
- Berühmte Geschäftsleute, Immobilien- und Aktienspekulanten werden zu Volkshelden erkoren und auf der ersten Seite der Magazine abgebildet. Manchmal heben diese Magazine sie zum „Mann des Jahres" empor;
- Der Aktien- und Immobilienmarkt wird überall zum Diskussionsthema. Die investierende Masse findet alle möglichen Gründe dafür, „warum der Aktien- und Immobilienmarkt nicht fallen kann", und ihre Ignoranz und ihr unangebrachtes Vertrauen werden von einigen „Experten" unterstützt, die übertrieben optimistische Studien veröffentlichen, die auf irrtümlichen Annahmen beruhen;

Abbildung 4

TÜRME, DIE GIPFEL MARKIEREN
Der 18-Jahre-Zyklus der New Yorker Hochhäuser

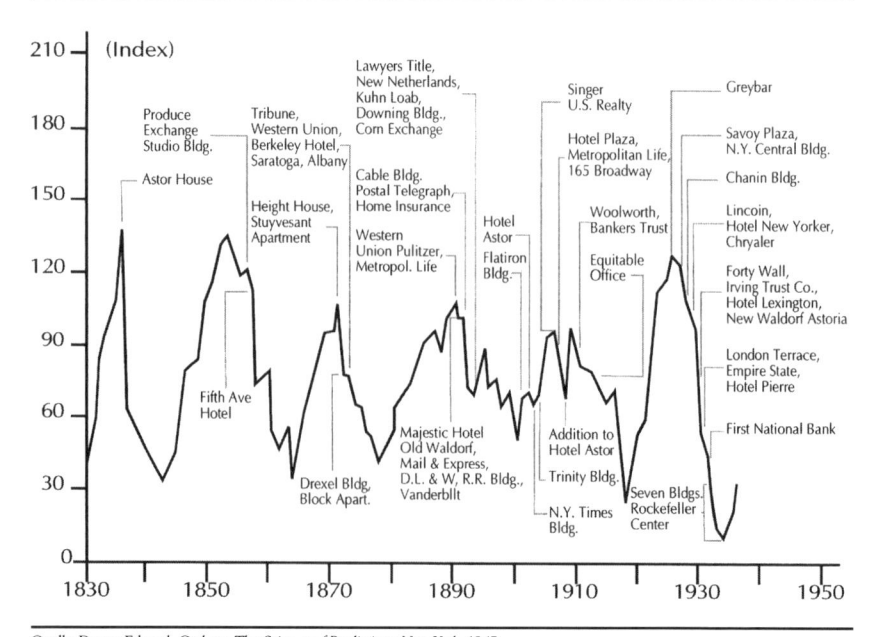

Quelle: Dewey, Edward, *Cycles – The Science of Predictions*, New York, 1947

- Der Aktienhandel ist durch rege Handelstätigkeit und spekulative Aktionen gekennzeichnet, vieles davon mit geliehenem Geld;
- Die Umsätze am Aktienmarkt und die Käufe und Kaufverträge für Immobilien schießen in die Höhe und betragen ein Vielfaches derer von Phase 1;
- Schlüsselwörter wie LBOs, M&A, Red Chips, Tiger Economies, Tiger Club Economies, New Era oder New Economy machen die Runde, und es ist üblich, dass die Spekulanten nur die Wertpapierkennnummern der Aktien kennen, die sie kaufen, und nicht den Namen der Firma, vom Firmenzweck ganz zu schweigen;
- Hausfrauen werden im Aktienmarkt aktiv, und viele Menschen geben ihren Job auf, um sich darauf zu konzentrieren, den Markt „zu spielen". Friseure, Prostituierte, 20-und-ein-bisschen-jährige Portfoliomanager und Kinder erfolgreicher Väter haben oftmals eine bessere Performance als erfahrene, professionelle Geldmanager, werden regelmäßig von der Presse interviewt und schreiben sogar Bücher über ihre Gewinner-Formel;
- Unternehmensvorstände gehen auf Übernahme-Einkaufsorgien, in der Regel mit zusätzlichen Schulden finanziert;
- Erfolgreiche Geschäftsleute und Spekulanten investieren aktiv in Übersee oder diversifizieren in andere Geschäftssektoren – normalerweise in Sektoren und Dinge, von denen sie nichts verstehen, und deshalb bezahlen sie auch zu viel für ihre Käufe (Kunst, Immobilien, Aktien, Golfplätze);
- Ausländische Mittelzuflüsse erreichen ein sehr hohes Level, und der Boom wird stark von einer Rekordanzahl an ausländischen Brokern beworben, die ihre Büros während dieser Phase eröffneten. Broker-Reports erreichen ihr höchstes Gewicht und ihren größten Seitenumfang während des gesamten Emerging-Market-Zyklus.

Beispiele
- Öl fördernde Regionen in den 80ern;
- Hong Kong 1973, 1980 und 1997;
- Thailand zwischen 1992 und 1994;
- Singapur 1980/81;
- Japan 1989;
- Indonesien 1990;
- Taiwan 1990;
- Lateinamerika 1994;
- TMT-Sektor 1999/2000.

Der Boom ist normalerweise auf einer riesigen, weit verbreiteten Illusion gebaut. 1980 glaubten die Investoren, dass sich die Inflation weiter beschleunigen würde. Sie wähnten sich immer noch in Phase 2. Sie zahlten 850 US-Dollar für eine Unze Gold, 50 US-Dollar für Silber und trieben Energie-Aktien auf hohe Niveaus, weil sie glaubten, dass der Ölpreis auf 80 US-Dollar steigen würde. 1989 begannen die Investoren ernsthaft zu glauben, dass der japanische Aktienmarkt nicht länger den Marktkräften unterliegt, und sie zahlten das Hundertfache des Gewinns für Firmen mit mittelmäßigen Gewinnaussichten. Sie waren auch von dem Wahn besessen, dass Japan unter einer Landknappheit leiden und jeder Preis für Grundbesitz bezahlt werden würde. In den frühen 90ern begannen die Asiaten zu glauben, dass der Tourismus Jahr für Jahr mit 30 Prozent p. a. wachsen würde, und bauten zu viele Hotels und Golfplätze. Und 1997 waren die Hong-Kong-Chinesen ernsthaft der Ansicht, dass Hong Kong von der Öffnung Chinas großartig profitieren würde, weil es zur Drehscheibe Asiens (oder sogar des Universums) werden würde, und deshalb bezahlten sie irrwitzig hohe Preise bei Landauktionen. Erst kürzlich zahlten die Investoren Phantasiepreise für Hightech-, Telecom-, Internet- und Biotech-Aktien.

Solche glücklichen Zeiten und solch übermäßiger Wohlstand halten nicht ewig. Etwas völlig Unerwartetes verdirbt die Party. Aber die Preise können auch unter ihrem eigenen Gewicht zu fallen beginnen. Ein typisches Merkmal von Phase 3 ist, dass nach einem ersten, normalerweise starken Preisschock die Stimmung weiterhin sehr optimistisch bleibt. Die jetzt niedrigeren Preise werden als Schnäppchen empfunden, und der starke Preisrückgang wird als Korrektur innerhalb des langfristigen Aufwärtstrends eingeschätzt. Die Kapitalverluste sind im ersten Rückgang nicht so schwerwiegend, weil nur die Kapitalgewinne des finalen Anstiegs zurückgegeben wurden. Deshalb bemerken nur wenige Anleger, dass sich der gesamte Trend von „aufwärts" nach „abwärts" gedreht hat. Von diesem Punkt aus gerechnet verlieren die Investoren enorm, weil sie immer noch glauben, dass der Markt in Phase 2 ist, und deshalb kaufen sie bei jeder Schwäche nach.

Phase 4 – Zweifel am Abwärtstrend
Ereignisse
- Das Kreditwachstum verlangsamt sich – außer wenn die Geldbehörden verantwortungslos handeln und versuchen, die Manie zu verlängern und die Wirtschaft in einem ewigen Boom zu halten;
- Unternehmensgewinne gehen zurück;
- Überkapazitäten werden in wenigen Industriezweigen zu einem Problem, aber die Gesamtwirtschaft läuft weiterhin gut, und der Abschwung wird als temporär eingeschätzt;
- Nach einem ersten starken Verfall erholen sich die Aktien wieder, weil die Ausländer, die den Aktienmarktanstieg in Phase 1 und 2 verpasst haben, Geld in den Markt pumpen und weil die Zinssätze fallen;
- Es ist nicht ungewöhnlich, dass die Ausländer ihre Aktienkäufe in Phase 4 ausweiten, weil sie dazu tendieren, diejenigen zu sein, die zu spät zur Investmentparty kommen;
- Eine Art Köderhaken hält das Interesse der Investoren am Markt am Leben. Der Haken könnte eine Wirtschaft sein, die weiterhin wächst, ein starker Verfall der Zinssätze, weiterhin steigende Unternehmensgewinne oder einfach nur optimistische Kommentare von Unternehmensvorständen und Regierungsvertretern;
- Der Großteil der Aktien erreicht kein neues Hoch, weil ein großes Angebot an Neuemissionen auf die Nachfrage trifft (die Verkäufer sind Ortsansässige, die es entweder besser wissen oder zur Aufnahme von Liquidität gezwungen sind);
- Aber es ist auch möglich, dass ein Aktienmarktindex nur von wenigen Aktien angetrieben neue Hochs erreicht (siehe Abb. 2). Die Advance-Decline-Linie und die Anzahl der Aktien, die neue Hochs erreichen, können aber in solchen Fällen das Hoch nicht bestätigen.

Symptome
- Einige finanzielle Belastungen sind nachweisbar. Spekulanten, die sehr stark engagiert sind, sind gezwungen zu verkaufen. Die Kreditkonditionen der Banken werden für einige Wirtschaftssektoren strenger gehandhabt. Die Zahl notleidender Kredite beginnt anzusteigen;
- Appartementhäuser haben einen Preis erreicht, der die Kaufkraft der Ortsansässigen übersteigt. Sie werden nun in Übersee beworben;
- Büroimmobilienpreise und Mieten beginnen sich anzugleichen oder zu fallen;
- Die Touristenzahlen gehen zurück und liegen unterhalb der Erwartungen. Die Hotelbelegung fällt, und Rabatte werden angeboten;
- Broker veröffentlichen weiterhin sehr bullishe Reports und argumentieren, dass der Rückgang der Aktienpreise eine im Leben einmalige Kaufgelegenheit darstellt;
- Die politischen und sozialen Bedingungen verschlechtern sich (ein Putsch, ein starker Oppositionsführer, Streiks, soziale Unruhen, Kriminalitätswachstum).

Beispiele
- Lateinamerika in den frühen 80ern;
- Thailand und Malaysia nach 1994;
- Investoren in Hong Kong in und nach 1997;
- US-Investoren in den frühen 30ern, im Herbst 1973 und 2000/2001.

Die Erholung in Phase 4 [siehe Abb. 1] ist sehr trügerisch. Auf der einen Seite geht es der Wirtschaft immer noch gut, und die Rally ist normalerweise stark genug, um auch die Skeptiker zu verführen, zurück in den Markt zu gehen. Auf der anderen Seite sind sehr viele Investoren überzeugt, dass der Markt bereits Phase 6 (das ultimative Tief) erreicht hat, wenn der Absturz vom Hoch in Phase 3 sehr stark war.

Der Übergang von Phase 4 zu Phase 5 ist normalerweise sehr schmal. Für gewöhnlich gibt es keine Panikverkäufe, wie sie in Phase 3 auftreten. Aber die Preise beginnen stufenweise zu erodieren und verbleiben für eine ausgedehnte Periode in einem Abwärtstrend mit niedrigem Umsatz.

Phase 5 – Die Realisierung
Ereignisse
- Kredite werden faul, die Aufschläge für Anleihen weiten sich aus, und es kommt zu immer mehr Pleiten;
- Die wirtschaftlichen, aber noch viel mehr die sozialen und politischen Bedingungen verschlechtern sich stark. Der Konsum verlangsamt sich merklich oder er fällt (Auto-, Häuser- und Geräteanschaffungen gehen zurück);
- Unternehmensgewinne kollabieren;
- Aktien treten in einen verlängerten und harten Abwärtstrend ein, weil die Ausländer beginnen auszusteigen;
- Immobilienpreise fallen stark;
- Einer oder mehrere „Big Players" gehen Pleite (normalerweise diejenigen, die in Phase 3 die Schlagzeilen gemacht haben);

- Unternehmen werden zur Aufnahme von Bargeld gezwungen und müssen oftmals Aktien zu extrem niedrigen, geradezu „verzweifelten" Preisen ausgeben. Das erhöht das Aktienangebot und belastet die Preise weiter.

Symptome
- Leere Bürogebäude, hohe Leerstandsrate in den Hotels;
- Unterbrochene und nicht fertig gestellte Bauplätze sind üblich;
- Arbeitslosenquote beginnt zu steigen;
- Haushaltsüberschüsse, die in Phase 2 und 3 auftreten, werden zu Defiziten;
- Aktienbroker entlassen Angestellte oder schließen ihre Büros;
- Research-Reports werden dünner. Länderfonds, die mit einer Prämie in den Phasen 2 und 3 mit gekauft wurden, werden nun mit Rabatten verkauft;
- Das Land ist nicht länger ein beliebtes Touristenziel, weil es zunehmend unsicher wird.

Beispiele
- Singapur 1982 und 1983;
- Indonesien, Malaysia, Thailand und die Philippinen 1998;
- Argentinien 2002.

Phase 5 sieht aus wie der „Kater" nach der Finanzorgie, die in den Phasen 3 und 4 stattgefunden hat. Weil der Boom hauptsächlich auf einer umfassenden Fehleinschätzung (eine Ursache des exzessiven Kreditwachstums) gebaut war, realisieren die Spekulanten plötzlich am „Tag der Abrechnung" ihre Fehlkalkulationen: Ihr Traum von riesigen Gewinnen wurde nicht erfüllt, die grausame Realität holt sie ein. Die Leute werden ernüchtert und beginnen zu realisieren, dass sie für Aktien und Immobilien in der Boom-Phase viel zu viel bezahlt haben. Und ganz am Ende geben die Investoren auf. Während bis zu dieser Phase Kursrückgänge für Käufe genutzt wurden, werden gegen Ende von Phase 5 und zu Beginn von Phase 6 Rallies zum Anlass genommen, um aus dem Markt auszusteigen.

Phase 6 – Die Kapitulation und der Boden
Ereignisse
- Die Investoren kapitulieren vor den Aktien. Das Volumen liegt signifikant unterhalb der Niveaus, die in Phase 3 erreicht wurden – normalerweise ist es um 90 Prozent kleiner;
- Investitionen gehen stark zurück („Irrtum des Pessimismus");
- Zinssätze fallen weiter und erreichen neue Tiefs im Zyklus;
- Ausländische Investoren verlieren das Interesse und verkaufen weiterhin;
- Die Währung schwächt sich ab oder wird abgewertet.

Symptome
- Schlagzeilen werden negativ. Die internationale Presse schildert die Länder in Phase 6 sehr negativ;
- Ausländische Broker werden bearish und schließen ihre Büros;
- Die Vermögenswerte in den Aktienfonds sind als Ergebnis der ständigen Mittelabflüsse und Kapitalverluste, die mehrere Jahre andauern können, um rund 90 Prozent gefallen;
- Flugzeuge, Hotels und Nachtclubs sind leer;

- Männer verlassen im Büroanzug das Haus – aber sie verbringen den Tag im Park;
- Taxifahrer, Ladenbesitzer und Nachtclub-Hostessen erzählen einem, wie viel Geld sie oder ihre Verwandten mit Aktien verloren haben.

Beispiele
- USA 1932 und Ende 1974;
- Hong Kong 1974 und 2002;
- Asien nach 1997;
- Lateinamerika und vor allem Argentinien 2002.

In vielerlei Hinsicht ist Phase 6 das Spiegelbild von Phase 3. Gegen Ende von Phase 2 und in Phase 3 sind die Leute sehr optimistisch und gut gelaunt. Aber in Phase 6 haben der Boom und die Gier, die auf einem Irrtum des Optimismus gebaut waren, sich zu einer Vertrauenskrise und zu Angst verwandelt, zum Irrtum des Pessimismus. Um nochmals Pigou zu zitieren.

Dieser neue Irrtum ist geboren, nicht als Kleinkind, sondern als Gigant; für einen industriellen Boom benötigt man eine Periode starker, emotionaler Aufregung, und ein aufgeregter Mann verändert sich vom einen zum anderen Extrem der Aufregung viel schneller als zur Ruhe.

In Phase 6 erdrückt der Irrtum des Pessimismus das Geschäft und führt zu einer verlängerten Kontraktion. Folgendes ist wichtig zu verstehen: Die Erkenntnis, dass die Profitmöglichkeiten nicht so großartig sind wie erhofft oder dass der Markt nicht immer höher gehen kann, führt in einem bestimmten Zeitpunkt zu einer regelrechten Ablehnung in der Spekulantenstimmung und zu Panikverkäufen. Während einige Jahre zuvor noch jeder unbedingt an der Manie teilhaben wollte, will jetzt jeder aussteigen. Es sollte aber angemerkt werden, dass Aktien häufig bereits in Phase 6 sehr niedrige Preise erreicht haben. Deshalb fallen die Preise oftmals nicht weiter, wenn sich die Nachrichten verschlechtern, sondern sie bilden eine langfristige Grundlage für einen erneuten Anstieg. Diese Bodenbildung kann, wie im Fall Lateinamerikas in den 80ern, mehrere Jahre andauern (siehe Abb. 3). Ich denke, dass der Zeitpunkt, die Psychologie und das Handelsvolumen die wichtigsten Faktoren sind, um zu bestimmen, ob sich ein Markt in Phase 4 oder in Phase 6 befindet. Phase 4 tritt sechs bis 18 Monate nach dem Markthoch auf, während Phase 6 normalerweise viel später einsetzt – oft erst nach vier bis sechs Jahren und manchmal auch noch später, nach dem Markthoch. In Phase 4 bleiben die Leute optimistisch und haben Vertrauen in die Wirtschaft. Die Investoren sind mehr darüber besorgt, den nächsten Aufschwung zu verpassen, als über das Risiko, Geld zu verlieren. Anders in Phase 6, wenn – als Folge der totalen Vermögensvernichtung – der Pessimismus ansteigt. In Phase 6 wollen die Investoren nichts mehr vom Markt hören. Und das Handelsvolumen liegt – während es in Phase 4 nur marginal niedriger ist als in Phase 3 – in Phase 6 normalerweise 90 Prozent unter dem des Höhepunktes. Die USA können heute immer noch in Phase 4 sein, vielleicht sind sie auch bereits in Phase 5 übergegangen. Die meisten Asiaten sind bereits durch Phase 6 gegangen und befinden sich nun entweder in Phase 0 oder bereits in Phase 1 eines neuen Zyklus.

Das Lokalisieren der Phasen

Ich möchte noch einmal betonen, dass man mit den oben beschriebenen Phasen nicht zu dogmatisch umgehen sollte. Ich habe Aktienmarktzyklen in Emerging Markets gefunden, die perfekt in dieses Modell passen. In anderen Fällen ist die Abschwungphase sehr verkürzt (Phasen 4 und 5) und tritt sehr plötzlich auf. Dies war während der Asien-Krise der Fall, als der Abschwung innerhalb eines Jahres stattfand. Auch wenn es im Falle Asiens so scheint, dass Phase 6 bereits beendet wurde, kann man sich wegen der Unsicherheit in der Weltwirtschaft dessen nicht sicher sein. Somit könnte man immer noch in Phase 6 sein – während der die asiatischen Märkte dabei sind, eine solide Ausgangsbasis für den nächsten Bullenmarkt zu schaffen. Zusätzliche Werkzeuge, die aktuelle Phase eines Aktienmarktes zu identifizieren, sind die Marktkapitalisierung als Prozentsatz des BIP (siehe Abb. 5) und die Umsatzraten (siehe Abb. 6). Aktienmärkte mit niedriger Marktkapitalisierung, wie Lateinamerika 1992, befinden sich eher in Phase 0 oder Phase 1 als diejenigen Märkte, deren Verhältnis extrem hoch ist (Hong Kong und Malaysia in Abb. 5). Ein hohes Umsatzverhältnis deutet an, dass der Markt eher in Phase 3 oder 4 und weniger in Phase 0 ist.

Ich erkenne ganz klar die Grenzen meines Lebenszyklus der Emerging Markets. Aber ich möchte betonen, dass Phase 3 normalerweise auch von einem Laien leicht erkennbar ist. Nach meiner Meinung ist es eines der zentralen Probleme, dass die Leute sich viel zu stark darauf konzentrieren, Aktien zu kaufen, als darauf, Aktien zu verkaufen. Sie verbringen sehr viel Zeit damit, Unternehmen zu analysieren und „Werte" zu kaufen – das bedeutet, dass sie Schnäppchen an den Märkten einkaufen möchten. Aber sie verwenden wenig Zeit darauf, „wann" sie Werte verkaufen sollten – das bedeutet, Vermögensgegenstände dann zu verkaufen, wenn das Chance-Risiko-Verhältnis nicht länger attraktiv erscheint. Zugegebenermaßen

Der Lebenszyklus der Emerging Markets

Abbildung 5

MARKTKAPITALISIERUNG, NIEDRIGPHASE
Marktkapitalisierung in % des BIP's * vom 30. Dezember 1992

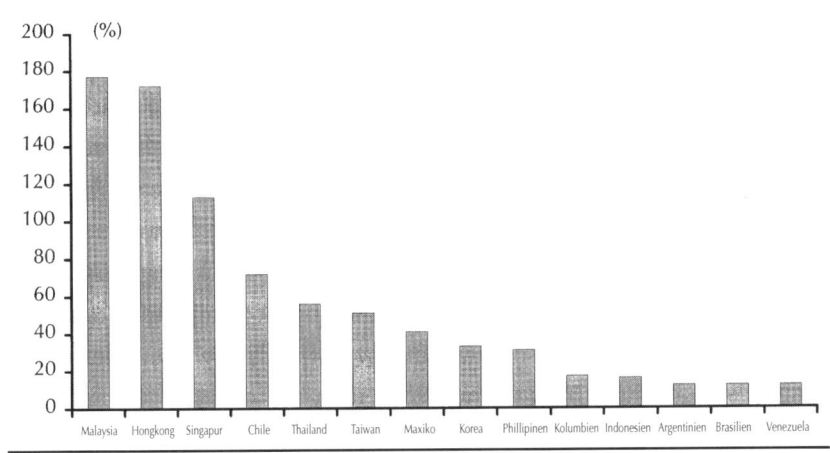

(%) Malaysia, Hongkong, Singapur, Chile, Thailand, Taiwan, Maxiko, Korea, Phillipinen, Kolumbien, Indonesien, Argentinien, Brasilien, Venezuela

*1992 BIP geschätzt, Quelle: Baring Securities, Unibanco, Veneconomia, La Nota Economica, Argos

Abbildung 6

UMSÄTZE, HOCHPHASE
Umsätze in % der durchschnittlichen Marktkapitalisierung von 1991

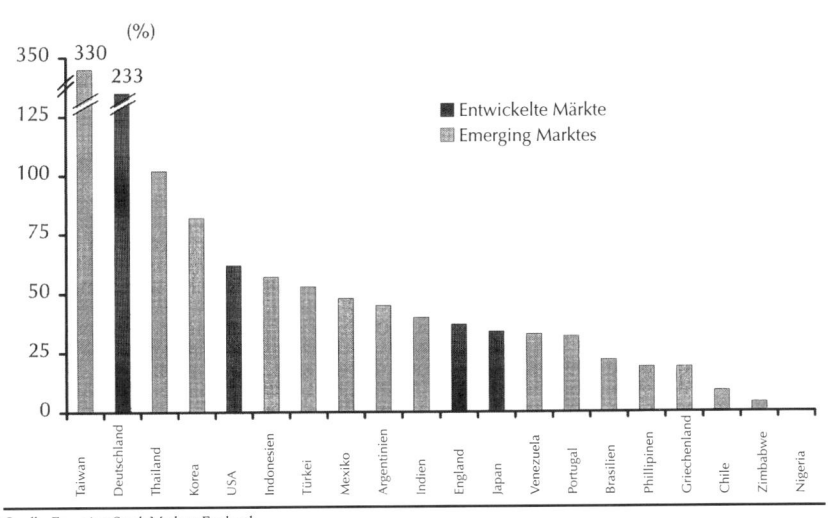

(%) 330, 233

■ Entwickelte Märkte
▨ Emerging Marktes

Taiwan, Deutschland, Thailand, Korea, USA, Indonesien, Türkei, Mexiko, Argentinien, Indien, England, Japan, Venezuela, Portugal, Brasilien, Phillipinen, Griechenland, Chile, Zimbabwe, Nigeria

Quelle: Emerging Stock Markets Factbook

109

ist es richtig, dass in Phase 3 große Gewinne innerhalb kurzer Zeit erzielt werden können. Aber die Risiken sind hoch: Denn während in Phase 2 fast alle Aktien steigen, unterliegen in Phase 3 die Kursgewinne wesentlich stärker dem Zufall, weil die Marktbreite sich verschlechtert. Viele Aktien beginnen lange vor dem finalen Markthoch zu fallen! Außerdem ist es unmöglich vorherzusagen, wann der Markt nach unten dreht und wie stark er während des ersten Sell-off fallen wird (man denke nur an den 87er-Crash, den Rohstoffkollaps in den frühen 80ern, den Einbruch der asiatischen Aktienmärkte 1997/98 und den Nasdaq-Zusammenbruch nach dem Jahreswechsel 2000).

Angesichts dieser Risiken sollte der Durchschnittsinvestor am besten die Phase-3-Märkte außer Acht lassen. Dies gilt sowohl für Short-Seller als auch für Aktienkäufer. In Phase 3 können Short-Seller regelrecht ausgepresst werden – wie ich nur zu gut aus meiner eigenen Erfahrung weiß –, weil in diesen manischen Phasen einige Aktien um das Fünf- oder Zehnfache in wenigen Monaten steigen können. Deshalb muss der Short-Seller in dieser finalen Phase der Manie sehr hohe Margin Calls erfüllen, auch wenn die Aktie schließlich beim Platzen der Bubble 95 Prozent verliert oder sogar Pleite geht. Der erste Kursverfall hat normalerweise nur den Anschein von Gewinnmitnahmen, und Investoren werden dazu tendieren, ihre Positionen zu halten. Bis sie realisieren, dass der Trend gedreht hat, kann der Markt bereits um 50 Prozent und mehr gefallen sein. Wellen exzessiver Spekulation schaffen zweifellos keinerlei makroökonomischen Nutzen und Wohlstand für die Gesellschaft, vielmehr wird der Wohlstand normalerweise in großem Maße für eine Vielzahl der Marktteilnehmer zerstört.

Kürzlich habe ich einen Artikel einer Super-Bullen-Koryphäe gelesen, die im Jahr 2000 vorhersagte, dass der Dow nahezu schnurgerade auf 36.000 Punkte steigen wird – in diesem Artikel stellte er einige wenige Investmentregeln auf. Eine dieser brillanten Regeln ist, dass man „Aktien immer mit der Absicht kaufen sollte, sie ewig zu halten. Um nur einen Grund zu nennen: Wenn man nicht verkauft, muss man keine Kapitalertragsteuern bezahlen. Somit eliminiert man durch das Nicht-Verkaufen zwei von drei schwierigen Entscheidungen: was und wann kaufen und wann verkaufen und wann zurückkaufen."

Ich widerspreche dieser Regel aus tiefster Überzeugung: Vermögensgegenstände sollte man immer nur mit der Absicht kaufen, sie dann wieder zu verkaufen, wenn der Preis seinen echten „Wert" um ein Vielfaches übertrifft. Ich gebe natürlich zu, dass es sehr schwer, wenn nicht sogar unmöglich ist, den „echten" Wert irgendeines Gegenstandes festzustellen. Aber ich kann dem Leser eines versichern: Es ist sehr unwahrscheinlich, dass man einen Gegenstand zum „echten Wert" verkauft, wenn der Markt einmal Phase 3 erreicht hat, währenddessen die Preise vertikal in den Himmel schießen, die Spekulation zügellos wird und all die Symptome auftreten, die ich oben beschrieben habe. Es ist viel wahrscheinlicher, dass man für einen „dummen" Preis verkauft, weil diese Situationen niemals sehr lange dauern.

Somit ist für den Emerging-Markets-Investor das Timing von Kaufen und Verkaufen die entscheidende Überlegung, gleichgültig, wie gut die Wachstumsaussichten einer Region, eines Landes, eines Sektors oder einer bestimmten Firma auch sein mögen. Zu diesem Zweck habe ich die unterschiedlichen Phasen aufgezeigt, die Emerging Markets durchlaufen. Meine Absicht war, einige der Fallen des Investierens in Emerging Markets deutlich zu machen und eine Anleitung zu geben, wie man bestimmen kann, in welcher Phase des Zyklus sich das Schwellenland befindet.

Wann man ein- oder aussteigen sollte

Der ideale Ein- und Ausstiegszeitpunkt hängt in hohem Maße von der individuellen Strategie des Investors ab. Ich persönlich bevorzuge es, Märkte in Phase 0 zu kaufen. Normalerweise gibt es während dieser Phase kein großes Preisrisiko, weil die Kurse bereits sehr gedrückt sind. Das Risiko besteht darin, dass der Markt mehrere Jahre lang eine Basis aufbauen kann, mit beständigen Käufen und Verkäufen im Markt. Das Gute dabei ist, dass die Aktien von den schwachen in die starken Hände wandern, und wenn Phase 1 dann plötzlich startet, gibt es wenig oder gar kein Angebot an Aktien, und deren Kurse können sich quasi über Nacht verdoppeln und vervielfachen. In Prozentpunkten ausgedrückt ist das Potenzial für Kapitalgewinne während Phase 1 und Phase 2 enorm. Ich verkaufe normalerweise während Phase 2. Das mag verfrüht sein, aber ich tendiere immer dazu, die Ignoranz und die Gier der investierenden Öffentlichkeit und die Höhen, in welche die Spekulation (mit geliehenem Geld natürlich) die Preise treiben kann, zu unterschätzen, und bin deshalb vorsichtig!

Es gibt viele Fallen, in die ein Investor tappen kann, wenn er Geld in Emerging Markets investieren will. Finanzmärkte tendieren dazu, sowohl nach oben als auch nach unten zu übertreiben. Ein Sprichwort sagt: „Kein Preis ist zu hoch für einen Bullen"! Somit sind die Preise, die in Phase 3 erreicht werden, häufig Meilensteine, die oft nicht innerhalb von acht bis 15 und manchmal sogar mehr Jahren übertroffen werden, obwohl sich die Wirtschaft womöglich relativ schnell von der Krise der Phasen 4 und 5 erholt. 1938 überstieg das US-Bruttoinlandsprodukt den

Wert von 1929, aber der Aktienmarkt brauchte bis 1955, um das Hoch aus dem Jahr 1929 zu toppen.

Einen Emerging Market in Phase 3 zu kaufen ist dasselbe, wie eine Aktie oder eine ganze Industriegruppe am Hochpunkt der Popularität zu erwerben. Investoren, die 1973 die „Nifty Fifty" (den Neuer-Markt-Titeln ähnlich) in den USA, Öl-Aktien im Jahr 1980, die lateinamerikanischen Märkte 1980, japanische Aktien 1990 und asiatische Aktien 1994 gekauft haben, mussten für viele Jahre eine miserable Performance durchstehen. Ich weiß nicht, wie lange die Investoren darauf warten müssen, bis sie in den Aktien, die sie am Top der asiatischen Aktienmärkte in den 90ern und am Top der TMT-Manie im Jahre 2000 gekauft haben, eine Erholung sehen. Vermutlich wird es sehr lange dauern. Aufgrund dieser großen Preisausschläge in den Märkten ist es für jeden, der in Emerging Markets investiert, sehr wichtig zu analysieren, in welcher Phase des Zyklus sich der Emerging Market gerade befindet.

1991 habe ich den Versuch unternommen, Emerging Markets in Bezug auf ihre wirtschaftliche Entwicklung und ihren Wohlstand zu kategorisieren, indem ich eine „Fontäne des Wohlstands" zeichnete (siehe Abbildung auf der allerletzten Seite). Diese Idee stammt vom französischen Wirtschaftswissenschaftler Richard Cantillon (1680–1734), der konstatierte, dass Geld, wie Wasser, immer von einem höheren Level abwärts fließt. Auf unsere globale Wirtschaft angewandt dachte ich damals, dass Cantillons Theorie einfach nur besagt, dass das Geld von Ländern mit hohen Preisniveaus (reiche Länder) zu Ländern mit einem niedrigen Preisniveau (weniger entwickelte, arme Länder) fließt. Das würde, so meine Vermutung, in den 90ern einen Arbitrage-Effekt schaffen, indem die wirtschaftliche Aktivität in den armen Regionen ansteigt und zu unterdurchschnittlichem Wachstum in den reichen Ländern führen wird. Leider lag ich falsch mit meiner Annahme, und die reichen, industrialisierten Länder des Westens stürmten voraus, während die meisten aufstrebenden Volkswirtschaften ernsthafte wirtschaftliche Rückschläge erleiden mussten (China ist die große Ausnahme).

Trotzdem bin ich nach wie vor der Meinung, dass das Prinzip der Wohlstandsfontäne in folgender Hinsicht Gültigkeit hat: Eines Tages werden die Ersten die Letzten sein und umgekehrt. Die meisten Länder am Boden sind ganz klar immer noch in Phase 0, aber ich freue mich, dass sowohl China als auch Russland in den 90ern einen Quantensprung gemacht haben und sich heute wohl auf einem höheren Niveau befinden als Venezuela, Indonesien, Peru, Indien, die Philippinen und Argentinien. Und ich bin mir sicher, dass in den kommenden zehn Jahren

Vietnam einen großen Sprung nach „oben" in der Fontäne machen wird – genauso wie möglicherweise Myanmar, Nordkorea, Kuba und die Mongolei. Was diese Länder wirklich brauchen, ist der Aufbau einer wirtschaftlichen Infrastruktur und eines Rechtsystems, um ausländische Direktinvestitionen anzuziehen, und sie brauchen eine Steuerung dieses Kapitals in ein effizienteres, kapitalistisches System (wie im Vergleich zum „Raubritter"-Kapitalismus), was dann als Phase-1-Katalysator für neues Geschäft dienen könnte.

Es bereitet Probleme, wenn man Länder anhand ihrer wirtschaftlichen und sozialen Entwicklung kategorisieren will. Aber es ist klar, dass China, Indien, Vietnam und die ehemalige Sowjetunion am Boden der Fontäne waren, und heute erklimmen sie die Fontäne sehr schnell. Eine weitere Komplikation bei der Klassifizierung der Länder in Bezug auf ihre Entwicklung besteht in Folgendem: Ein Land wie Indien liegt in vielerlei Hinsicht weit zurück, aber es hat einen Vorsprung in einem oder mehreren Industriezweigen, wie dem IT-Sektor oder der Pharmazie. Somit würde ich dem Investor raten, nicht zu viel darüber zu grübeln, welches Land die besten Wachstumsaussichten hat und was wohl der beste Aktienmarkt ist, sondern welche Sektoren und welche Firmen die meistversprechenden innerhalb des aufstrebenden Universums sind.

Ziel dieses Kapitels war es, dem Leser die Existenz von Zyklen in den Emerging Markets zu verdeutlichen und zu zeigen, dass es immer eine Zeit zum Kaufen und eine Zeit zum Verkaufen gibt. Ferner war es meine Absicht zu zeigen, dass eine Buy-and-Hold-Strategie in den meisten Fällen völlig unangebracht ist. Nun geht es darum, die Gründe für diese Aktienmarktzyklen aufzuzeigen. Da Aktienmarktzyklen und Investment-Manien eng mit Wirtschaftszyklen korrelieren, bietet das nachfolgende Kapitel theoretisches Wissen und das Verständnis für die Faktoren, welche die Wirtschaft und die Märkte bewegen.

Kapitel 6

Wirtschaftszyklen – die Natur der Weltwirtschaft

Ein gutes Jahrhundert lang haben Wirtschaftszyklen unaufhörlich ihre Bahnen gezogen. Sie haben große wirtschaftliche und soziale Veränderungen überdauert; sie haben unzähligen Experimenten in Industrie, Landwirtschaft und Politik widerstanden; sie haben die Propheten Lügen gestraft, die wiederholt eine „Neue Ära des Wohlstands" kommen sahen, und sie überlebten die Vorhersage einer „chronischen Depression" zum wiederholten Male.

Arthuer F. Burns (1904-1987)

Während des letzten Bullenmarktes tauchte bei einigen Wirtschaftswissenschaftlern und vielen öffentlichen Meinungsmachern die Frage auf, ob traditionelle Wirtschaftszyklen noch bestehen. Man war der Meinung, dass sich die Fed und andere Zentralbanken in einer Position befanden, von der aus sie die Weltwirtschaft auf einem langsamen, nicht inflationären Pfad mit zwei bis drei Prozent Wachstum leiten könnten. In diesem „Perfekte-Welt-Szenario" glaubten die Investoren zunehmend daran, dass Rezessionen und Bärenmärkte der Vergangenheit angehören. Aber das war eine Täuschung. Die Theorie der Konjunkturzyklen trifft zu – nicht nur für die Vergangenheit, sondern auch für das aktuelle ökonomische Umfeld.

Es ist verblüffend, dass auch nach der Depression in Lateinamerika in den 80ern, dem Abschwung der japanischen Wirtschaft nach 1990 und nach der Asien-Krise die Menschen immer noch so naiv sind und glauben, Wirtschaftszyklen seien eliminiert – dank eines Haufens ignoranter Zentralbanker! Aber so ist die

Welt: Nach der längsten wirtschaftlichen Expansion in den USA seit Beginn der Aufzeichnungen waren die Wissenschaftler nicht weiter an der Wirtschaftszyklus-Theorie interessiert. Das Gleiche spielte sich in den Goldenen 20ern ab. Damals wurden auch wenige Bücher zu diesem Thema veröffentlicht. Die meisten der wirklich wichtigen Werke über Wirtschaftszyklen erschienen während der Depression in den 30ern, als das Thema naturgemäß ein enormes Interesse bei den sturen Investoren hervorrief – damals wie heute.

Das erste Handbuch über Wirtschaftszyklen

Erstmalig wird ein Wirtschaftszyklus im Alten Testament erwähnt. In Genesis 41 ist vom Traum des Pharao lesen, der von Jacobs Sohn Joseph interpretiert wurde. Es gebe sieben Jahre mit großartigem Überfluss, und dann würden sieben Jahre Hungersnot folgen. Die Existenz von landwirtschaftlichen Zyklen war bereits im Altertum eine Tatsache des alltäglichen Lebens. Die frühe Wirtschaftszyklen-Theorie bezieht sich sehr stark auf den Einfluss des Wetters auf die Landwirtschaft, der wiederum zu Wirtschaftszyklen führte. Der Wirtschaftswissenschaftler William Stanley Jevons, den die Periodizität der großen englischen Krisen des 19. Jahrhunderts (1825, 1837, 1847, 1857 und 1866) faszinierte, war überzeugt, dass die Sonnenzyklen daran schuld seien. Er glaubte, dass die alle zehn Jahre auftretenden Krisen des 19. Jahrhunderts von meteorologischen Schwankungen abhängig seien. Diese wiederum würden von kosmischen Schwankungen bestimmt, die Jevons mithilfe der Frequenz der Sonnenflecken, Polarlichter und magnetischen Störungen nachweisen konnte.

Den Einfluss des Wetters auf die Zivilisation hat auch Karl Marx beobachtet („Das Kapital", Hamburg, 1867), der richtigerweise annahm, dass die Notwendigkeit, das Steigen und Fallen des Nils vorherzusagen, die ägyptische Astronomie geschaffen hatte – und damit die Herrschaft der Priester als „Direktoren" der Landwirtschaft. Ellsworth Huntington erweiterte die Wettertheorie, indem er postulierte, dass die Wirtschaftszyklen stark von der geistigen Einstellung der Menschen abhängen und dass diese vom Wohlstand abhängt, der – folglich – zum Großteil nur eine Funktion des Wetters ist. Das heißt: Das Vertrauen in die Wirtschaft ist, Pigou zufolge, der dominante Faktor der rhythmischen Schwankungen, denen die Industrie ausgesetzt ist. Doch müssen die klimatischen Veränderungen und deren Einfluss auf die Geschäftswelt mit berücksichtigt werden. (Ich möchte hinzufügen, dass in den letzten Jahren einige „alte Hasen" an den Märkten, etwa Arch Crawford, sich einen Namen damit gemacht haben, indem sie Prognosen über Aktienmärkte aufstellten, die auf der Astrologie basieren.)

Natürlich lehnt die moderne Wirtschaftszyklen-Theorie die Klimahypothese ab. Das scheint im heutigen industriellen und post-industriellen Zeitalter angemessen, aber wenn man bedenkt, dass die Landwirtschaft bis zum Ende des 19. Jahrhunderts der dominante Wirtschaftssektor war (der oftmals mehr als 90 Prozent der Landesbevölkerung beschäftigte), ist es klar, dass prä-industrielle Volkswirtschaften stark von der Nahrungsmittelproduktion und damit letztlich vom Klima abhingen. Die Chinesen glauben an einen Zyklus von Krieg und Frieden, der von der Verfügbarkeit von Nahrung (Friede) und deren Mangel (Krieg) bestimmt wird. In der neueren Wirtschaftsliteratur findet man unter anderem folgende Theorien: Minderverbrauchs-, Überproduktions-, landwirtschaftliche, psychologische, Überinvestitions- (die geringe Effizienz des Kapitals), monetäre, Verschiebungs- und die Innovations-Zyklus-Theorie. Einige davon könnten unser Verständnis der aktuellen wirtschaftlichen Trends fördern.

Die Minderverbrauchs-Theorien

Die meisten Minderverbrauchstheorien wurden als unbegründet abgelehnt, aber John A. Hobsons „The Economics of Unemployment" (London, 1931) befasste sich mit der Tendenz der Produktion, über die Konsumkapazitäten hinauszuwachsen. Grund sei, so Hobson, die wachsende Einkommensungleichheit, die schließlich in die Depression führt. Hobson meinte, dass extreme Wohlstandsunterschiede zu folgender paradoxen Situation führten: Diejenigen, die am unteren Ende der Einkommensskala stehen, würden gerne konsumieren, sind aber dazu nicht fähig, während die am oberen Ende der Skala keinerlei Bedürfnis haben (Minderverbrauch im hier verstandenen Sinn kann also auch Übersparen oder Überinvestition bedeuten). Um dieses Argument zu untermauern, schätzte Hobson das Verhältnis von Sparbeträgen zu Einkommen im Jahr 1910 (siehe Tabelle 1 – seine Schätzungen besagen, dass drei Viertel aller Ersparnisse von der reichsten Klasse kamen). Sein Standpunkt war: Jede „Annäherung in Richtung der Gleichheit der Einkommen reduziert das Verhältnis von Einkommens-Ersparnissen zu Einkommens-Ausgaben". Damit ließen sich Minderverbrauch und Depressionen vermeiden.

Hobsons Argument wurde durch die Bewegung von Produktionsmenge, Kosten, Preisen, Löhnen und Gewinnen in den USA zwischen 1920 und 1930 bestä-

Tabelle 1

DER WOHLSTAND NÄHRT DIE DEPRESSION
Familienausgaben

Familien mit	Durchschnittseinkommen pro Familie	Durchschnittsausgaben pro Familie
über £ 5.000	£12.100	£7.600
von £ 700 bis £ 5.000	1.054	690
von £ 160 bis £ 700	357	329
von £ 52 bis £ 160	142	138
unter £ 52	40	40

Quelle: John A. Hobson, *The Economics of Unemployment*, London, 1931

tigt. Die Feststellungen von P. H. Douglas („Controlling Depressions", New York, 1935) scheinen dies zu stützen: Der stündliche Ausstoß in der Produktionsindustrie stieg zwischen 1922 und 1929 um etwa 30 Prozent an. In der gleichen Zeit wurden die Stundenlöhne der Arbeiter aber nur um rund acht Prozent erhöht. Das Ergebnis war ein Anstieg der Gewinne um etwa 84 Prozent (obwohl die Produktion nur um 37 Prozent gestiegen ist). Die Folgen: übermäßige Produktionskapazitäten und erneut ein Ungleichgewicht zwischen Produktion und Konsum. Douglas zufolge stieg die Gesamtproduktion zwischen 1922 und 1929 um 37 Prozent, während die Realeinkommen der städtischen Niedriglohnempfänger nur um 18 bis 20 Prozent wuchsen; bei den Arbeitern in der Landwirtschaft war die Steigerungsrate sogar noch niedriger. Somit fiel der Anteil der Löhne und Gehälter im Produktionssektor am gesamten Volkseinkommen kontinuierlich von 53,4 Prozent im Jahr 1923 auf 47,7 Prozent im Jahre 1929. Gleichzeitig stiegen die Unternehmensgewinne in diesem Zeitraum um 83 Prozent. Daraus zog Douglas den Schluss, dass die Kaufkraft nicht ausreichte, um das wachsende Angebot an Produktionsgütern aufzunehmen, was zum Kollaps im Jahr 1929 führte. A. D. Gayer („Monetary Policy and Economic Stabilisation", New York, 1935) kam zu einer ähnlichen Schlussfolgerung und begründete diese Entwicklung mit einem weiteren Argument: Ursache der Depression sei das geringe Einkommen der Endkonsumenten, das nicht ausreiche, um die produzierten Güter zu konsumieren. Gayer zufolge war die enorme Ausweitung der Produktionskapazitäten bei den langlebigen Wirtschaftsgütern im Verhältnis zur Kaufkraft des Endverbrauchers einfach zu groß.

Es gibt zwei Beweggründe, warum ich die Minderverbrauchs-Theorie hier diskutiere. Nach Ansicht von Haberler ist Minderverbrauch

… der Prozess, in dem Kaufkraft auf irgendeine Art und Weise im Wirtschaftssystem verloren geht und somit nicht zu Einkommen wird und nicht als Nachfrage für Konsumgüter am Markt erscheint. Geld verschwindet oder wird gehortet, und die Geldumlaufgeschwindigkeit lässt nach. In diesem Sinne ist Minderverbrauch nur eine andere Bezeichnung für Deflation. Deflation ist natürlich nur eine mögliche Ursache für den Zusammenbruch eines Booms und der Hauptgrund für die Depression; aber dies wird von der geldpolitischen Erklärung des Wirtschaftszyklus bestätigt.

Gottfried Haberler, „Prosperity and Depression", New York, 1946, Seite 120

Ich sollte es den Wirtschaftsakademien überlassen, über die Terminologien und kausalen Zusammenhänge von Minderverbrauch und Deflation zu diskutieren. Für vorliegendes Buch reicht es zu verstehen, dass in den nächsten Jahren der Knackpunkt in der Weltwirtschaft eine mögliche, groß angelegte Deflation sein kann – so wie sie in China bereits existiert, wo man das wirtschaftliche Umfeld am besten als „deflationären Boom" bezeichnen kann. Volkswirtschaftler wie Gary Shilling und Aktienmarktprognostiker wie Robert Prechter teilen die Ansicht, dass das Gespenst der Deflation „gleich um die Ecke" lauert. Offensichtlich ist auch, dass in den 90ern das Wohlstandsungleichgewicht nicht nur in den USA größer geworden ist, sondern auch jenes zwischen den industrialisierten Ländern und den aufstrebenden Volkswirtschaften. In den westlichen Ländern haben die gut Betuchten ihr Einkommen wesentlich schneller gesteigert als die Arbeiter, weil die Vergütungen der CEOs infolge der Anbindung der Gehälter an Optionsprogramme wuchsen und weil der Aktienbesitz auf die Gruppe der Personen mit hohem Einkommen konzentriert ist. Zur gleichen Zeit litten die aufstrebenden Volkswirtschaften in den späten 90ern unter massiven Währungseinbrüchen mit dem Ergebnis, dass ihr Pro-Kopf-Einkommen in US-Dollar im Jahr 2000 niedriger war als 1990 (China und Vietnam waren wohl die Ausnahmen, aber man darf nicht vergessen, dass in deren ländlichen Sektoren, in denen mehr als die Hälfte der Bevölkerung lebt, das Pro-Kopf-Einkommen kaum angestiegen ist. Auch die Lohnsteigerungen eines städtischen Arbeiters, umgerechnet in US-Dollar, waren nicht sonderlich beeindruckend, wenn man bedenkt, dass China die Währung 1994 um 55 Prozent abgewertet hat.)

In meinen Augen ist das globale Wohlstandsungleichgewicht eines der zentralen Probleme unserer Zeit. Es gibt einige wenige reiche Länder mit einer relativ kleinen Bevölkerung und viele arme Länder, die eine riesige Einwohnerzahl ernähren müssen. Die Armen der Welt würden gerne konsumieren, aber sie haben nicht das nötige Einkommen. Das ist sicherlich ein Grund für die unbefriedigenden Wachstumsraten der gesamten Welt in den 90ern. Abb. 1 kann man entnehmen, dass die Rate des Wirtschaftswachstums in den 90ern abnahm und im Jahr 2001 auf dem niedrigsten Stand seit mehr als 30 Jahren war (mehr zum Wohlstandsungleichgewicht im Epilog).

Aber ein steigendes Einkommensungleichgewicht ist nicht der einzige Faktor, der den Konsum gering hält. Hohe Schulden im Sektor der Privathaushalte (siehe Abb. 2) und eine immer älter werdende Bevölkerung in den meisten industrialisierten Ländern verhindern jeden bedeutsamen Nachfrageschub in der westlichen Welt und in Japan von vornherein.

Nun könnte man argumentieren, dass eine wachsende Wirtschaft die Unternehmensgewinne ansteigen lässt, was zu steigenden Investitionen führt und einen Beschäftigungs- und Lohnanstieg mit sich bringt, wodurch die Kaufkraft der Arbeiter erhöht wird. Dem ist nicht so, sagen die Vertreter der Minderverbrauchs-Theorie: Die Explosion der Unternehmensgewinne führe in einer ersten Phase zu massiven, neuen Investitionen, und sie verlängerten somit die Wohlstandsperiode dadurch, dass

Abbildung 1

DAS TEMPO WIRD GERINGER
Reales Weltwirtschaftswachstum

Quelle: IMF

die Produktion der Investitionsgüter überstimuliert werde. Der Zusammenbruch folge aber unausweichlich, wenn die Produktionskapazitäten hochgefahren sind, um die Konsumgüter herzustellen und an den Mann zu bringen. Auch Schumpeter glaubte, dass der Boom beendet ist, wenn die neuen Produktionsanlagen fertig gestellt sind, und ein zusätzliches Güterangebot den Markt überschwemmt (siehe auch Albert Aftalion, „Les crises periodiques de surproduction", Paris, 1913).

Mit anderen Worten: Stark steigende Unternehmensgewinne führen zu überschüssigen Investitionen, die letztlich den Boom zusammenbrechen lassen. In diesem Zusammenhang hat die Minderverbrauchs-Theorie viel mit der Überinvestitions-Theorie gemeinsam, die besagt, dass „Kreditexpansion" der Bösewicht sei (im Vergleich zur Differenz bei den Löhnen sind überschüssige Profite nur insoweit schädlich, als sie für inflationäre Kredite verantwortlich sind, die zu Überinvestition führen). Aber Theorie hin, Theorie her: Der Grund für den Zusammenbruch ist die geringe Nachfrage, die nicht ausreicht, um das auf den Markt kommende Angebot aufzunehmen.

Abgesehen vom steigenden Einkommensungleichgewicht, von den hohen Verbraucherschulden, den niedrigen Sparraten und einer immer älter werdenden Be-

Abbildung 2

AUF EINKAUFSTOUR
Verhältnis von Konsumenten- und Hypothekenschulden zum frei verfügbaren, persönlichen Einkommen

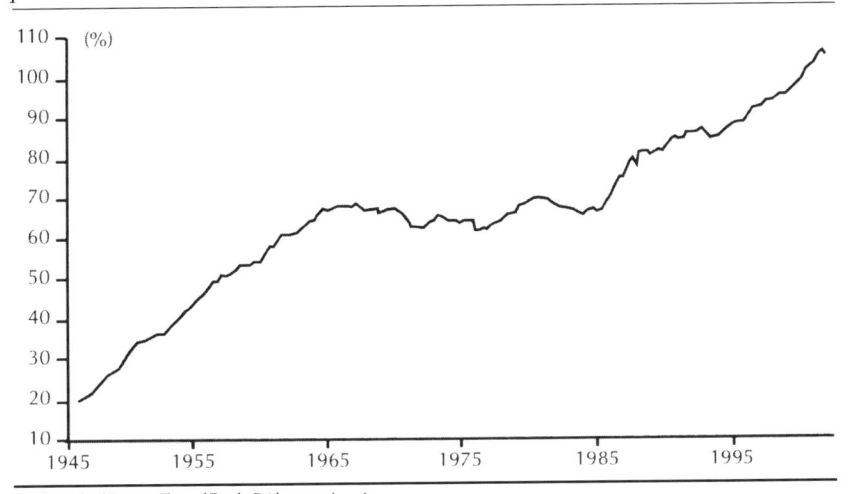

Quelle: Federal Reserve Flow of Funds, Bridgewater Associates

völkerung: Es gibt noch weitere Gründe, warum ich die Zukunft des Konsumwachstums in den industrialisierten Ländern pessimistisch sehe. Ein bedeutender Anteil der heutigen Investitionen fließt in arbeitssparende Investitionen mit dem Ziel, das Lohnwachstum zu verringern. Zusätzlich werden die Kapazitäten zunehmend in Übersee, vor allem in China, vergrößert, wo die Produktion wesentlich billiger ist. Im Endeffekt wird also die Arbeitskraft in den USA und noch mehr in Westeuropa nur sehr mäßige Einkommenszugewinne erreichen; womöglich wird es in den nächsten Jahren sogar zu einem Einkommensverlust kommen. Auch in diesem Zusammenhang könnte man nun wieder argumentieren, dass die nachlassende Konsumnachfrage in den industrialisierten Ländern durch steigende Einkommen (mittels des Multiplikatoreffekts) in den aufstrebenden Volkswirtschaften, in die immer mehr Produktion verlagert wird, einen Ausgleich findet.

Das ist sicherlich eine unbestreitbare Tatsache, und ich werde sie an späterer Setlle noch einmal aufgreifen. Aber ich möchte den Zusammenhang mit der Minderverbrauchs-Theorie herstellen: Die Ähnlichkeit der Trends bei den Löhnen und Gewinnen in den USA in den 90ern mit denen kurz vor der Großen Depression ist offensichtlich. Zusätzlich vertritt das Schrifttum zum Thema Geschäftszyklen – sowohl in der Minderverbrauchs- wie in der Überinvestitions-Theorie– die Auffassung, dass in einer Phase, in der ein Boom endet und die Kontraktion beginnt, der Abschwung von Deflation begleitet wird (auch bei den Gewinnen), weil der Markt für Konsumgüter übersättigt wird und die Investitionen zusammenbrechen.

Psychologische und geldtheoretische Überinvestitions-Theorien

Dem französischen Wirtschaftswissenschaftler Yves Guyot („Principles of Social Economy", London, 1884) zufolge wurden die psychologischen Faktoren, welche die wirtschaftliche Fluktuation antreiben, bis dato – bezogen auf seine Zeit – nicht ausreichend berücksichtigt. Dies erklärt nach Guyot, warum es so viele Fehlinterpretationen der kommerziellen Krisen gab. Im Wesentlichen besagt die psychologische Theorie, dass in einer Zeit steigenden Wohlstands und wachsender Profitabilität jeder Unternehmer dazu neigt, die Gewinne, die er im Vergleich zu den Konkurrenten erwirtschaften kann, zu überschätzen. Wie in Kapitel 5 erwähnt, vertrat Pigou, der wichtigste Vorkämpfer der psychologischen Handelszyklus-Theorie, folgenden Standpunkt: Wenn ein Irrtum des Optimismus generiert wird, neigt dieser dazu, sich wegen der psychologischen Verbindungen – die Geschäftsleute halten untereinander enge Verbindungen durch den Kauf und Verkauf von Gütern – und über das Kreditsystems weiter zu verbreiten. Letztlich besteht innerhalb der Unternehmerschaft „ein sicheres Maß von gegenseitiger, psychologischer Abhängigkeit". Zusätzlich „... schafft ein Optimismus-Irrtum bei einem Teil der Gruppe der Geschäftsleute selbst eine Rechtfertigung für verbesserte Erwartungen beim anderen Teil der Gruppe". Pigou beobachtete auch, dass:

... große Irrtümer vor allem bei Unternehmungen in neuen Geschäftsfeldern auftreten, deren Grenzen noch nicht angemessen von Investoren oder auch von Kapitalisten mit guter Beurteilungsgabe und Erfahrung ausgetestet wurden ... Neue Entdeckungen und die Öffnung von Kontinenten haben stark zu solchen Fehlern beigetragen.
A. C. Pigou, *Industrial Fluctuations*, London, 1927, Seiten 76–79

Lavington verglich die Geschäfteute, die sich gegenseitig mit Vertrauen und Optimismus anstecken, mit Eisläufern auf einem gefrorenen See:

In der Tat wird das Vertrauen des einzelnen Läufers in seine eigene Sicherheit durch die Anwesenheit von vielen Kollegen eher bestärkt als vermindert. ... Die rationale Beurteilung, dass das Risiko umso größer ist, je größer die Anzahl der Läufer ist, geht in dem sich gegenseitig ansteckenden Vertrauen unter, dass man sich umso sicherer fühlen kann, je größer die Anzahl der anderen Eisläufer ist. Aber wenn das Geräusch eines Risses im Eis zu hören ist und das Vertrauen in Besorgnis umschlägt, wobei der Einfluss auf einen einzelnen Läufer gering sein könnte, wird dies von einem zum nächsten Läufer übertragen, und die Besorgnis verstärkt sich selbst schnell und könnte dann zu einer Panik und einer Massenflucht führen.
F. Lavington, *The Trade Cycles*, London, 1922, Seite 33

Andere Volkswirtschaftler betonen die Tatsache, dass die Möglichkeit von Fehlern umso größer ist, je größer der zeitliche Abstand zwischen einer Investition und dem damit erzielten Ergebnis ist beziehungsweise je größer die Ungewissheit über den Nutzen oder den Wert eines Investments ist. Lange Produktionsprozesse (Schumpeter spricht von der „Periode des Heranreifens", also der Zeit zwischen der Geburt eines neuen Produktes und dem Tag, an dem es tatsächlich ausgeliefert werden kann) neigen dazu, nicht nur die Fehlkalkulation der absoluten Nachfrage aufgrund des Wettbewerbs zu erleichtern, sondern auch dazu, dass jeder Produzent wahrscheinlich seinen erwarteten Gesamtmarktanteil falsch einschätzt (heute rechnet jeder PC-Produzent damit, dass er seinen Marktanteil steigern kann).

Neue Konzepte und Ideen sind für Irrtümer des Optimismus besonders anfällig. Einige der ausgeprägtesten Boom-and-Bust-Perioden in der Geschichte wurden von übermäßiger Expansion neuer Industrien (beispielsweise Kanäle, Eisenbahnen, Supertanker, Radios, Autos, PCs, Internetseiten oder Handys) oder durch die Öffnung neuer Territorien (etwa die Südsee, die westlichen Territorien in Amerika oder Lateinamerika in der zweiten Hälfte des 19. Jahrhunderts) verursacht. Ich habe in Kapitel 4 den Enthusiasmus beschrieben, der durch die Eisenbahnen im 19. Jahrhundert und ihre Expansion in die neuen Territorien verursacht wurde, und gezeigt, dass er zu wiederholten irrtümlichen Vorhersagen über künftige Gewinne und später zu riesigen Verlusten führte. Abgesehen von der Überschätzung der Gesamtnachfrage und des erwarteten Gesamtmarktanteils unterschätzen die Unternehmer auch sehr gerne ihre Kosten (ein weiterer, üblicher Irrtum des Optimismus) und das zusätzliche Angebot durch neue Wettbewerber, das während des Booms rasch größer wird.

Vertreter der Psychologie-Theorie betonen, dass sich Geschäftsleute oder Spekulanten während eines Booms in einem Zustand größter Erwartung befinden. Da diese Erwartungen unbegründet sind, müssen sie zwangsläufig eine Enttäuschung erleben. Somit öffnen der Boom und die Atmosphäre des Neids – beide beruhen auf dem Irrtum des Optimismus– den Weg einer Vertrauenskrise und der Angst – hin zum Irrtum des Pessimismus. Andere Geschäftszyklen-Theoretiker argumentieren, dass die psychologischen Faktoren zwar eine bedeutende bei der Verstärkung der Expansions- und Kontraktionsphase spielen, indem sie die Nachfragekurve während des Aufschwungs nach rechts und in der Depression nach links verschieben, jedoch nicht alleine für die wirtschaftlichen Fluktuationen verantwortlich sein können. Nach der geldtheoretischen Überinvestitions-Theorie muss jede Kreditexpansion zunächst zu einer Überinvestition und dann zum Zusammenbruch führen. Wilhelm Röpke drückt dies wie folgt aus:

> ... die Kreditexpansion, die den Boom am Laufen hält, schreitet dadurch fort, dass die Zinssätze ‚zu niedrig' sind. Diese zu niedrigen Zinssätze bewirken einen generellen Anstieg der Investitionen, was zu dem Mechanismus führt, dass der Boom weiter in Richtung seines ultimativen Debakels getrieben wird ... Die Kreditexpansion im

Boom, die sich in den zu niedrigen Zinssätzen ausdrückt, führt zu einer Überexpansion des wirtschaftlichen Prozesses und zerstört das Gleichgewicht des wirtschaftlichen Systems durch generelle Überinvestitionen. Es erlaubt, dass mehr investiert als gespart wird, und es ermöglicht den notwendigen Geldmengenanstieg durch Kredite, die ihren Ursprung nicht in Ersparnissen haben, sondern aus nichts anderem als dem Bankensystem kommen ... Die Demonstration, dass die Kreditexpansion des Booms zu Überinvestition führt, unterstützt gleichzeitig den Nachweis, dass die Vermögensbildung mittels Kreditschöpfung und dann die Ausweitung der Produktion, die sie verursacht, zu einer schmerzhaften Reaktion führen werden, die sich in einer Krise und Depression ausdrückt. Diese Reaktion kann in der Tat durch einen weiteren Anstieg des Kreditangebots verzögert werden, aber letztlich nur zum Preis einer entsprechenden Verschlimmerung. Ein „ewiger Boom" ist somit völlig indiskutabel.

Wilhelm Röpke, Crises and Cycles, London, 1936

Mit „zu niedrigen Zinssätzen" meint Röpke, dass die Zinssätze unterhalb der „natürlichen Sätze" sind – also, wie Knut Wicksell [„Interest and Prices", London, 1936] schreibt, jener Sätze, bei denen die Nachfrage nach Krediten identisch mit dem Angebot an Spareinlagen ist. Röpke glaubte:

... Eine Kreditinflation kann somit sehr wohl dadurch auftreten, dass die Banken ihre Zinssätze unverändert lassen oder sie im Moment nicht stark genug anheben, wenn die Gleichgewichtsrate im Wirtschaftssystem – eine fiktive Zahl, die ganz grob die durchschnittlichen Profite aus Kapitalinvestitionen vorwegnimmt – gestiegen ist. Das ist aber genau das, was in Boom-Zeiten regelmäßig passiert. Wenn zu Beginn eines Booms die Profiterwartungen des wirtschaftlichen Systems steigen, aber die Banken ihre bisherigen Zinssätze für die Kredite beibehalten oder sie nicht ausreichend anheben, dann ist die automatische Konsequenz ein Anstieg in der Kreditnachfrage infolge der sich ausweitenden Lücke zwischen Zinssätzen und Kapitalprofiten.

Röpke meint weiterhin, dass es nicht nur die Unterschiede in der Quantität von Geld und Kredit sind, die den Prozess von Boom und Depression am Laufen halten, sondern dass auch die qualitative Verteilung des Geldflusses ein Faktor für

Instabilität sein könnte. Indem er sich auf die späten 20er Jahre bezieht, schreibt Röpke, dass:

> ... diese Periode, auf welche die härteste Krise folgte, die die Geschichte je erlebt hat, ein Preisniveau zeigte, das im Großen und Ganzen geringfügig zurückging, anstatt anzusteigen. Aber kann es dann damals Inflation gegeben haben? ... Infolge der sinkenden Kosten aufgrund des technischen Fortschritts wären die Preise gefallen, wenn nicht ein zusätzlicher Kreditbetrag in das Wirtschaftssystem gepumpt worden wäre. Somit gab es Inflation, wenn auch nur eine relative. Aber man kann sagen, dass der quantitative Effekt dieser inflationären Kreditexpansion durch eine abnormal qualitative Kreditverteilung beträchtlich erschwert wurde. Ein Beispiel ist die enorme Expansion in der Ratenkredite, die demonstriert, wie das System der Federal Reserve versuchte, das Heroin nicht nur per os (durch den Mund), sondern auch per rectum (verzeihen Sie das harte Wort: durch das Hinterteil) zu verabreichen ... Ein anderes Beispiel ist der Immobilienmarkt, der mit Krediten überschwemmt war. Das schlimmste und auffälligste Beispiel aber war die Aktienmarktspekulation, die den Weg ins Verderben ebnete. Um dies zu illustrieren: Das Volumen der Brokerkredite stieg zwischen 1921 und 1929 um rund 900 Prozent ... Daraus kann man folgern, dass der letzte amerikanische Boom ein Musterbeispiel dafür war, wie die Ungleichgewichtseffekte der Variationen im Kreditvolumen unter gewissen Umständen durch Eigenarten in der qualitativen Zusammensetzung des Geldstroms in großem Maße verstärkt werden können.

Vor dem Hintergrund der Überinvestitions-Theorie war es offensichtlich, dass der Boom der japanischen Wirtschaft und der japanischen Aktienmärkte in den späten 80ern niemals mit einem Soft Landing hätte beendet werden können, wie es die meisten erwartet hatten. Auch stand es außer Frage, dass der High-Tech-Boom in den späten 90ern nicht ewig andauern konnte und ein Zusammenbruch nicht zu verhindern war. Besonders interessant ist, was die Überinvestitions-Theoretiker zur Depressionsperiode in Japan und den USA zu sagen haben.

Können die Rezession und der deflationäre Trend durch massive Reflation korrigiert werden? Wie Röpke schreibt, unterstützt die Tatsache, „dass die Kreditexpansion im Boom zu Überinvestition führt, gleichzeitig den Nachweis, dass die Vermögensbildung durch Kreditschöpfung und die Extension der Produktion zu einer schmerzvollen Reaktion führen, die sich in Krise und Depression ausdrückt".

Diese Reaktion kann durch „einen weiteren Anstieg des Kreditangebots verzögert werden, aber nur mit dem Preis einer dementsprechenden Verschlimmerung der ultimativen Reaktion. Ein ‚ewiger Boom' ist somit völlig indiskutabel." (ebenda, Seite 118). In Bezug auf die Depression im Jahr 1933 liefert Hayek folgende Antwort:

Es kann natürlich nicht bezweifelt werden, dass zurzeit ein deflationärer Prozess vor sich geht und dass eine unbeschränkte Fortsetzung dieser Deflation enorm schädlich wäre. Aber das bedeutet in keiner Weise, dass die Deflation notwendigerweise der ursprüngliche Grund unserer Schwierigkeiten ist oder dass wir diese Probleme dadurch lösen könnten, indem wir die deflationären Tendenzen aufheben, die sich zurzeit in unserem Wirtschaftssystem auswirken, indem wir mehr Geld in Umlauf bringen. Es gibt keinen Grund anzunehmen, dass die Krise wegen absichtlich deflationärer Maßnahmen unserer Geldbehörden begonnen hat oder dass die Deflation an sich etwas anderes sei als ein sekundäres Phänomen, ein Prozess, der durch die Missverhältnisse in der Industrie als Ergebnis des Booms begonnen hat. Wenn aber die Deflation nicht die Ursache, sondern nur eine Wirkung der mangelnden Profitabilität der Industrie ist, dann ist es sicher vergeblich zu hoffen, dass wir den anhaltenden Wohlstand dadurch zurückgewinnen können, dass wir den deflationären Prozess „umdrehen". Weit entfernt von einer Deflationspolitik haben die Zentralbanken, vor allem in den USA, wesentlich weiter reichende Anstrengungen unternommen als jemals zuvor, um die Depression durch eine Politik der Kreditexpansion zu bekämpfen – mit dem Ergebnis, dass die Depression länger andauerte und wesentlich stärker wurde als jede andere zuvor. Was wir benötigen, ist eine Neuanpassung dieser Elemente an die Struktur von Produktion und Preisen, die es gab, bevor die Deflation begonnen hatte, und die es für die Industrie unprofitabel machte, sich Geld auszuleihen. Aber anstatt mit den Missständen – die Folge der letzten drei Boom-Jahre – endlich Schluss zu machen, wurden alle nur denkbaren Mittel angewandt, um die Neuanpassungen zu verhindern; und eines dieser Mittel, die zum wiederholten Male von der frühesten bis zur letzten Phase der Depression ohne Erfolg angewandt wurde, war die bewusste Kreditexpansion ... Die Deflation mit einer zwanghaften Kreditexpansion zu bekämpfen ist der Versuch, das Böse mit jenem Mittel, das erst dazu geführt hat, zu vertreiben. Obwohl wir unter einer irregeleiteten Produktion leiden, wollen wir eine weitere Irreführung schaffen – ein Vorgehen, das nur in eine noch stärkere Krise führen kann, sobald die Kreditexpansion zu einem Ende kommt ... Wir sollten heute – auf einer höheren Ebene – wieder dem Kurs der Fed von 1927 folgen. Einem Experiment, das A. C. Miller, der einzige Volkswirt im Federal Reserve Board und gleichzeitig sein ältestes Mitglied, treffend als „die großartigste und kühnste Operation, die jemals vom Federal Reserve System unternommen wurde" bezeichnete – eine Operation, die „im teuersten Irrtum endete, die von ihr oder von jedem anderen Bankensystem in den letzten 75 Jahren durchgeführt wurde". Wahrscheinlich war dieses Experiment, zusammen mit dem Versuch, die Liquidation zu verhindern, als die Krise bereits ausgebrochen war, schuld an der ungewöhnlichen Härte und der Dauer der Depression. Wir dürfen nicht vergessen, dass in den letzten sechs oder acht Jahren die Geldpolitik in der ganzen Welt dem Rat der „Stabilisatoren" gefolgt ist. Es ist wirklich an der Zeit, dass deren Einfluss, der bereits genug Schaden angerichtet hat, über Board geworfen wird.

Friedrich Hayek, *Monetary Theory and the Trade Cycle*, London, 1933

Die vielen Parallelen zwischen dem, was vor dem Unheil der 30er geschah, und den heutigen wirtschaftlichen und finanziellen Trends sind erdrückend. Seitdem sich die Wirtschaft im Jahr 2000 verlangsamte, versuchte die Fed mit der Macht einer „zwanghaften Kreditexpansion, die Liquidation zu verhindern" – mit dem Ergebnis, dass eine wesentlich stärkere Krise im Jahr 2003 oder 2004 auftreten wird.

Man denke beispielsweise an Röpkes Theorie, dass „zu niedrige Zinssätze" zu einer Zerstörung des wirtschaftlichen Gleichgewichts führen werden und dass dies durch eine anormale qualitative Kreditveränderung noch verstärkt wird. Die 80er und vor allem die 90er werden uns als eine Zeit in Erinnerung bleiben, in der die Kredite wesentlich stärker wuchsen als das nominale BIP. Wie man in Abb. 3 sehen kann, bewegte sich das Schuldenwachstum in den 50ern und 60ern mehr oder weniger so wie das BIP-Wachstum, und im Endeffekt hat sich in dieser Zeit das Verhältnis der Gesamtschulden des US-Marktes zum Bruttoinlandsprodukt nicht nennenswert verändert. Aber mit dem Beginn der 80er hat das Schuldenwachstum das BIP-Wachstum bei weitem übertroffen, und deshalb haben wir heute das höchste Verhältnis von Schulden zu BIP aller Zeiten.

Bitte beachten Sie, dass dieses Verhältnis im Jahr 1929 wesentlich niedriger war als heute. Die Situation nach 1929 war das Ergebnis des Zusammenbruchs des BIP, während die Schulden gleich hoch blieben. Nehmen wir das Jahr 2001, als das BIP um 179 Mrd. US-Dollar wuchs. Im selben Jahr wuchsen die Kredite in den „non-

Abbildung 3

ALLZEITHOCH
Gesamt-US-Kreditmarkt in % des jährlichen BIP

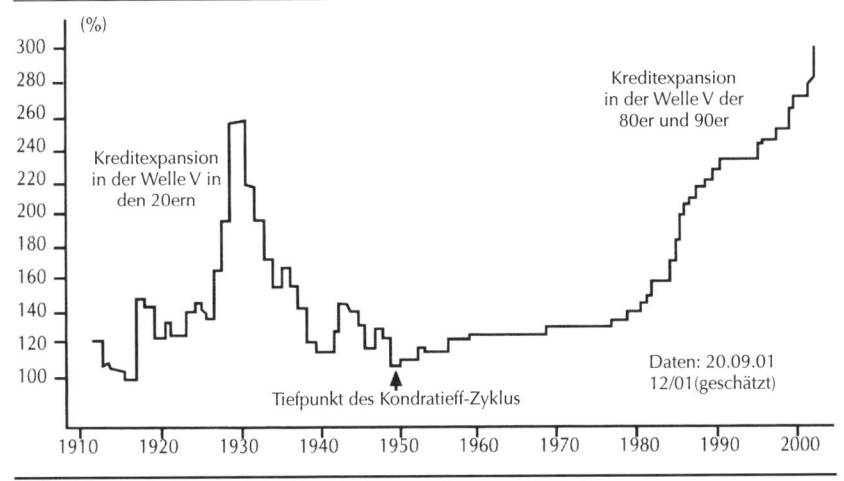

[Diagramm: Kurve von 1910 bis 2000, Werte von ca. 100% bis 300%. Beschriftungen: "Kreditexpansion in der Welle V in den 20ern", "Tiefpunkt des Kondratieff-Zyklus", "Kreditexpansion in der Welle V der 80er und 90er", "Daten: 20.09.01 12/01 (geschätzt)"]

Quelle: *The Elliott Wave Theorist*, Februar 2002

financials" um 1,1 Bio. US-Dollar, und die Schulden in den „financials" erhöhten sich um 916 Mrd. US$ – mit anderen Worten: Im Jahr 2001 wuchsen die Schulden zehnmal stärker als das BIP.

Qualitative Defekte im Kreditsystem

Das letzte Thema im Zusammenhang mit Wirtschaftszyklen sind Röpkes Bedenken, dass die „qualitative Verteilung des Geldflusses" eine zusätzliche Quelle für die Instabilität der heutigen Welt ist. Wie wir gesehen haben, gab es in den späten 20ern eine übermäßige Expansion bei Ratenkrediten, Immobilienkrediten und aktienmarktbezogenen Krediten. Und heute? Heute haben wir kein starkes Wachstum, vielmehr ist die Wirtschaft kraftlos geworden. Genau wie in den späten 20ern fand ein Wechsel im Geldfluss statt: weg von produktiven Investitionen hin zu finanziellen Vermögenswerten, zu Regierungsausgaben (Finanzierung der Budgetdefizite) und zu Ratenkrediten. Fusionen und Übernahmen haben in den Jahren 1999/2000 neue Höchstmarken erreicht, und Firmen haben ihre eigenen Aktien zurückgekauft – oftmals mit geliehenem Geld.

Im Ergebnis können wir annehmen, dass die „qualitative Verteilung" von Krediten in den letzten Jahren ebenfalls schlechter geworden ist und dass es quasi ihre Bestimmung ist, irgendwann in der Zukunft die – bereits bestehende – Geld-Instabilität noch zu verstärken.

In den 80ern verursachten hauptsächlich Budgetdefizite das Schuldenwachstum. Aber in den 90ern verlangsamte sich das Wachstum der Regierungsschulden als Folge der Budgetüberschüsse in den späten 90ern. Was schnell anstieg, waren die Schulden der Unternehmen und der privaten Haushalte. Am Ende dieser längsten, jemals dagewesenen wirtschaftlichen Expansion steht folgende Situation: Die Qualität der Unternehmens- und Haushaltsschulden ist schlecht – ein Grund für die sehr hohen Zinsaufschläge für Unternehmensanleihen im Vergleich zu den Staatsanleihen. Zudem gab es im Jahr 2002 nur noch acht AAA-geratete Firmen in den USA – General Electric, UPS, AIG, ExxonMobil, Johnson&Johnson, Berkshire Hathaway, Pfizer und Merck – im Vergleich zu 27 im Jahr 1990 und 58 im Jahr 1979. Auch war das erste Quartal 2002 eines der schlechtesten für Unternehmensanleihen. 47 Emittenten hatten Ausfälle in Höhe von 34 Mrd. US-Dollar an schlechten Krediten zu verzeichnen. Wie J. R. Hicks betonte:

Eine wirklich katastrophale Depression tritt wahrscheinlich nicht einfach als Ergebnis des einfachen, echten Akzelerator-Mechanismus auf; sie tritt wohl eher dann auf, wenn es eine tief greifende Geld-Instabilität gibt – wenn die Fäulnis im Geldsystem also sehr tief geht.
A Contribution to the Theory of the Trade Cycle, Oxford, 1950, Seite 163

Betrachtet man die Überinvestitions-Theorie, so ist die übermäßige „Kreditexpansion" das Übel. „Die Kreditexpansion während des Booms drückt sich dadurch aus, dass die zu niedrigen Zinssätze zu einer Überexpansion des Wirtschaftsprozesses führen und diese durch die generelle Überinvestition das Gleichgewicht des Wirtschaftssystems zerstört." Die Zinssätze sind „zu niedrig", wenn der Marktsatz unterhalb dem „natürlichen Satz" ist, der die Rate darstellt, bei der die Kreditnachfrage gleich dem Angebot an Spareinlagen ist. Genau das ist heute in den meisten Ländern der Fall – vor allem in denen mit großen Handelsbilanzdefiziten.

Die geldpolitische Überinvestitionstheorie betont auch die „qualitative Kreditverteilung". Vor diesem Hintergrund scheint es, dass in den vergangenen Jahren, genauso wie in den späten 20ern, zu viele Immobilien, Ratenverträge, Regierungsdefizite und Finanzmärkte mit Krediten finanziert wurden.

In der psychologischen Geschäftszyklen-Theorie werden die typischen Verhaltensweisen von Unternehmern und Sparern betont. Normalerweise ergänzen und verstärken diese psychologischen Faktoren die geldpolitischen und wirtschaftlichen Faktoren; sie stellen keine Alternativen dar. In letzter Zeit haben die psychologischen Faktoren im Zusammenhang mit Antizipation und Erwartungen an Bedeutung gewonnen.

Schlussfolgerung

Es ist wichtig zu verstehen, dass Geschäftszyklen ein sehr komplexes Phänomen sind, das nicht nur mit einem Faktor zu erklären ist. Daher tendieren die meisten Autoren dazu zu betonen, dass eine Vielzahl von Faktoren den periodischen Wechsel von Wohlstand und Depression hervorruft, und das auch nicht immer in derselben Kombination. Aber eines ist sicher: Es wird immer wirtschaftliche Fluktuation geben, und die Misserfolge der großen Volkswirtschaften haben reichlich belegt, dass Regierungsinterventionen niemals die zyklischen Fluktuationen eliminieren werden. In der Tat scheint es zuzutreffen, was John Stuart Mill vor fast 200 Jahren schrieb:

...in allen mehr entwickelten Gesellschaften wird ein Großteil der Dinge, die durch Regierungsinterventionen geschehen, schlechter erledigt, als es der Fall wäre, wenn sie durch die Individuen selbst gemacht oder verursacht werden würden.
Principles of Political Economy, 7. Ausgabe, London 1871

Ich habe versucht zu zeigen, dass Geschäftszyklen die Natur der Wirtschaft darstellen und dass sie niemals enden werden, weil die Wirtschaft immer von Phasen mit Wachstum über dem Trend, gefolgt von Phasen mit Wachstum unterhalb des Trends, geprägt ist. Wie stark eine Rezession sein wird, die auf die derzeitige Lähmung der Wirtschaft folgen wird, hängt von einer Reihe von Faktoren ab, unter anderem von der Position in der Kondratieff-Welle, in der wir uns zu diesem Zeitpunkt befinden (siehe Kapitel 7). Wenn die langfristige Welle in der Tat bereits nach oben gedreht hat, wie einige Analysten glauben, dann wird die jetzige Rezession bereits fast vorüber sein, und wir können uns auf ein besseres Geschäftsklima in den Jahren 2003 und 2004 freuen. Sollte jedoch die jetzige Situation eher der Situation der späten 20er ähneln, als, wie Schumpeter erklärte, die abwärts gerichteten Kondratieff-Welle mit dem abwärts gerichteten neunjährigen Juglar-Zyklus und der Lagerbestands-Liquidation im Sinne des Kitchin-Zyklus zusammentraf und die Krise auslöste, dann müssen wir uns wohl auf eine wesentlich stärkere und längere deflationäre Rezession einstellen.

Volkswirtschaftler haben unterschiedliche Ansichten über die Ursachen von Wirtschaftsfluktiationen und ihrer Periodizität. Bei den Zyklus-Theoretikern gibt es keine Unstimmigkeiten über die Existenz solcher Zyklen: Auf Perioden der Expansion und des Wohlstands folgen Perioden der Schrumpfung und der Depression.

Es gilt, die langfristigen Zyklen im wirtschaftlichen Umfeld zu diskutieren mit dem Ziel, ihre Existenz zu beweisen und versuchen herauszufinden, in welcher Phase eines langfristigen Zyklus wir uns heute befinden. Ich betone das Wort „versuchen": Konjunkturzyklen sind ein enorm komplexes Phänomen – aber in meinen Augen ist es für jeden Investor von höchster Bedeutung zu verstehen, an welchem Punkt eines langfristigen Zyklus man sich gerade befindet. Denn es gibt einige sehr deutliche Merkmale für die steigende und die fallende Welle, und das wiederum wirkt sich auf die Investitionen aus.

Kapitel 7

Langfristige Wirtschaftszyklen

Viele von uns glauben, dass eine Erholung nur dann solide ist, wenn sie selbst gemacht ist. Wird eine wirtschaftliche Erholung jedoch von äußeren Auslösern, also hauptsächlich künstlich erzeugt, so bleibt ein gewisses Maß an Depression zurück, und ganz neue Ungleichgewichte kommen hinzu.

Joseph A. Schumpeter (1883–1950)

Langfristige Wirtschaftszyklen lassen sich in der gesamten Geschichte feststellen: Aus der Bibel kennen wir 50-jährige Jubiläen, anlässlich derer Schulden erlassen wurden. Die Mayas hielten alle 54 Jahre ein Fest ab, um Unheil abzuwehren; ein 54-Jahres-Zyklus in den Weizenpreisen kann bis ins 13. Jahrhundert zurückverfolgt werden. Im Jahr 1947 veröffentlichte Edward Dewey das Buch „Cycles – The Science of Predictions", das einen 54-Jahres-Index für die US-Großhandelspreise zurück bis ins Jahr 1790 vorstellt und Prognosen für die Zukunft (siehe Abb. 1) abgibt. Das Bemerkenswerteste an diesem Werk ist, dass Dewey im Jahr 1947, als das Buch veröffentlicht wurde, das nächste Hoch bei den Großhandelspreisen für 1979 vorhersagte (das nächste Tief erwartete er für das Jahr 2006). Ihm folgten viele Ökonomen; sie vertraten die Ansicht, dass die langfristigen Wirtschaftszyklen einen 54-Jahres-Rhythmus aufwiesen. Heute weiß man, dass diese Ansicht nicht zutrifft: Der Kondratieff-Zyklus ist viel komplexer, und diejenigen, die sich mit ihm beschäftigten, unterstellten ihm niemals eine präzise Periodizität.

Kapitel 7

Abbildung 1

LANGFRISTIGE WELLEN
Durchschnitt der US-Großhandelspreise, 1780–1947

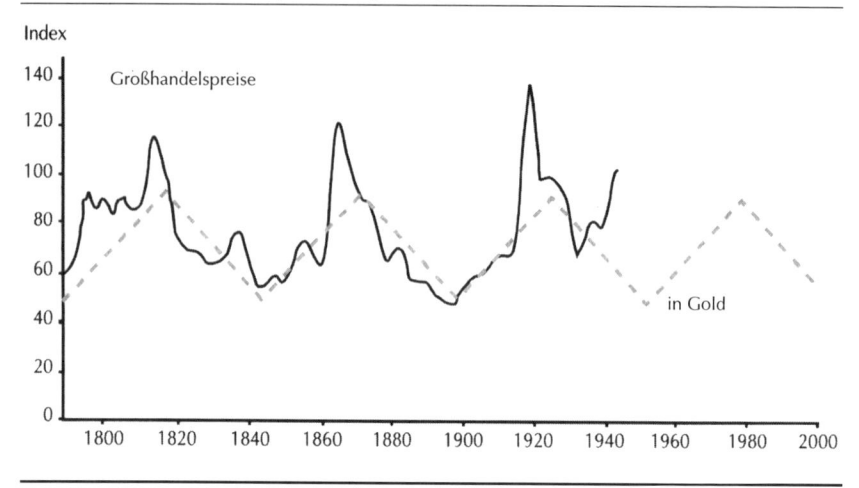

Index
(Großhandelspreise; in Gold)

Quelle: Edward R. Dewey, *Cycles – The Science of Predictions*, New York, 1947

Kondratieff-Wellen

1925 veröffentlichte der bis dahin relativ unbekannte Wirtschaftswissenschaftler Nikolai Kondratieff einen Aufsatz mit dem Titel „Langfristige Wirtschaftszyklen". Darin stellte er Folgendes fest:

> *Je weiter meine Untersuchung der immer wiederkehrenden kapitalistischen Krisen fortschreitet, desto klarer wird mir Folgendes: Eine Krise stellt nur eine Phase in einem gesamten kapitalistischen Zyklus dar; dieser Zyklus besteht normalerweise aus drei Phasen, nämlich Aufschwung, Krise und Depression; und diese Krisen kann man nur dann verstehen, wenn man alle Zyklusphasen betrachtet. ... Als ich mich mit der Dynamik der kapitalistischen Gesellschaft beschäftigte, stieß ich auf dieses Phänomen, das man nur dann erklären kann, wenn man von der Existenz langfristiger Wirtschaftswellen ausgeht.*
>
> Nikolai Kondratieff, *The Long Wave Cycle*, 1925

Kondratieff war nicht als Theroretiker, sondern als Empiriker an den langfristigen Wellen interessiert – ganz im Gegensatz zu anderen Wirtschaftswissenschaftler wie etwa Schumpeter. 1925 schrieb er in einem Artikel, dass er keinerlei Intention habe, eine Theorie der langfristigen Wellen zu erarbeiten, sondern lediglich deren Existenz empirisch nachweisen wolle. Zu diesem Zweck untersuchte er Trends in den Bereichen Rohstoffpreise, Zinsen, Löhne, Außenhandel, Produktion, Kohleverbrauch, private Ersparnisse und Goldproduktion sowie in den politischen Ereignissen zwischen 1720 und 1920. Er kam zu dem Schluss, dass die Wellen eine Zeitspanne zwischen 48 und 60 Jahren erfassen.

Einige Volkswirtschaftler stellen die Existenz langfristiger Wirtschaftswellen in Abrede, aber es ist eine Tatsache, dass die Weltwirtschaft stets bestimmte Zyklen durchlaufen hat, in denen die Preise gestiegen und gefallen sind. (In Abb. 2, welche die Getreidepreise in Westeuropa zwischen 1200 und 1900 darstellt, ist zu sehen, dass sie im 13. Jahrhundert gestiegen und dann bis etwa 1500 gefallen sind, dann erneut im 16. Jahrhundert stiegen und bis 1750 fielen. Erneut kletterten die Preise dann bis zu den Napoleonischen Kriegen und letztlich bis 1900). Neben Kondratieff hat auch eine Reihe anderer renommierter Volkswirtschaftler langfristige Zyklen beobachtet, etwa Parvus (Alexander Helphand), J. van Gelderen, Jean Lescure, Albert Aftalion, Arthur Spiethoff, Gustav Cassell, Simon Kuznets, Knut Wicksell und Wilhelm Abel. Selbst Schumpeter erkannte ihre Existenz an:

Betrachtet man in der Rückschau, was bislang in der Wirtschaft geschah und auf welche Weise dies vonstatten ging, so zeigt sich, dass es langfristige Wellen mit einer Dauer von 54 bis 60 Jahren pro Periode gibt. Die Existenz solcher Wellen wurde von den Ökonomen zur Kenntnis genommen, teilweise auch mit Messmethoden untersucht (vor allem von Spiethoff), doch war es Kondratieff, der sie detailliert nachgewiesen hat. Deshalb sollte diese Wellenbewegung Kondratieff-Zyklus genannt werden.

Joseph Schumpeter, The Analysis of Economic Change, The Review of Economic Statistics, Vol 17, No. 4, May 1935

Schumpeter teilte die Kondratieff-Welle in eine Reihe von Zyklen mit einer Länge von je neun bis zehn Jahren ein. Benannt nach dem „Vater" der modernen Geschäftszyklen-Theorie haben diese „Juglar"-Zyklen eine Länge von sieben bis elf Jahren. Schumpeter unterteilte dann die Juglar-Zyklen in drei „Kitchin"-Zyklen von jeweils rund 40 Monaten. (Der Namensgeber Joseph Kitchin, ein Geschäftsmann, veröffentlichte 1923 eine Studie über britische und amerikanische Zyklen im Zeitraum von 1890 bis 1922. Er unterschied kürzere Zyklen mit einer Länge von 40 Monaten, Hauptzyklen mit einer Dauer von sieben bis elf Jahren sowie Trends, deren Verlauf von der Bewegung der Weltgeldmenge abhing.)

Kapitel 7

Kondratieff untersuchte eine Reihe von Preisen und Produktionskennzahlen über eine längere Zeitperiode und machte unter anderem folgende Trends aus:

Rohstoff-Trends
- In der ansteigenden Welle des ersten Zyklus (siehe Abb. 3) erhöhten sich die Rohstoffpreise von 1789 bis 1814 (25 Jahre). Die fallende Welle begann 1814 und endete im Jahr 1849 (35 Jahre). Die erste Welle dauerte also 60 Jahre.

Abbildung 2

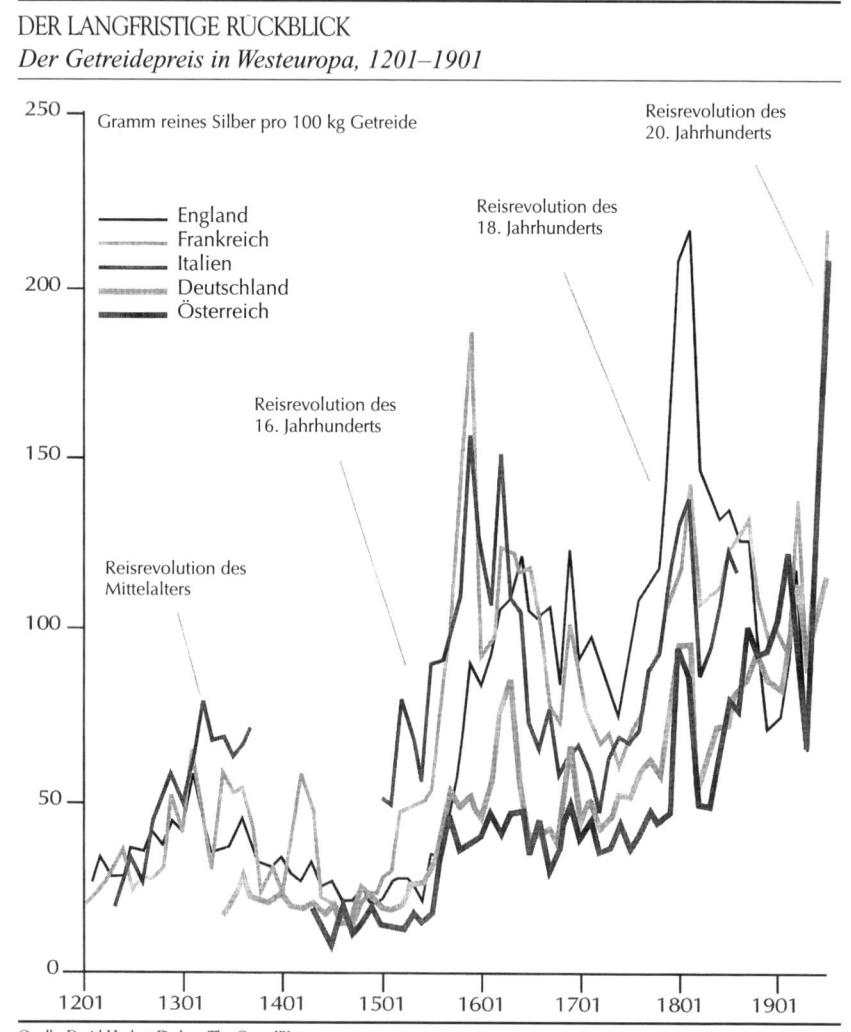

DER LANGFRISTIGE RÜCKBLICK
Der Getreidepreis in Westeuropa, 1201–1901

Gramm reines Silber pro 100 kg Getreide

England
Frankreich
Italien
Deutschland
Österreich

Reisrevolution des Mittelalters
Reisrevolution des 16. Jahrhunderts
Reisrevolution des 18. Jahrhunderts
Reisrevolution des 20. Jahrhunderts

Quelle: David Hackett Fischer, *The Great Wave*

Abbildung 3
AUF DEM ZYKLUS REITEN
Index der Rohstoffpreise, 1780–1920

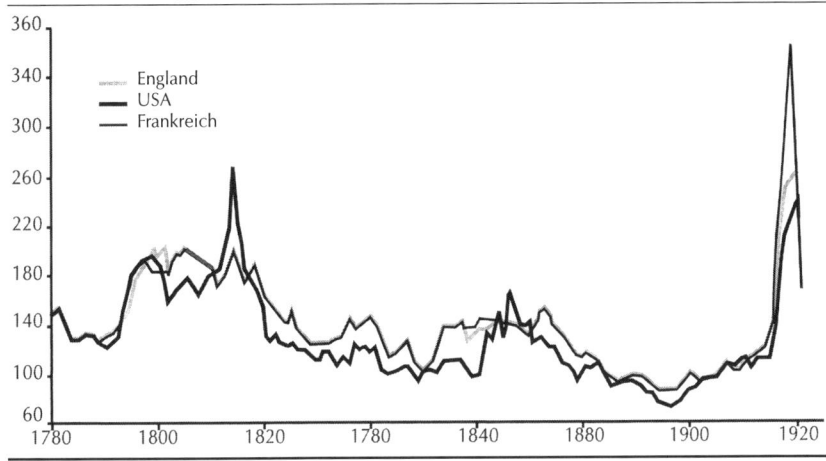

England
USA
Frankreich

Quelle: Kondratieff

- Die steigende Welle des zweiten Rohstoffzyklus begann 1849 und endete 1873 (24 Jahre). Die fallende Welle des zweiten Zyklus begann 1873 und endete 1896 (23 Jahre). Der zweite Zyklus dauerte demnach 47 Jahre.
- Die steigende Welle des dritten Zyklus begann 1896 und endete 1920 (24 Jahre). Nach Kondratieff begann die fallende Welle des dritten Zyklus im Jahr 1920.

Zinssätze

Auch die Bewegungen französischer Zinssätze und die Preise britischer Anleihen untersuchte Kondratieff. Von 1790 bis 1813 stiegen die Zinsen stark an (Englische Anleihen fielen von 90,04 Pfund im Jahr 1792 auf 58,81 im Jahr 1813). Anschließend fielen die Zinssätze bis 1844 und beendeten den „ersten Zyklus in der Bewegung der Zinssätze". Die fallende Welle der Anleihennotierungen – oder die steigende Welle der Zinssätze – des zweiten Zyklus dauerte von Mitte der 1840er bis in die frühen 1870er. Von Mitte der 1870er gingen die Zinssätze bis 1897 wieder zurück, stiegen dann aber in der steigenden Welle des dritten Zyklus bis 1921 erneut an. Kondratieff: „Somit zeichnete sich die Präsenz dieser langfristigen Zyklen in der Bewegung der Zinssätze sehr anschaulich ab. Die Perioden dieser Zyklen fallen deutlich mit den entsprechenden Bewegungen bei den Rohstoffen zusammen." In den USA lässt sich eine sehr ähnliche Bewegung bei den Zinssätzen seit 1790 beobachten (siehe Abb. 4).

Löhne

Kondratieff beobachtete einen Trend steigender Löhne von 1790 bis zum Hochpunkt zwischen 1805 und 1817; der tatsächliche Gipfel hingegen fällt wahrscheinlich mit der Zeit von 1812 bis 1817 zusammen. Nachdem das Maximum erreicht war, ging die Steigerungsrate bis in die späten 1840er und die frühen 1850er zurück – das Ende des ersten Lohnzyklus. Von den späten 1840ern an beschleunigte sich das Lohnwachstum wieder bis zum Zeitraum zwischen 1873 und 1876, um dann bis zur Periode von 1888 zwischen 1895 wieder langsamer zu werden – das Ende des zweiten Zyklus. Hieran schloss sich eine erneute Beschleunigung beim Lohnwachstum an – eine Phase, die nach Kondratieff erst 1920/21 zu Ende ging.

Kohleproduktion und -verbrauch

Dass der Kohleverbrauch in Frankreich und England sehr stark mit den Preiszyklen korrelierte, war ein weiteres Ergebnis von Kondratieffs Beobachtungen. Der Verbrauch fiel in den 1840ern, stieg aber dann bis in die 1870er hinein stark an. Danach verlangsamte sich das Wachstum bis in die späten 1890er. Für ihn stand fest, dass auch die Zahlen zur Produktion und zum Verbrauch von Kohle die Existenz langfristiger Zyklen unter Beweis stellten.

Abbildung 4

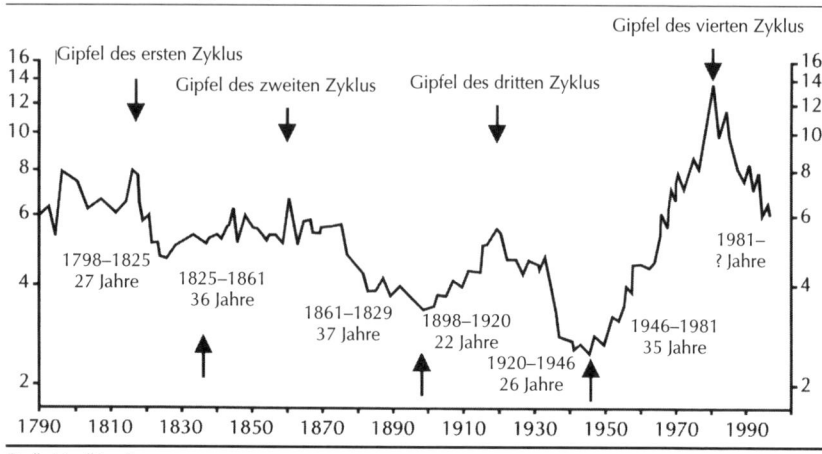

GIPFEL ERKLOMMEN
Geschichte der langfristigen US-Zinssätze (%)

Quelle: Merrill Lynch

Kondratieff erweiterte seine Analyse um den Verbrauch mineralischer Treibstoffe in Frankreich, die Produktion von Blei und Roheisen in England und das Verhältnis von Krediten zu Spareinlagen in französischen Banken und kam zu folgendem Schluss:

Es ist zwar nicht möglich, mit absoluter Sicherheit die Jahreszahlen der Wendepunkte in der Entwicklung langfristiger Zyklen zu bestimmen, und ich habe hierfür einen Spielraum von fünf bis sieben Jahren einkalkuliert. Aber die Anfangs- und Endpunkte dieser Zyklen können trotzdem als die wahrscheinlichsten angesehen werden.

Tabelle 1

DIE WELLEN EINFANGEN
Kondratieff-Zyklen

Erster Zyklus	Zweiter Zyklus	Dritter Zyklus
1. Steigende Welle	1. Steigende Welle	1. Steigende Welle
von ca. 1789 bis 1810–17.	von ca. 1844–51 bis 1870–75.	von ca. 1890–96 bis 1914–20.
2. Fallende Welle	2. Fallende Welle	2. Wahrscheinlicher Start der fallenden Welle:
von 1810–17 bis 1844–51.	von 1870–75 bis 1890–96.	1914–20 (Kondratieffs Arbeit erschien Mitte der 20er)

Quelle: Nikolai Kondratieff, *The Long Waves in Economic Life*, London, 1925, Übersetzung Guy Daniels, London, 1984

Kondratieff erarbeitete vier empirische Muster, die in jedem langfristigen Zyklus zu erkennen sind:

1. Vor dem und zu Beginn der ansteigenden Welle eines jeden langen Zyklus gibt es tief greifende Veränderungen in den wirtschaftlich-gesellschaftlichen Lebensbedingungen. Diese äußern sich in bedeutenden Veränderungen in der Technik (die wiederum durch bedeutende technische Entdeckungen und Erfindungen voranschreiten), in der Einbindung neuer Länder in die weltweiten wirtschaftlichen Beziehungen sowie in Veränderungen der Goldproduktion sowie im Geldumlauf.

2. Die meisten sozialen Umbrüche (Kriege und Revolutionen) treten während der ansteigenden Welle eines langfristigen Zyklus auf. Kondratieff entkräftete somit die bis dahin weit verbreitete Ansicht, dass Kriege und Revolutionen langfristige Wirtschaftswellen verursachen: „Viel wahrscheinlicher ist, dass Kriege aus dem schneller und härter werdenden Wirtschaftsleben, dem Kampf um Märkte und Rohstoffe resultieren und dass soziale Schocks am ehesten unter dem Druck neuer wirtschaftlicher Kräfte auftreten."

3. Die abwärts gerichteten Wellen jedes langfristigen Zyklus werden von ausgedehnten und klaren Depressionen in der Landwirtschaft mit fallenden Rohstoff-

preisen begleitet. Kondratieff stellte fest, dass während dieser Wellen, wie sie zwischen 1810 und 1817, 1844 und 1849, 1870 und 1875 sowie 1895 und 1898 auftraten, der Verfall der landwirtschaftlichen Preise stärker war als der Verfall bei den Industriepreisen (die starke Depression in der Landwirtschaft in den 30ern bestätigte diese Beobachtung).

4. Im Verlauf der steigenden Wellen in den langfristigen Zyklen lassen sich dazwischen liegende, kapitalistische Zyklen ausmachen, die durch kurze Depressionen und nachhaltige Aufschwünge gekennzeichnet sind. Geht die Welle in den langen Zyklen nach unten, ergibt sich das umgekehrte Bild. (Ich gehe weiter unten auf diese vier Punkte näher ein.)

Ich möchte nochmals auf Schumpeter zurückgreifen: Er unterteilte die große Welle in mittelgroße Juglar-Zyklen mit einer Dauer von je sieben bis elf Jahren und in kurze Kitchin-Zyklen von jeweils 40 Monaten. Auch Kondratieff wies die Existenz von zwischenzeitlichen Zyklen nach: Er fand heraus, dass während des Aufschwungs Rezessionen relativ kurz sind, während sich wirtschaftliche Abschwünge im Verlauf einer abwärts gerichteten Welle durch harte und lange Depressionen sowie durch kurze und schwache Aufschwünge auszeichnen. Um seine Beobachtung zu untermauern, griff Kondratieff auch auf die von Spiethoff (siehe Tabelle 2) zusammengestellten Daten zurück, die zeigen, dass in Abwärtswellen die Depressionsjahre regelmäßig dominieren, während in Aufwärtswellen die Aufschwungjahre überhand nehmen.

Der große russische Ökonom Kondratieff nahm ein trauriges Ende: Seine Theorie der langfristigen Wellen wurde sehr stark mit der Haltung der Sozialisten – etwa Karl Kautsky, J. van Gelderen und Sam de Wolff – in Verbindung gebracht, die ebenfalls Arbeiten über langfristige Wellen veröffentlichten – zu stark, als dass Bolschewiken wie Lenin und Leon Trotzky sie akzeptieren konnten. Der Kernpunkt der berühmten Trotzky-Kondratieff-Debatte drehte sich immer wieder um die Frage der Stabilität eines kapitalistischen Systems. Trotzkys Meinung war, dass „universelle Krisen" das Überleben des Kapitalismus bedrohen, während Kondratieff (wie auch Krautsky) die Ansicht vertrat, dass die Krisen nur Phasen innerhalb eines relativ stabilen kapitalistischen Systems seien. Nach Kondratieffs Theorie war es sehr unwahrscheinlich, dass die immer schlimmer werdende Rezession nach 1929 die „finale Krise des Kapitalismus" darstellt, nach der die Marxisten suchten. Deshalb wurde Kondratieff im Jahr 1930 unter der Herrschaft von Joseph Stalin offiziell entlassen, verhaftet und in ein Gefangenenlager in Sibirien gebracht, wo er schließlich starb.

Tabelle 2

BOOM UND DUNKELHEIT
Muster in den langfristigen Wellen

Periode	Zyklus Aufschwungjahre	Zyklus Depressionsjahre
Die fallende Welle des langfristigen Zyklus 1822–43	9	12
die steigende Welle des langfristigen Zyklus von 1843–1874	21	10
die fallende Welle des Zyklus 1874–95	6	15
die steigende Welle des Zyklus 1895–1912	15	4

Quelle: Nikolai Kondratieff, *The Long Waves in Economic Life*, London, 1925, Übersetzung Guy Daniels, London, 1984

Gründe für langfristige Wellen

Obwohl Kondratieff wiederholt betonte, dass seine Analysen der langfristigen Wellen rein empirisch waren, kam er zu der Schlussfolgerung, dass die aufsteigende Welle des langfristigen Zyklus „mit dem Austausch und der Verbreitung von grundlegenden Kapitalgütern und der radikalen Umgruppierung von und Veränderungen in den produktiven Kräften einer Gesellschaft zusammenhängt". Joseph Schumpeter, der Kondratieff quasi wieder zum Leben erweckte, indem er die langfristigen Wellen nach ihm benannte, baute eine vereinheitlichte Theorie der langfristigen Wellen nach dem Konzept von „Innovation" und nach „führenden Sektoren" der Wirtschaft auf:

> *Offensichtlich würde die Welt ganz anders aussehen, wenn die Leute nichts anderes gemacht hätten, als vermehren und erhalten – abgesehen davon, dass sie ihr wirtschaftliches Leben zum einen wegen natürlicher Ereignisse und zum anderen durch zusätzliche wirtschaftliche Betätigung veränderten. Wenn dies zutrifft, dann liegt es offensichtlich an den unermüdlichen Anstrengungen der Menschen, ihre Produktions- und Handelsmethoden zu verbessern, beispielsweise Produktionstechniken zu verändern, neue Märkte zu erobern und neue Rohstoffe einzuführen. Diese historischen und unumkehrbaren Veränderungen in den wirtschaftlichen Verhaltensweisen nennen wir „Innovationen", und wir definieren sie wie folgt: Innovationen sind Veränderungen in Produktionsfunktionen, die nicht in kleine Schritte zerlegt werden können. Auch wenn man so viele Postkutschen aneinander reiht, wie man will, wird daraus niemals eine Eisenbahn werden.*
>
> Joseph Schumpeter, *The Analysis of Economic Change*, The Review of Economic Statistics, Vol 17, No. 4, May 1935

Schumpeter zufolge verdrängen bedeutende Innovationen und neue „führende Sektoren" der Wirtschaft die bisherigen, dominanten Industrien und erzeugen langfristige, aufwärts gerichtete Wellen. Jede aufwärts gerichtete Kondratieff-Welle steht somit in Zusammenhang mit einer bedeutenden technologischen Innovation. Schumpeter erkannte auch die Bedeutung von „Kreditschöpfung" als den monetären Komplementär zur Innovation. Doch er betonte, dass der Geldmarkt, auch wenn er von tief greifender Bedeutung ist, „das Herz, aber niemals das Gehirn des kapitalistischen Organismus wird" („Business Cycles", New York, 1939].

Schumpeter bezeichnete, genauso wie Kondratieff, die Periode zwischen 1787 und 1842 als die erste langfristige Welle in unserem kapitalistischen Zeitalter. Sie war, wie er meinte, eine Periode der industriellen Anpassung an viele neue Erfindungen, etwa den Kanal-, Straßen- und Brückenbau und die Expansion der Banken (die Industrielle Revolution – siehe Abb. 5). Die zweite Kondratieff-Welle (1842 bis 1897) steht im Zusammenhang mit dem Zeitalter des Dampfes (Eisenbahnen) und des Stahls. Die dritte (ab 1898) brachte er mit Elektrizität, Chemie und Motoren in Verbindung (als Schumpeter „Business Cycles" im Jahr 1939 veröffentlichte, nannte er kein Enddatum).

Innovationen, so Schumpeter, stören das wirtschaftliche Gleichgewicht und führen das System in eine „Wohlstandsexkursion", auf die eine „Depressionsexkursion" folgt (Er unterscheidet vier Phasen: Wohlstand, Rezession, Depression und Erholung]. Zur Depressionsexkursion kommt es, weil die Innovation nicht nur den Ausstoß an Konsumgütern in angemessener Zeit erhöht (nach der Marktphase der Reife), sondern auch, weil sie die Wirtschaft zwingt, sich an ein neues Kosten- und Preisniveau sowie an neu entwickelte Produktionsmethoden anzupassen. Der Erfinder einer solchen neuen Fertigungsmethode ist ein mächtiger Wettbewerber, weil er die alten Produktionsmethoden überflüssig macht und den Markt bereinigt, indem schwächere Konkurrenten aus dem Markt ausscheiden und wirtschaftlich zugrunde gehen. Somit führen Innovationen (zusammen mit Kreditschöpfung) zu einem Boom, der wiederum in eine Depression mündet. Die Depression dauert so lange an, bis die schmerzhaften Anpassungen, die durch die Innovationen erforderlich wurden, umgesetzt sind. Wenn der Prozess der Anpassung einmal in Gang ist, dann findet das System einen neuen Gleichgewichtszustand, in dem sich die Wirtschaft wieder in einem Ruhezustand befindet.

Nach Schumpeter wird sich der Abschwung bis unterhalb des Gleichgewichtspunktes fortsetzen, und die Wirtschaft wird erst dann wieder ihren Gleichgewichtspunkt erreichen, wenn die Schuldenstruktur wieder auf eine vernünftige Basis ge-

DIE FÜNFTE WELLE IST IM ANROLLEN
Langfristige Zyklen – Kondratieff-Wellen, 1787–2058

	Erster Kondratieff 1787–1842	Zweiter Kondratieff 1842–1896	Dritter Kondratieff 1896–1949	Vierter Kondratieff 1949–2004	Fünfter Kondratieff 2004–2058
	Aufschwung von den späten 1780ern bis 1810–1817	Aufschwung von den späten 1840ern bis in die frühen 1870er	Aufschwung von den frühen 1890ern bis 1914-20	Aufschwung von den späten 40ern bis in die frühen 70er	Aufschwung von 1995–2004 bis 2025–2035
	Abschwung von 1810–1817 bis in die späten 1840er	Abschwung von den frühen 1870ern bis in die frühen 1890er	Abschwung ab 1914-20er Fortschritte in der Elektrizität	Abschwung von den späten 70ern bis in die frühen 2000er	Abschwung von 2025–35 bis 2055-65
	Verformungen	Eisenbahn-Erschließung Amerikas	Kommunikation	Elektronik	Öffnung neuer Märkte, China, Osteuropa, Russland
	Kanäle	Goldfunde in Kalifornien und Australien	Chemie- und Autoindustrie	Luft- und Raumfahrt	Telekommunikation
	Straßen			Konsumententum	Informationstechnologie usw.
	Brücken			Dienstleistungen inkl. Gesundheitswesen	
	Eintritt Amerikas in die Weltmärkte			Freizeit usw.	
	Anwendung neuer Erfindungen in der Produktion (Industrielle Revolution)				

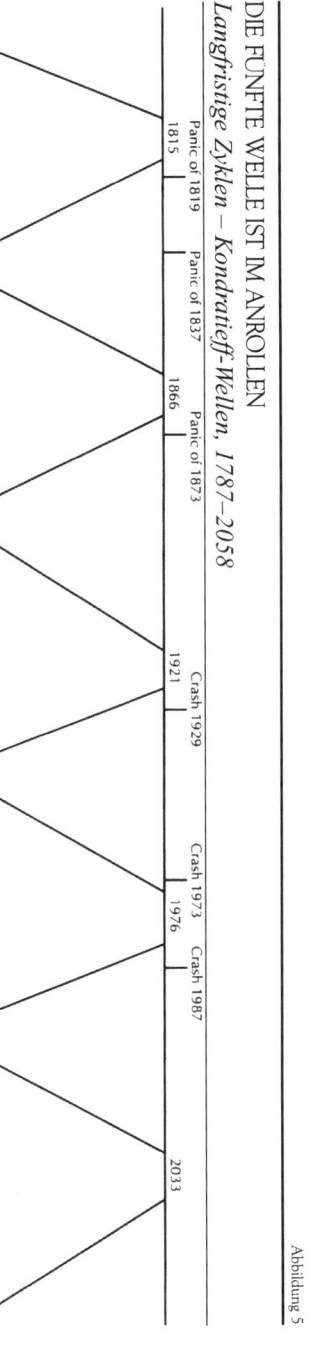

Zeitleiste: 1787 Depression – Panic of 1815 – Panic of 1819 – 1837 Hard Time Depression – Panic of 1837 – 1842 – 1866 – Panic of 1873 – 1896 Depression – 1921 – Great Depression – Crash 1929 – 1949 – 1976 – Crash 1973 – Crash 1987 – 2004 – 2033 – 2058

Quelle: Marc Faber Limited

Abbildung 5

stellt wurde. Deshalb wird die Länge des Zyklus nicht von einem Gipfel zum nächsten oder von einem Tal zum anderen gemessen, sondern von einem Gleichgewichtszeitpunkt zum nächsten. Wie erwähnt, teilte Schumpeter die Kondratieff-Welle in Juglar- und Kitchin-Zyklen ein; wenn man seiner Auffassung folgt, dann hat deren gleichzeitig nach unten gerichtete Neigung in den frühen 30ern die Depression verursacht (siehe Abb. 6].

Ohne dies beabsichtigt zu haben, trug Irving Fisher zum Verständnis von langfristigen Wellen und Geschäftszyklen bei – indem er diese Fluktuationen mit der Bewegung eines Schiffes verglich, das von den Wellen des Wassers und von Seitenwinden hin und her bewegt wird:

> *Man stelle sich einen Schaukelstuhl auf dem Deck eines schaukelnden Schiffs in aufgewühlter See vor. Der Stuhl unterliegt in seinen tatsächlichen Bewegungen so vielen Einflüssen, dass diese nicht einem einfachen Rhythmus folgen. Letztlich ist diese Bewegung das Ergebnis vieler Rhythmen und Nicht-Rhythmen, und aus diesem Grund erscheint sie manchmal rhythmisch und manchmal völlig unrhythmisch. Bei allen Ereignissen denkt niemals jemand an den „Schaukelnden-Stuhl"-Zyklus.*
>
> Irving Fisher, *Booms and Depressions*, New York, 1932

Abbildung 6

IN DER BRANDUNG HÄNGEN GEBLIEBEN
Schumpeters lange, mittlere und kurze Zyklen

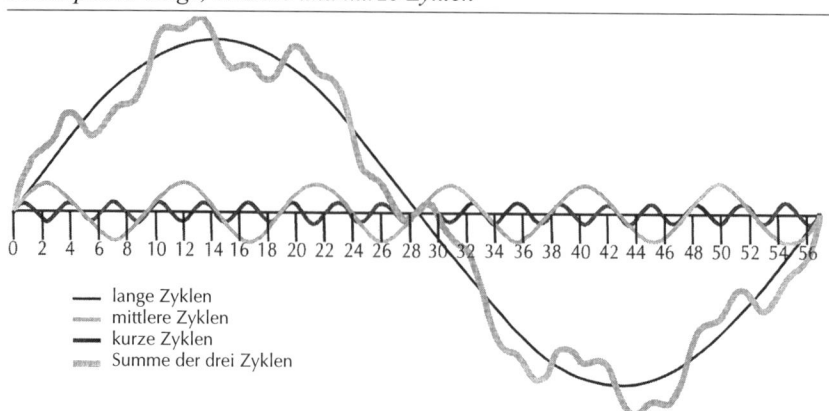

— lange Zyklen
— mittlere Zyklen
— kurze Zyklen
— Summe der drei Zyklen

Quelle: J. Schumpeter, *Business Cycles*, New York, 1939

Fisher betont dann, dass die Wirtschaft einem Teufelskreis der Expansion und einem Teufelskreis der Kontraktion unterworfen ist, und zwar in einem kumulativen Prozess, der hauptsächlich durch die Akkumulation und Liquidation von Schulden verursacht wird (Schuld-Deflations-Theorie).

Nach Fisher tendieren hohe Schulden dazu, die Deflation zu verstärken, weil die Schuldenlast durch den Preisrückgang größer wird mit der Folge, dass Notverkäufe getätigt werden, was die Preise weiter drückt. Auch kann in einigen Fällen die „Überverschuldung" der Grund für den Kollaps eines Booms sein (mit Überschuldung meint Fisher, „dass die Schulden außer Kontrolle geraten und im Vergleich zu anderen wirtschaftlichen Faktoren zu groß sind"). Überverschuldung entsteht durch neue Investitionsmöglichkeiten mit der Chance auf hohe Gewinne, wie dies bei neuen Erfindungen, neuen Industrien, der Entwicklung neuer Ressourcen und der Erschließung neuer Länder oder neuer Märkte der Fall ist.

Für Fisher stellt „leichtes Geld" den Hauptgrund für die Überschuldung dar. Er führt zahlreiche Beispiele dafür an, etwa Erfindungen, neue Entdeckungen (zum Beispiel Gold in Kalifornien) oder neue Geschäftsmethoden (beispielsweise ein Mautsystem, Dampfschiffe oder landwirtschaftliche Maschinen) – Dinge, die den Investor „köderten, um sich noch weiter zu verschulden und noch mehr Geld auszugeben als vor dem Darlehen. Er verlässt sich darauf, dass der erwartete Ertrag aus seiner Investition sowohl seine Investition wie auch seine Extravaganz bezahlen werde. Seine Psychologie ist nicht die eines Unglücklichen. Seine Stimmung ist nicht die Angst, die Betrübtheit oder die Vorsicht. Es ist Enthusiasmus und Hoffnung." (ebenda, Seite 45). Hier lehnt sich Fisher stark an die psychologische Zyklentheorie an. In Bezug auf die Krise in den frühen 1830ern zitiert er Thomas Tooke („A History of Prices", London, 1838), dessen Beobachtungen auch auf die aktuelle Investmentmanie zutreffen würden:

> *Die Möglichkeit, riesige Gewinne zu erzielen, indem man einen kleinen Betrag riskiert, war eine zu verführerische Verlockung, um zu widerstehen; alle Spielerneigungen der menschlichen Natur flehen ständig um Beschäftigung; und Massen von Individuen jeder Couleur – die Leichtgläubigen und die Ignoranten, die Prinzen, Adeligen, Politiker, Patrioten, Rechtsanwälte, Physiker, Geistliche, Philosophen, Poeten – trafen mit den Frauen aller Dienstgrade und jeden Ranges (alte Jungfern, Ehefrauen und Witwen) zusammen. Alle beeilten sich, einen Teil ihres Besitzes in dubiose Anlagen zu riskieren, von denen kaum etwas außer dem Namen bekannt war.*

In Anerkennung dessen, dass andere Faktoren in der Depression eine Rolle spielten, machte Fisher die Überverschuldung für die Panik von 1929 verantwortlich:

Die Depression erwuchs aus einem Boom, der aus einem Kreditgeld-Boom entstand. Dieser war Folge eines Schulden-Booms, der wiederum aus dem Weltkrieg entstand. Der Krieg war nicht nur für die Kriegsschulden verantwortlich, sondern auch für einen großen Teil der Friedensschulden, die folgten; und neben den Kriegs- und Friedensschulden gab es noch internationale Schulden jeder Art, lang- und kurzfristige, öffentliche und private. Die Verpflichtungen gingen in jede Richtung, in keiner Weise nur gegen Amerika alleine; viele Amerikaner standen bei Ausländern mit kurzfristigen Verpflichtungen, die in Gold zahlbar waren, in der Kreide. Jeder Schuldposten in der Welt hat einen dementsprechenden Guthabenposten irgendwo anders in der Welt, und die Nettoschulden der ganzen Welt betragen immer null; aber wenn der A dem B eine Million schuldet und der B dem C ebenfalls eine Million schuldet und so weiter, dann schuldet der Z wiederum dem A eine Million – der Ausfall von A wurde B in die Pleite treiben, der wiederum würde C bankrott gehen lassen und so weiter, bis hin zum Z. Somit würde diese Nettoschuld von null 26 Millionäre in die Pleite treiben, wie eine Reihe von Kegeln.

Irving Fisher, *Inflation?*, London 1933

Hauptverantwortlich für das Schuldenwachstum in den 20ern waren nach Fisher die Finanzierung von Aktienkäufen mit geliehenem Geld, Investitionen im Ausland und die Verkaufsprofis der Investmentbanken.

In der Zwischenzeit gab es einen neuen Trend im Corporate Finance. Zwischen 1921 und 1929, als der Boom entstand, hatten neue Unternehmenswertpapiere mehr und mehr die Form von Aktien anstatt von Anleihen. Diese Vorgehensweise, das Verhältnis von Anleihen zu Aktien zu reduzieren, hatte einen positiven Effekt: Die Unternehmen wurden weniger mit Schulden belastet; somit konnten sich viele Unternehmen während der Depression über Wasser halten. Dieser Vorteil aber wurde durch die Verlagerung der Schuldenlast von den Unternehmen auf die Aktionäre mehr als aufgehoben. Um Aktien zu kaufen, liehen sich viele Leute Geld, und anstatt kollektiv in Form eines Unternehmens verschuldet zu sein, waren sie nun individuell verschuldet ... Die Vorliebe für das Investieren in Aktien anstatt in Anleihen wurde von einer Reihe statistischer Studi-

en gefördert, die zeigten, dass Anleihen in der Vergangenheit fast immer weniger Rendite erzielten als ein diversifiziertes Aktiensortiment. Der neue Trend war somit die Gründung von Investmentfonds, deren Geschäftszweck es war, das Geld ihrer Klienten in diversifizierte Aktien zu investieren. Diese Fonds schossen wie Pilze aus dem Boden und wurden innerhalb kürzester Zeit zu einer wahren Manie. Viele von ihnen arbeiteten mit geliehenem Geld und gefährlichen Aktien.
Mittlerweile waren die investierenden und spekulierenden Amerikaner alles andere als zufrieden mit dem heimischen Markt. Ausländische Länder, wie Europa und Südamerika, in den Geburtswehen des Wiederaufbaus und mutigt wie wir selbst, fragten Geld nach, und die Amerikaner lieferten reichlich davon – an Regierungen, an Städte und an private Unternehmen. In den 60 Jahren vor 1931 hatten britische Investoren, so die Aussage eines Mitglieds des britischen Parlaments, zehn Milliarden Dollar durch solche Kredite verloren. Aber jetzt, nach dem Weltkrieg, marschierten die amerikanischen Investoren ohne ausreichende Erfahrung in dieses Gebiet und übernahmen die Führung. Auf diese Art förderte Amerika den gleichen ungesunden Boom, der sowohl unsere Nachbarn wie auch uns in die Krise stürzte, und verschlimmerte ihn. Indem er sich auf informierte Kreise berief, machte Fischer das amerikanische Investmentbanking als den Hauptbösewicht aus – stets auf der Suche nach neuen Wertpapieren, um die gefräßige Öffentlichkeit füttern. Ob die Kreditnehmer ihre Kredite auch wirklich tilgen konnten, interessierte niemanden. Die vorherrschende Überlegung scheint folgende gewesen zu sein: Kann das Wertpapier mit einem stattlichen Gewinn verkauft werden?

Irving Fisher, Booms and Depressions, New York, 1932

Fisher zufolge ist der „erste spektakuläre Beweis dafür, dass Amerika in eine Rezession geriet", der Crash des New Yorker Aktienmarkts im Jahr 1929, und zwar aus folgenden Gründen:

Wenn Liquidationen, aus welchem Grund auch immer, zu einer Panik führen, dann zehrt dies die Kreditgelder auf. Dies führt zu einem niedrigeren Preisniveau und zu niedrigeren Gewinnen. Dies führt weitere Unternehmen in den Bankrott, drückt das Preisniveau noch stärker nach unten und reduziert die Gewinne noch mehr. Abermalige Folge: eine Zunahme der Pleiten – ein Teufelskreis mitten in die Depression. … Das Paradoxe daran: Sind die Schulden erst einmal hoch genug, dann treiben allein die Pleiten die Welt immer weiter in

*die Verschuldung. Die Menge der Schulden wächst in den Bilanzen schneller als die Menge des Geldes, das durch Liquidation zurückgezahlt wird. Das ist das große Geheimnis einer großen Depression.
… Dieses Aufblähen wurde durch Deflation des Preisniveaus verursacht, und die Deflation ist eine Folge der Pleiten. Rückzahlungen können die „reale" Verschuldung nicht aufholen – je mehr wir abzahlten, desto mehr waren wir verschuldet ... Die Realschulden der Leute sind höher als 1929, höher als im März 1932 und höher als jemals in der Geschichte. Auch ihre Zinsen, Mieten und Steuern sind höher; und gleichzeitig sind ihre Realeinkommen und ihr Realwohlstand geringer."*

Irving Fisher, *Inflation?*, London, 1933

Ich habe Irving Fisher nicht nur deswegen ausgiebig zitiert, weil er einer der größten Volkswirtschaftler war, sondern weil er den Boom der 20er-Jahre und die Große Depression als Zeitzeuge miterlebte und in seinen Beiträgen und öffentlichen Kommentaren die vorherrschende Stimmung reflektierte. 1929 tat er kund, dass die Kurse der Aktien weiterhin steigen würden und dass Amerika ein neues Niveau des Wohlstands erreichen werde. Und in „The Stock Market Crash – and After" (geschrieben im November 1929, direkt nach dem Crash) war sein Glaube an die Aktien weiterhin intakt. Er war der Überzeugung, dass trotz „des schrecklichen Schadens, den die Aktien während des Crashs 1929 erlitten", die Investmentfonds das Investieren in Aktien sicherer als jemals zuvor machten. Der letzte Satz im Buch lautet: „Für die unmittelbare Zukunft ist der Ausblick zumindest gut."

Erst 1933 realisierte Fisher in seinem Buch „Inflation?", dass die finanziellen Exzesse und die Überinvestitionen sowie die Schuldenakkumulation der späten 20er in eine ausgeprägte deflationäre Depression führten. Natürlich war die Stimmung am Anfang des Bärenmarktes und der Rezession sehr gut, wie ich in Kapitel 5 erwähnt habe, weil die wirtschaftlichen Fundamentaldaten weiterhin sehr günstig schienen.

Was die Politik des Federal Reserve Board in den 20ern betrifft, so bezog sich Fisher auf Paul Warburg. Das ehemalige Fed-Mitglied äußerte sich wie folgt: „Wenn die „Zinsraten zur Unterstützung der Investmentmöglichkeiten in Amerika angehoben wären worden, anstatt sie entsprechend der Fed-Politik des leichten Geldes zu senken, dann wäre die Panik vielleicht nicht aufgetreten". Fisher zeigt, wie wichtig für Warburg der Einfluss einer Erfindung auf die Zinssätze ist:

Wenn eine Flut neuer Erfindungen die Möglichkeit eröffnet, mehr als die aktuelle Zinssatzrate zu verdienen, dann neigen die Menschen stets dazu, sich zu verschulden, um Geld mit den Erfindungen zu verdienen. Das heißt für den normalen Investor, dass er in Standardaktien investiert. Zu einer solchen Zeit sollten die Zinssätze hoch sein. Wenn die Differenz zwischen der Rendite, die der Anleger mit seinen Investitionen realisieren kann, und der Zinsrate, für die er sich Geld leihen kann, sehr groß ist, dann neigt er dazu, sich umso mehr zu leihen.

Paul Warburg, The Theory of Interest, New York, 1930, zitiert von Irving Fisher, The Stock Market Crash – and After, New York 1930

Fisher zufolge wurde nach dem Krieg die „Zinsrate künstlich niedrig gehalten, was die Spekulation förderte". Er kam zu dem Schluss, dass „vielleicht ein endgültiger, starker Anstieg im Diskontsatz zwei Jahre vorher – 1927, M.F. – die Geschäfte zwar in gewisser Hinsicht beeinträchtigt hätte, aber dass er den späteren Crash hätte verhindern können".

Ich möchte hinzufügen, dass der Aktienmarkt nach seinem Tiefpunkt im Jahr 1929 eine eindrucksvolle Bärenmarkt-Rally hinlegte (siehe Abb. 7), aber nach dem

Abbildung 7

BÄRENMARKT-RALLY UND DIE ZEIT DANACH
Dow Jones Industrial Average, 1920–1935

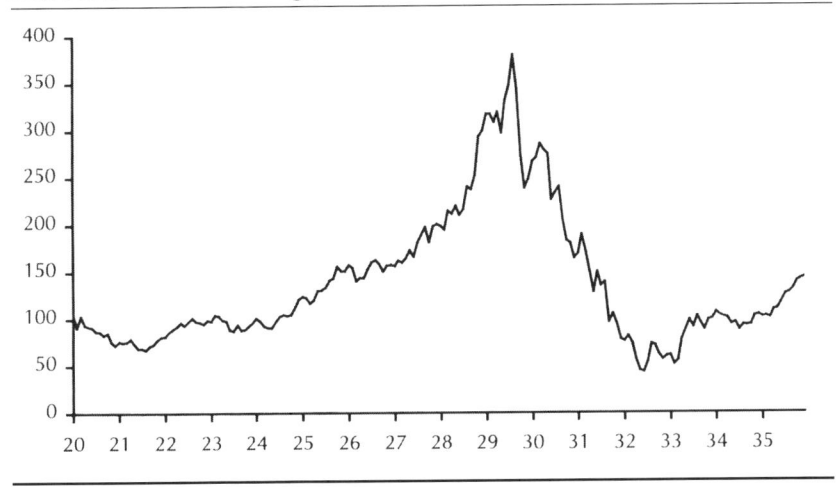

Quelle: Long-Term Perspectives

April 1930 Monat für Monat bis zum Juni 1932 fiel. Doch beachten Sie Folgendes: Bis zu diesem Zeitpunkt fielen die meisten Indizes um weitere 80 Prozent von ihren Tiefpunkten am 13. November 1929. Die meisten Investmentfonds gingen Pleite, oder ihre Aktien fielen um 99 Prozent. Am Hochpunkt wurden sie mit einem Aufschlag von 100 Prozent über ihrem Net Asset Value (NAV, entspricht dem Nettovermögenswert) gehandelt. Eine bemerkenswerte Tatsache ist, dass der Zusammenbruch der Aktienmärkte und der Wirtschaft von fortwährendem Optimismus und Vertrauen bei den Geschäftsführern und Politikern begleitet wurde. Die Harvard Economic Society, die 1929 eine negative Einschätzung bekannt gab, aber kurz vor dem Crash 1929 positiv wurde, fuhr damit fort, 1930 und 1931 optimistisch in die Zukunft zu schauen (18. Januar 1930: „Es gibt Indikationen, dass die härteste Phase der Rezession vorbei ist"; 17. Mai 1930: Geschäfte „werden sich in diesem oder nächsten Monat zu einem Besseren wenden und im dritten Quartal nachhaltig erholen und bis Jahresende weit über normal verlaufen"; 15. November 1930: „Die aktuelle Depression hat ihre Kraft bereits verbraucht."). US-Präsident Hoover zeigte sich im Mai 1930 zuversichtlich, dass „wir jetzt das Schlimmste hinter uns haben" und dass die Geschäfte bis Herbst zur Normalität zurückfinden werden. An diesen Beispielen wird deutlich, dass Fishers Optimismus im Herbst 1929 als Ausdruck der allgemeinen Stimmungslage nichts Außergewöhnliches war. Die nachfolgende Depression und der katastrophale Bärenmarkt kamen dann für fast jeden völlig überraschend.

Die Ähnlichkeiten zwischen den 20ern und den 90ern sind verblüffend: das Übernahmefieber, ein hoher Fremdkapitalanteil, die lockere Geldpolitik, die Anwesenheit ausländischer Fonds, Stellenabbau günstige Arbeitsbedingungen, stabile Preise, fallende Rohstoffpreise, Investmentfonds und Investmentabteilungen bei den Banken statt Investment Trusts, PCs statt Radios, Softwarefirmen statt Filmgesellschaften, Internet statt Stromversorger, Rekordzahlen bei den Patentanmeldungen, Bücher, die die Vorzüge des Investierens in Aktien preisen, optimistische Prognostiker, Wall-Street-Angestellte, die Heldenruhm erwerben, die fortwährend optimistischen Kommentare von Politikern und Geschäftsführern, der Glaube daran, dass sich die US Wirtschaft erholt – die Liste ließe sich beliebig lang fortsetzen.

In welcher Phase des langfristigen Zyklus befinden wir uns heute?

Ich möchte ein wenig ausholen: Was unsere Geschichte, unsere Geographie und die Evolution betrifft, wissen wir, wo wir uns relativ zu den erwerbbaren Daten befinden. Aber wir wissen wenig darüber, wo sich unser Planet relativ zum Rest des Universums befindet und ob unsere Zivilisation die einzige ist, die jemals existiert hat. Mit anderen Worten: Im Vergleich zur Menge des „Ungewissen" wissen wir nur sehr wenig. Das Gleiche trifft auf die Wirtschaftswissenschaften zu: Wir mögen vielleicht unsere wirtschaftliche Position in Relation zu den Depressionsjahren der 30er, dem Bärenmarkt-Tief von 1974, dem Gipfel der Rohstoffpreise 1980 und dem Aktienmarkthoch im Jahr 2000 kennen. Aber wir haben wenig Ahnung, wo wir im Zusammenhang mit der Geschichte des Kapitalismus stehen. Befinden wir uns noch in der frühen Phase der kapitalistischen Entwicklung oder „nahe dem Ende des kapitalistischen Zeitalters", wie der Wirtschaftswissenschaftler Ravi Batra behauptet? (Auch wenn die Hochschulen Batra nicht besonders ernst nehmen, ist seine Sozialzyklus-Theorie doch sehr interessant. Sie erklärt, wie sich eine Gesellschaft durch verschiedene Stadien bewegt – Stadien der Arbeiter, der Krieger, der Intellektuellen und der Akquisiteure. In seiner Theorie sagte er bereits in den späten 70ern den Zusammenbruch des Kommunismus voraus.) Deshalb führt der Versuch, unsere Position innerhalb der lang- und mittelfristigen Zyklen zu bestimmen, bestenfalls zu einem provisorischen Ergebnis (siehe Abb. 5).

Wir haben gesehen, dass Kondratieff und Schumpeter zufolge der Gipfel des dritten Kondratieffs-Zyklus in der Zeit zwischen 1914 und 1920 auftrat. Die nachfolgenden Ereignisse – fallende Rohstoffpreise, Depression in der Landwirtschaft, fallende Zinssätze und die Große Depression – lassen vermuten, dass eine abwärts gerichtete Welle bis in die späten 30er und frühen 40er folgte.

Nachdem die Rohstoffpreise in den 30ern und die Zinsen Mitte der 40er (siehe Abb. 4) einen Boden gefunden haben, müssen wir annehmen, dass der Aufschwung der vierten Kondratieff-Welle irgendwo in den 40ern begonnen hat. Das würde sowohl mit der Annahme übereinstimmen, dass die langfristigen Kondratieff-Wellen 48 bis 60 Jahre dauern, als auch mit der Aussage, dass seit Beginn der dritten Kondratieff-Welle Mitte der 1890er diese irgendwann zwischen 1943 und 1955 hätte vollendet werden müssen. Dass der Gipfel der vierten Kondratieff-Welle im Bereich um 1970/1980 anzusiedeln ist, wird durch die Zahlen zum Wachstum des Pro-Kopf-Einkommens (siehe Tabelle 3) gestützt. Während das weltweite Pro-Kopf-Einkommen in der ansteigenden Welle zwischen 1950 und 1973 mit 2,9 Prozent p. a. anstieg, wuchs es zwischen 1973 und 1995 nur um 1,1 Prozent (und hat sich aufgrund der Emerging-Markets-Krisen in Asien und Lateinamerika sowie infolge der aktuellen wirtschaftlichen Malaise kürzlich noch weiter abgeschwächt).

Tabelle 3
WACHSTUMSRATEN
Jährliche Durchschnittswachstumsrate des Pro-Kopf-BIP kapitalistischer Epochen

	1820–1950	1950–73	1973–95
The West	**1,27**	**3,64**	**7,8**
Western Europe	1,06	3,89	1,72
North America	1,58	2,45	1,54
Japan	0,81	8,01	2,53
The Rest	0,50	2,89	1,38
Other Europe	1,06	3,82	(0,75)
Latin Amerika	1,01	2,50	0,62
China	(0,24)	2,87	5,37
Other Asia	0,32	2,78	2,49
Africa	0,56	2,01	(0,32)
World	**0,88**	**2,90**	**1,11**

Quelle: A Maddison, *Monitoring the World Economy*, 1995

Seit einigen Jahren behaupten Wirtschaftswissenschaftler, dass die derzeitige Kondratieff-Welle bereits wieder ansteigt. J. Forrester vom MIT System Dynamics Group vertrat die Ansicht, dass der Gipfel der langfristigen Welle in den späten 70ern erreicht wurde und der Tiefpunkt Mitte der 90er erreicht werden würde. Er würde von einem Wirtschaftsabschwung begleitet, der „die Ungleichgewichte in unserem wirtschaftlichen System eliminiert". Die Ausgabe des „Bank Credit Analyst" vom Juni 1995 behauptete auch, dass sich „die US-Wirtschaft bereits in ihrem dritten Austieg der langen Welle des 20. Jahrhunderts befindet", und Brian Reading von Lombard Street Research sprach über den „Großartigen Boom der ganzen Welt 1993 bis 2013".

Somit lässt sich Folgendes festhalten: Wenn der Gipfel der vierten Kondratieff-Welle in den 70ern lag und wir das Tal bereits hinter uns gelassen haben, wie einige Wirtschaftswissenschaftler behaupten, dann sollte uns ein starkes weltweites Wirtschaftswachstum bevorstehen.

Ich aber habe aus mehreren Gründen meine Zweifel daran, dass die Kondratieff-Welle bereits wieder ansteigt. Zum einen geht der Abstieg im Zyklus nach Schumpeter – und das ist wichtig – tiefer als bis zum Gleichgewichtspunkt, und nur wenn die Schuldenstruktur auf eine gesunde Basis gestellt werden wird, wird die Wirtschaft ihren Gleichgewichtspunkt wieder erreichen. Zum anderen kann wohl niemand ernsthaft behaupten, dass die Schuldenstruktur ein gesundes Gleichgewicht aufweist. In Wirklichkeit wird sie jeden Tag schlimmer, weil das

Schuldenwachstum das Wirtschaftswachstum in den meisten industrialisierten Ländern übertrifft und weil die US-Wirtschaft von einer immer höher werdenden Pyramide aus Immobilien- und Konsumentenkrediten gestützt wird.

Wie oben gezeigt wurde, war einer der führenden Faktoren für die Depression der 30er der Verlust der Kaufkraft bei den Bauern bereits einige Zeit vor der Depression, weil in den 20ern die Landwirtschaft immer noch den dominanten Sektor stellte. Und was im Jahr 1920 die Landbevölkerung für die US-Wirtschaft war, das scheinen die sich entwickelnden und aufstrebenden Volkswirtschaften heute für die Weltwirtschaft zu sein. Die Preise für Güter, die in den Schwellenländern produziert werden, scheinen sich in einem Abwärtstrend zu befinden, während die Preise, die sie für die aus den Industrieländern importierten Produkte zahlen, gleich bleiben oder steigen. Im Endeffekt hatten viele Schwellenländer steigende Handelsdefizite zu verzeichnen, was zur asiatischen Währungskrise 1997 und zu einem spürbaren Rückgang der realen Pro-Kopf-Einkommen in diesen Ländern führte. Meiner Meinung nach kann dieses steigende Wohlstandsungleichgewicht zwischen den reichen, industrialisierten Ländern und der sich entwickelnden Welt den aktuellen Abschwung im weltweiten Wirtschaftswachstum verlängern und sogar zu einer deutlichen wirtschaftlichen Kontraktion durch Minderverbrauch, Überproduktion oder einer Kombination dieser beiden führen (siehe Epilog). Der Einbruch bei den Pro-Kopf-Einkommen in Asien nach 1997 und vor kurzem in Lateinamerika, die fortwährend hohe strukturelle Arbeitslosigkeit in Europa, die Rezession in Japan und der Zusammenbruch des High-Tech-Sektors weltweit, der Kapitalinvestitionen und Wirtschaftswachstum in den vergangenen Jahren vorangetrieben hat, sprechen nicht dafür, dass wir uns bereits in der ansteigenden Welle des fünften Zyklus befinden. Es ist wahrscheinlicher, dass wir uns immer noch mitten in der abwärts gerichteten Schumpeter-Welle befinden oder bestenfalls den Boden erreicht haben.

Abgesehen von den oben genannten wirtschaftlichen Trends gibt es andere Gründe für die Annahme, dass sich die Weltwirtschaft immer noch in der abwärts gerichteten Welle befindet:

1. Vor dem Beginn der ansteigenden Welle jedes langfristigen Zyklus (und manchmal bereits im Anbruch) gehen tief greifende Veränderungen in den wirtschaftlich-gesellschaftlichen Rahmenbedingungen vor sich. Diese Veränderungen werden durch bedeutende Erfindungen, die Einbindung neuer Länder in die weltweiten Wirtschaftsbeziehungen und Veränderungen in der Goldproduktion und des Geldumlaufs sichtbar. Während der ersten Dekade vor dem Beginn der anstei-

genden Welle war eine Kräftigung im Bereich der technischen Erfindungen zu beobachten, die dann während des Beginns der ansteigenden Welle in der Wirtschaft umgesetzt wurden. Bedeutende Erfindungen und Innovationen treten während der abwärts gerichteten Welle auf, weil schlechte wirtschaftliche Bedingungen die Suche nach Möglichkeiten der Kosteneinsparung stimulieren. Auch scheint es, als ob große Mergers und Geschäftskonsolidierungen eher in der abwärts gerichteten Welle stattfinden, weil die Geschäftswelt mit trägen Produktmärkten und schwacher Preismacht konfrontiert wird und die einzelnen Unternehmen sich zusammenschließen, um Kosten zu sparen, effizienter zu werden und den Wettbewerb zu eliminieren. Befinden sich die Geschäftsbedingungen auf dem Weg der Besserung – wie während der ansteigenden Welle –, so denkt man in den Chefetagen offensichtlich weniger an die Kosten als in Zeiten, in denen die Geschäfte in der abwärts gerichteten Welle schlecht gehen. Und wieder deutet das aktuelle Rekordvolumen von Fusionen und Übernahmen darauf hin, dass die abwärts gerichtete Welle noch immer intakt ist.

Ebenso haben viele Wirtschaftswissenschaftler und Strategen herausgestellt, dass der Eintritt so vieler neuer Länder in die Weltwirtschaft und die Öffnung zahlreicher neuer Märkte nach dem Zusammenbruch des Kommunismus die ansteigende Welle des fünften Zyklus auslösen würden. Aber im kapitalistischen System werden neue Regionen für den Handel während einer Periode erschlossen, in der die industrialisierten Länder ein starkes Verlangen danach haben, neue Märkte auszubeuten. Wurden im 19. Jahrhundert neue Regionen erschlossen, um billige Rohstoffe zu bekommen, finden Erschließungen neuer Märkte heute mit der Absicht statt, mit deren billiger Arbeit und dem brach liegenden Marktpotenzial Gewinne zu erzielen. Und obwohl ich kein klares Muster erkennen kann, fällt mir doch auf, dass die industrialisierten Länder immer dann besonders scharf darauf waren, neue Märkte zu öffnen, wenn sie unter Überkapazitäten litten und neue Märkte brauchten, um ihre Produkte an den Mann zu bringen – also gegen Ende der abwärts gerichteten Welle, wenn die Märkte in ihren eigenen Ländern stagnieren.

In diesem Zusammenhang habe ich Zweifel daran, dass die Beschleunigung der Globalisierungsbewegung in den 90ern ein „Betriebsunfall" war. Die reichen Länder des Westens, die sich zu Hause mit stagnierenden und gesättigten Märkten für ihre Konsumgüter konfrontiert sahen, waren besonders eifrig, wenn es darum ging, neue Märkte für ihre überschüssigen Produkte in den Entwicklungs- und Schwellenländern zu finden, und sie drängten daher die WTO, Importzölle in den aufstrebenden Volkswirtschaften abzuschaffen.

Während ich also daran zweifle, dass die Öffnung neuer Märkte einen Aufschwung in der langfristigen Welle hervorruft, könnte der Vorteil des weltweiten Handels – wenn er nicht von den protektionistischen Maßnahmen der USA in jüngster Zeit zurückgeworfen wird – ein Faktor sein, der zur Bodenbildung der abwärts gerichteten Welle in den nächsten Jahren beiträgt.

2. Kondratieffs zweite empirische Beobachtung war, dass während der ansteigenden Welle große soziale Umbrüche und radikale Veränderungen im Leben der Gesellschaft (etwa Kriege oder Revolutionen) wesentlich häufiger auftreten als in den Zeiten der abwärts gerichteten Wellen. Der Eintritt neuer Länder in die Weltwirtschaft und deren Expansion zu Lasten der älteren Länder (der Kampf um die politische und wirtschaftliche Vorherrschaft) belasten die internationalen politischen Beziehungen und führen vermehrt zu militärischen Konflikten. Gleichzeitig verstärkt das schnelle Wachstum neuer, produktiver Kräfte den internen Kampf innerhalb verschiedener Gesellschaftsklassen gegen sozioökonomische Institutionen, die veraltet sind und Fortschritt und Entwicklung behindern.

In diesem Zusammenhang ist es interessant zu wissen, dass die Französische Revolution, die Napoleonischen Kriege, die Europäischen Revolutionen von 1848, der Krim-Krieg, der amerikanische Bürgerkrieg, der französisch-russische Krieg, der russisch-japanische Krieg von 1904, der Erste Weltkrieg und die Februar-Revolution in Russland alle während der ansteigenden Welle des langfristigen Zyklus stattfanden. Eine Ausnahme war der Zweite Weltkrieg, der ziemlich genau am Ende des dritten Zyklus oder ganz am Anfang des vierten Zyklus datiert. Auch hatten wir während der ansteigenden Welle des vierten Zyklus (1938/49 bis 1973/80) Unabhängigkeitskämpfe von Kolonien zu verzeichnen, den Korea-Krieg, den Vietnam-Krieg gegen Ende der ansteigenden Welle und das erste Anzeichen dahingehend, dass sich der Kommunismus im Zusammenbruch befindet, als China im Jahr 1978 seine Politik der offenen Tür verkündete.

Aber seitdem die abwärts gerichtete Welle im Jahr 1980 begann, gab es lediglich Konfrontationen zu verzeichnen, die keinen weltweiten wirtschaftlichen Einfluss hatten (so wie die Kriege im Mittleren Osten und in Jugoslawien). Ob der neue Krieg gegen den Terrorismus bedeutet, dass sich die sozialen Spannungen und die internationalen Konflikte wieder im Intensivierungsprozess befinden, da sich die abwärts gerichtete Welle ihrem Boden nähert oder weil die langfristige Welle nun irgendwann im frühen nächsten Millennium wieder ansteigt, muss abgewartet werden. Aber meiner Meinung nach werden der Aufstieg Chinas zu einer führenden wirtschaftlichen und politischen Macht und das Potenzial einer sehr deutlichen Erholung der russischen Macht unter Vladimir Putin zu steigenden geopolitischen Spannungen in der Welt führen.

3. Die dritte empirische Beobachtung Kondratieffs zeigte, dass die abwärts gerichtete Welle eines jeden Zyklus von einer verlängerten und sehr deutlichen Depression in der Landwirtschaft begleitet wurde. Vor allem der landwirtschaftliche Sektor schien sofort nach dem Wendepunkt betroffen zu sein – weil, wie oben gezeigt, die Preise für landwirtschaftliche Güter zuerst fallen, während sich die Industriepreise stabil halten können oder weniger stark fallen. Der landwirtschaftliche Sektor hat also in der ersten Phase der abwärts gerichteten Welle am meisten zu leiden.

Es ist jedoch zu bedenken, dass der relative Rückgang der in den Rohstoffpreise ein günstiges Umfeld für einen relativen Anstieg im Prozess der Akkumulation von Banken, Industrien und des Handels schafft – genauso lassen fallende Rohstoffpreise die Zinssätze sinken. Somit stellen boomende Finanzmärkte in der ersten Phase der abwärts gerichteten Welle, wie wir sie in den 20ern und den frühen 80ern hatten, den Normalfall dar.

4. Kondratieffs vierte empirische Beobachtung basierte auf der Forschung von Arthur Spiethoff, dessen historische Analyse wirtschaftlicher, sozialer und politischer Trends die Geschäftszyklen-Theorie nachhaltig beeinflusst hatte. Die mittelfristigen Zyklen (Juglar-Zyklen mit einer Dauer von sieben bis zwölf Jahren treten sowohl während der ansteigenden wie auch während der fallenden Welle auf. Aber während der ansteigenden Welle sind Rezessionen, die durch die fallende Welle des zwischenzeitlichen Zyklus verursacht werden, selten; zudem sind sie von kurzer Dauer, und ihre wirtschaftliche Bedeutung ist gering. Im Gegensatz dazu sind die zwischenzeitlichen Zyklen innerhalb der fallenden Welle von Depressionen, die besonders lang und hart sind, und Aufschwüngen, die kurz und schwach sind, gekennzeichnet. Schumpeter bezeichnete die Depression der 30er als Resultat des gleichzeitigen Fallens der langfristigen Welle, des Juglar- und des Kitchin-Zyklus.

Wenn wir die steigende Welle des vierten Zyklus betrachten (1938/49 bis 1973/80), dann waren die Rezessionen relativ kurz und traten selten auf. Die erste starke Rezession war in der Tat die von 1973/74. Seitdem aber waren, im Einklang mit den Bedingungen der fallenden Welle, die Rezessionen härter und die Erholungsphasen vergleichsweise schwach. Nach 1981 durchlebte Lateinamerika eine Rezession, die bis zum Ende der 80er Jahre andauerte (eine Depression, die mit hoher Inflation verbunden war), eine relativ harte, weltweite Rezession im Jahr

1982, den wirtschaftlichen Abschwung in Japan nach 1990, der immer noch andauert, den post-kommunistischen Zusammenbruch in Osteuropa und Russland, anämisches Wachstum in Europa nach der Rezession von 1991 und erst vor kurzen den sehr harten Verfall in Asien sowie im Jahr 2001 die niedrigste Wachstumsrate für die Weltwirtschaft seit 30 Jahren.

Obwohl also all diese Faktoren zusammen mit dem fallenden Trend bei Rohstoffpreisen und Zinssätzen und dem trägen realen Lohnwachstum seit den frühen 80ern darauf hinweisen, dass die langfristige Welle immer noch fällt, könnte es sein, dass in den industriellen und post-industriellen Gesellschaften die abwärts gerichteten Wellen nicht den gleichen negativen Einfluss auf die Wirtschaft haben, wie dies früher bei den landwirtschaftlich geprägten Gesellschaften der Fall war. Während also der langfristige Zyklus immer noch intakt zu sein scheint, kann es sein, dass die Geschäftsbedingungen während der ansteigenden und fallenden Wellen nicht länger ein Spiegelbild von Anstieg und Fall der Preise der landwirtschaftlichen Güter sind. Als Kondratieff seine Studie durchführte, stützte er sich hauptsächlich auf Wirtschaftsstatistiken und Ereignisse des 19. Jahrhunderts, als die Weltwirtschaft zum Großteil noch auf landwirtschaftlicher Produktion basierte und die Landbevölkerung diejenige in den Städten in der ganzen Welt bei weitem überstieg. Er stellte damals fest, dass jeder neue Zyklus unter neuen historischen Bedingungen und mit einen neuen Niveau in der Entwicklung der produktiven Kräfte stattfinden würde; deshalb könne keine Wiederholung des vorangehenden Zyklus vorliegen.

Konsequenterweise muss man die Analyse der Dynamik der kapitalistischen Gesellschaft verfeinern und die Veränderungen, die in der zweiten Hälfte des 20. Jahrhundert stattfanden, mit einrechnen. Während Weizen, Mais und Baumwolle die wichtigsten Rohstoffe im 19. Jahrhundert waren, ist dies heute Rohöl in Werteinheiten wie auch als Kostenfaktor in den industriellen Gesellschaften. Seine Bedeutung für die geopolitische Weltstruktur muss man wohl nicht gesondert erwähnen. Genauso spiegelten sich die landwirtschaftlichen Preise in den Löhnen des 19. Jahrhunderts wider, als der Wohlstand im landwirtschaftlichen Sektor dort schnell zu steigenden Löhnen führte, während fallende Preise den gegenteiligen Effekt hatten. In den heutigen industrialisierten Gesellschaften aber ist die Beschäftigung im landwirtschaftlichen Sektor unbedeutend, und deshalb haben fallende Preise landwirtschaftlicher Rohstoffe und Rezessionen in der Landwirtschaft keinen Einfluss auf das reale Lohnwachstum für die Wirtschaft als Ganzes. Ob Zufall oder nicht – das Pro-Kopf Einkommen in der Welt seit den 70ern ist weiter angestiegen, allerdings langsamer als während des Goldenen Zeitalters des Kapitalismus von 1950 bis 1970 (siehe Tabelle 3).

Ein weiterer Faktor, der den Einfluss der fallenden Welle auf die Wirtschaftsaktivität verringert, ist die immer wichtiger werdende Rolle der Regierungsausgaben, inklusive der Transferzahlungen, Defizit-Finanzierungen usw. in den industrialisierten Gesellschaften. Ob aber die wachsende Verwicklung der Regierungen wegen deren Trägheit und Starrheit die fallende Welle tatsächlich verlängern und sogar verstärken wird oder ob sie sie verkürzen oder abschwächen wird, bleibt offen. Jedoch betonen jene Volkswirtschaftler, die freie Märkte propagieren, dass die Regierungsinterventionen die Gesetze der Wirtschaft blockieren und deshalb die Fluktuationen im Geschäftszyklus letztlich verschlimmern. In Europa mit seinen besonders hohen Staatsquoten blieb die Arbeitslosigkeit in den 90ern weiterhin hoch. Auch in Japan gibt es keinen Zweifel daran, dass die Wirtschaftspolitik der Regierung die Wirtschaftskrise verlängert hat. Ohne die defizitfinanzierte Politik Japans in den 90ern stünde das System heute vermutlich besser da. Selbst wenn es zuträfe, dass der öffentliche Sektor als Stabilisator während der fallenden Welle agiert, würde er auch die Intensität der Wirtschaftsaktivität in der steigenden Welle reduzieren.

Letztlich ist es denkbar – auch wenn es eher unwahrscheinlich ist –, dass die Finanzmärkte den langfristigen Zyklus als zum Großteil veraltet darstellen. Aber es ist doch interessant und sicherlich kein Zufall, dass alle bedeutenden Aktienmarkt-Booms innerhalb einer fallenden Welle aufgetreten sind. Der Boom bei den Kanal- und Bank-Aktien von 1834 bis 1837, der bei den Eisenbahn-Aktien zwischen 1868 und 1873, der Boom zwischen 1921 und 1929 sowie der Bullenmarkt von 1982 bis 2000 traten allesamt in fallenden Wellen auf. In diesem Zusammenhang war der letzte Aktienmarkt-Boom kein Ausnahmefall, abgesehen von seiner Dauer und Intensität. Nach Kondratieff findet eine relative Veränderung zwischen den Preisen landwirtschaftlicher Güter im Vergleich zu denen industrieller Güter in der fallenden Welle statt, bei der Erstere relativ zu Letzteren fallen. Der Vorteil dieses relativen Verfalls der landwirtschaftlichen Preise und auch anderer Rohstoffe (vor allem Öl) sowie der Zinssätze in Kombination mit schwachen realen Lohnwachstumsraten ermöglichen es den Unternehmen, anfänglich ihre Gewinne zu steigern. Darüber hinaus tendieren mit dem Abstieg der Rohstoffpreise die Zinssätze dazu, zu fallen, was ein günstiges Umfeld für festverzinsliche Wertpapiere und Aktien schafft. Deshalb erfuhren in den vergangenen Anfangsphasen der fallenden Welle die Aktienmärkte im Ergebnis oftmals einen mächtigen Anstieg als Folge der

Kombination aus fallenden Zinssätzen und steigenden Unternehmensgewinnen. Zusätzlich möchte ich nochmals herausstellen, dass während der steigenden Welle Bärenmärkte dazu tendieren, kurzlebig und von keiner oder nur geringer wirtschaftlicher Bedeutung zu sein, wohingegen sie in der fallenden Welle wesentlich härter sind und einen größeren Einfluss auf die Wirtschaft haben. Ich denke hier an die Crashs 1873 und 1929 bis 1932, an Japan nach 1989 und an Asien vor kurzem. In welchem Ausmaß der letzte globale Bärenmarkt einen negativen wirtschaftlichen Einfluss haben wird, wird Aufschluss darüber geben, ob wir uns immer noch in der fallenden Kondratieff-Welle befinden oder ob die steigende Welle bereits begonnen hat.

Ein weiterer Faktor, der gegen eine steigende Welle spricht, ist der Zyklus der Spekulation. Spekulative Exzesse und Bubbles (Immobilien, Rohstoffe, Tulpen, Kanäle, Eisenbahnen, Aktien usw.) sind immer mit Hochpunkten im Geschäftszyklus verbunden, nicht mit Tälern. Nahe den Geschäftszyklushochpunkten bewegt sich die Spekulation sehr schnell von einem Markt zum nächsten (Immobilien, Sammlerstücke, japanische Aktien, Emerging Markets, Yen, US-Aktien usw.) und verbreitet sich über die ganze Welt. Das Gegenteil findet man in den Tiefpunkten der langfristigen Wellen, wenn die Investoren und Geschäftsleute risikoavers sind und Pigous „Irrtum des Pessimismus" erliegen. Somit sind die kürzlichen spekulativen Exzesse, vor allem im TMT-Sektor auf einer weltweiten Ebene und mit Rekord-Transaktionsvolumina, die Ausuferung des Hebeleffektes und aller Arten neuer Finanzinstrumente, die geringe Risikobereitschaft, die öffentliche Beteiligung oder die Neuemissionen, die am ersten Handelstag zu großen Gewinnen führen, sicherlich eher symptomatisch für spekulative Exzesse als für einen Tiefpunkt wirtschaftlicher Aktivität nach Kondratieff.

Im Zusammenhang mit der Theorie der langfristigen Wellen gibt es einen weiteren Punkt zu bedenken: Kondratieff stützte seine Analysen hauptsächlich auf die Bewegung der Rohstoffe zu einer Zeit, in der in den meisten Ländern Rohstoffe eine wesentlich wichtigere Rolle in der Wirtschaft spielten als heute. Im Jahr 1900 trug die Landwirtschaft immer noch 40 Prozent zur Gesamtbeschäftigung bei, trotz der Industrialisierung in den USA während der zweiten Hälfte des 19. Jahrhunderts, und sie war somit als Arbeitgeber wesentlich wichtiger als die Produktionsbetriebe. Heute beträgt die Beschäftigung in der Landwirtschaft gerade einmal drei Prozent der Gesamtbeschäftigung in den industrialisierten Ländern des Westens, während der Dienstleistungs- und der Staatssektor mehr als 80 Prozent ausmachen. Somit wurden die Löhne und die Wirtschaft als Ganzes in der Vergangenheit in positivem Sinne beeinflusst, wenn die Rohstoffpreise und vor allem die landwirtschaftlichen Preise stiegen. Das ist ganz klar in den industrialisierten Ländern nicht länger der Fall, wo die Beschäftigung in der Landwirtschaft unbedeutend ist und der Dienstleistungs- sowie der Staatssektor dominieren.

Aber welche Rolle spielt die Landwirtschaft, wenn man die ganze Welt betrachtet? Ich habe oben erwähnt, dass der Ölpreis die landwirtschaftlichen Rohstoffe als wichtigster Industrierohstoff der Welt abgelöst hat. Das ist nur teilweise richtig, weil es in den sich entwickelnden Ländern immer noch wesentlich mehr Menschen gibt, die vom landwirtschaftlichen Sektor zum Lebensunterhalt abhängig sind, als Leute, die in der Ölindustrie beschäftigt sind. In Afrika und Asien sind nicht weniger als 60 Prozent der Bevölkerung immer noch von der Landwirtschaft als Haupteinkommensquelle abhängig, und wenn man die Bereiche Rohöl, Erdgas, Gummi, Kakao, Kaffee, Kokain, Opium und Bergbau zum Agrarsektor dazurechnet, dann dürften wohl direkt oder indirekt zwei Drittel der Weltbevölkerung immer noch von steigenden Rohstoffpreisen profitieren und unter deren Verfall leiden.

Zwei Drittel des Welt-BIP gehen an 25 Prozent der Weltbevölkerung, die das Glück haben, in den industrialisierten Ländern zu leben. Aber schnelles, weltweites Wachstum kann nur erreicht werden, wenn die Kaufkraft der armen Nationen größer wird. Dies schien in den 90ern nicht der Fall gewesen zu sein, die für die westlichen Multinationalen günstig waren, aber zu wiederholten, harten Währungsabwertungen in den aufstrebenden Ländern führten. Aufgrund dieser harten Währungsabwertungen – mit Ausnahme Chinas – gab es keine oder nur geringe Verbesserungen beim Pro-Kopf-Einkommen der meisten aufstrebenden Volkswirtschaften. Während im 19. Jahrhundert die Erschließung neuer Territorien (unterstützt durch den Fortschritt beim Transport wie Kanälen und Eisenbahnen) Druck auf die landwirtschaftlichen Preise ausübte, hat heute die Industrialisierung von bevölkerungsreichen Ländern wie China, Indien, Brasilien und Mexiko (wieder durch moderne Kommunikation und neue Transportmethoden ermöglicht, wie Container und Boeing 747) das Angebot an Produktionsgütern in einem solchen Ausmaß erhöht, dass deren Preise ebenfalls gefallen sind. Und genauso wie fallende Landwirtschaftspreise einen negativen Einfluss auf die landwirtschaftlichen Löhne im 19. Jahrhundert hatten, wirken sich heute fallende Produktionsgüterpreise auf die Löhne der ungelernten Arbeiter in der ganzen Welt negativ aus.

Während also jeder langfristige Zyklus unter neuen sozialen, politischen und wirtschaftlichen Bedingungen startet und es deshalb eine Wiederholung des vorangegangenen Zyklus nicht geben kann, scheinen die Kräfte, die während der steigenden und fallenden Welle des langfristigen Zyklus auftreten, immer noch die gleichen zu sein. In diesem Zusammenhang werden Härte und Milde des aktuellen wirtschaftlichen Abschwungs und die Intensität der darauf folgenden Erholung von besonderem Interesse für die Anhänger der Theorie der langfristigen Wellen sein.

Je stärker die Welt sich verändert, desto mehr bleibt sie die gleiche. Gesellschaften steigen auf und sinken ab, neue Industrien kommen und gehen. Wohlstand akkumuliert sich nur, um zerstört zu werden. Die Menschen leben länger, aber auch ihr Leid wird verlängert, wenn sie krank sind. Kriege werden nicht mehr mit riesigen Armeen geführt, die sich gegenüberstehen, sondern mit Terroristen und Handelsembargos, Nachschubsperren für die Märkte (Öl-Kartelle), dem Ausfallen von ausländischen Schulden, Enteignungen oder Computerviren. Und während die westlichen Mächte im 19. Jahrhundert die Länder mit Gewehren kolonisierten, machen sie es heute mit McDonald's, Coca-Cola, Häagen Dazs, Starbucks, Hollywood, CNN, massiven Kapitalströmen und hohen Zinssätzen. Und in den Lehrbüchern ist zu lesen, dass nach der Erschließung neuer Märkte automatisch der Wohlstand Einzug hält. Sind die Länder, die in den 90ern dem weltweiten, freien Wirtschaftssystem beigetreten sind, mit ihren limitierten Finanzressourcen ausreichend vorbereitet, um in den weltweiten Märkten zu bestehen?

Und auch wenn es möglich ist, dass wirtschaftliche Abschwünge mittels konzertierter Zentralbankaktionen und anderer wirtschaftspolitischer Maßnahmen hinausgezögert werden, so werden sie sich doch nicht gänzlich eliminieren lassen. Auch wenn sich der Kondratieff-Zyklus (der hauptsächlich landwirtschaftlich geprägt war) in seinem Charakter ein wenig geändert hat, so gibt es keinen Zweifel daran, dass er, basierend auf den Daten des 20. Jahrhunderts, immer noch lebendig und gesund ist.

Finanzmärkte – scheitern sie an sich selbst?

Schließt man sämtliche Rohstoffe in die Analyse ein, dann ist es offensichtlich, dass der riesige, weltweite Finanzmarkt zum bedeutendsten Rohstoff der Welt in den 90ern wurde. Wenn also im 19. Jahrhundert die Landwirtschaft die langfristigen Zyklen anführte, da sie damals der bei weitem bedeutendste Sektor der Wirtschaft war, so scheinen heute die Finanzmärkte für die Weltwirtschaft das Wichtigste zu sein – vor allem seitdem das Wachstum in den vergangenen Jahren zunehmend mittels Kreditexpansion und steigender Aktienpreise finanziert wurde. Da die Finanzmärkte seit den 80ern überproportional stark im Vergleich zur Realwirtschaft gewachsen sind, ist es nicht mehr länger die Realwirtschaft, welche die Märkte antreibt, sondern es ist genau umgekehrt. Genauso wie steigende Landwirtschaftspreise die Wirtschaft im 19. Jahrhundert stimulierten, kommen heute größer werdende Finanzmärkte der Weltwirtschaft zugute und erzeugen ein über dem Trend liegendes Wachstum. Dagegen führen fallende Märkte zu wirtschaftlichen Abschwüngen, wie in Japan in den 90ern und vor kurzem in einer Reihe von Schwellenländern. Somit ist denkbar, dass der kürzliche weltweite Bärenmarkt mit der Zeit – wenn die Effekte der lockeren Geldpolitik abklingen – verheerende wirtschaftliche Folgen nach sich ziehen wird.

Ich möchte noch einen weiteren Gedanken hinzufügen: Während in der Vergangenheit die Intensität von wirtschaftlichen Abschwüngen vor allem in der Mitte der abwärts gerichteten Welle besonders hoch war – sofort nach dem Investment-Boom, der durch neue Erfindungen und durch fallende Zinssätze und Rohstoffpreise entstanden ist und in einer Pleite endete –, könnten wir heute eine Situation haben, in der die Wirtschaft am Ende der langfristigen fallenden Welle am schlimmsten betroffen ist. Dies liegt daran, dass der Abwärtstrend durch Schuldenwachstum und lockere Geldpolitik verzögert werden kann, wie es in den 90ern der Fall war. Diese Hypothese wäre zusammen mit den Dogmata der geldpolitischen Überinvestitions-Theorie und von Irving Fishers Schuld-Deflations-Theorie, die davon ausgehen, dass Überinvestition und Überschuldung den Wirtschaftskollaps herbeiführen, sicherlich wesentlich realistischer.

Oben wurde Irving Fishers Kritik an der Geschäftszyklen-Theorie am Beispiel eines Schaukelstuhls an Deck eines Schiffes aufgezeigt, der von den Wellen hin- und herbewegt wird und von Seitenwinden hin- und hergeworfen wird. Nach Fischer wird die Bewegung manchmal rhythmisch erscheinen und manchmal chaotisch. Von Schumpeter (siehe Abb. 6) stammt die Erkenntnis, dass die Große Depression die Folge gleichzeitig eintretender Ereignisse war – der fallenden langfristigen Welle, des Juglar- und des Kitchin-Zyklus. Somit könnte das, was in den vergangenen 20 Jahren geschah, wie folgt abgelaufen sein: Mit der harten 74er-Rezession als Startpunkt durchlebte die Wirtschaft einen Juglar-Zyklus, der bis zur 82er-Rezession andauerte (acht Jahre). Ein weiterer, kräftiger Juglar-Aufschwung begann 1982 und endete in der milden Rezession im Jahre 1990 (acht Jahre). Dieser Juglar-Zyklus wurde vom steigenden US-Budget- und -Handelsdefizit angetrieben, der Wachstum nach Japan und in Schwellenländer verlagerte. Danach erlebten wir einen weiteren Juglar-Aufschwung, wenngleich auch einen wesentlich schwächeren (aufgrund der harten Rezession in Japan), der irgendwo zwischen 2000 und 2003 endete.

Das eigentliche Problem sehe ich darin, dass die aufstrebenden Volkswirtschaften, die sich in den frühen 90ern eines starken Wachstums erfreuten, nun, nach ihren Krisen, seit 1997 nicht mehr länger ein tragendes Wachstum für die Weltwirtschaft anbieten können, während die US-Wirtschaft mit ihrem boomenden TMT-Sektor, der nach 1998 der Antrieb für das weltweite Wachstum war, zunehmend auf wackligen Beinen steht, da sie 2001 und 2002 durch starkes Schuldenwachstum künstlich gestützt wurde. Zusätzlich sollte man an Folgendes denken: Der Kitchin-Zyklus drehte irgendwann im Jahr 2001 ganz klar nach unten, als der massive Abbau von Lagerbeständen begann. Auch der Juglar-Zyklus ist immer noch im Abwärtstrend, da die High-Tech-Bubble geplatzt ist und die Aktienmärkte seit 2000 sehr schwach waren. Wenn wir uns also immer noch in der abwärts gerichteten Welle befinden, könnte ein gleichzeitiges Auftreten all dieser Ereignisse zu einer harten und länger andauernden, wirtschaftlichen Kontraktion führen, die für das Fallen der langen Welle typisch wäre.

Ich habe mehrmals angemerkt, dass die Geschäftszyklen-Theorie extrem komplex ist. Ich habe sicherlich nicht auf alle Fragen die richtige Antwort. Aber ich denke, dass die Härte und Länge der jetzigen Rezession einen Anhaltspunkt dahingehend geben wird, ob wir uns bereits in der ansteigenden Kondratieff-Welle befinden (in diesem Fall wäre die Rezession mild und kurz) oder ob die abwärts gerichtete Welle immer noch intakt ist (dann würde die Rezession vermutlich verheerend ausfallen). Da die Wirtschaftsexpansion, die nach der 1990er-Rezession begann, bereits mit einem laut vernehmlichen Knall ihr Ende fand, werden wir wohl nicht allzu lange warten müssen, um dies herauszufinden!

Ich möchte noch einmal betonen, dass Kondratieff keine Theorie langfristiger Wellen aufgestellt hat. Er hat mithilfe des Studiums langfristiger Wellen von Preisen, Löhnen, Produktion und Handelstrends lediglich beobachtet, dass langfristige Wellen, gemessen an den wirtschaftlichen Bedingungen, sehr wahrscheinlich sind. Und indem er die Fluktuationen der langfristigen Wellen zu erklären versuchte, gestand er ein, dass die Erklärung der Geschäftszyklen einige „beachtliche Schwierigkeiten" bereitet.

Aber es scheint falsch zu sein zu erklären – wie es einige Wirtschaftswissenschaftler tun –, dass langfristige Wellen angesichts der Wirtschaftsbedingungen in den industrialisierten und post-industriellen Gesellschaften keine Existenzberechtigung mehr haben. Der Historiker Arnold Toynbee bemerkte, dass „das Auftreten von langen Wellen in der Wirtschaft keine Halluzinationen sind, sondern wohl eher wirtschaftliche Reflektionen von politischen Realitäten, die bereits eine ‚fortschreitende Angelegenheit' in der modernen, westlichen Welt mehrere 100 Jahre vor dem Ausbruch der Industriellen Revolution in Großbritannien waren". Und indem er den Krieg-Frieden-Zyklus als eine Konsequenz von „Generationenzyklen im Übergang sozialer Tradition" erklärte, hat er wohl die plausibelste Erklärung der wiederkehrenden langen Wellen in den Wirtschaftsbedingungen geliefert:

> *Die Überlebenden einer Generation eines militärischen Zeitalters während einer Reihe von Kriegen werden für den Rest ihres Lebens davor zurückscheuen, eine Wiederholung dieser tragischen Erfahrung sowohl für sich selbst als auch für ihre Kinder herbeizuführen, und ... deshalb ist eine psychologische Barriere gegen einen Bruch des Friedens ... wahrscheinlich hinderlich genug, bis eine neue Generation ... Zeit gehabt hat, ins Leben zu treten und die Macht zu ergreifen. Genauso erweisen sich Kriege, wenn sie einmal ausgebrochen sind, als sehr dauerhaft, bis eine zum Frieden erzogene Generation, die fröhlich in den Krieg gegangen ist, von einer Generation abgelöst wird, die unter dem Krieg gelitten hat.*
>
> Arnold Toynbee, *A Study of History,* London, 1954

Meiner Meinung nach findet der gleiche Generationenzyklus auch in den Finanzmärkten statt. Investoren, die alles, was sie besaßen, im 29er-Crash und in der nachfolgenden Depression verloren haben, gelobten wahrscheinlich, niemals mehr Aktien anzurühren; vermutlich blieben sie für den Rest ihres Lebens in Geldangelegenheiten konservativ und beliehen nicht einmal mehr ihre Häuser. Umgekehrt hat die große Mehrheit der heutigen Investoren niemals wirklich einen harten und lang anhaltenden Bärenmarkt und den Schmerz einer Depression erlebt, weshalb sie wesentlich risikobereiter ist.

Zurzeit kann die Frage, ob die lange Welle bereits wieder nach oben gedreht hat, nicht befriedigend beantwortet werden, aber es spricht, wie gesagt, eine Reihe wirtschaftlicher Bedingungen gegen eine solche Annahme. Gleichzeitig ist es sehr wahrscheinlich, dass sie in den nächsten Jahren nach oben drehen wird. Und wenn sie einmal nach oben gedreht hat, dann wird sie alle Regeln des Investierens verändern, weil in einer steigenden Welle die Rohstoffpreise klettern werden, die Inflation sich beschleunigen wird und die Zinssätze nach oben gehen werden. Wenn sich also die langfristige Welle nach oben dreht, sollten die Investoren ihre Anleihenpositionen liquidieren. Denn in einer langfristigen Aufwärtsbewegung outperformen die Aktien die Anleihen immer, weil sich die Inflation beschleunigt.

Zusätzlich wird die langfristige Welle, wenn sie sich nach oben dreht, eine vollkommen neues Investmentumfeld schaffen, in dem die Rohstoff-Aktien, wie die der ressourcenreichen Emerging Markets, wesentlich besser performen als die Märkte der industrialisierten Länder des Westens.

Abschließend möchte ich noch eine Beobachtung schildern, die ich in Bezug auf die Preisbewegungen des 19. Jahrhunderts und die von Kondratieff und Schumpeter analysierten Geschäftszyklen gemacht habe. In Abb. 3, das einen Index der Rohstoffpreise zeigt, und in Abb. 4, das den Trend der Zinssätze seit 1790 zeigt, ist zu sehen, dass das 19. Jahrhundert eine hoch deflationäre Ära war. Der Index der Rohstoffe fiel von 120 (1910/14 = 100) im Jahr 1800 auf 70 im Jahr 1896, obwohl die US-Bevölkerung von vier Millionen im Jahr 1800 auf 80 Millionen im Jahr 1900 wuchs und das Land zur weltgrößten Industriemacht aufstieg – die Wirtschaft wuchs mit rund vier Prozent jährlich real. Den generellen Verfall im Preisniveau hat auch die Bewegung der langfristigen Zinssätze bestätigt. Die Rendite von Neuemissionen von Federal-Government-Anleihen fiel von acht Prozent im Jahr 1800 auf zwei Prozent im Jahr 1900. Preisverfälle im 19. Jahrhundert waren nicht nur an landwirtschaftliche Produkte gebunden. Zwischen 1872 und 1898 gingen die Preise für Bessemer-Stahl um fast 80 Prozent zurück. Zwei Faktoren trugen zum schnellen Wirtschaftswachstum bei fallenden Preisen bei: die Öffnung der Prärien, die das Angebot an Ackerland um ein Vielfaches ansteigen ließ und eindrucksvolle Produktivitätsfortschritte sowohl in der Landwirtschaft als auch in der Industrie (als Folge neuer Erfindungen und Innovationen) erlaubten, und die sinkenden Transportkosten als Folge der massiven Einsenbahnbauten in Nordamerika. So stieg etwa der Ausstoß pro Mannstunde zwischen 1850 und 1914 an den Hochöfen um mehr als das 30fache.

Der „deflationäre Boom", wie die Periode zwischen 1873 und 1900, in der die Rohstoffpreise besonders stark fielen, von einigen Beobachtern genannt wird, war aber keine goldene Ära für jedermann. Getreidebauern, vor allem in Europa, steckten tief in Schwierigkeiten; diese hatte Auswirkungen auf die Politik, die in Britannien die „Felderrevolte" und ländlichen Unruhen in Europa und Russland einschloss, ebenso die populistische Bewegung in den USA. Die Erträge auf Ackerland fielen sowohl in den Grundstückspreisen wie auch in der Höhe der Pachtzahlungen. Parallel dazu stiegen aber die Reallöhne überall schneller als in den ersten drei Vierteln des 19. Jahrhunderts (siehe Abb. 8) als Folge der spürbaren Erhöhung der Produktivität in der Landwirtschaft und der Produktion. Somit war die Gruppe der Grundbesitzer in Europa auf der Verliererseite, da sie sich nicht nur mit fallenden

Abbildung 8

AUF DEM WEG NACH OBEN
Der Anstieg der Reallöhne, 1800–1896

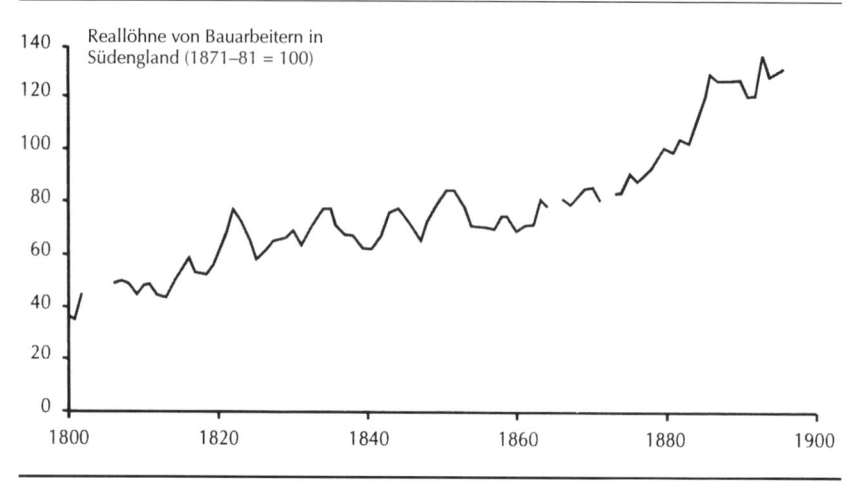

Reallöhne von Bauarbeitern in Südengland (1871–81 = 100)

Quelle: David Hackett Fischer, *The Great Wave*

Mieten und Landpreisen konfrontiert sah, sondern auch mit steigenden Reallöhnen. Aber man darf nicht vergessen, dass die wirtschaftliche Entwicklung vieler neuer Regionen zum Export etwa von Mississippi-Baumwolle, argentinischem Rindfleisch, australischem Weizen, neuseeländischen Hammeln, afrikanischem Erz und kanadischem Bauholz zusammen mit fallenden Transportkosten geführt hat (der Suez-Kanal wurde 1869 eröffnet) und einem integrierten Weltmarkt für Rohstoffe den Weg bereitet hat, was den Welthandel antrieb und große Economies of Scale (Größenvorteile) mit sich brachte. Somit war der deflationäre Schock – abgesehen von den Grundbesitzern –, der durch neue Technologien und Erfindungen entstand, der es erlaubte, den nordamerikanischen Kontinent und andere, neue Regionen auszubeuten, und der Amerika in die Rolle der weltweit führenden Industriemacht katapultierte, mehr ein deflationärer Boom als ein Schock! Während es den Landbesitzern in Europa schlecht ging, stiegen die Immobilienpreise in den Städten nach der Krise von 1873 bis 1878 wieder an, als sich der Prozess der Urbanisierung beschleunigte. Dies war vor allem in den USA der Fall, wo die Immobilienpreise in Südkalifornien in den Jahren nach 1886 anstiegen. Während also Immobilien in der jetzigen deflationären Periode nicht besonders attraktiv erscheinen (sicherlich nicht die hochpreisigen Immobilienmärkte in den Finanzzentren), können sich ausgewählte Immobilienmärkte wie in Shanghai oder Peking nach dem 50-prozentigen Verfall seit Ende 1995 sehr gut entwickeln.

Die Periode von 1873 bis 1900 war auch für die Besitzer von Festzinspapieren sehr günstig, da sie mit großen Gewinnen aus der Deflation hervorgingen. Die Rendite britischer Anleihen fiel von 3,41 Prozent im Jahr 1866 auf ein Tief von 2,21 Prozent im Jahr 1897, und in den USA sank die Rendite hochrangiger Eisenbahnanleihen von 6,49 Prozent im Jahr 1861 auf 3,07 Prozent im Jahr 1899. Die Deflation war offensichtlich nicht besonders günstig für die Unternehmensgewinne, und die Anleihen liefen ab 1876 somit besser als die Aktien.

Als Fazit möchte ich Folgendes festhalten: Zwar war das gesamte 19. Jahrhundert von einem deflationären Trend gekennzeichnet, doch war es ein Jahrhundert mit enormen wirtschaftlichen Fortschritten, begleitet von starkem Bevölkerungswachstum. Somit gibt es im Prinzip nichts, wovor man sich in einer Deflation fürchten müsste! Dass so viele Wirtschaftswissenschaftler Angst vor deflationären Perioden haben, liegt wohl daran, dass sie auf die Depressionsjahre der 30er zurückblicken, als tatsächlich ein deflationärer Zusammenbruch stattfand. Aber anstatt die verschiedenen Ursachen des Zusammenbruchs nach 1929 zu analysieren, fokussieren sie sich auf die Verwüstung, die der deflationäre Zusammenbruch mit sich brachte – obwohl die Depression in der Tat nur eine Folge des vorausgegangenen spekulativen, von Krediten angetriebenen Booms war, der zu den Exzessen der 20er geführt hatte.

Eine Analyse von Konjunkturzyklen und langfristigen Preiswellen wäre ohne eine Diskussion des Phänomens der Investment-Manie nicht vollständig. Je länger eine Wirtschaftsexpansion oder ein steigender Preistrend in einer Vermögensklasse, wie Aktien, Rohstoffen oder Immobilien, anhält, desto höher ist die Wahrscheinlichkeit, dass sie in einer Investment-Manie endet, deren Eigenheiten ich im folgenden Kapitel diskutiere.

Kapitel 8

Neue Äras, Manien und Bubbles

Spekulanten schaden nicht, solange Blasen Teil einer ständigen Entwicklung von Unternehmungen sind. Die Lage wird aber ernst, wenn die Unternehmungen auf Grund von Spekulation zu Blasen werden. Wenn die Wirtschaftsentwicklung eines Landes ein Nebenprodukt der Aktivitäten eines Spielkasinos wird, wird eine Fehlentwicklung offenkundig.

John Maynard Keynes (1883–1946)

Ich war vom Phänomen der Manien immer fasziniert. Die Kreuzzüge, die Inquisition, die Hexenverbrennungen, die Alchemie, der Hypnose-Hype und der „McCarthyismus" – alles waren Manien. In unserem kapitalistischen System gab es eine Reihe von Manien, die sowohl die bei weitem aufregendsten Phasen des Geschäftszyklus wie auch dessen Bestandteil sind. Und weil es in diesem Buch darum geht, die nächste große Investmentchance ausfindig zu machen, von der die Investoren genauso profitieren können wie von japanischen Aktien in den 80ern und US-Aktien in den 90ern, ist es wichtig, Folgendes zu verstehen: Rezessionen, Depressionen und Krisen bieten großartige Investmentmöglichkeiten – Manien stellen einmalige Verkaufsgelegenheiten dar.

Obwohl der Investor idealerweise bis zum Gipfel einer Investmentmanie engagiert bleiben sollte, weil der letzte Preisanstieg normalerweise der steilste ist, so wird es doch niemals für alle Investoren möglich sein, genau am Hochpunkt auszusteigen. Aber wenn eine Investment-Manie einmal begonnen hat, ist der Zeitpunkt, zu dem der Investor verkauft hat, nicht weiter von Bedeutung. Denn ich kenne keine einzige Manie, die nicht sämtliche Gewinne der Jahre bis zum Top wieder zunichte gemacht hat. Deshalb möchte ich im Folgenden aufzeigen, wie es zu Manien kommt und wie ein Investor diese auf einfache Weise identifizieren und sie als Verkaufsgelegenheiten nutzen kann.

Wie vorher erklärt, verbreitet sich von Zeit zu Zeit eine Welle des Optimismus wie ein Buschfeuer um die Welt: Die Anleger glauben, den Beginn einer neuen Ära zu erleben, die unvorstellbaren Reichtum und Wohlstand für alle mit sich bringt.

Ein typisches Charakteristikum des Neue-Ära-Denkens ist, dass es die Anleger normalerweise nicht zu Beginn einer Wohlstands-Ära in seinen Bann zieht, sondern am Ende – und dass es mit einer Art „Rausch" oder Investmentmanie verbunden ist. Bekannte Beispiele sind der Mississippi-Plan und die South Sea Bubble von 1720, die verschiedenen Kanal-, Eisenbahn- und Immobilien-Booms des 19. Jahrhunderts, die Goldentdeckungen in Australien und Kalifornien, der Aktienmarkt-Run der späten 20er in Amerika und die Manie am Kuwaiter Aktien- und Immobilienmarkt in den späten 70ern.

In den letzten Jahren schwappte eine regelrechte Woge des Optimismus und Neue-Ära-Denkens über die Investmentgemeinde hinweg. Faktoren wie der Zusammenbruch des Kommunismus, die Öffnung zahlreicher neuer Märkte, viel versprechende neue Technologien, Stellenabbau und Entlassungen in den Unternehmen, das Fehlen einer nennenswerten militärischen Bedrohung, niedrige Inflation, fallende Zinsen, Globalisierung und freier Handel heizen die Erwartung einer nicht endenden Gewinnphase an. Die Wall Street, angeführt von der spekulativen Nasdaq, erzielte zwischen 1990 und 2000 eine atemberaubende Performance. Aber heute wissen wir, dass die letzte Phase des Anstiegs zwischen 1997 und 2000 eine riesige Finanz-Bubble war, die in diesem Ausmaß nur einmal pro Generation auftritt und die genauso zu Ende gegangen ist, wie alle vorherigen Neue-Ära-Bullenmärkte endeten.

Spekulative und nicht spekulative Märkte

Um spekulative Märkte besser verstehen zu können, sollte man sich am besten deren Gegenteil anschauen. Ein anschauliches Beispiel für einen nicht spekulativen Markt ist Argentinien Mitte der 80er-Jahre (siehe Kapitel 5, Abb. 3). Das Handelsvolumen war trist, Aktien wurden unterhalb des Buchwertes und unter den Austauschkosten verkauft, er gab kaum eine Aktien-Neuemission (IPO) oder sonstige Emissionen, keine partizipierenden Ausländer, die Aktienmarktkapitalisierung als Verhältnis zur Volkswirtschaft war niedrig. Kaum jemand interessierte sich dafür, Broker zu werden oder einen Beruf zu erlernen, der mit den Finanzmärkten zu tun hatte. Das Vertrauen war gering, und die Erwartungen der Öffentlichkeit in künftige Erträge aus Aktien waren entweder sehr niedrig oder gar nicht vorhanden. Auch die asiatischen Märkte wiesen in den frühen 80ern all diese Charakteristika eines nicht spekulativen Marktes auf (siehe Kapitel 2, Abb. 2,3, und 4).

Nicht spekulative Märkte sind gedrückt und, in traditionellen Maßstäben gerechnet, unterbewertet. Ein weiteres Beispiel ist der US-Aktienmarkt nach dem Zweiten Weltkrieg. Die Märkte lagen im Schnitt immer noch weit unter den Hochpunkten aus dem Jahr 1929, das Volumen war niedrig, der Aktienmarkt-Crash und die Depression der frühen 30er waren noch frisch im Gedächtnis der Anleger, und obwohl der Krieg gewonnen wurde, waren die Erwartungen der amerikanischen Investoren niedrig. Das Ende des Krieges brachte kein Neue-Ära-Denken mit sich, sondern – im Gegenteil – die Sorge, dass die US-Wirtschaft nach dem Kriegs-Boom erneut in eine Rezession abgleiten würde. Dies kann man deutlich erkennen, wenn man die Aktien- und Anleihenrenditen dieser Zeit vergleicht: Der größte Unterschied war im Jahr 1947 anzutreffen, als die Aktienrendite (Dividendenrendite) dreimal höher lag als die Rendite der Renten (was niedrige oder keine Wachstumserwartungen widerspiegelt). Damals fanden sich in den Buchhandlungen auch wenige Bücher, die von den Vorzügen des Investierens in Aktien erzählten und die behaupteten, dass Aktien immer besser laufen als Anleihen und Cash!

Ein weiteres Beispiel für einen nicht spekulativen Markt ist das Immobiliensegment in den 50ern. Die Leute kauften sich Häuser, um darin zu wohnen, Landwirte erwarben Land, um es zu bewirtschaften, und Investoren bauten Bürogebäude, um Mieteinnahmen zu erhalten, nicht in der Absicht, Kapitalgewinne zu erzielen oder sich gegen die Inflation abzusichern. Auch die Rohstoffmärkte, vor allem Gold und Silber, waren in den 50ern und 60ern nicht spekulative Märkte. Sie waren von Insidern dominiert und nicht von Anlegern, die mit den Metallen nichts zu tun hatten, sondern nur von steigenden oder fallenden Preisen profitieren wollten, also nicht von Outsidern.

Schließlich sind auch Kunstgegenstände und Sammlerstücke nicht spekulative Märkte, solange Gemälde und Baseballkarten von echten Sammlern gekauft werden. So kauften zum Beispiel die Großmutter und Großtante eines meiner Schulfreunde, während sie in Paris in den frühen 1900ern studierten, impressionistische Gemälde von ihrem Taschengeld. Hier stellt sich die Frage: Haben sie diese Werke gekauft, weil sie Kapitalgewinne erzielen wollten oder weil sie einfach etwas erwerben wollten, wofür sich kein anderer interessierte? Nein, sie kauften sie, weil sie einen bestimmten Geschmack hatten und weil ihnen diese Bilder gefielen (heute hat die Familie meines Freundes eine der größten privaten Sammlungen impressionistischer Werke in der Welt). Und es gab ihn tatsächlich, „den" nicht spekulativen Markt in seiner reinsten Form: den Markt mit Gemälden von van Gogh zu seinen Lebzeiten – nur ein einziges Bild wurde jemals gehandelt!

Eines der Hauptmerkmale nicht spekulativer Märkte ist, dass es nahezu keinerlei Hebel gibt. Aktien, Renten, Immobilien, Gemälde oder Gold werden grundsätzlich mit Cash bezahlt und nicht mit einem Kredit. Deshalb möchte ich folgende Definition einführen: Ein nicht spekulativer Markt ist ein Markt, (1) in dem die Kapitalgewinnerwartungen niedrig sind, (2) das Handelsvolumen vergleichsweise gering ist, (3) der von einer kleinen Anzahl von Anlegern (Insidern) dominiert wird und (4) an dem die Öffentlichkeit zum Großteil nicht partizipiert.

Der nicht spekulative Markt ist damit definiert. Wodurch zeichnet sich nun der spekulative Markt aus? Da ich seit einiger Zeit feststelle, dass die Finanzmärkte generell sehr spekulativ geworden sind, bin ich heute ein wenig vorsichtiger als früher, wenn es darum geht, das Phänomen der exzessiven Spekulation zu definieren. Natürlich ist es einfach zu sagen, dass die holländische Tulpen-Manie im 17. Jahrhundert oder der Handel in den Aktien der South Sea Company im Jahr 1720 spekulativ waren, weil beide in einem Desaster endeten. Aber gab es im amerikanischen Aktienmarkt im Jahr 1929 oder in Hong Kong im Jahr 1973 wirklich eine exzessive Spekulation? Sicher, nach ihren Hochpunkten fielen beide Märkte um 90 Prozent, während viele Unternehmen Pleite gingen oder sich niemals mehr bis auf ihre alten Hochpunkte erholten. Aber diese Märkte waren nicht vollkommen falsch: Auch wenn man direkt am Hochpunkt (381 Punkte im Dow Jones 1929 und 1700 Punkte im Hang Seng Index im Frühjahr 1973) gekauft hätte, hätten diese Märkte den Langfristinvestor reichlich belohnt. Ein weiteres Beispiel: Hätte man 1836 in Chicago, 1886 in Kalifornien und 1926 in Florida Immobilien gekauft – genau am Hochpunkt ihrer jeweiligen Booms –, so wären sie heute wesentlich mehr wert, selbst wenn die Immobilienpreise nach dem Ende dieser Booms komplett zusammenbrachen.

Eine weitere Schwierigkeit bei der Definition exzessiver Spekulation liegt im Timing. War der japanische Aktienmarkt bereits 1988 spekulativ? Ich meine, ja. Aber das hielt die Aktien nicht davon ab, um weitere 30 Prozent in den folgenden zwölf Monaten vor dem Hochpunkt im Dezember 1989 zu steigen. Oder nehmen wir den Silbermarkt in den späten 70ern: Im Dezember 1979 stieg der Silberpreis auf 18 US-Dollar (er hat sich innerhalb eines Jahres mehr als verdoppelt). Die Edelmetallmärkte waren bereits extrem spekulativ, aber das verhinderte nicht, dass der Silberpreis in einem massiven Short Squeeze (als sich Leerverkäufer eindeckten) innerhalb von vier Wochen auf mehr als 40 US-Dollar stieg, bevor er auf elf US-Dollar im Mai 1980 und auf weniger als vier US- Dollar 1992 einbrach! Oder nehmen wir den Nasdaq zu Begin des Jahres 1999. In den vorangegangenen Jahren war er bereits um das Vierfache gestiegen, aber er kletterte noch einmal um das 2,5fache bis zum Hochpunkt am 10. März 2000 bei 5.132 Punkten.

Somit ist es unmöglich zu wissen, wie lange eine Investment-Manie andauern wird und um wie viel höher die Preise sein werden, bevor die Blase platzt, auch wenn sich spekulative Märkte anhand bestimmter Anhaltspunkte zumindest ansatzweise ausmachen lassen. Nachdem ich nun mehr als 30 Jahre im Investment-Geschäft tätig bin, komme ich mir manchmal vor wie Isaac Newton, der im Frühjahr 1720 meinte: „Ich kann die Bewegungen der Sterne berechnen, aber nicht die Verrücktheit der Menschen." Der Hintergrund für diese Erkenntnis: Als Newton die Aktien der South Sea Company verkaufte, machte er zunächst 100 Prozent oder 7.000 Pfund Gewinn, aber unglücklicherweise stieg er genau am Hochpunkt des Marktes wieder ein und verlor daraufhin 20.000 Pfund.

Im Folgenden werde ich versuchen, die Symptome spekulativer Manien und Bubbles zu beschreiben. Damit folge ich der Vorgehensweise bei der Erklärung des Lebenszyklus eines Emerging Market, denn es ist für den durchschnittlichen Investor allemal besser, sich auf die nicht spekulativen Märkte zu fokussieren, als an den spekulativen Märkten mitzumischen.

Symptome spekulativer Exzesse

Booms, Manien und spekulative Exzesse treten üblicherweise im letzten Aufschwung eines Geschäfts- oder Investmentzyklus auf. Je länger sich ein Markt im Aufwärtstrend befindet, desto wahrscheinlicher ist es, dass eine Manie folgen wird, weil die Anleger immer stärker daran glauben, dass der steigende Preistrend dauerhaft sein wird. Man kann zwischen „Mini-Manien" und „bedeutenden Manien" unterscheiden. Eine Mini-Manie liegt vor, wenn eine spekulative Blase platzt, ohne weit reichende wirtschaftliche Schäden anzurichten. Nach einem scharfen, aber kurzem Sell-off nimmt der Markt seinen Aufwärtstrend wieder auf. Die Manie bei den US-Technologie-Aktien im Jahr 1983, die weltweite Aktienmarkt-Bubble der 87er und der mächtige Boom in den Emerging Markets 1988 bis 1990 können als Mini-Manien klassifiziert werden.

Bedeutende Manien hingegen sind in einer Anleger-Generation einmalige Erscheinungen, die zu schwerwiegenden wirtschaftlichen Schäden führen, wenn die Blase platzt. Die Manie der späten 20er wurde von einer weltweiten Depression abgelöst, der japanische Aktienmarkt-Boom der späten 80er führte zu einer lang anhaltenden und schmerzvollen, deflationären Rezession in Japan. Das abrupte Ende der Rohstoff-Bubble Ende der 70er brachte die Öl produzierenden Regionen der Welt in enorme Schwierigkeiten und verursachte eine Depression in Texas, Mexiko und Teilen des Mittleren Ostens: Alle texanischen Banken gingen Pleite oder mussten restrukturiert werden, genauso wie viele Öl fördernde Firmen. Und der kometenhafte Aufstieg des TMT-Sektors sowie des US-Aktienmarktes bis ins Jahr 2000 hat sich bisher nicht als bedeutende Manie klassifiziert – dafür aber als die „Mutter aller Manien". Bedeutende Manien treten sehr selten auf. Wenn die Bubble dann platzt, erschüttert dies das Vertrauen einer ganzen Generation in das Objekt der Spekulation.

Während also Mini-Manien alle paar Jahre stattfinden (der Aufwärtstrend, der zur Manie führt, muss nur zwei oder drei Jahre andauern), repräsentiert eine bedeutende Manie das Endstadium oder den Gipfel eines langfristigen Jahrhundert-Aufwärtstrends, der womöglich zehn bis 25 Jahre gedauert hat. Die Bubble der späten 20er trat nach einem Aufwärtstrend auf, der eine Dekade andauerte (die „Goldenen 20er" und die Aktienmarkt-Manie der 60er und frühen 70er beendeten einen Jahrhundert-Bullenmarkt, der jeweils rund 20 Jahre andauerte). Der Aktienmarkt-Boom der späten 80er war der Gipfel eines fast ununterbrochenen Aufwärtstrends, der 1974, 16 Jahre vorher, begonnen hatte (siehe Abb. 1). Die US-Bubble wiederum beendete im Jahr 2000 einen Bullenmarkt, der den Dow Jones von weniger als 800 Punkten im Sommer 1982 auf über 12.000 Punkte beförderte. Streng genommen kann man auch das Jahr 1974 als Beginn des US-Bullenmarktes ausmachen, da sich der Markt bis 1982 bereits von seinen Tiefpunkten aus dem Jahr 1974 erholt hatte. Doch rechnet man die Inflation und die Abwertung des US-Dollars mit ein, dann lag der Tiefpunkt von 1982 noch unter dem Tief von 1974 (siehe Abb. 2). Mit anderen Worten: Der Bullenmarkt war an seinem Ende 18 Jahre alt.

Der Faktor „Zeit" innerhalb eines Aktienmarktzyklus ist für mich immer wieder faszinierend, und zwar aus mehreren Gründen. Zunächst einmal scheint es folgende Gesetzmäßigkeit zu geben: Je länger ein Bullenmarkt andauert, desto wahrscheinlicher ist es, dass er in einer wilden, spekulativen Orgie und dann in einer Riesenpleite endet. Daher stellen Hochpunkte nach einem zehn- bis 20-jährigen

Neue Äras, Manien und Bubbles

Abbildung 1

EIN LANGER WEG INS VERDERBEN
Tokyo Nikkei 225 Stock Average

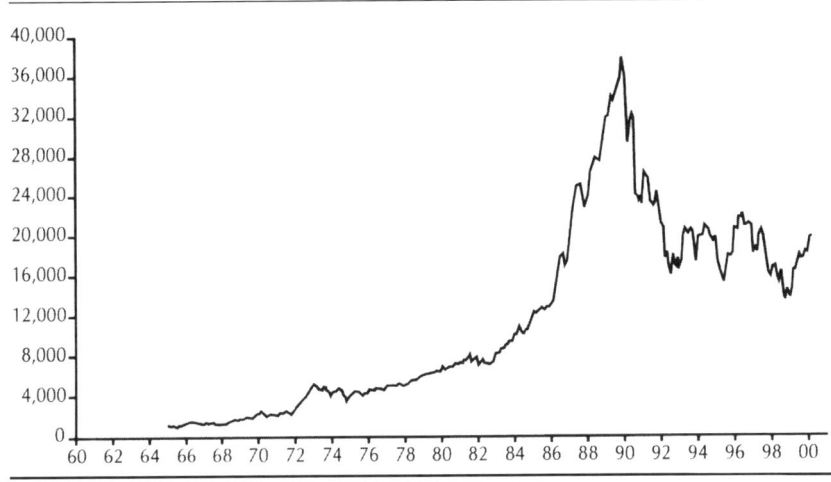

Quelle: The Business Picture

Abbildung 2

DER ECHTE BODEN
*Reale Aktienpreise**

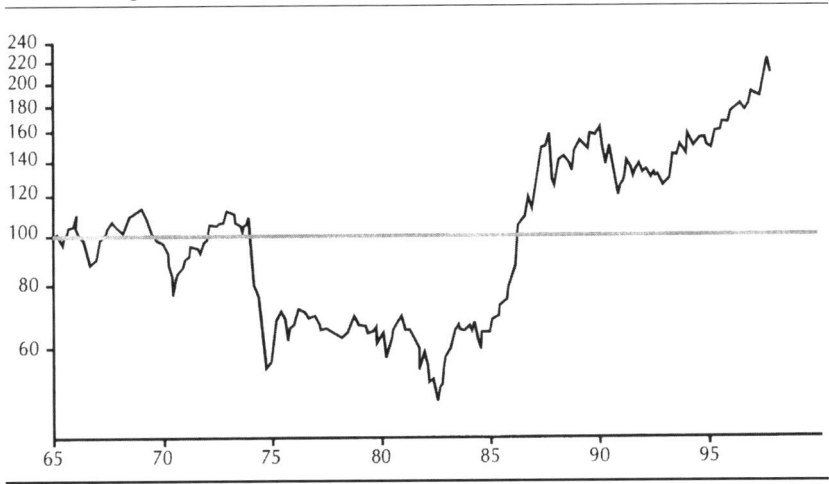

Beachte: * Morgan Stanley Capital International Index of Developed Markets in US Dollar, bereinigt um den Konsumentenpreisindex der USA; Quelle: *The International Bank Credit Analyst*

175

Bullenmarkt, der in seiner Endphase eine Beschleunigung des Preisanstieg gesehen hat, normalerweise ein „Meilenstein-Hoch" dar. Das ist wichtig, denn Meilenstein-Hochpunkte, wie sie in den USA 1929 und wahrscheinlich im Jahr 2000 sowie in Japan im Jahr 1989 aufgetreten sind, werden normalerweise für weitere zehn bis 20 Jahre nicht übertroffen (in den USA dauerte es bis 1954, um den Hochpunkt aus dem Jahr 1929 zu übertreffen, während Japan immer noch 70 Prozent unterhalb des 89er-Hochs liegt – 13 Jahre später!).

Der Bärenmarkt, der auf eine Bubble unausweichlich folgt, kann unterschiedliche Formen annehmen. Zwischen 1929 und 1932 kollabierte der Aktienmarkt um fast 90 Prozent innerhalb von zwei Jahren, und in Hong Kong fielen die Börsen zwischen 1973 und 1974 um mehr als 90 Prozent. Andererseits erreichte der Markt in Japan noch nach mehr als zwölf Jahren neue Tiefpunkte (im Frühjahr 2000 befand sich der Aktienmarkt immer noch über 20.000 Punkten und fiel danach um weitere 50 Prozent auf seine damaligen Tiefpunkte). Je steiler der Rückgang ist oder je länger er andauert, desto risikoärmer wird der Kauf von Aktien, weil die Entwicklung an einem Punkt ankommt, an dem der Verkaufsdruck zu Ende geht. Doch diese Regel muss für einen einzelnen Sektor nicht unbedingt stimmen. Anders als ein Gesamtmarkt, der aus vielen verschiedenen Sektoren besteht und daher diversifiziert ist, kann ein einzelner Sektor auch nach einem 90-prozentigen Verfall wegen Überalterung (beispielsweise das Segment mobile Speicher), Überschuldung oder anderer Faktoren komplett von der Bühne der Wirtschaft verschwinden.

Wenn wir also heute auf die asiatischen Märkte schauen, von denen die meisten – wie in Kapitel 2 gezeigt – in US-Dollar gerechnet im Jahr 1990 ihren Gipfel erreicht haben und nach einem bedeutenden, lang andauernden Bärenmarkt immer noch um rund 70 Prozent und mehr (in US-Dollar) tiefer stehen, bin ich mir sicher: Vom Standpunkt des Faktors Zeit aus gesehen, haben wir bereits bedeutende Tiefpunkte gesehen oder sind gerade dabei, solide technische Fundamente aufzubauen (siehe Abb. 3), auf deren Grundlage mächtige Bullenmärkte entstehen werden.

Wir haben gesehen, dass Mini-Manien meistens irgendwann innerhalb des Aktienmarktzyklus auftreten, während bedeutende Manien nur nach einem langen Anstieg in einem Markt entstehen (zehn bis 20 Jahre). Obwohl ich erwarte, dass die asiatischen Märkte gut performen werden, wenn die aktuelle Malaise vorbei ist, habe ich Zweifel daran, dass wir bald einen spekulativen Markt wie in den späten 80ern und frühen 90ern sehen werden, als Taiwan innerhalb weniger Jahre um mehr als das 20fache angestiegen ist.

Abbildung 3

KONSOLIDIERUNG
Performance asiatischer Aktienmärkte in Relation zu den USA

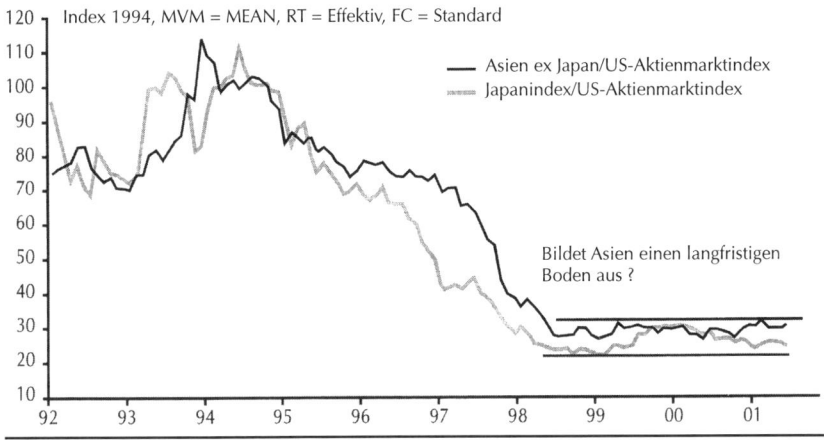

Index 1994, MVM = MEAN, RT = Effektiv, FC = Standard

— Asien ex Japan/US-Aktienmarktindex
— Japanindex/US-Aktienmarktindex

Bildet Asien einen langfristigen Boden aus ?

Quelle: Gaveco

Massenpsychologie

In der manischen Phase eines Bullenmarktes ist die Stimmung euphorisch. Während die Investoren nahe an den Bärenmarkt-Tiefpunkten um jeden Preis aus dem Markt aussteigen wollen, gibt es in der Nähe der manischen Hochpunkte den Drang, in den Markt einzusteigen, und jede noch so kleine Korrektur wird als ausgezeichnete Gelegenheit betrachtet – mit der Folge einer neuen, ekstatischen Kaufphase. Je länger ein Bullenmarkt gedauert hat, desto eher wird der Aufwärtstrend als dauerhaftes Merkmal der neuen Ära angesehen. Deshalb werden in der Endphase der Manie traditionelle Bewertungsmethoden über Bord geworfen.

Da Booms aufregende, neue Konzepte enthalten, rechtfertigt in den Augen der Investoren der Zukunftsoptimismus in Bezug auf die vermeintlich riesigen Gewinne ein „Kaufen zu jedem Preis". Die Stimmung wird durch eine stark involvierte Öffentlichkeit reflektiert, Risiken werden weitgehend ignoriert, es werden immer mehr Kredite aufgenommen, und ein übersteigertes Vertrauen sowie irrationale Entscheidungen werden zur Regel. Ein typisches Merkmal von Manien ist ein Massenverhalten, in dem die Kritikfähigkeit des Einzelnen gelähmt wird. Nach Gustave Le Bon, dessen exzellentes Buch („The Crowd", nachgedruckt von Dunwoody) gegen Ende des 19. Jahrhunderts erschienen ist, „ist eine Kette von logischen Argumenten für die Masse völlig unbegreiflich, und deshalb ist es erlaubt zu behaupten, dass diese nicht urteilt oder dass sie falsch urteilt und deswegen durch Argumente nicht beeinflusst werden kann". Genauso stellte im Jahr 1830 J. R. McCulloch heraus, dass die Spekulation ein ansteckendes und herdenartiges Phänomen ist. In der Tat wird die Nachfrage in der Ekstase immer überschätzt, während das Angebot unterschätzt wird. So hat während des Öl-Booms der späten 70er niemand ernsthaft daran gedacht, dass steigende Ölpreise ein zusätzliches Angebot auf den Markt bringen würden, während Energieeinsparungen die Nachfrage verringern würde.

Während der Immobilienblase der späten 80er in den USA wurde die japanische Nachfrage nach US-Büroimmobilien enorm überschätzt. Genauso überschätzten die Investoren die Nachfrage nach Immobilien in Hong Kong in den späten 90ern, und sie dachten nicht im Entferntesten daran, dass weitaus billigere Alternativen jenseits der Grenze in China in den Wettbewerb einzutreten könnten. Auch gilt während jeder manischen Phase die Anlage in Cash als völlig unattraktives Investment – häufig lösen die Anleger geradezu panikartig ihre Cash-Bestände auf. In den späten 70ern war man ernsthaft der Meinung, dass das Geld wegen der sich beschleunigenden Inflation wertlos werden würde. Die Anleger tauschten ihr Cash in Gold, Silber und in Rohstoff-Aktien. Vor kurzem waren sie der Auffassung, dass sie mit den Cash-Erträgen ihren Ruhestand nicht würden finanzieren können, und kauften Aktien. An dieser Stelle möchte ich etwas Wichtiges anmerken: Die lockere Geldpolitik der Zentralbanken – welche die Zinssätze während der wirtschaftlichen Expansion zu niedrig hielten und deshalb für den Boom und die Investment-Manie verantwortlich sind – ist daran schuld, dass die Anleger zu hohen Preisen in die Märkte hineinströmten. Ein Beispiel ist der Immobilienmarkt Hong Kongs in den Jahren vor dem 97er-Hoch. Die Zinssätze waren zu niedrig, während die Immobilienpreise und Mieten um mehr als 20 Prozent p. a. anstiegen. Irgendwann war man dann ernsthaft besorgt darüber, wie man die steigenden Mieten bezahlen sollte – Steigerungsraten um 50 bis 100 Prozent innerhalb von zwei oder drei Jahren waren keine Ausnahme. Deshalb beschlossen verständlicherweise viele Familien, ihre eigenen Wohnungen zu kaufen. Aber da die Preise seit 1995 bereits in astronomische Höhen gestiegen waren, mussten sie immer höhere Hypotheken aufnehmen. Als der Markt dann drehte, hatten sie ein negatives Eigenheimkapital – ihre Hypotheken überstiegen den Wert ihrer Immobilien bei weitem.

Investment-Manien haben also viel mit Massenpsychologie, Gruppenverhalten und Herdeninstinkt zu tun. Paul Reiwalds faszinierendes Buch *The Mind of Crowds* (*Vom Geist der Massen*, Zürich, 1946) handelt von den Beobachtungen und Theorien renommierter Biologen, Soziologen und Psychologen zum Gruppenverhalten und zur Massenpsychologie. Es scheint, als ob alle Analysten, die sich mit dem Phänomen der Gruppenpsychologie beschäftigt haben, darin übereinstimmen, dass sich das Individuum danach sehnt, Teil einer Gruppe zu sein, und wenn es einmal Teil einer Gruppe geworden ist, verhält es sich gänzlich anders, als wenn es alleine wäre. Der „Ruf der Herde" hat einen mächtigen Einfluss auf das Verhalten von Menschen, und deshalb ist der einzelne Mensch dem Herdenverhalten ausgeliefert.

Denn Gruppen identifizieren sich besonders sehr gerne mit Führern und Ideen. Nach Sigmund Freud hat der Führer einen geradezu hypnotischen Einfluss auf den Einzelnen; das Individuum verliert sich selbst, indem es sich mit dem Führer identifiziert. (Um diese Bindung zu erzeugen, lassen sich Führer gerne mit Kindern oder Hunden fotografieren, denn das verstärkt den Glauben der „Herde", dass er, der Führer, wirklich einer „von ihnen" ist.) Mit anderen Worten: Die meisten Analysten sind der Meinung, dass es eine regelrecht intime Beziehung zwischen dem Führer und der Masse gibt und dass die Masse mit der Zeit völlig abhängig vom Führer wird.

Freud erklärte zum Beispiel, dass der Unterschied im Verhalten der Deutschen zwischen 1918 und 1945 eine Folge der Intensität der Verbindung der Massen mit ihren Führern war. Im Ersten Weltkrieg kapitulierte Deutschland 1918 unter Bedingungen, die weitaus weniger hoffnungslos waren als die Bedingungen für die Deutschen und die deutsche Armee im Zweiten Weltkrieg im Jahr 1943. Freud zufolge liegt der Grund dafür, dass die deutschen Massen weiterhin so viele Fehler und Niederlagen nach 1943 durchlebten, darin, dass sie sich wesentlich stärker mit Hitler und anderen Naziführern im Zweiten Weltkrieg verbunden sahen als jemals mit dem Kaiser und seinen Generälen.

Auch ist es wichtig zu verstehen, dass der Verlust des Anführers – oder auch nur der Verlust seines Prestiges – aufgrund der intensiven Bindung der Massen mit ihren Führern in der Regel zu einer Panik führt. Freud erklärt ferner, dass auch Ideen eine Gruppe „anführen" können; in diesem Fall werden dann diejenigen, die diese Ideen repräsentieren, zu „sekundären Führern".

Genau dies scheint bei Investment-Manien der Fall zu sein: Die Idee von „großen Profiten" ist die treibende Kraft der Manie, während Firmenchefs, erfolgreiche Investoren, Zentralbanker, Finanzminister und Spekulanten – die sich großer Beliebtheit erfreuen, in Magazinen abgedruckt werden und im Fernsehen interviewt werden – die „sekundären Führer" darstellen. Die Vorstellung der Masse ist vom

Gedanken gefangen, dass großer Wohlstand durch die Teilnahme am Boom erreicht werden kann – eine Folge verschiedener Faktoren wie Instinkt, einfache Reflexion (Pawlov), verhaltensauslösende Impulse und selbst erhaltende Gewohnheiten, die suggestive Macht der Medien, die Anbindung an und Imitation von erfolgreichen Investoren, emotionale Aufregung, Beharrlichkeit und Irrationalität – eben alles, was dazu neigt, die individuelle Urteilsfähigkeit und die eigenen Gedanken zu überlagern. Angetrieben von diesen Impulsen ist die Intelligenz der Masse immer der des Individuums, das objektiv bleiben kann, unterlegen.

Folgt man der Auffassung einiger Analysten, dann ist das niedrige Niveau des Intellekts in einer Masse hauptsächlich darauf zurückzuführen, dass die Ideen extrem einfach strukturiert sein müssen, um von allen Mitgliedern der Masse verstanden zu werden. Nur dann können sie auf die unterste Intelligenzstufe der Masse einwirken und sie für sich vereinnahmen. Diese Tatsache hat Le Bon beobachtet, als er schrieb, dass „das Argumentationsniveau der Masse immer sehr niedrig ist". Nach Le Bon verliert eine am Anfang als großartig angesehene Idee ihren Zauber allein dadurch, dass sie auf die Stufe des Intellekts der Masse sinkt und auf diese einwirken will.

Ähnlich sieht das Carl Gustav Jung. Ihm zufolge ist eine große Gruppe „anständiger" Leute – anständig im Sinne von Moral und Intelligenz – wie ein großes, dummes, gewalttätiges Tier, und eine Versammlung von 100 sehr einflussreichen Leuten bildet, so Jung, lediglich einen Wasserkopf.

Soziologen und Psychologen können mit genügend Beispielen für Gruppenhandlungen aufwarten, beispielsweise Hexenjagden, die Kreuzzüge, Kommunismus, Sozialismus, die Nazi-Bewegung, Lynchjustiz oder Revolutionen. Aber allesamt können sie nicht erklären, warum eine Gruppe ihre Erwartungen sozusagen umdreht, ihre Wünsche aufgibt oder in Panik verfällt. Gruppen verlieren in der Regel den Bezug zur Realität. Nach Le Bon ist die Gruppe „nicht darauf vorbereitet, dass irgendetwas zwischen ihre Wünschen und die Verwirklichung dieser Wünsche kommen kann", während „der Gedanke der Unmöglichkeit für das Individuum in einer Gruppe verschwindet". Gleichzeitig stimmen die meisten dieser Autoren darin überein, dass Gruppen extrem „mobil" sind, weil sie unter dem Einfluss einer großen Vielzahl von Impulsen und Instinkten stehen. Ich habe aber in Le Bons Theorie einige Ungereimtheiten entdeckt – unter anderem die, „dass es lange Zeit dauert, bis sich die Ideen in den Köpfen der Gruppe etablieren, aber auch dass es ebenso lange Zeit dauert, um sie auszulöschen". Mit anderen Worten sagt Le Bon Folgendes: Die Meinungen innerhalb einer Gruppe sind unterschiedlich, und doch dauert es einige Zeit, bis etablierte Auffassungen aufgegeben werden.

Vielleicht lässt sich diese Ungereimtheit aufhellen, wenn man annimmt, dass die Vorstellung der Gruppe von einer alles überlagernden Idee erfasst ist, die bestimmte Verhaltensweisen auslöst – etwa wie folgt: „Weil die Aktienmärkte langfristig immer nach oben gehen, muss man bei Rückschlägen kaufen." Aber die Stimmung innerhalb der Gruppe wird auch von Faktoren beeinflusst, die eine sofortige Wirkung haben, zum Beispiel die kurzfristigen Bewegungen am Aktienmarkt. Aber lässt sich damit wirklich das Entstehen einer Panik erklären? Normalerweise entsteht Panik aus einer Gefahrensituation heraus. Im Militär zum Beispiel wird der Verlust des Anführers zur Panik führen (sofern die Gruppe nahe mit dem Führer verbunden ist und sich selbst mit ihm identifiziert). Doch es gibt auch eine Form von Panik, die ohne den Verlust des Führers entsteht und bei der auch die auslösende Gefahr relativ gering ist – jedenfalls im Vergleich zu früheren Gefahren. Dies führte Sigmund Freud zu der Schlussfolgerung, dass es keinen Zusammenhang zwischen der Intensität einer Panik und der drohenden Gefahr gibt und dass Panik auch als Folge unbedeutender Ereignisse entstehen kann.

Panik kann somit also unter zwei Bedingungen auftreten: Entweder ist die Gefahr wirklich groß, oder der emotionale Zusammenhalt innerhalb der Gruppe ist von Haus aus schwach oder ist schwächer geworden, weil der Anführer der Gruppe an Ansehen, an Prestige verloren hat. Nach Le Bon ist Prestige eine mysteriöse Kraft, die den durch Zugehörigkeit, Wiederholung und Ansteckung propagierten Ideen eine enorme Macht gibt. In seinen Augen beherrscht Prestige unsere Gedanken – ausgehend von einem Individuum oder einer Idee, das beziehungsweise die unser Urteilsvermögen ausschaltet und uns mit Bewunderung und Achtung erfüllt. (Überträgt man diese Überlegungen in unsere heutige Zeit, müsste man das Wort „Prestige" durch den Begriff „Charisma" ersetzen.) Das Prestige einer Person oder einer Idee lebt vom Erfolg – bleibt dieser Erfolg aus, weil ein Fehler aufgetreten ist, dann wird das Prestige vom Zweifel abgelöst, es verschwindet. Um dies zu belegen, zitiert Le Bon Ferdinand de Lesseps:

> …er hörte damit auf, an Hindernisse zu glauben, und wünschte sich, den Erfolg des Suez-Kanals in Panama zu wiederholen. Aber er wurde älter, und außerdem bewegt das Vertrauen, das Berge versetzt, diese eben nicht, wenn sie zu hoch sind. Die Berge haben Wider-

stand geleistet, und die Katastrophe, die folgte, zerstörte die glitzernde Aura des Ruhms, die den Helden umhüllte, und nachdem er mit der Größe des berühmtesten Helden der Geschichte rivalisierte, wurde er von den Magistraten seines Landes auf den Rang eines wertlosen Kriminellen herabgestuft."

Nach Le Bon kann sich Prestige „abnutzen, wenn es der Diskussion ausgesetzt wird. Von dem Zeitpunkt an, an dem Prestige in Zweifel umschlägt, hört es auf, Prestige zu sein. Die Götter und Menschen, die ihr Prestige lange behalten haben, haben niemals eine Diskussion toleriert."

Dieses Beispiel gewährt einen Einblick, wann sich die optimistischen Erwartungen der Investoren verändern können und vielleicht zu einer Panik führen. Dies ist für die vorliegende Analyse wichtig.

Kommen wir auf den Zusammenhang zwischen Anlegervertrauen und Panik auf dem Aktienmarkt zurück. Das Vertrauen der Investoren in Aktien kann plötzlich schwinden, wenn Kapitalverluste drohen – eine Situation, wie sie kürzlich in den USA aufgetreten ist, nachdem die Aktien zwei Jahre lang gefallen sind – oder wenn eine plötzliche, unvorhergesehene wirtschaftliche oder politische Entwicklung vor der Tür steht, etwa eine weitere Rezession, die Pleite einer bedeutenden Finanzinstitution, Krieg oder Terrorismus. Nach Sigmund Freud kann auch ein unbedeutendes Ereignis der Katalysator für eine Panik sein. Wenn ich mir die kürzlichen Ereignisse an den Börsen so anschaue, ist es eher wahrscheinlich, dass das „Prestige" der Börsen nach dem 18 Jahre andauernden Bullenmarkt – der „Erfolg" in den Worten von Le Bon – langsam, aber sicher von Zweifeln abgelöst wurde. Diese Zweifel waren die Folge der vielen Gewinnwarnungen, der enttäuschenden Geschäftsentwicklungen in den Unternehmen und der betrügerischen Machenschaften, die Schritt für Schritt ans Licht kamen. Es wird wohl einige Zeit dauern, bis sich allgemein die Erkenntnis durchsetzt, dass US-Aktien eben nicht permanent steigen und Emerging Markets eben nicht auf Dauer outperformen, wie das in den 90ern der Fall war. Wenn sich diese Erkenntnis aber dann einmal durchgesetzt hat, dann wird sie sich in den Köpfen der Anleger festsetzen, so wie wir das von Japan nach 1990 und von anderen Bubbles her kennen, die geplatzt sind, etwa Gold und Silber nach 1980. Aber solange sich diese Erkenntnis nicht zur Gänze durchgesetzt hat, werden die Märkte extrem volatil bleiben, und der Abwärtstrend wird durch immer wieder auftretende, kurzlebige, harte Bärenmarkt-Rallys unterbrochen werden.

An diesem Punkt könnte sich nun der Leser fragen, warum die Anschläge vom 11. September in New York und Washington nicht zum völligen Zusammenbruch der US-Finanzmärkte geführt haben. Nach einer anfänglichen Schwächeperiode gab es bis zum Frühjahr 2002 eine sehr mächtige Rally. Meiner Meinung nach gibt es dafür zwei Erklärungen: Als sich die Anschläge ereigneten, hatte die Investmentgemeinde immer noch großes Vertrauen in Alan Greenspans Fähigkeit, jeden Schlag gegen die Finanzmärkte abzufedern und neue, mächtige Rallys – wie die nach der LTCM-Krise im Jahr 1998 – auszulösen. Zusätzlich waren im Jahr 2001 die Investoren immer noch darauf konditioniert, dass jeder Sell-off eine Kaufgelegenheit darstellt – ein Gedanke, der dadurch unterstützt wurde, dass eine Vielzahl von Beiträgen in der Fachliteratur erschien, die einen Kriegsausbruch immer als tolle Kaufgelegenheiten darstellten. Der zweite Grund für diese starke Erholung war, dass der Markt angefangen hatte, den starken, aber kurzen wirtschaftlichen Aufschwung der ersten vier Monate des Jahres 2002 vorwegzunehmen – und die Experten interpretierten dies als das Ende der 2001er-Rezession und den Beginn einer neuen wirtschaftlichen Expansion.

Es ist seit langem bekannt, dass Propaganda eine sehr wichtige Rolle bei der Bildung von Gruppen und deren Meinung spielt – eine Tatsache, die Führungspersönlichkeiten wie Lenin, Stalin, Mussolini, Hitler und Mao perfekt für sich und ihre Ziele auszunutzen wussten. Sowohl Mussolini als auch Hitler sahen Gruppen sehr kritisch, weil sie der Auffassung waren, dass diese ohne eine strenge Führung nichts erreichen konnten. Als Mussolini in einem Interview nach seiner Beziehung zu den Massen gefragt wurde, antwortete er, dass für ihn Massen nichts anderes seien als eine Schafherde, solange sie nicht organisiert sind, und dass er – Mussolini – sie anführen müsse, um regieren zu können. Der einzige Weg dorthin sei Enthusiasmus.

Was Mussolini meinte, ist klar: Eine Masse muss unbarmherzig mit Propaganda bombardiert werden, um sie in einem Zustand der leichten Manipulierbarkeit und Führerbindung zu halten; sie muss die Fähigkeit zur Meinungsbildung verlieren, und sie muss leichtgläubig gemacht werden. Es wäre übertrieben zu sagen, dass eine Flut von Lügen nötig sei, um den Enthusiasmus der Masse am Leben zu erhalten. Hitler schrieb in „Mein Kampf", dass die Massen mit ihrem primitiven Verstand wesentlich stärker dazu tendieren, einer „großen Lüge" zu verfallen als einer „kleinen Lüge", weil es die Menschen gewohnt seien, im kleinen Maße zu lügen, wohingegen der Durchschnittsmensch eine Scheu vor großen Lügen habe. Deshalb würde die Gruppe gar nicht auf die Idee kommen, dass hier die Dinge völlig verdreht würden. (Die politischen Führer George W. Bush und Tony Blair scheinen dies verstanden zu haben!) Und auch wenn die Wahrheit letztlich an Licht käme, würden doch Zweifel an ihr bleiben.

Nach Hitler muss Propaganda immer auf die Massen gerichtet werden, muss sich immer wiederholen und sehr einfach strukturiert sein. Sie muss am Intelligenzgrad jener Gruppenmitglieder ansetzen, deren Bildungsstand am niedrigsten ist – und der ist umso niedriger, je größer die Masse ist. Meiner Meinung nach gibt es keinen Zweifel, dass die Propagandamaschinen, welche die „große Lüge" eines Adolf Hitler, eine Benito Mussolini, eines Josip Stalin, eines Mao Tsetung und eines Saddam Hussein verbreiteten, deswegen so erfolgreich und hartnäckig waren, weil sie große Lügen verbreiteten, keine kleinen.

Diese Beispiele aus der Politik lassen sich problemlos auf die Aktienmärkte übertragen: Auch eine Investment-Manie kann durch kluge Propaganda, die immer wieder den Enthusiasmus der investierenden Öffentlichkeit anheizt, ungeheuer lang am Leben erhalten werden kann. Das ist plausibel, wenn man bedenkt, dass Politiker, Firmenvorstände, Finanzinstitutionen, Investmentbanken, Analysten, Börsenstrategen, CNBC, CNN, Finanz-Websites, Wagniskapitalgeber und auch die Öffentlichkeit ein ausgeprägtes Interesse daran haben, dass ein Bullenmarkt – angeblich – niemals endet. Die Erklärung ist einfach: Fast jeder profitiert von steigenden Aktienpreisen, hohen Transaktionsvolumina, Fusionen und Übernahmen, Neuemissionen und neuen Finanzprodukten. Und auch wenn die Manie ihren Zenith bereits überschritten hat, wird die Propaganda weiterhin die Vorzüge der Geldanlage in Aktien betonen, was dann immer wieder zu mächtigen Bärenmarkt-Rallys führt.

In diesem Zusammenhang möchte ich auf das Phänomen CNBC zurückkommen und eine Parallele zu Hitler ziehen: Seine Äußerungen zum intellektuellen Niveau der Propaganda sind hier sehr interessant. Denn was CNBC um jeden Preis tun muss – und auch tut –, da sein Überleben und sein Erfolg von der Einschaltquote abhängt, ist, den Enthusiasmus der Investoren für das Kaufen und Besitzen von Aktien zu erhalten und das Interesse der Öffentlichkeit an den Finanzmärkten mit allen Arten von „guten Nachrichten" zu nähren. Das kann nur so lange gemacht werden, wie die Aktienkurse steigen und die Anleger der Meinung sind, sie würden Geld verdienen. Und deshalb sollte es nicht überraschen, dass gute Neuigkeiten normalerweise stark forciert werden, während schlechte Neuigkeiten oftmals heruntergespielt werden. Wenn eine Aktie um zehn Prozent steigt, werden die CNBC-Kommentatoren den sofort um sich greifenden Wahn mit enthusiastischen Kommentaren weiter antreiben – und niemals erwähnen, dass dieselbe Aktie vielleicht in den vorangegangenen fünf Monaten um 98 Prozent gefallen ist! Und genauso wie die Propaganda des Dritten Reiches sind die Meinungen, welche die Kommentatoren von sich geben, extrem simpel und wiederholen sich ständig. Haben doch die meisten Kommentatoren ein Interesse daran, den Markt gegen einen Rückgang zu schützen. Dies klingt dann wie folgt: „produktivitätsgeführtes Wachstum, keine Inflation, fallende Zinssätze, Aktien steigen immer, Schwäche ist eine Kaufgelegenheit, Technologie wird die Wirtschaft anführen, Unternehmensgewinne bleiben stark, Greenspan (der „Führer") hat bereits ein Soft Landing erreicht, die Ölpreise werden wieder fallen" und so weiter und so fort.

Bitte missverstehen Sie mich nicht: Ich habe nichts gegen CNBC, aber das Problem in meinen Augen ist, dass die heutigen Sender, die eine möglichst große Zuschauerzahl erreichen wollen, kein Thema wirklich kritisch analysieren. Es scheint, als ob viele Medienunternehmen die Massen anführen, weil sie selbst von den Massen geführt werden. Dass diese Abhängigkeit vom „niedrigen Intellekt" der Massen sowohl für unsere Demokratie als auch für den Kapitalismus zur Gefahr werden kann, sollte klar sein. Wie Friedrich von Wieser (*Das Gesetz der Macht*, Wien, 1926) herausgestellt hat, gibt der Führer einer Bewegung zwar ein Ziel vor und stellt einen Plan auf, aber die Massen stellen die Macht.

Es ist zu beachten, dass während einer Manie die Stimmung nicht immer euphorisch-optimistisch ist. Investoren haben für Gold und Silber in den späten 70ern zu viel bezahlt (auch für harte Währungen) – nicht weil sie die Zukunft optimistisch gesehen haben, sondern weil sie dachten, dass der US-Dollar wertlos werden und die Inflation sich beschleunigen würde. Somit kann man mit Fug und Recht behaupten, dass Booms in Vermögensklassen ebenso vom Pessimismus in Bezug auf die wirtschaftlichen Aussichten angetrieben werden können wie durch den Optimismus hinsichtlich beständig hoher Wertsteigerungen des entsprechenden Rohstoffes (Gold, Silber, Währungen, Diamanten, Immobilien und andere Objekte, von denen ein Inflationsschutz angenommen wird). In diesem Sinne ist ein tragendes Merkmal von Rohstoff-Booms eine Gier, die auf Angst basiert.

Auf der anderen Seite kann in Finanz-Manien das Element der Angst vernachlässigt werden – die einzige „Angst", welche die Anleger bewegt, ist die Sorge, dass der Investmentclub des Nachbarn oder der befreundete Fondsmanager mehr Geld in den Märkten verdient als man selber! Die exzessive Gier und das Verlangen nach Spekulation basieren auf einer optimistischen Sicht der Wirtschaftslage und der Gewinnchancen. Es gibt aber eine Ausnahme: In einigen Ländern können sich die wirtschaftlichen und sozialen Bedingungen derart verschlechtern, dass die Investoren aufgrund des Mangels an Alternativen Aktien kaufen. Ich denke hier an Länder, die eine Hyperinflation durchmachen, aber strenge Devisenbeschränkungen aufrechterhalten. In einem solchen Fall findet normalerweise eine Flucht in Aktien und unter Umständen auch in Immobilien statt. Das heißt: In Ländern, in denen das Finanzsystem zu kollabieren droht, beeilen sich die Investoren, die nicht länger in die Banken vertrauen, ihre Liquidität in Aktien zu parken (siehe Kapitel 10).

Ein weiteres, übliches Merkmal ist, dass während eines Booms die Stimmung so optimistisch und geradezu selbstgefällig ist, dass schlechte Neuigkeiten entweder ignoriert oder ins Gegenteil verdreht werden. Ein Beispiel sind die Goldverkäufe des IMF und des US Treasury in den späten 70ern. Diese Verkäufe weiteten das Angebot aus und hätten somit letztlich den Anstieg des Goldmarktes verringern können. Aber auf jede erfolgreiche Auktion folgte eine weitere Kaufpanik. Oder nehmen wir den Verfall des Anleihenmarktes in den USA im Jahr 2001: Man argumentierte, dass dies für Aktien positiv sei, weil all das Geld in Aktienfonds fließen würde!

Es ist deutlich sichtbar, dass der Optimismus der Öffentlichkeit in einer Manie grenzenlos ist. In den späten 70ern war der Unternehmenssektor schwer damit beschäftigt, sich mit Öl zu diversifizieren oder Rohstoffunternehmen zu übernehmen. Conoco, Marathon Oil, Santa Fe International, Kennecott, Anaconda, Cyprus Mines, Delhi International, Getty Oil und Superior Oil wurden alle nahe am Gipfel des Rohstoff-Booms gekauft. Die meisten dieser Übernahmen wurden hochgejubelt, erwiesen sich dann aber als desaströs, als die Rohstoffpreise zu fallen begannen. Für das Irrtumspotenzial in der Urteilsfähigkeit von Unternehmensvorständen liefert Standard Oil of California ein treffendes Beispiel: Das Unternehmen brach den Versuch ab, Amax im Jahr 1981 für 75 US-Dollar pro Aktie zu übernehmen. Nachdem der Kurs der Amax-Aktien bis ins Jahr 1985 auf zehn US-Dollar gefallen waren, gaben die Vorstände beider Firmen ihre Visionen bekannt: Standard hatte gemeint, Amax sei 75 US-Dollar wert, und Amax war der Meinung, es habe den Aktionären erzählt, dass der Wert sogar noch höher sei, und damit habe man erfolgreich die Unabhängigkeit der Firma verteidigt. Bleibt anzumerken, dass Amax-Aktien daraufhin um 90 Prozent fielen. Erst vor kurzem kauften US-Unternehmen weiterhin eigene Aktien zu hohen Preisen zurück oder übernahmen andere Firmen zu Preisen, die man im Nachhinein nur als „verrückt" bezeichnen kann – und finanzierten die Übernahmen mit Schulden, womit sie sich finanziell enorm gefährdeten.

Ein weiteres Symptom für die bullishe Einstellung von Firmenvorständen ist das Verkaufen von nackten Verkaufsoptionen ihrer eigenen Aktien. Dies hat sich als extrem kostspielig herausgestellt, als der Markt nach dem März 2000 abstürzte.

In einer Manie ist die Stimmung der professionellen Investoren normalerweise ein wenig vorsichtiger als die der Öffentlichkeit. Aber das hält die institutionellen Investoren nicht davon ab, am Boom teilzuhaben. Kurzfristige Performance-Orientierung, Index-Nachbildungen und Mittelzuflüsse in die besten Fonds zwingen sie dazu, in den Sektoren mit den größten Aufwärtsbewegungen engagiert zu sein. In einer Manie bekommt man deshalb immer und immer wieder zu hören, dass „wir es uns nicht leisten können, nicht im Markt oder einem Sektor dabei zu sein". In den späten 70ern stellten viele Fondsmanager fest, dass Öl- und Rohstoff-Aktien überbewertet waren. Aber da im Jahr 1980 nur die Kurse dieser Aktien stiegen, mussten die Fonds diese Aktien kaufen, um zulegen zu können. Genauso glaubten viele ausländische Fondsmanager während der japanischen Aktienmarktblase, dass die Aktien zu teuer waren. Aber wenn sie Japan fern geblieben wären, dann hätten sie die internationalen Indizes underperformt – daher nahmen die Ausländer, wenn auch widerstrebend, an der Manie teil. Vor kurzem war es für viele Fondsmanager erwiesen, dass die High-Tech-Aktien sogar für eine „Vollkommenheit" gepriesen waren. Aber da die meisten Aktien seit 1998 keinerlei nennenswerte Performance hingelegt hatten und lediglich der TMT-Sektor den Markt nach oben trieb, mussten die Fondsmanager in diesem Sektor investiert sein, um eine Performance aufzuweisen, die neue Fondsinvestoren anziehen würde.

Um es nochmals zusammenzufassen: In einem Kaufrausch entsteht durch den Effekt der Ansteckung der allgemeine Drang, an der Spekulation teilzuhaben. Keiner will etwas verpassen: die Öffentlichkeit nicht, weil sie nur Profite und keine Risiken sehen will und argumentiert, in was man denn investieren solle, wenn es keine Alternativen gebe; der Unternehmenssektor nicht, weil er die Nachfrage nach seinen Produkten überschätzt und die Zukunft zu optimistisch sieht; und die professionellen Investoren nicht, weil sie es sich nicht leisten können, den schnell zulegenden Märkten fern zu bleiben. So äußerte sich während der South Sea Bubble des Jahres 1720 ein Banker wie folgt: „Wenn die Welt verrückt ist, müssen wir sie in gewisser Weise imitieren." In diesem Zusammenhang war der US-Aktienmarkt-Boom, der bis ins Jahr 2000 anhielt, interessant. Die meisten der institutionellen Investoren waren wirklich ziemlich vorsichtig. Aber ironischerweise haben sie sich daran gewöhnt, dass die Öffentlichkeit – also die am wenigsten gut informierten Investoren – Geld in die Aktienfonds pumpt. Somit leitet, wie McCulloch bemerkte, in der Spekulation „ein Individuum das Vertrauen vom anderen ab".

Internationale Ausbreitung

Während Mini-Manien lokale Ereignisse sind (der Gummi-Boom in den frühen 1900ern, SBICs in den frühen 60ern, Glücksspiel-Aktien 1978, US-Ackerland in den späten 70ern), haben große Investment-Manien internationalen Charakter. Die South-Sea-Aktien-Bubble und ihr Platzen im Jahr 1720 fielen mit dem Boom und dem darauf folgenden Zusammenbruch von John Laws Mississippi Scheme in Frankreich und einer ausgedehnten Spekulation in Versicherungs-Aktien in anderen kontinentaleuropäischen Ländern zusammen (siehe Kapitel 12). Britische Investoren kamen in Paris zusammen, um in John Laws Firma einzusteigen, und kontinentale Investoren (vor allem aus den damals wirtschaftlich prosperierenden Niederlanden) kauften Aktien der South Sea, was zur Folge hatte, dass das Sterling um zehn Prozent gegenüber dem Florin in der ersten Hälfte des Jahres 1720 zulegte.

Wie erwähnt, ergriff im Frühjahr 1873 ein Immobilien- und Aktienmarkt-Boom ganz Europa und die USA. Als es dann in Österreich und Deutschland zur Krise kam, breitete sich diese nach Italien, Holland, Belgien und dann weiter in die USA aus. Dies lag daran, dass europäische Investoren, die viel Geld in US-Eisenbahn-Papiere und Ländereien in den westlichen Territorien in den frühen 1870ern gesteckt hatten, nun gezwungen waren, ihr Kapital abzuziehen, um ihre Kredite zu Hause abzubezahlen.

Die internationale Verbreitung eines Booms ruft unausweichlich eine Krise internationalen Ausmaßes hervor. In den späten 20ern stiegen die europäischen Aktienmärkte stark an – wenn auch weniger spektakulär als in den USA –, und von den 50ern bis 1973 gingen die Börsen weltweit nach oben; viele europäische Märkte erreichten bereits 1962 ihren Hochpunkt. Das heißt: Sowohl nach 1929 als auch nach 1973 brachen alle großen Märkte ein. Diese Zusammenhänge lassen sich auch in der jüngsten Vergangenheit beobachten: Kürzlich stieg der US-Aktienmarkt und zog die europäischen Börsen mit nach oben; und in den Jahren vor dem Nasdaq-Hochpunkt im März 2000 kletterten auch die High-Tech-lastigen Indizes wie der Neue Markt in Deutschland, der Jasdaq und der Kosdaq nach oben.

Das bedeutet: Nach 1929, 1973 und März 2000 brachen weltweit sämtliche Märkte, die sich auf ähnliche Sektoren fokussierten, zusammen.

Ein weiteres weltweites Phänomen war der Finanz-Bullenmarkt der 80er und 90er. Legt man die frühen 80er als Startpunkt zugrunde, denn stiegen die Aktien in den industrialisierten Ländern genauso signifikant wie in den Schwellenländern, und neue Aktien- und Futures-Börsen wurden in den ehemals sozialistischen Ländern eröffnet. Niemals zuvor hatte es eine derartige Ausuferung neuer Finanzinstrumente gegeben wie in den zurückliegenden 20 Jahren. Seit 1970, als ich begann, an der Wall Street zu arbeiten, habe ich aus der ersten Reihe erlebt, wie gelistete Optionen, Zinssätze, Währungen und Index-Futures (und Optionen auf diese Futures) sowie eine Unmenge derivativer Produkte, Swaps und vieles mehr eingeführt wurden – nicht nur in den industrialisierten Ländern, sondern überall auf der Welt. Dank der modernen Kommunikation, der grenzüberschreitenden Medien, die Finanznachrichten bis in den letzten Winkel der Welt transportierten, und dank ausgeklügelter Bank- und Pflegeeinrichtungen, ebenso wie als Folge des Abbaus von Devisenbeschränkungen haben sich die Finanzmärkte wirklich in eine „Neue Ära" bewegt. Heute kann Kapital auf höchst simple Weise von einem Land, einer Börse und einem Investmentsegment in ein anderes fließen. Deshalb befinden sich die Finanzmärkte in einer sehr engen Wechselbeziehung: Auf Grund dieser Vernetzung kann ein Boom in dem einen Land einen Boom in anderen Ländern auslösen. Genauso kann eine Investment-Manie an einem Punkt der Welt Investoren und Spekulanten in anderen Teilen der Welt anstecken. Die Investoren handeln aufgrund folgender Überlegung: „Wenn dieser oder jener Markt voriges Jahr gestiegen ist, warum sollte es dann unser Markt dieses Jahr nicht auch tun?", oder: „Wenn japanische Aktien 1989 für ein KGV von 70 verkauft wurden, warum sollten dann unsere Papiere nicht für ein KGV von 100 verkauft werden können?"

Das Ergebnis dieser internationalen Ausbreitung spekulativer Exzesse ähnelt Vulkanausbrüchen – mächtige Booms schießen in die Höhe, überraschend, in unterschiedlichen Regionen und Sektoren, zu unterschiedlichen Zeiten. Wir scheinen uns in einer Art „rollender Finanzorgie" befunden zu haben – und in gewissem Maße befinden wir uns immer noch in einer solchen –, die, einer Meereswelle ähnlich, alle Boote anhebt, nur zu unterschiedlichen Zeiten und unterschiedlich stark. Wie wir gesehen haben, ergoss sich die Flutwelle der Spekulation in den späten 80ern über den japanischen Aktienmarkt, bewegte sich dann 1993 in die Emerging Markets und fand ihren Hochpunkt in der Nasdaq-Bubble in den USA.

Die Rolle der Ausländer bei Investment-Booms

Vor dem Hintergrund eines immer stärker globalisierten Finanzmarktes stellt ausländisches Kapital einen immer größer werdenden Fundus für Geldnachfrage und Geldangebot dar – das gilt für nationale Märkte ebenso wie für Währungen und auch für einzelne Aktien. Ausländische Investoren aber zeigen kein antizyklisches Verhalten, sondern tendieren dazu, sich wie die sprichwörtlichen Lemminge zu verhalten: Sie betreten einen Markt in der Regel nicht nahe dem Tiefpunkt, und sie bleiben auch nicht in Form von Direktinvestitionen engagiert, wenn die wirtschaftliche Lage schlecht aussieht, wie es Mitte der 80er in Lateinamerika, in China nach dem Tianmen-Massaker 1989 oder vor kurzem in Asien der Fall war. Ausländer verhalten sich in der Regel genau entgegengesetzt: Sie steigen erst dann ein, wenn alles wunderbar aussieht – das ist nahe dem Marktgipfel oder in Perioden kurz nach dem Gipfel, also in der ersten Phase eines Bärenmarktes oder in einer Korrektur in einem Bullenmarkt.

Aus diesem Grund sind ausländische Investoren häufig für die „finale Spitze" in einem Markt verantwortlich, und zwar in zweierlei Hinsicht: erstens auf direkte Weise, weil ihre Käufe in der letzten Phase einer Investment-Manie verstärkend wirkend, und zweitens auf indirekte Weise, wie folgender Zusammenhang zeigt: Die einheimischen Investoren haben sich an die steigenden ausländischen Mittelzuflüsse gewöhnt und sind deshalb mehr und mehr davon überzeugt, dass immer mehr ausländisches Kapital ins Land fließen wird. Konsequenterweise nehmen die Inländer an, dass ausländisches Kapital die Preise bis ins Unendliche nach oben treiben wird, und sie verkaufen ihre Papiere nicht, weil sie darauf spekulieren, dass sich immer noch größere Kapitalgewinne einfahren lassen.

Ich habe niemals einen Boom erlebt, in dem die inländischen Investoren nicht voll und ganz davon überzeugt waren, dass die Ausländer die Preise höher treiben würden. Ein Beispiel ist der Gold-Boom der späten 70er: Hier fokussierten sich alle auf den anscheinend unstillbaren Appetit der Investoren des Mittleren Ostens auf Gold. Ein weiteres Beispiel: Mitte der 80er waren die Amerikaner überzeugt, dass die US-Immobilienkäufe durch die Japaner niemals enden würden. Auch während der japanischen Aktienmarktblase erwartete man, dass jede Menge ausländische Investoren auf den inländischen Markt kommen, weil die japanischen Börsen untergewichtet waren. Und im Emerging-Markets-Boom von 1993/94 rechneten sämtliche Schwellenländer mit ständig weiter steigenden ausländischen Portfolioinvestitionen. Meiner Meinung nach überschätzen die Inländer die ausländische

Nachfrage während eines Investment-Booms völlig. In den vergangenen Jahren haben es die Amerikaner quasi als Garantie angesehen, dass die Ausländer auf Dauer das US-Leistungsbilanzdefizit mittels massiver Portfolioinvestitionen in US-Anleihen und -Aktien finanzieren würden (siehe Abb. 4). Ob es diesmal, wie einige Experten behaupten, wirklich anders sein wird, weil es keine Alternativen gibt, bleibt abzuwarten – aber ich bin überzeugt, dass der Tag kommen wird, an dem die ausländischen Investoren Nettoverkäufer von US-Vermögenswerten sein werden!

Investment-Pools und Neuemissionen

Zwei Charakteristika jeder Investment-Manie sind die Bildung von Investment-Pools und eine steigende Anzahl von Neuemissionen, die den Markt überfluten. Die ersten über den Kapitalmarkt finanzierten Firmen, wie die Dutch East India Company im Jahr 1604, die South Sea Company und John Law's Mississippi Company im Jahr 1720, waren eher Investment-Pools als eigenständige Firmen mit einem bestimmten Geschäftszweck.

Den Beweis für diese Aussage liefert eine Neuemission, die während der South Sea Bubble ausgegeben und wie folgt beschrieben wurde: „Eine Firma, die ein viel

Abbildung 4

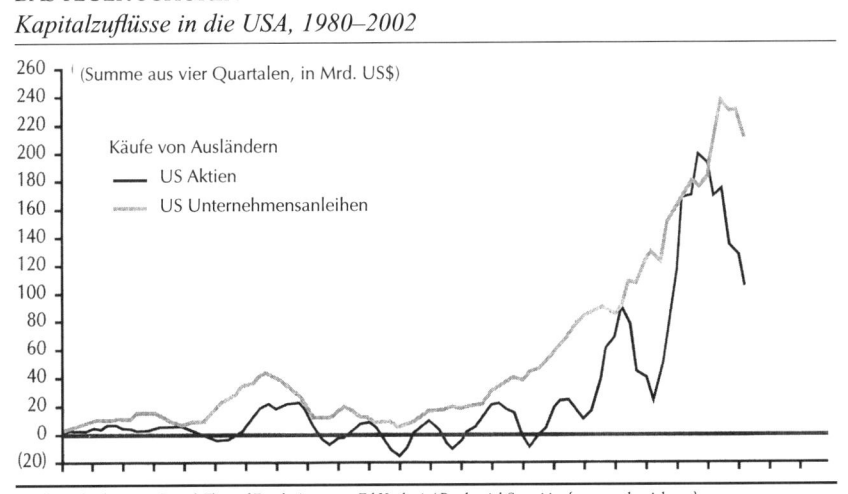

DAS FEUER SCHÜREN
Kapitalzuflüsse in die USA, 1980–2002

Quelle: Federal Reserve Board, Flow of Funds Accounts, Ed Yardeni / Prudential Securities (www.prudential.com)

versprechendes Vorhaben starten wird, von dem aber niemand weiß, was es ist". Die ersten großen Investmentfonds bildeten sich aber erst in den späten 20ern (siehe Abb. 5). Eine zweite Welle folgte in den späten 60ern. Und auch vor kurzem, wie allgemein bekannt ist, wurde eine Menge neuer Investmentfonds aufgelegt – diesmal aber global.

In der Volkswirtschaftslehre ist das Phänomen bekannt, dass an wichtigen Markthochpunkten Investmentunternehmen wie Pilze aus dem Boden schießen. Ökonomen können dieses Phänomen nicht befriedigend erklären. Die Wirtschaftstheorie besagt, dass die Nachfrage steigt, wenn die Preise fallen, und dass das Angebot steigt, wenn die Preise steigen. Aber im Fall spekulativer Märkte ist anscheinend das Gegenteil der Fall: Als die Aktienpreise in den 30ern und 70ern niedrig waren, war kaum eine neu eröffnete Investmentfirma anzutreffen. In den vergangenen Jahren aber, als Aktien recht teuer wurden, tauchten quasi an jeder Ecke neue Investmentfirmen auf (Beispielsweise wurden Japanese Zaitech und Tokkin Funds nahe dem Markthoch populär, siehe Abb. 6). Da Investmentclubs in Amerika leichter zu gründen und aufzulösen sind als Investmentunternehmen, verstärkten deren hektische Aktivitäten diese Anomalie. Robert Prechter (The Elliott Wave Theorist) zufolge wurden in den USA zwischen 1975/76 und 1987 mehr

Abbildung 5

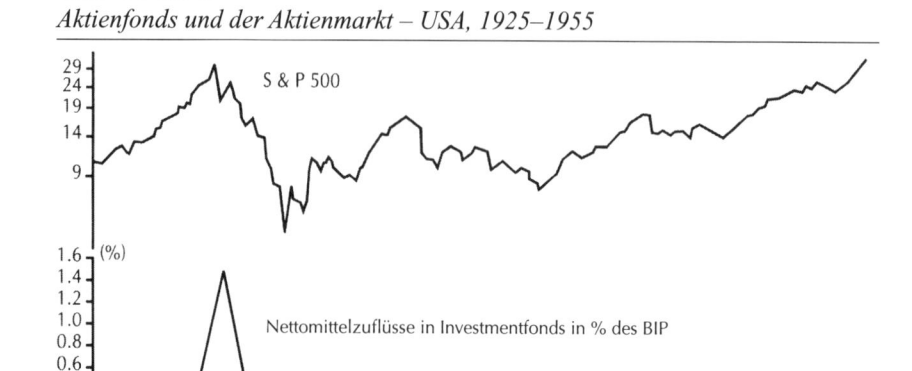

GELD-POOLS ...
Aktienfonds und der Aktienmarkt – USA, 1925–1955

Quelle: *The Bank Credit Analyst*

Investmentclubs geschlossen als geöffnet. 1987 bildeten sich 987 Clubs. Bis 1992 erreichte die Gesamtzahl der Investmentclubs die Tausender-Schwelle nicht, doch in den späten 90ern wurde das Interesse der Investoren immer größer, ihre Fonds in Pools zusammenzuschließen. Zu dieser Entwicklung trug unter anderem der Bestseller bei, der von den grandiosen Erfolgen des Clubs „Beardstown Ladies" berichtete – eine Story, die sich als „Ente" herausstellte. Täglich wurden Tausende neuer Investmentclubs gegründet.

Betrachtet man die Netto-Mittelzuflüsse in die US-Fondsindustrie, so fällt auf, dass sich deren Zusammensetzung von Zeit zu Zeit in bemerkenswerter Weise geändert hat. Während der Großteil des Geldes in Rentenfonds (77 Prozent im März 1987) geflossen ist, wurden 1993 die Netto-Mittelzuflüsse je zur Hälfte auf Renten- und Aktienfonds aufgeteilt. Dies änderte sich dann: In den späten 90ern und im Jahr 2000 ging nahezu alles Geld in Aktienfonds – vor allem in High-Tech- und Growth-Funds (siehe auch Kapitel 2, Abb. 1). Erst vor kurzem hat die Situation wieder gedreht: Nun fließt wieder mehr Geld in Rentenfonds. Wenn man nun bedenkt, dass die Anleihen 1986 einen bedeutenden Hochpunkt (rund 80 Prozent) erlangt haben, der bis 1993 nicht übertroffen wurde, dann ist die massive Geldansammlung in High-Tech-Fonds in den späten 90ern ein weiterer Indikator

Abbildung 6

... AUF BEIDEN SEITEN DES PAZIFIK
Aktienfonds und der Aktienmarkt – Japan, 1982–1996

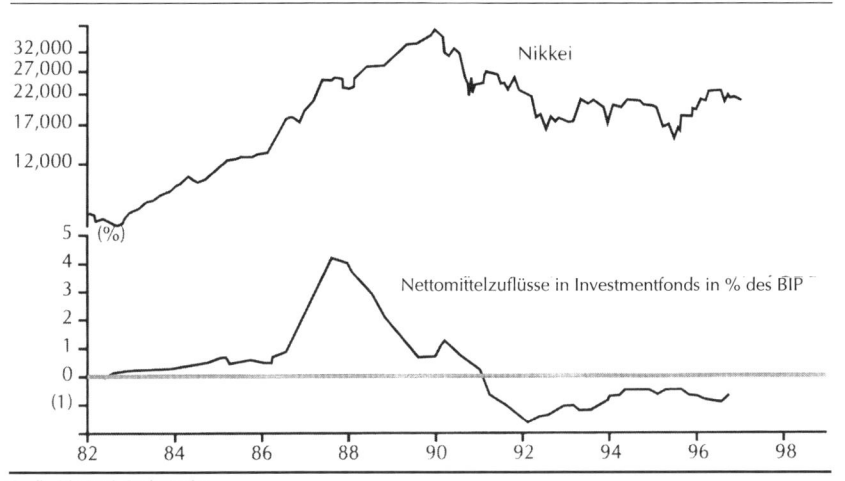

Quelle: *The Bank Credit Analyst*

dafür, dass der US-Aktienmarkt wahrscheinlich die nächsten Jahre seinen Hochpunkt von März 2000 nicht wird übertreffen können.

Investment-Booms lösen keine Gründerwelle bei Investment-Pools aus, sondern sie treten eine Lawine von Neuemissionen los. Dies lässt sich durch die ganze Geschichte beobachten: Bei jedem Kanal-, Land- und Eisenbahn-Boom des 19. Jahrhunderts kam es zu Neuemissionen, und auch in den späten 20ern, den späten 60ern sowie in den Emerging Markets 1993 war der IPO-Kalender voll. Während des Öl- und Rohstoff-Booms der späten 70er fand ein Run in Energie- und Minen-Aktien statt, und auch während der Mini-Technologie-Manie 1983 führten diese Aktien die Liste der Neuemissionen an. Dann, Mitte der 80er, kamen die Junk Bonds auf den Markt. In den späten 90ern gab es eine erste Runde Chinabezogener Aktien (das IPO von Peking Investment's 1997 wurde 400fach überzeichnet), und dann traten alle Arten von High-Tech- und Internet-Aktien auf den Plan. Dass eine exzessive Spekulation die Anleger erfasst hat, zeigt sich vor allem in den extremen Überzeichnungen von IPOs (man erinnere sich an chinesische H- und B- Aktien in den Jahren 1996 und 1997 sowie an die Internet-Aktien in den späten 90ern) und in den massiven Kursgewinnen am ersten Handelstag. Je größer die Anzahl von Neuemissionen in einem Industriezweig (Biotech, Immobilien, High-Tech oder Internet), desto wahrscheinlicher ist es, dass diese Branche ein langfristiges oder zyklisches Hoch ausbildet.

Gegen Ende eines Neuemissions-Booms steigen die Angebotspreise in astronomische Höhen, und die Qualität der Unternehmen, die an die Börse gehen, wird immer schlechter. Aber auch hier besteht das Problem einer jeden Manie: Wann die „Verrücktheit" die Spitze erreichen wird, lässt sich nicht vorhersagen

Preisbewegungen und Handelsvolumina während eines Booms

Nicht spekulative Märkte werden mit niedrigen Volumina in einer engen Trading-Range für viele Jahre gehandelt – so geschehen etwa in den Öl-, Gold- und Silbermärkten in den 50ern und 60ern und bei der Taiwan Stock Exchange zwischen 1975 und 1985). In spekulativen Märkten tendieren die Preise aber dazu, zum Ende des Booms hin parabelförmig und manchmal sogar vertikal zu steigen. Während der manischen Phase ist das Handelsvolumen ungewöhnlich hoch, und die täglichen Preisausschläge sind groß und sprunghaft. Während sich also nicht spekulative Märkte für eine bemerkenswert lange Zeit seitwärts bewegen können (manchmal für 20 und mehr Jahre) und sie wiederholt ihre Tiefpunkte testen, enden spekulative Märkte normalerweise in einem Blow-off: Auf die Kursspitzen folgt ein unmittelbarer, scharfer Preisverfall, und die einstigen Hochpunkte werden dann niemals wieder – oder zumindest für sehr lange Zeit nicht mehr (zehn, 20 oder mehr Jahre) – erreicht. In der spekulativen Blow-off-Phase steigen in der Regel nur noch einige wenige Aktien, und zwar solche, die den Index antreiben, während der breite Markt in Lethargie verfällt. Dies zeigt sich daran, dass die Liste der Aktien mit neuen Hochs immer kürzer wird. So erreichte der amerikanische Aktienmarkt seinen finalen Hochpunkt im Sommer 1929, obwohl die Mehrheit der Aktien bereits 1928 an der Spitze ihrer Kursentwicklung stand. Das Gleiche geschah in den 70ern: Der US-Markt erreichte sein Hoch im Januar 1973, angeführt von den „Nifty Fifty", den damals beliebtesten 50 Aktiengesellschaften. Der breite Markt indes wies schon 1972 eine schlechte Performance auf. Diese Entwicklung setzte sich fort: 1979 und 1980 bewegte sich der breite Markt seitwärts, aber Öl-, Förder- und Minen-Aktien stiegen an und führten den Markt in sein spätes 80er- und frühes 81er-Hoch. In Japan pushten Bank- und andere Finanztitel den Markt auf sein Hoch Ende 1989. Seit 1998 war die Performance der meisten Aktien nicht sehr aufregend, aber der TMT-Sektor lief in der ganzen Welt heiß.

Eines der verlässlichsten Symptome dafür, dass sich eine Aktien-Manie ihrem Ende nähert, ist die Tatsache, dass sich die Spekulation auf einige wenige Werte, normalerweise aus einem einzigen Sektor, konzentriert. Auch wird die letzte spekulative Aufwärtsbewegung von einer Flut qualitativ schlechter Aktien oder Unternehmen begleitet, die ihre Geschäftsausrichtung – manchmal sogar nur ihren Firmennamen – geändert haben und sich plötzlich auf den „heißen" Sektor konzentrieren. So wurden in den späten 90ern in Australien aus einigen Minenunternehmen plötzlich Dot.com-Firmen; ihr einziger Zweck bestand darin, die Kurse der eigenen Aktien nach oben zu treiben.

Der US-Aktienmarkt der vergangenen Jahre wies all diese Symptome auf: Während die meisten Aktien nach 1998 nicht mehr anstiegen oder sogar gefallen sind, gingen die High-Tech-, Medien- und Telekommunikations-Aktien wie eine Rakete nach oben – und mit ihnen der Nasdaq. Der Anstieg des Index bis zu seinem Gipfel im März 2000 (siehe Abb. 7) erinnert mich an den Markt in Tokyo in den späten 80ern. Tatsächlich aber konnte der Nasdaq in den fünf Jahren vor dem Hochpunkt im März 2000 den Nikkei zwischen 1985 und seinem 1989er-Hoch deutlich outperformen. Ein Vergleich der Bewertungen an den Gipfelpunkten vorangegangener Neue-Ära-Aktien-Bubbles, wie sie in den Jahren 1929, 1969,

Abbildung 7

DIE TEUERSTE PARTY ALLER ZEITEN
Nasdaq, 1992–2002

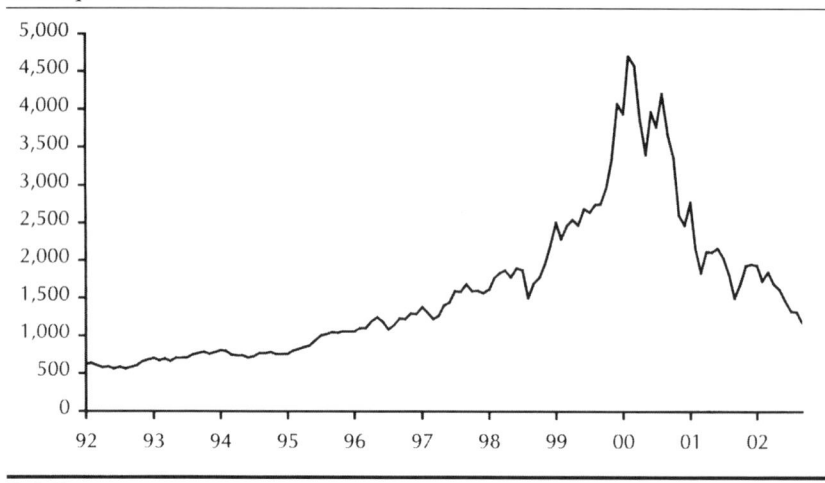

Quelle: Datastream

1973 und 1983 stattfanden, mit denen der jüngsten Manie des US-Aktienmarktes zeigt, dass die Aktien im Jahr 2000 teurer waren als jemals zuvor.

Wie oben bereits erwähnt, sind in einer Bubble riesige Handelsvolumina auf eine einzige Aktiengruppe konzentriert. Im Jahr 2000 und sogar noch bis vor kurzem waren die am meisten gehandelten Aktien Technologietitel. Auch gab es jede Menge IPOs, deren Handelsvolumen bereits am ersten Tag das Emissionsvolumen überstieg. Das Volumen der Nasdaq hat jenes der New York Stock Exchange regelmäßig übertroffen – ein weiteres Zeichen für eine „wirklich" neue Ära oder Manie.

Literatur, Medien und Konferenzen in Boom-Zeiten

Nach Irving Fisher wurden in den späten 20ern viele Bücher veröffentlicht, die davon handelten, dass Aktien höhere Erträge als festverzinsliche Papiere bringen. Im August 1929 schrieb John Raskop, der Vorsitzende des Democratic National Committee, einen Artikel im „Ladies Home Journal" mit dem Titel „Jeder kann reich werden". Darin legte er den Lesern nahe, jeden Monat 15 US-Dollar zu sparen und mittels einer „Equities Security Company" in die Aktienmärkte zu investieren, die er gründen würde. In den späten 20er tauchten auch Aktienbriefe und Investmentmagazine auf; beispielsweise erschien 1929 die erste Ausgabe der „Business Week".

In den späten 70ern erschienen viele Bücher, die von den Vorteilen des Investierens in Aktien mit einem hohen KGV erzählten. Das berühmte Buch von Winthrop Knowlton „Shaking the Money Tree" erschien 1972 – kurz vor dem Bärenmarkt von 1973 und 1974, der die Wachstumsaktien vernichtete. In den späten 70ern widmete sich eine Vielzahl von Büchern dem Thema Krise, darunter die Werke „Investieren in der Krise" (1979), „Neue Profite aus der geldpolitischen Krise" (1978) und „Wie man in den folgenden schlechten Jahren profitieren kann" (1979). Alle argumentierten, dass der US-Dollar wertlos werden würde (der US-Dollar-Index erreichte sein Tief im Herbst 1979 und verdoppelte sich nahezu bis 1985) und dass quasi um die Ecke eine Hyperinflation laure, welche die Edelmetallpreise in den Himmel steigen lassen würde (Gold und Silber erlebten ihr Hoch im Januar 1980).

Konferenzen zum Thema Investment und einschlägige Zeitungen fokussierten sich hauptsächlich auf Gold, Silber sowie Öl- und Energie-Aktien. Es war die Zeit, in der die „Gold Bugs" sich größter Popularität erfreuten und regelrechte Menschenmassen in ihre Seminare auf der ganzen Welt lockten. Die Titelseiten waren regelmäßig voll mit Themen wie Öl, OPEC, Gold, den Gebrüdern Hunt, saudiarabischen Milliardären, dem Schah von Iran, Texas, Denver, Ackerland, Diamanten, dem schwachen Dollar, Aktien wie Schlumberger, Halliburton, Dome Petroleum, Tom Brown und der Macht der Petrodollars. Im Fernsehen sah man entweder die beliebteste Sendung – Dallas –, oder man verfolgte die Ergebnisse der OPEC-Meetings sowie die Launen von Scheich Yamani und der Mitglieder des saudischen Königshauses. Überflüssig zu erwähnen, dass auch die Öl-Analysten von Wall Street lange Kommentare abgaben und sich die umfangreichen Reports auf Aktien der Energiebranche konzentrierten.

Kurz nach dem Crash von 1987 konzentrierte sich die Geschäftswelt auf Mergers & Acquisitions sowie auf berühmte „Übernahmekünstler", Arbitrageure und deren Financiers – Leute wie T. Boon Pickens, Ivan Boesky und Michael Milken wurden regelmäßig in der Presse genannt. Später, kurz vor dem Ende der japanischen Aktien- und Immobilienblase, war die Zeit des „Japan Inc.", als Bücher die Überlegenheit des japanischen Systems priesen und zahlreiche Research-Reports die hohen Aktienbewertungen Japans rechtfertigten.

Auch in jüngster Zeit beschrieb eine Unzahl von Büchern erfolgreiche Investmentstrategien, sahen berühmte Aktieninvestoren voraus, wie der Dow in Höhen zwischen 36.000 und 100.000 Punkten steigen würde. High-Tech und Internet erschienen auf den Titelseiten der Magazine genauso oft wie Öl und Gold in den späten 70ern. Neue Investmentbriefe, neue Wirtschaftsmagazine und noch neuere Wirtschaftsfernsehsender schossen weltweit wie Pilze aus dem Boden. Besonders beliebt waren Bücher, die beschrieben, wie Investoren-Greenhorns, wie die Beardstown Ladies, ein Vermögen mit Aktien erzielt hatten. In „Main Street Beats Wall Street" wurde dem Anleger erklärt, „Wie die Top-Investmentclubs die Top-Investmentprofis outperformen". Das überrascht nicht, weil sich Kleininvestoren leicht mit den Beardstown Ladies identifizieren und ihrer Investmentstrategie folgen können (in den 60ern wurde *How I made US-Dollar 2.000.000 in the Stock Market* des berühmten Tänzers Nicolas Darwas ein Bestseller).

Dass eine Manie besteht, lässt sich auch daran erkennen, dass Buchläden überdurchschnittlich viel Regalfläche für Wirtschaftsbücher und Literatur zu jenen Märkten zur Verfügung stellen, in denen die Manie stattfindet. In den späten 90ern nahm die Menge an Büchern über den Aktienmarkt und über die erfolgreichen High-Tech-Unternehmer ein geradezu furchterregendes Ausmaß an.

Wann und wie endet eine Investment-Manie?

Dummerweise gibt es auf diese Frage keine exakte Antwort. Doch es gibt untrügliche Anzeichen: Manien enden häufig dann, wenn die professionellen Investoren und die Insider vorsichtig oder sogar bearish werden, während die Öffentlichkeit noch in den Markt strömt. In den späten 20ern waren im Gegensatz zur öffentlichen Meinung viele professionelle Aktieninvestoren bearish. In den späten 70ern shorteten die Professionellen Gold und Silber genau so wie Öl-Aktien (Dome Petroleum hatte riesige Short-Positionen). Während der Mini-Manie der High-Techs im Jahr 1983 gab es auf Commodore und andere Aktien riesige Short-Positionen, und die meisten ausländischen Hedgefonds-Manager gingen in Japan bereits 1988 und im Frühjahr 1989 Short-Positionen ein. Genauso verbrannten sich große, professionelle Devisenspekulanten die Finger, als sie den Yen 1994 und im Frühjahr 1995 zu früh shorteten.

Am Ende eine Investment-Manie nehmen auch die Verkäufe von Unternehmensinsidern zu, da diese die Überbewertung spüren. Es ist durchaus üblich, dass die CEOs von Firmen auf Investorenkonferenzen sehr bullish auftreten, während sie gleichzeitig ihre eigenen Aktien verkaufen. Vor allem die Vorstandsvorsitzenden von High-Tech-Firmen taten sich in den späten 90ern sehr hervor, indem sie der

Investmentgemeinde erzählten, wie gut aufgestellt ihre Unternehmen seien und welch glänzende Zukunftsaussichten sie doch hätten.

Ein weiteres Charakteristikum einer Bubble sind Betrügereien. Aber – und das ist wichtig zu verstehen – der Betrug fliegt in der Regel erst auf, nachdem die Blase geplatzt ist. Denn solange der Boom intakt ist und die Aktienpreise steigen, kümmert sich niemand um die dubiosen Praktiken und das betrügerische Verhalten von Vorständen oder Analysten. Wenn aber die Blase geplatzt ist, werden die Investoren kritischer, hinterfragen die Dinge und suchen nach Sündenböcken. Während des Booms blähen auch gehebelte Positionen und alle Arten von Bilanztricks die Profite künstlich auf, und wenn die Blase dann geplatzt ist, werden aus außerordentlichen Erträgen schnell außerordentliche Verluste. In „Manien, Paniken und Crashs" widmete Kindleberger ein ganzes Kapitel dem „Auftreten von Betrug". Er schrieb: „Während eines Booms ist die Tendenz der Menschen, zu betrügen und sich betrügen zu lassen, proportional zur Spekulationsneigung." Kindleberger zufolge sind Betrügereien nachfragegetrieben, denn: „In einem Boom werden Vermögen erworben, und die Anleger werden gierig und rufen die Betrüger auf den Plan, die diese Gier ausnutzen." Und weiter: „Die Betrügereien nehmen zu, weil das Kreditsystem angespannt ist und die Preise zu fallen beginnen."

Neben anderen dubiosen und illegalen Praktiken beschreibt Kindleberger die systematischen Unterschlagungen bei der Royal African Company, der East India Company und der Union Pacific, bei der Insider Profite von den Aktionären abschöpften, indem sie Verträge mit Firmen abschlossen, die sie selbst kontrollierten. Er zitiert Zeitzeugen, die die 20er als „die Ära der größten Finanzbetrüger, die die Welt jemals gesehen hat", bezeichneten. Nach Kindleberger macht die Aufdeckung von Schwindel, Betrug oder Unterschlagung

> *… der Welt offensichtlich, dass die Dinge nicht so gelaufen sind, wie sie hätten laufen sollen, und dass es höchste Zeit ist, sie zu stoppen und zu überprüfen, wie echt sie sind. Das Bekanntwerden von Vergehen, egal ob durch Verhaftung, durch Auslieferung des Übeltäters oder durch eine andere Form des Geständnisses wie Flucht oder Selbstmord, ist ein wichtiges Signal dafür, dass die Euphorie übertrieben wurde. Die Phase des übermäßigen Handelns könnte zu einem Ende kommen. Der Vorhang hebt sich für den Umschwung oder vielleicht auch für den Verruf."*
>
> Charles P. Kindleberger, *Manias, Panics and Crashes,* New York 1978

In der Tat weist jede Manie einen „Ponzi-Plan" auf. Carlo Ponzi war ein Betrüger, der im Jahr 1920 ein Schneeballsystem aufbaute, bei dem die Altinvestoren durch das Geld der Neuinvestoren bezahlt wurden. Ponzi versprach 50 Prozent Zinsen für eine 45-tägige Einlage, basierend auf einer Strategie, die Arbitrage mit Coupons der International Post Union betrieb, die zu niedrigen Wechselkursen im Ausland gekauft und zu höheren, fixen Wechselkursen für US-Briefmarken in den USA getauscht wurden; die Coupons wurden dann zurückgekauft, um sie in Briefmarken umzutauschen. Das System existierte einzig und allein auf dem Papier. Ponzi kassierte rund acht Millionen US-Dollar, hatte aber nur Briefmarken im Wert von 61 US-Dollar in seinem Büro liegen, als er verhaftet wurde. Der Erfolg seines Schneeballsystems hing einzig und allein davon ab, dass er unendlich lange neue Investoren hinzugewinnen konnte. Die Pyramide brach ein, als die ersten Investoren misstrauisch wurden und versuchten, ihre Einlagen zurückzuholen.

Ponzi-Pläne tauchen zurzeit in Schwellenländern auf, weil es dort eine ausreichend große Zahl naiver Leute gibt, die ernsthaft glauben, 50 Prozent Ertrag auf eine kurzfristige Einlage erzielen zu können. Aber es ist eine Tatsache, dass bei den meisten Investments früher oder später die Altinvestoren von den Neuinvestoren ausbezahlt werden. Das scheint vor allem in Investment-Booms und vor allem in Investment-Manien der Fall zu sein, weil derartige Entwicklungen eine große Anzahl von Teilnehmern erfordern, um das Aufwärts-Momentum im Preis anzutreiben und am Leben zu halten. Der Boom endet, wenn das Geldvolumen, das in stark nachgefragte Branchen fließt, kleiner wird, weil die Käufer nicht mehr so recht an die Dauerhaftigkeit der positiven Erträge glauben wollen oder weil das Angebot letztlich die Nachfrage übersteigt. Daher machten die frühen Käufer von US-Aktien in den 20ern, 60ern und 90ern einen guten Schnitt, während die Spätinvestoren sich am darauf folgenden Marktverfall die Finger verbrannten. Das Gleiche passierte beim Gold- und Silber-Boom und bei der japanischen Aktienmarkt-Bubble in den 80ern.

Ich möchte sogar behaupten, dass eines der Hauptmerkmale einer Investmentblase ein gigantischer Ponzi-Plan ist. Findige Unternehmer eröffnen nicht länger ein Geschäft, um aus ihren Investitionen regelmäßig Profite zu erhalten, sondern sie suchen nur nach Firmen, um diese mittels IPO oder Folgeemissionen an die Spekulanten zu verkaufen. Gleichzeitig verdrängen die Investoren den Grundsatz, dass man nach strengen Wertmaßstäben und mit Blick auf realistische Gewinnchancen investieren sollte, nahezu komplett. Stattdessen kaufen sie Aktien nur deshalb, weil sie glauben, dass mehr und mehr Leute auf die Investment-Party kommen und irgendeiner – nämlich „der größere Idiot" – ihnen einen höheren Preis bezahlt, als sie selber für die Aktien bezahlen würden.

Ponzi-Pläne werfen einige faszinierende Fragen auf: Warum fallen immer wieder so viele Leute darauf herein? Und warum brach Ponzis Plans in weniger als einem Jahr zusammen, während andere, ähnliche Pläne viel länger gehalten haben? Ich sehe die Sache so: Die Investoren fallen auf Ponzi-Systeme herein, weil sie an die enorm hohen Erträge glauben, die man ihnen in Aussicht stellt. Hätte Carlo Ponzi den Anlegern nur einen zweiprozentigen Ertrag für eine 45-tägige Einlage versprochen (das sind immerhin noch 16,39 Prozent p. a.), dann hätte wohl niemand bei ihm investiert. Aber mit dem Versprechen, 50 Prozent für eine solche Einlage zu bezahlen (das sind 2.138 Prozent p. a.), konnte er eine stattliche Summe einsammeln – und das, obwohl er lediglich im Raum Boston operierte. Sein Hauptproblem war die regionale Begrenzung seines Planes. Hätte er weltweit mit der Unterstützung von CNBC, CNN, Internet-Chaträumen und einer Vielzahl ominöser Anlageberater agieren können, hätte seine Operation womöglich viel länger Bestand gehabt. Der Geldfluss, der sein System finanzierte, hätte so lange gereicht, wie eingehende Gelder ausgereicht hätten, um die ausstiegswilligen Anleger auszuzahlen. Und je länger dies gut gegangen wäre, desto stärker hätte die investierende Öffentlichkeit in sein Finanzgeschick vertraut – vielleicht sogar so stark, dass Zentralbanken ihre Reserven bei ihm investiert hätten – auch wären die Einnahmen Ponzis so groß gewesen, dass auch Zinssätze von 20 Prozent p. a. den Plan nicht gefährdet hätten. Was Ponzi schließlich zu Fall brachte, waren seine Unfähigkeit, Geld schnell genug einzusammeln, und der Verlust des Vertrauens der Anleger.

Nun nehmen wir einmal an, Ponzi hätte sich selbst wiedererfunden. Ersetzen wir die dubiose Person Ponzi, die regional in Boston operiert und verspricht, 50 Prozent für 45-tägige Einlagen zu bezahlen, durch das glaubhafte und geprüfte kapitalistische System samt Alan Greenspan und dem US-Treasury, das garantiert, dass immer dann, wenn eine Krise auftritt, die Rettung nahe ist – wie dies auch in Mexiko, Asien, bei LTCM und vor kurzem in Brasilien der Fall war. Somit zeichnen sich das heutige US-System und Alan Greenspan dadurch aus, dass sie die Macht haben, der globalen Investmentgemeinde 20 Prozent jährlichen Ertrag für den US-Aktienmarkt zu garantieren – so wie es von 1982 bis 2000 der Fall war. Das ist aber noch nicht alles: Die Anleger trauen dem System und Alan Greenspan zu, dass sie fast 100 Prozent jährlichen Gewinn garantieren können – die Anleger müssten hierfür nur in einen Korb von Technologie-Aktien investieren, was die Medien ihnen ja laufend empfehlen. Die Folgen waren deutlich: eine Verneunfachung der Erträge mit Nasdaq-100-Papieren innerhalb von fünf Jahren vor dem März 2000 und fast eine Vervierfachung zwischen 1998 und 2000! Ein Ponzi-Plan mag vielleicht mit 20 Prozent garantiertem Ertrag nicht funktionieren, aber sichere 100 Prozent Ertrag stellen für jeden Investor eine Versuchung dar. Solange der Nasdaq diesen Ertrag erwirtschaften kann, ziehen die begeisterten Investoren mehr und mehr Geld aus den konservativen Investments wie kurzlaufenden Anleihen, Geldmarktfonds und auch Value-Aktien ab und stecken es in den High-Tech-Sektor. Auch steigende Zinssätze können diesen Prozess nicht stoppen, weil die Erträge, die ein Ponzi-Plan verspricht, sehr viel höher sind als die Zinssätze.

Der Knackpunkt ist aber dann erreicht, wenn nicht mehr genug neues Geld in den Markt fließt oder das Angebot an Aktien allmählich die Nachfrage übersteigt und den Investoren die ersten Kapitalverluste ins Haus stehen. Erst wenn das geschieht, verlieren die Investoren das Vertrauen und steigen aus dem Markt aus, was dann zum Zusammenbruch führt. Das war beispielsweise in den USA 1999 der Fall, als 555 Unternehmen an die Börse gingen (ein absoluter Rekord!) und 73,6 Mrd. US-Dollar einsammelten. Aber diese 73,6 Mrd. US-Dollar stellten nur 27 Prozent der Marktkapitalisierung der emittierenden Firmen dar. Im Jahr 2000 lief dann die Haltefrist für die meisten dieser Emissionen aus, und zusätzlich zum übervollen Neuemissionskalender (im Frühjahr 2000 gab es Wochen, in denen Neuemissionen mehr als 8 Mrd. US-Dollar einbrachten) konnten Insider mehr als 200 Mrd. US-Dollar ihrer Aktien nach der Haltefrist verkaufen.

Für Investment-Manien ist es auch symptomatisch, dass die Professionellen zu früh bearisch werden, leerverkaufen und zunächst einmal ausgelaugt sind (ich spreche aus eigener Erfahrung). Das liegt daran, dass die größten Short-Positionen in den fragwürdigsten Aktien eingegangen werden. Deshalb stößt man am Ende eine Investment-Manie häufig auf massive Eindeckungen von Leerverkäufen in den spekulativsten Sektoren eines Marktes, weil die Momentum-Trader die Aktien mit großen Short-Positionen angreifen, um die Shorties zum Eindecken zu zwingen.

Am Ende einer Manie werden einige Divergenzen und Inkonsistenzen im Markt offenbar. Wie oben erwähnt, wird die Zahl der den Markt anführenden Aktien immer kleiner. Der breite Markt performt nicht mehr, aber ein einzelner Sektor steigt immer weiter. 1980 gipfelte der S&P, angetrieben von Energie-Aktien, im November. Aber der American Stock Exchange Index, der die spekulativeren Öl-Aktien enthielt, stieg bis August 1981 (danach fiel der Index in neuen Monaten um 40 Prozent). Im Jahr 2000 hatte der Dow Jones Industrial Average im frühen Januar sein Hoch erreicht, aber der Nasdaq und der S&P stiegen noch bis März.

In einer solchen Situation enttäuschen dann die Unternehmensgewinne, und einzelne Aktien reagieren mit einem freien Fall. Manchmal sind die Firmenergebnisse noch sehr gut, aber da der Markt bereits „besser als erwartete" Gewinne diskontiert hat, beginnen auch diese Aktien zu fallen. Manchmal, so wie 1929, verschlechtern sich die volkswirtschaftlichen Nachrichten; manchmal werden die politischen oder sozialen Bedingungen schlechter.

In den späten 90ern und im Jahr 2000 traten all diese Exzesse, die typischerweise eine Manie begleiten, auf. Zusätzlich gab es Anzeichen dafür, dass der Markt in seine finale Phase – den Blow-off – eingetreten ist, weil der Nasdaq nahezu vertikal anstieg, während die Old-Economy-Aktien schlecht performten.

Der Unterschied zwischen einer Mini-Manie und einer großen Manie ist, dass in einer Mini-Manie, wie 1961 und 1983, nur die populärsten Sektoren komplett zusammenbrechen, also jene, die die größte Aufmerksamkeit der Medien und der Spekulanten auf sich gezogen haben. Nach der Mini-Bubble in den frühen 60ern stürzten die SBICs, die Elektronik- und Bowling-Aktien um 85 Prozent ab, und nach der 83er-Tech-Aktien-Manie kollabierten Aktien wie Apple, Datapoint, Oak Industries, Micron Technology, TeleVideo, Wang, Computervision und Commodore im Schnitt um mehr als 80 Prozent. Die meisten dieser am besten performenden Aktien der Mini-Manie und ein Großteil der Neuemissionen während der Boomphase verschwanden komplett, gerieten in Vergessenheit oder konnten ihre Hochpunkte aus der manischen Phase für sehr lange Zeit nicht mehr erreichen. Aber nach dem Crash erholten sich die Indizes und konnten sich zu neuen Höhen aufmachen.

Dem Platzen einer Mini-Manie folgt zumindest ein Umschwung in den marktbestimmenden Aktien. Im Gegensatz dazu ist das Platzen einer bedeutenden Manie nicht nur von einem Umschwung der marktbestimmenden Aktien gekennzeichnet, sondern auch von einem Richtungswechsel für den gesamten Markt. Hinzu kommt, dass die großen Aktienmarktindizes und die meisten Einzelwerte für sehr lange Zeit (zehn bis 25 Jahre) keine neuen Hochs mehr erreichen können. Möglicherweise gelingt ihnen das überhaupt nicht mehr.

Der Umschwungs der marktführenden Aktien ist für mich deshalb ein ganz wichtiger Punkt, weil immer noch viele Investoren rund um den Globus glauben, dass der High-Tech-Bereich die nächste Aufwärtsbewegung im Markt anführen wird. Erinnern Sie sich: In den späten 20ern waren Radios, Filme und Elektroversorger die „heißen" Sektoren. Im Abb. 8 ist aber klar zu erkennen, dass nach dem Crash von 1929 bis 1932 die Elektroversorger eben nicht den Markt anführten. Während der Dow Jones Industrial seinen Tiefpunkt im Jahr 1932 erreichte,

203

Abbildung 8

DER LANGE WEG ZURÜCK
Dow Jones Utility Average, 1929–1989

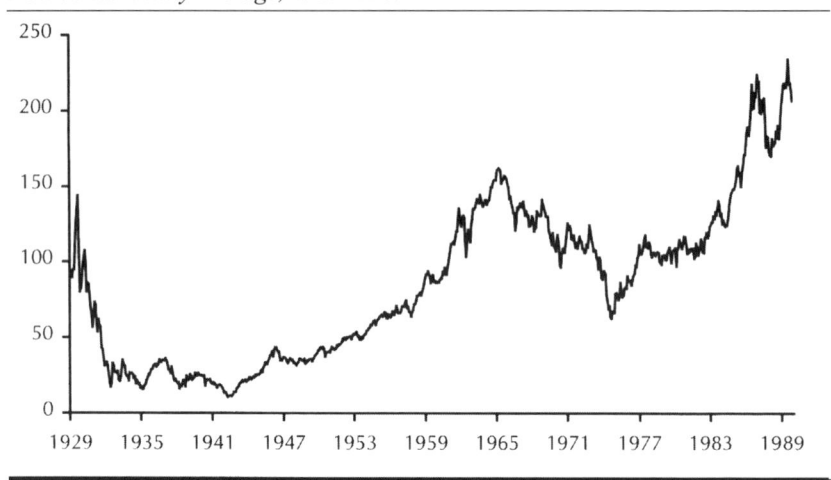

Quelle: Arnold Investment Counsel, Inc.

brauchte der Dow Jones Utilities, also der Index der Versorgerwerte, bis zum Jahr 1941 dafür. Und während der Industrial 1954 neue Hochpunkte erreichte (25 Jahre nach seinem 29er-Hoch), vergingen beim Utilities weitere elf Jahre, um 1965 sein 29er-Hoch zu übertreffen. Das Platzen einer Blase führt also immer zu einem Umschwung in den marktbestimmenden Aktien – ein weiterer Grund, warum ich bezweifle, dass der US-Aktienmarkt den nächsten Aufschwung anführen wird (siehe auch Kapitel 12).

Die Aussage, dass eine Manie immer erst dann erkannt wird, wenn es zu spät ist, trifft vor allem auf bedeutende Manien zu. Die Experten rechtfertigen sich stets damit, dass sich die Fundamentaldaten in einer Art Quantensprung verbessert haben und deshalb hohe Bewertungen erlaubt sind. Nach dem Crash im Oktober 1929 dachten die meisten Investoren – die Bären eingeschlossen –, dass der Marktverfall so groß wie nur möglich war. Das Gleiche geschah in Japan im Herbst 1990, als der Index auf rund 24.000 Punkte fiel; weitere Beispiele sind Gold, das innerhalb von zwei Monaten vom Hoch bei 850 US-Dollar auf 450 US-Dollar fiel und vor kurzem die US-Aktienmärkte, für welche die meisten Strategen während der Jahre 2000 und 2001 weiterhin positiv eingestellt waren. Das wirklich Gefährliche an einer Manie ist aber, dass man sowohl den Aufschwung als auch den nachfolgenden Zusammenbruch unterschätzt. Konsequenterweise überstehen nur sehr wenige Anleger eine Investment-Manie unbeschadet. Die Bären sind entweder leicht betroffen, weil sie im Aufschwung underperformt haben, oder schwer geschädigt, weil sie zu früh short gingen. Und die Bullen stehen letztlich vor dem Aus, weil sie zu lange zu optimistisch waren.

Letztlich müssen Anleger Folgendes verstehen: In einer Bubble sind sich viele Anleger durchaus bewusst, dass sie sich inmitten einer exzessiven Spekulation befinden und dass die Bubble irgendwann platzen wird. Aber der Köder großer Gewinne verleitet auch den erfahrensten Investor dazu, an der letzten Phase der Manie teilzuhaben. Er hat den finalen Blow-off vor Augen, in dem die Kurse nahezu vertikal ansteigen und mit gehebelten Positionen die größten Gewinne zu erzielen sind. Hinzu kommt, dass diese erfahrenen Anleger der Überzeugung sind, exakt den Zeitpunkt des Platzens antizipieren und aus dem Markt aussteigen zu können, wenn sie alle möglichen wirtschaftlichen und technischen Indikatoren beachten. Das Problem einer bedeutenden Manie ist aber nicht in der Realwirtschaft zu finden. Das Problem ist die Manie selbst, die jederzeit beendet sein kann und dann, aufgrund ihrer im Vergleich zur Realwirtschaft überproportionalen Größe, das ganze System bedrohen kann.

Das geschah in den späten 80ern in Japan und vor 1997 in Asien. Damals gab es zwar nur wenige Exzesse in der Realwirtschaft, aber es gab enorm aufgeblähte Aktien- und Immobilienmärkte, und die waren das Problem. Wenn also diese Bubbles einmal platzen, trägt die Gesamtwirtschaft einen großen Schaden davon. Mit diesem Thema beschäftigt sich das folgende Kapitel.

Kapitel 9

Investments in Asien

Die Kunst des Fortschritts ist, Ordnung inmitten des Wechsels zu bewahren und den Wechsel inmitten der Ordnung zu bewahren.
Alfred North Whitehead (1861–1947)

In den vorangegangenen Kapiteln habe ich ausführlich über Wirtschaftszyklen und Investment-Manien geschrieben, weil aufstrebende Volkswirtschaften aufgrund ihrer relativ kleinen Größe und des raschen Wirtschaftswachstums sehr stark ausgeprägte Ausschläge in den Wirtschaftsbedingungen und ihren Finanzmärkten durchleben. Genauso wie Small Cap Growth Stocks dazu tendieren, volatiler zu sein als die gut entwickelten Blue Chips, sind aufstrebende Aktienmärkte dadurch charakterisiert, dass sie volatiler sind als die riesigen Aktienmärkte der westlichen, industrialisierten Länder.

Die frühen Tage in Asien

Als ich 1973 nach Hong Kong zog, war Asien noch eine arme Region; mit Ausnahme Japans war das Preisniveau sehr niedrig im Vergleich zur industrialisierten Welt. In Hong Kong konnte man eine Luxuswohnung für rund 800 US-Dollar pro Monat mieten (heute beträgt die Miete schätzungsweise 7.000 US-Dollar), die Taxi-Anfahrtsgebühr betrug weniger als 20 Cent, die Benutzung der Hafenfähren kostete so gut wie nichts, und der Cross-Harbour-Tunnel war noch nicht eröffnet. Der Ort war so billig, dass ich beim Einkaufen oft nachfragte, ob die genannten Preise in Hong-Kong- oder in US-Dollar lauteten (damals stand der Wechselkurs bei

1 US-Dollar / 5 HK-Dollar). Südkorea war so arm, dass die ortsansässigen Banken Probleme hatten, Geld im Euro-Dollar-Raum aufzunehmen. Und in Taiwan, wo strenge Kapitalkontrollen durchgeführt wurden, war das Vertrauen so niedrig, dass der US-Dollar mit einem 20-prozentigen Aufschlag auf dem Schwarzmarkt verkauft wurde. Die Taiwanesen waren immer noch besessen von der Bedrohung durch das kommunistische China.

Asiatische Städte wie Seoul, Taipei und auch Singapur waren regelrechte Müllhalden mit kaum einem modernen Gebäude. Damals war Taiwan aber als Paradies des Nachtlebens bekannt. Reiche Chinesen aus ganz Asien gingen dorthin übers Wochenende, wohnten im luxuriösen President Hotel mit seinem renovierten Champagne Room Nightclub und besuchten „Asiens hübscheste Frauen" im berühmten „Singapur Ballroom", wo ein Orchester Tango, Walzer und Cha-Cha-Cha spielte. Indonesien hatte keinen Aktienmarkt, und die Marktkapitalisierung von Hong Kong und Singapur betrug nur rund 2 beziehungsweise bzw. 1 Mrd. US-Dollar.

Es gab keine Faxe oder Mobiltelefone; börsengehandelte Optionen waren Zukunftsmusik, und das Wort „Derivate" existierte nicht. Das „Asian Wall Street Journal" war noch nicht in Umlauf, und in Jakarta und Manila stellte ein funktionstüchtiges Telefon in der Tat eine Seltenheit dar. Außerdem war Asien noch nicht übersät mit ausländischen Brokern. Es gab nur einige wenige amerikanische, wie Merrill Lynch, EF Hutton, Bache & Co. und White Weld (wo ich arbeitete) – und eine kleine Anzahl britischer Broker mit kleinen Büros: W. I. Carr, James Capel und Vickers da Costa. Und während die britischen Firmen asiatische Aktien bei britischen Institutionen platzierten, verkauften die amerikanischen Broker ausschließlich amerikanische Aktien an asiatische Investoren. In den 70ern und frühen 80ern hatten amerikanische Portfolioinvestoren praktisch keinerlei Investments in Asien, abgesehen von ein paar wenigen japanischen Aktien.

Zwischen 1973 und 1978 verbrachte ich viel Zeit in Japan und war von der Wirtschaft und den hart arbeitenden Menschen dort stark beeindruckt. Ich besuchte auch regelmäßig Taiwan und Südkorea, und ich spürte, dass diese Länder ein ähnliches wirtschaftliches Potenzial wie Japan hatten, allerdings von einer viel niedrigeren Basis aus starteten. Ich investierte einige Ersparnisse bei einem südkoreanischen und einem taiwanesischen Broker. Wenn mich Leute fragten, wie ich jemals mein Geld wieder aus diesen Ländern bekommen sollte (beide Länder hatten strenge Kapitalkontrollen), antwortete ich, dass ich vorhatte, mein Geld in diesen aussichtsreichen Volkswirtschaften zu lassen, bis ihr starkes Wachstum ihnen genug Vertrauen geben würde, um die Devisenrestriktionen aufzuheben.

Die populären Investmentthemen in den frühen 70ern waren Stahlwerke, Schiffe und Schiffswerften. Jedes Land wollte eigene Stahlwerke besitzen, die mit der neuesten Technologie ausgerüstet waren – je größer, desto besser. Währenddessen wurde das Potenzial der Schiffsindustrie auch den wohlhabenden Familien bewusst, weil Schiffsmagnaten wie Y. K. Pao, C. Y. Tung (der Vater des heutigen Hong Konger Bürgermeisters) und der mysteriöse Indonesier Robin Lo die reichsten Männer und die am meisten respektierten Geschäftsleute Asiens wurden und regelmäßig auf den Titelblättern der Wirtschaftszeitungen zu finden waren. Jede wohlhabende Familie wollte ein paar Schiffe besitzen. Diese Manie wurde durch die Begeisterung dafür ermöglicht, in das Schiffgeschäft durch Kredite der ortsansässigen sowie internationalen Banken und für diesen Zweck gegründeten Finanzierungsgesellschaften einzusteigen. Schiffshypotheken wurden als absolut risikolos und genauso profitabel angesehen wie grundschuldgesicherte Wertpapiere heutzutage. Dieser Boom, in Schiffseigentum zu investieren, führte zu riesigen Aufträgen für neue Schiffe, von denen die Schiffswerften in Ländern wie Japan und Südkorea vorübergehend profitierten.

Trotzdem waren die 70er nicht einfach: Die Ölkrise und die 1974er-Rezession trafen die meisten asiatischen Länder hart. Viele Stahlwerke wurden zu Dinosauriern, die Tanker-Charter-Raten begannen zu fallen und brachten den Eigentümern sowie deren Darlehensgebern riesige Verluste ein. Aber die Erholung folgte – durch ressourcenreiche Länder wie Indonesien und Malaysia (Öl), die Mini-Booms in den späten 70ern erlebten. Ironischerweise fand der größte Öl-Aktien-Boom auf den Philippinen statt, einem Land ohne Öl! Aber wie wir heute nach dem massiven Betrug bei BRE-X-Minerals alle wissen, müssen Funde philippinischer Geologen mit Vorsicht genossen werden. Von Minen- und Öl-Aktien abgesehen waren asiatische Investoren aber in den 70ern nicht besonders an Aktien interessiert. Ihre Aufmerksamkeit galt dem Kupfer, Gold und Silber im Bucket-Shop (nicht konzessionierter Makler). In ganz Asien wurde Gold Tag und Nacht gehandelt. Während der Gold-Manie der späten 70er war ich für die Geschäfte von Drexel Burnham Lambert in Hong Kong verantwortlich, und nachts glich unser Büro einem Kasino. Massen von Spielern kamen, um wild in den Edelmetallmärkten zu handeln – natürlich kreditfinanziert, was in den frühen 80ern mit riesigen Verlusten für alle Hong Konger Rohstoffbroker endete, als der Markt kollabierte.

Niemand schenkte den „initial jobless claims" (Erstanträge auf Arbeitslosenunterstützung), dem Stand des „consumer confidence" (Konsumentenvertrauen) oder den Statistiken über die „change in nonfarm payrolls" (Veränderungen in den Gehaltskosten außerhalb der Landwirtschaft) Beachtung. Worauf alle voller Angst warteten, waren die Ergebnisse des US Treasury und der IMF-Goldverkäufe, um zu sehen, wie viel Gold von Investoren aus dem Mittleren Osten und von Zentralbanken aufgekauft wurde. Rohstoffbroker und Goldhändler machten in den späten 70ern ein Vermögen. In Hong Kong wollte jeder ein Rohstoff-Futures-Broker werden, während kaum jemand an eine Karriere als Fondsmanager, Research-Analyst, Aktienstratege oder Anleihen- beziehungsweise Aktienverkäufer dachte. Tatsächlich gab es damals keine Strategen für asiatische Aktien und nur eine Hand voll Fondsmanager wie Wardley, Jardine Fleming und Schroeders.

Boom-Jahre

Während der weltweiten Rezession 1982 litt eine Menge asiatischer Länder darunter, dass der Fluss der Petrodollars austrocknete und die Immobilienmärkte, Hong Kong und Singapur eingeschlossen, kollabierten. Aber dann explodierte das asiatische Exportvolumen, angetrieben durch ein starkes Wachstum des US-Konsums, und die Region hob förmlich ab. Zwischen 1985 und 1990 feuerte Asien wirklich aus allen Kanonenrohren. Das japanische Wirtschaftswunder war auf seinem Höhepunkt und schien unaufhaltsam zu sein. Da das asiatische Exportwachstum durchschnittlich 25 Prozent p. a. betrug, wurde die Region mit Liquidität aus dem schnell wachsenden Handel und den Handelsbilanzüberschüssen überflutet. Es überrascht nicht, dass die asiatischen Aktienmärkte quasi durch die Decke gingen. Südkorea, die Philippinen und Thailand stiegen zwischen 1985 und 1990 schätzungsweise um das Zehnfache, Taiwan um mehr als das 20fache (siehe Kapitel 2, Abb. 2).

Wenn es jemals eine „beste aller möglichen Welten" gegeben hat, hatten wir sie in der Tat in den späten 80ern in Asien. Der liquiditätsgetriebene Japan-Boom griff auf Südostasien über, dessen Exporte in den schnell wachsenden US-Konsumenten-Markt damals noch keinen Wettbewerb aus China, Mexiko oder Lateinamerika kannten. Zur selben Zeit – und das ist wichtig, sich daran zu erinnern – kam Südostasien in den Genuss schnell steigender ausländischer Direktinvestitionen, während es damals so gut wie keinen Wettbewerb von Seiten anderer aufstrebender Regionen gab. Der Eiserne Vorhang existierte noch, die schlechte Infrastruktur machte es für ausländische Produzenten sehr schwer, die niedrigen chinesischen Arbeitskosten zu kapitalisieren. Auch hatten diese Länder keine Kapitalmärkte. Es gab immer noch sehr wenig Interesse an Lateinamerika, da diese Region gerade aus der Depression und Hyperinflation kam. Portfolioinvestoren, die in aufstrebende Volkswirtschaften investieren wollten, hatten im Grunde genommen keine andere Möglichkeit als Südostasien. Kurz gesagt: Asien (ex-China) durchlief in den späten 80ern eine wohl einmalige Wohlstandsphase, und seine Exporte trafen genau den Bedarf des Konsumenten des schnell wachsenden, industrialisierten Amerikas, Westeuropas und Japans – und das letztlich ohne irgendeinen Wettbewerber. Das exportgetriebene Wachstum brachte Asien in diesen Jahren eine Periode beispiellosen Wohlstands. Doch in dieser Zeit wurde auch die Saat für die Probleme der späten 90er ausgebracht. Wie das?

Die Saat der Zerstörung

Während des Booms von 1985 bis 1990 wuchsen die asiatischen Exporte mit rund 25 Prozent p. a. – weit über dem langfristigen Trend. Es ist klar, dass das nicht auf Dauer aufrechtzuerhalten war. Das Exportwachstum musste aus verschiedenen Gründen langsamer werden.

Die Rezession 1990/91 in Europa und in den USA brachte die westliche Konsumentenwachstumsrate zum Stillstand, und in der Erholungsphase nach 1990 fielen die Wachstumsraten wesentlich moderater aus, weil sich die demographischen Trends verschlechterten und die Konsumenten durch die Last der hohen Schulden, die sie in den 80ern angehäuft hatten, belastet waren. Somit geriet Japan nach 1990 in eine lang anhaltende Rezession und reduzierte deshalb seine Rohstoffimporte aus Asien wie etwa Holz, Sperrholz oder NE-Metalle.

In der Zwischenzeit öffneten sich einige andere aufstrebende Nationen – allen voran China – durch strukturelle wirtschaftliche und politische Reformen, und ihre Exporte begannen in den großen, westeuropäischen Konsumentenmärkten gegeneinander anzutreten. Die Auswirkungen waren deutlich spürbar, weil 1990 die asiatischen Preisniveaus (vor allem die Löhne und Immobilien) an einem Punkt angelangt waren, an dem viele traditionelle Exporteure – wie Südkorea, Taiwan, Hong Kong und Thailand – wesentlich weniger wettbewerbsfähig auf den Weltmärkten waren.

Aber auch ohne diesen neuen Wettbewerb hätte sich das asiatische Exportwachstum verlangsamen müssen, da es von einem Volumen von 400 Mrd. US-Dollar 1985 auf 1,4 Bio. US-Dollar 1996 angewachsen war. Denn eines ist klar: Es ist einfacher, dass der Export mit 30 Prozent p. a. wächst, wenn die Exporte weniger als 20 Prozent der weltweiten Exporte ausmachen (wie es bis zur Mitte der 80er der Fall war), als wenn (wie in den frühen 90ern) die Exporte, japanische eingerechnet, fast 30 Prozent der Weltausfuhren betrugen.

Zusätzlich begannen just zu dem Zeitpunkt, als das Exportwachstum nachzulassen begann, die Importe anzuschwellen. Mit dem steigenden Wohlstand entwickelten die „nouveaux riches", also die „Neuen Reichen" Asiens, eine enorme Nachfrage nach ausländischen Marken. Der erfolgreiche asiatische Geschäftsmann wollte Schuhe von Ferragamo, Anzüge von Cardin, Gürtel von Gucci, Hemden von Hermès und Shirts von Ralph Lauren tragen. Und auch die weibliche Begleitung wollte sich mit eine Fülle von importierten Kleidern, Schuhen und Juwelen aus der Masse herausheben (bald ähnelten die Damen einem grotesken, kitschigen, überladenen Weihnachtsbaum). Asiens „jeunesse dorée" wollte einen Mercedes, einen BMW, eine Harley Davidson – und ihre Wohnungen mit italienischen Möbeln und japanischer Unterhaltungselektronik ausstatten. Zuerst tranken sie Unmengen von Hennessy XO, wechselten aber später zu teuren englischen Weinen und Tequila, rauchten kubanische Zigarren und verreisten mehr und mehr nach Übersee, wo sich auch einkauften. Somit stieg mit dem asiatischen Konsum auch der Import von Konsumgütern an.

Zur selben Zeit wuchsen die Investitionsgüterimporte mit geradezu irrwitziger Geschwindigkeit. Aber in den frühen 90ern hatten die Firmen sich an die 25- bis 30-prozentigen Exportwachstumssteigerungsraten der späten 80er gewöhnt und nahmen deshalb an, dass der Boom quasi eine dauerhafte Einrichtung sei. Überall wurden die Produktionskapazitäten erhöht, um die riesige Konsumentennachfrage des Westens zu befriedigen – ein typischer Irrtum des Optimismus. Ausländische Firmen bauten jetzt ihre Direktinvestitionen in Asien aus, um von den viel versprechenden Binnenmärkten zu profitieren. Aber während die FDIs einen günstigen Multiplikatoreffekt für das asiatische Wachstum hatten, führten sie auch zu einer weiteren Verschlechterung der Handelsbilanzen. Praktisch alle Investitionsgüter mussten importiert werden (normalerweise zu erhöhten Preisen, um mit den ortsansässigen Wettbewerbern gleichzuziehen, oder aus steuerlichen Gründen), und wenn die Firmen dann betriebsbereit waren, mussten höherwertige Ausrüstungsgegenstände wie etwa Automotoren von ausländischen Zulieferern (hauptsächlich aus Japan) gekauft werden. Somit überstiegen gegen Ende der 80er die Importwachstumsraten die Exportwachstumsraten, was zu einer allmählichen, aber spürbaren Verringerung der asiatischen Handelsüberschüsse führte.

Während des weltweiten Wohlstands der späten 80er wuchs auch der Tourismus mit rund 20 Prozent p. a., was den asiatischen Hoteleigentümern sehr hohe

Erträge brachte. Für die asiatischen Familien, die Geld im Überfluss hatten, war es unverzichtbar, ein eigenes Hotel – oder noch besser: einen Golfplatz – zu haben (im Falle Thailands waren Hotels auch ein angenehmer Weg, Geld zu waschen). In der Erwartung, dass der Tourismus weiterhin mit 20 Prozent p. a. wachsen würde, schossen Hotels wie Pilze aus dem Boden. Aber mit dem Irak-Krieg ging der Tourismus zurück und wuchs danach nur noch langsam, da der japanische Auslandstourismus unter der Rezession litt. Zusätzlich wurden neue Reiseziele geöffnet, wie Osteuropa, China, Vietnam und Lateinamerika, und diese konkurrierten mit den bewährten asiatischen Hotelanlagen. Im Ergebnis wurden viele asiatische Städte (allen voran Bangkok) mit Hotelzimmern überschwemmt, was dann zu niedrigen Belegungsraten führte – vor allem nach der Asien-Krise 1998/99. In der Zwischenzeit, nämlich genau dann, als der Tourismus zurückging, begannen die Asiaten, zunehmend nach Europa, Australien oder in die USA zu reisen. Der ostasiatische Tourismusüberschuss begann nun dahinzuschmelzen und führte, zusammen mit den sich verschlechternden Handelsbilanzen, zu einem weiteren Schrumpfen der Guthaben auf den Bankkonten.

Während des Booms der späten 80er blähte die überschüssige Liquidität das Preisniveau Asiens geradezu erschreckend auf. Wie oben gezeigt, schlug sich dies zuerst in den Aktien- und Immobilienpreisen nieder. Immobilienpreise profitierten auch von der schnell fortschreitenden Urbanisierung, als die Menschen in Scharen in die Städte kamen, an deren Außenbezirken die neuen, exportorientierten Firmen wie Pilze aus den Boden schossen. Im Gegenzug führte diese schnelle Industrialisierung zu starken Beschäftigungszuwächsen und Lohnsteigerungen. In der Zwischenzeit eröffneten ausländische Unternehmen Büros, bauten Firmen in und um die Stadtzentren in Asien und statteten diese mit gut bezahlten Ausländern aus, was die Nachfrage nach Immobilien nochmals steigerte. Somit stiegen die Preise für Wohn- und Geschäftsimmobilien in den städtischen Ballungsräumen um ein Vielfaches (siehe Abb. 1). Die Leute vergaßen wieder einmal, dass die Immobilienpreise in Asien in den 70ern und frühen 80ern gleich geblieben oder sogar gefallen waren – der schier unendliche Anstieg der Immobilienpreise als Folge der starken in- und ausländischen Nachfrage wurde als eine dauerhafte Eigenschaft angesehen, und ein noch nie dagewesener Bau-Boom ergriff Asien. Die Folge: überall in den frühen 90ern überflutete Immobilienmärkte.

In den meisten asiatischen Ländern überstieg die Inflation der Immobilien und Finanzwerte in der Zeit von 1985 bis 1990 und, nach einer Ruhepause zwischen 1990/91 (siehe Abb. 1), nach 1993 die durchschnittlichen Lohnzuwächse bei wei-

Abbildung 1

DER BALLON WIRD AUFGEBLASEN
Kong Kong Office Capital Value Index, 1984–1994

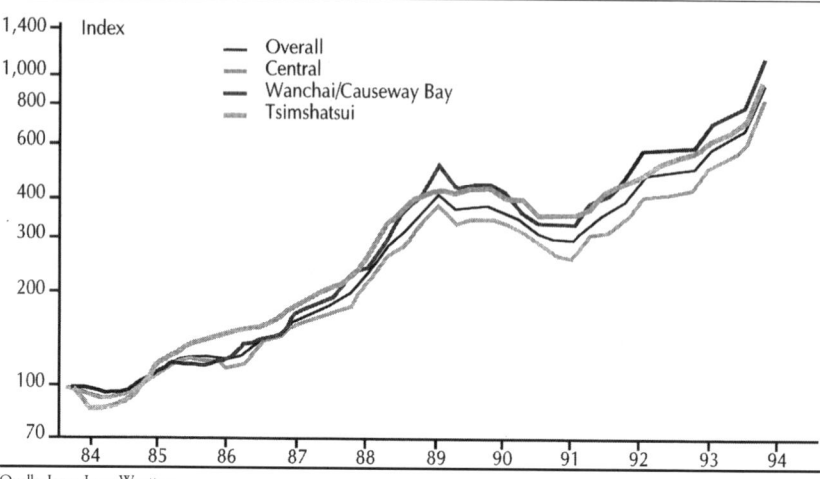

[Liniendiagramm: Index (logarithmische Skala von 70 bis 1.400) gegen Jahre 84–94, mit vier Kurven: Overall, Central, Wanchai/Causeway Bay, Tsimshatsui]

Quelle: Jones Lang Wootton

tem. Die Einkommens- und Wohlstandsschere vergrößerte sich. Familien, die Immobilien besaßen, wurden ungeheuer reich, während Arbeiter und Pensionäre, die ihre Häuser mieteten, verarmten, weil sie immer noch höhere Mieten zahlen mussten oder weil sie gezwungen waren, hohe Kredite aufzunehmen, um Häuser zu überhöhten Preisen zu kaufen. Natürlich musste diese sich vergrößernde Wohlstandskluft irgendwann einmal zu einer Verringerung des Konsums führen (siehe Kapitel 6).

Insgesamt gesehen lässt sich feststellen, dass der Wirtschafts-Boom der späten 80er in Asien eine Mischung von Bedingungen schuf, die früher oder später zu ernsthaften Problemen führen mussten. Was mich überraschte, war, dass die Probleme später als erwartet eintraten. Aber mehrere Faktoren führten zu dieser Verzögerung, die in der Tat die Härte des Abschwungs nach 1997 vergrößerte.

Der weltweite Aktiencrash 1987 hatte keinen lang andauernden Einfluss auf die asiatischen Aktienmärkte. Südkorea stieg sogar am Tag nach dem Crash in New York am 19. Oktober, genauso wie Sri Lanka – vermutlich weil niemand etwas von den Ereignissen des Vortages in New York gehört hatte. 1988 überstiegen die meisten asiatischen Märkte bereits ihre 87er-Hochpunkte, während New York sich noch ein gutes Stück unterhalb des 87er-Hochs befand. Bemerkenswerterweise sind die

Aktienmärkte in Taiwan und Südkorea bis zu ihren Hochs 1989/90 von ihren Vor-Crash-Hochpunkten (87) um 300 Prozent respektive 250 Prozent angestiegen (siehe Abb. 2).

Indonesien, dessen Märkte bis 1987 passiv und gedrückt waren, explodierten bis 1990 um das Sechsfache (siehe Abb. 3), und in Japan stieg der Nikkei Ende 1989 vom Hochpunkt vor dem Crash bei 26.646 auf 39.915 Punkte. Diese sensationelle Aktienerholung in Asien ließ das Investorenvertrauen aufgrund der Leistungen der Aktien explodieren und bekräftigte sie in ihrem Glauben, dass Asien wirklich etwas Besonderes und jeder Rückschlag in den Aktienkursen einfach nur eine Kaufgelegenheit war.

Die Rezession in Japan nach 1990 und die lockere Geldpolitik in den USA hatten einen tief greifenden Effekt in Ostasien. Da viele asiatische Währungen eng an den US-Dollar gekoppelt waren, wurden die Wechselkursrisiken als minimal eingestuft. Dies trieb die Investoren dazu, mehr und mehr ihrer Ersparnisse in die höher verzinsten asiatischen Fremdwährungskonten zu investieren. Zusätzlich finanzierte der „Yen carry trade" (Yen-Ausleihungen mit Verkauf der Währung gegen Festzinspapiere (in Fremdwährung; Vorteil: Zinsdifferenz + Währungsgewin-

Abbildung 2

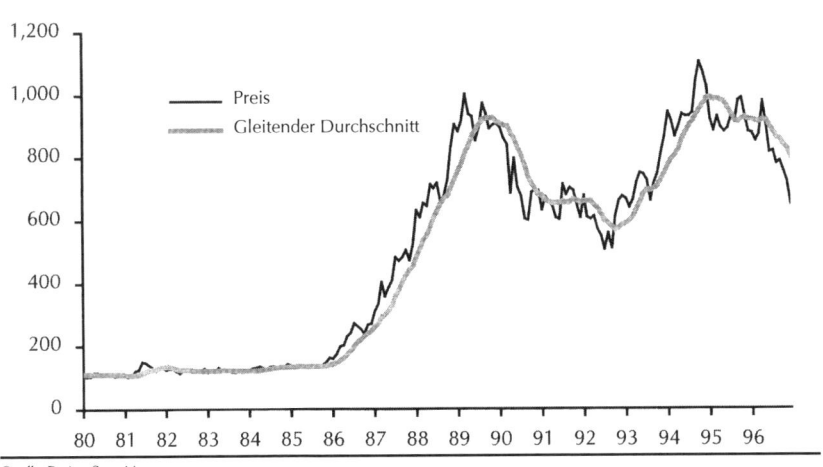

IN VERGESSENHEIT GERATEN
South Korea Composite Index, 1980–1996

Quelle: Baring Securities

Abbildung 3

... BIS ZUM 87ER CRASH
Indonesia Jakarta Index, 1983–1996

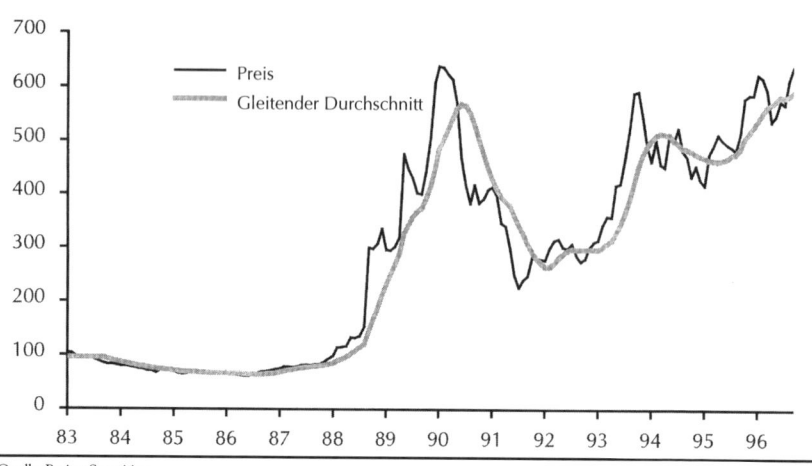

Quelle: Baring Securities

ne oder -verluste) weiterhin die steigenden Handelsbilanzdefizite Asiens, als die japanischen Zinssätze kollabierten und der Yen nach 1995 begann, sich abzuschwächen. Ich möchte hinzufügen, dass zur damaligen Zeit die asiatischen Politiker niemals die Ausländer kritisierten, wenn sie sich Yens oder Dollars ausliehen und dann Einlagezertifikate des Thai Baht, des Malaysischen Ringgit oder der indonesischen Rupiah kauften. Im Gegenteil: Durch die Politik der fixen Wechselkurse wurden die Ausländer sogar dazu ermutigt, in diese Währungen zu investieren.

Dann kam Anfang 1995 die Mexiko-Krise, die das Vertrauen in die Unfehlbarkeit der asiatischen Volkswirtschaften nochmals verstärkte. Die unbelehrbar optimistischen asiatischen „Experten" behaupteten: „Schaut euch Mexiko und Lateinamerika an, die haben eine Finanzkrise, weil sie hauptsächlich von Portfolio-Mittelzuflüssen abhängig sind. Wir in Asien aber sind die Empfänger von FDIs, die wesentlich größer sind als die Portfolioinvestitionen. Und da FDIs viel stabiler sind als Portfolioinvestitionen, die ein Land über Nacht verlassen können, wird Asien niemals mit ähnlichen Problemen konfrontiert werden." Es braucht an dieser Stelle wohl nicht darauf hingewiesen zu werden, dass kein einziger asiatischer Stratege damals voraussagte, dass nach dem Peso-Kollaps in Mexiko 1995 und als Ergebnis der Nordamerikanischen Freihandelszone (NAFTA) die mexikanischen Exporte extrem wettbewerbsfähig werden und einige asiatische Exporte zurückdrängen würden (vor allem Textilien und Bekleidung). Steigende Handelsdefizite wurden als irrelevant abgelehnt, weil sie – so argumentierte man – aufgrund der Investitionsgüterimporte entstanden, die dafür gedacht waren, Konsumartikel für den Export herzustellen. Das Problem aber war, dass die importierten Investitionsgüter zunehmend Konsumgüter für die Binnenmärkte produzierten, und das verschlechterte die Handelsbilanzen noch mehr.

Dies hätte wohl eine Rolle gespielt, wenn die Aktienmärkte der aufstrebenden Volkswirtschaften 1994 stark gefallen wären. Es wurde aber durch die Rettung Mexikos verzögert, und deshalb kam es noch schlimmer: Nach dem weltweiten Renten-Crash 1994 stiegen die Anleihenpreise weltweit stark an, und die Spreads zwischen den Anleihen niedriger Qualität und den US-Staatsanleihen fielen nach dem Auffangen Mexikos 1995 kontinuierlich. Somit waren die performanceorientierten und renditehungrigen Investoren, die jedes Risiko missachteten, nur allzu begierig darauf, in in- und ausländische Festzins-Fremdwährungskonten aufstrebender Volkswirtschaften zu investieren, da sie sowohl von den fallenden Zinssätzen als auch den sich verengenden Rendite-Spreads profitieren würden. Zusätzlich stiegen die US-Aktien zwischen 1996 und 1997 weiterhin stark an, und im Ergebnis sprudelte das Geld weiterhin in die aufstrebenden Volkswirtschaften. Diese Geldflüsse, die in den beiden manischen Jahren vor dem 97er-Crash weiter anschwollen (siehe Kapital 2, Abb. 4), hielten die asiatischen Märkte aufnahmefähig und erlaubten es den Firmen, neue Aktien, Fremdwährungsrenten und Wandelpapiere an den internationalen Kapitalmärkten zu platzieren.

Die Manie

In den frühen 90ern wurde Asien von in- und ausländischen Brokern, Investmentbankern, Portfoliomanagern und Bataillonen von Privatbankern bevölkert. Ihre Rolle im asiatischen Boom-and-Bust-Zyklus muss erwähnt werden.

Obwohl ich seit 1973 in Asien lebe, habe ich noch keinen thailändischen, philippinischen, malaysischen oder indonesischen Broker getroffen, der nicht dauerhaft bullish für seinen entsprechenden Markt ist. Diese Broker reisen durch die Welt, nur in der Absicht, ausländische Investoren dazu zu bewegen, Wertpapiere ihrer eigenen Kapitalmärkte zu kaufen. Übermäßiges Vertrauen, steigender Nationalismus und Selbstvertrauen hatten ebenfalls einen Einfluss in Asien. Ein thailändischer Broker, der negativ in Bezug auf Thailand gestimmt ist, würde als Verräter angesehen, als nationale Schande. In Hong Kong gaben die Vorstände der Finanzbehörden nach der 97er-Krise Anweisung, keine Finanzmittel von ausländischen Fondsmanagern zu platzieren, von denen man glaubte, dass sie den Hong-Kong-Dollar geshortet haben. Und in Singapur führten die ungeschminkten Äußerungen eines im Ausland ansässigen Analysten über den Zustand der Inselwirtschaft dazu, dass sein Arbeitgeber regierungsabhängige Investitionsgeschäfte verlor und der Analyst seinen Job verlor. Solche Fakten zeugen nicht unbedingt von der Qualität der asiatischen Wirtschaftsführer und Regierungsangestellten – und die heutigen Praktiken in den USA sind nicht viel besser!

In den 90ern expandierten die asiatischen Kapitalmärkte sehr schnell, für kurze Zeit gab es sogar einen Mangel an Portfoliomanagern. Eine Menge sehr unerfahrener Menschen kam in die Finanzindustrie, und es gab asiatische Portfoliomanager im Alter von Mitte 20 und mit einer durchschnittlichen Investmenterfahrung von weniger als zwei Jahren. Die meisten von ihnen konzentrierten sich lediglich auf die Dinge, von denen sie glaubten, dass sie das „asiatische Wunder" waren. Sie hatten keine Ahnung, wie die Landkarte in Südamerika oder Osteuropa aussah, und nicht das geringste Wissen über die Kapitalmärkte außerhalb Asiens oder über die Bedeutung der internationalen Kapitalflüsse. Ihr Wirtschaftswissen war in keiner Weise besser. Als China in den 90ern damit begann, sich ernsthaft zu öffnen, und die Exporte mit rasender Geschwindigkeit wuchsen, hörte man nicht ein einziges Mal, dass diese Entwicklung die Exporte der anderen asiatischen Länder verdrängen würde oder dass es eine Verlagerung der FDIs von Thailand, Malaysia und Indonesien geben werde. Und da der Lebensunterhalt dieser Leute hauptsächlich davon abhing, so viel Geld wie möglich für ihre asiatischen Fonds aufzutreiben, beschäftigten sie sich in den Jahren vor der Asien-Krise mit einer massiven Kampagne, die jede Skepsis bezüglich des asiatischen Wirtschaftswunders in Verruf brachte.

Als Paul Krugman – zugegebenermaßen ein Ökonom mit widersprüchlicher Reputation – einen Artikel über die asiatischen Wachstumsaussichten veröffentlichte, kommentierten dies zahlreiche asiatische Fondsmanager und Strategen, dass er nicht wisse, wovon er spricht. Ein Artikel eines bekannten asiatischen Ökonomen, der am 6. November 1996 im Asian Wall Street Journal veröffentlicht wurde, kam zu dem Schluss: „Im Augenblick sieht die Struktur der Tiger stark aus. Früher oder später werden sie ihre aktuellen zyklischen Probleme überstehen." Um gerecht zu sein, muss ich erwähnen, dass einige asiatische Volkswirte – inklusive Paul

Schulte, David Shairp, David Scott und Jim Walker – besorgt waren. Aber ihre Kommentare wurden versteckt oder allenfalls vorsichtig erwähnt, da sie starken Protest hervorriefen.

Was man auch nicht vergessen darf, ist die Rolle, die internationale Investmentbanken und Privatbanker in diesem Spiel der Selbstverleugnung und Desinformation ausländischer Investoren spielten. Nachdem sie gerade eben teure Expansionen in diese Region unternommen hatten, bestand ihr Hauptanliegen darin, Aktien und Anleihen asiatischer Emittenten an den internationalen Kapitalmärkten zu platzieren. Deshalb wurden ihre Analysten zum Schweigen gebracht, sobald einer von ihnen negativ über eine Firma oder ein Land urteilte, um nicht die Chance der Bank aufs Spiel zu setzen, ein Mandat zur Unternehmensfinanzierung zu bekommen oder an einem Underwriter-Konsortium teilzunehmen. Genauso machten viele sehr unerfahrene Privatbanker ihren Privatkunden die angeblich risikofreien Erträge schmackhaft, die man erreichen könne, indem man sich ausländische Währungen auslieh und diese Gelder in Thai-Baht- oder auf indonesische Rupiah lautende Konten investierte und dann von dem Hebeleffekt profitierte.

Aber die Investmentgemeinde lediglich wegen zu optimistischer Prognosen über die asiatischen Volkswirtschaften anzuklagen wäre falsch. 1993 bis 1996 wurden nach alledem auch noch viele Bücher, wie Jim Rohwers „Asia Rising" (was genauso klingt wie die „Japan Inc"-Bücher der späten 80er), veröffentlicht, während die „asiatischen Tiger" von den Titelseiten der Wirtschaftszeitungen brüllten. Die Binsenweisheiten in den Büchern (die stark von den Medien unterstützt wurden) und Zeitungsartikeln wurde bald von akademischen Studien über „asiatische Werte" und über die Überlegenheit dieser Werte für wirtschaftliches Wachstum und den Kapitalismus übertroffen (man darf raten, wer die Akademiker bezahlt hat). Unnötig zu erwähnen, dass die asiatischen Führungslinien diese extrem fernostgebundenen Sichtweisen tatkräftig unterstützten. Der Optimismus der Investoren in Bezug auf die asiatischen Aktienmärkte wurde durch Schlagworte wie „Asiens Konsumenten-Boom", „Der Aufstieg des Ostens", „Asiatische Tiger" und „Paradigmenwechsel" genährt.

Um den Leser eine Vorstellung von dem irrationalen Überschwang zu geben, der in den Jahren vor der Krise in Asien üblich war, habe ich nachstehend einige Kommentare nachgedruckt, die in jenen Tagen veröffentlich wurden (Ihre Anzahl wurde in der letzten Phase des US-Bullenmarktes 1999 und 2000 übrigens fast verdoppelt]. In der Ausgabe vom 16. November 1995 erklärte die Far Eastern Economic Review:

Was derzeit in Asien passiert, ist die mit Abstand bedeutendste Entwicklung der Welt. Nichts anderes kommt dem nahe, nicht nur für asiatische Verhältnisse, sondern auch für den ganzen Planeten. Die Modernisierung Asiens wird die Welt für immer umgestalten, wenn wir uns dem neuen Millennium nähern. In den 90ern wurde Asien reif. Während wir uns auf das Jahr 2000 zubewegen, wird Asien zur dominantesten Region in der Welt werden: wirtschaftlich, politisch und kulturell. Wir befinden uns an der Schwelle zur asiatischen Renaissance.

Ein weiterer asiatischer Super-Bulle war John Naisbitt. Er schrieb in „Megatrends" (London 1993), dass „Asien einst das Zentrum der Welt war und jetzt das Zentrum der Welt nach Asien zurückkehrt". In „Global Paradox" (London 1994) legte er nach: „Das Wachstum in der asiatisch-pazifischen Region kommt einem Muster-Lehrbuch-Beispiel eines globalen Paradoxon nahe – je größer die Weltwirtschaft ist, desto wichtiger sind seine kleinsten Mitglieder." In der Zwischenzeit grübelte die Business Week in ihrer Ausgabe vom November 1993 darüber, dass „die Banken in der Region die stabilsten Eigenkapitalverhältnisse in der Welt haben, im Durchschnitt sechs bis neun Prozent. Und die Bauunternehmen, Fluglinien und Versorger haben bemerkenswert wenig Schulden, typischerweise nicht mehr als 20 Prozent des Eigenkapitals. ... Regierungen und Wirtschaft haben die Verschuldung vermieden, die anderswo zu Problemen führte." Ich möchte nicht bestreiten, dass einige dieser Behauptungen für die sehr langfristigen Aussichten Asiens zutreffen. Aber was vor der Krise 1997 geschah, war im Wesentlichen eine Übertreibung, wie wir sie vor kurzem in den USA gesehen haben. Geschäftsleute, Broker, Regierungsmitglieder, Investment-Manager und Ökonomen – mit sehr wenigen Ausnahmen – stellten ihr eigenes Interesse vor eine objektive Beurteilung. Auch für einen Laien sollte es ziemlich deutlich gewesen sein, dass einige asiatische Volkswirtschaften die ersten Anzeichen von Problemen gezeigt haben – nicht nur kurz vor der Krise, sondern bereits seit den frühen 90ern.

Die Pleite

Wie oben erklärt, mussten die asiatischen Volkswirtschaften in den frühen 90ern Probleme mit Überkapazitäten bekommen. In Abb. 4, die von Jones Lang

Abbildung 4
ZU VERMIETEN ... FÜR IRGENDJEMANDEN
Thailands Büroangebot und Leerstandsrate (Grad A)

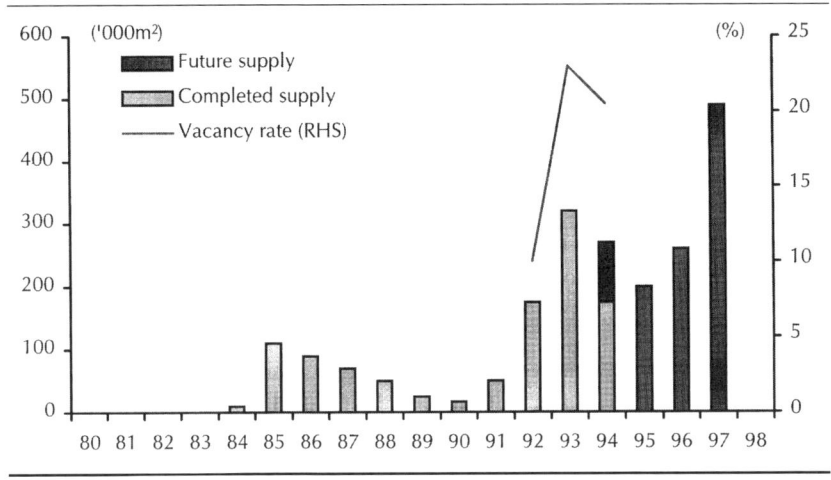

[Balkendiagramm: Future supply, Completed supply ('000m²) und Vacancy rate (RHS) (%) für die Jahre 1980 bis 1998]

Beachte: 1994er-Zahlen vom September; Quelle: JLW Research

Wootton im September 1994 erarbeitet wurde, ist es offensichtlich, dass es bereits zu dieser Zeit im thailändischen Immobilienmarkt ein Überangebot gab. Nachdem die Zinssätze weltweit 1994 anstiegen und im Frühjahr 1995 die Tequila-Krise ausbrach, fielen asiatische Aktien stark. Tabelle 1 zeigt, wie thailändische Immobilien-Aktien zwischen 1994 und Frühjahr 1995 zusammenbrachen. Wie bereits erwähnt, gewährte die Mexiko-Rettung der asiatischen Aktienblase eine weitere Galgenfrist. Die Aktienmärkte erholten sich in der zweiten Hälfte 1995 und bewegten sich dann innerhalb einer Trading Range, in Thailand bis spät ins Jahr 1996 hinein und in einigen anderen Märkten bis zum Frühjahr 1997. Aber als dann die Asien-Krise ausbrach, wichen die Trading Ranges einer gewaltsamen Abwärtsbewegung, die von Währungszusammenbrüchen begleitet wurde [siehe Abb. 5]. Alle thailändischen Immobilien-Aktien aus Tabelle 1, die, mit Ausnahme von Land & House, bereits um 80 Prozent von ihren Hochs im Frühjahr 1995 gefallen waren, näherten sich gegen null oder erreichten diesen Wert sogar 1998. Die Krise verbreitete sich wie ein Buschfeuer, zunächst im Rest Asiens und dann, 1998, auch nach Russland. Märkte verlaufen oftmals mehrere Jahre in einer Range, nachdem sie ein „Meilenstein"-Hoch erreicht haben, und erst dann kollabieren sie total − so geschehen in den asiatischen Märkten nach 1997, im Ölmarkt nach 1985 und in

Kapitel 9

Tabelle 1

DER BAHT BRENNT
Performance ausgewählter Thai-Immobilien-Aktien von Januar 1994 bis April 1995

Name	Ticker-Symbol	Preis am 4.1.94 (Bt)	Preis am 21.4.95 (Bt)	Performance (%)
Hemaraj Land & Development	HEMRAJ	352.00	56.00	(84.09)
Supalai	SUPALI	300.53	47.74	(84.11)
Somprasong Land	SOMPR	280.00	42.75	(84.73)
Raimon Land	RAIMON	151.24	33.25	(78.02)
Bangkok Land	B-LAND	170.00	31.00	(81.76)
M.D.X.	MDX	195.00	28.50	(80.26)
Tanayong	TYONG	119.00	31.00	(73.95)
Rattana Real Estate	RR	56.00	15.50	(72.32)
Land & Houses	LH	716.00	362.00	(49.44)

Quelle: Marc Faber Limited

Abbildung 5

VON DER KLIPPE GEFALLEN
Jakarta Composite Index (in US$), 1995–1999

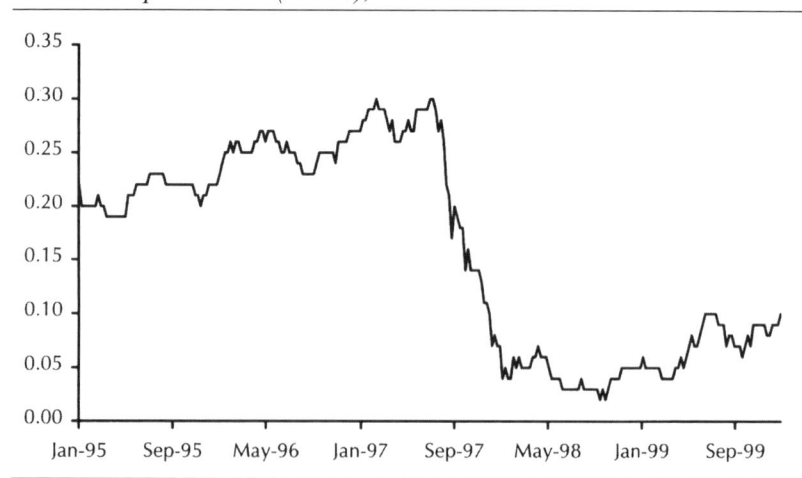

Quelle: CLSA Emerging Markets

Japan nach 2000. Aber was die Asien-Krise verschärfte, war, wie oben angedeutet, dass eine Kombination ungewöhnlicher Ereignisse den Boom verlängerte. Dies veranlasste ortsansässige und ausländische Firmen, weiterhin zu investieren und ihre Geschäfte in den 90ern in Asien auszuweiten. Im Gegenzug wurden die Überinvestitionen und der asiatische Konsum-Boom, der zu wachsenden Handels- und Leistungsbilanzdefiziten geführt hatte, von blauäugigen und leichtgläubigen ausländischen Investoren in einer Zeit finanziert, als sich die Fundamentaldaten der Region bereits verschlechterten. Ich möchte es hier nochmals wiederholen: Die ausländischen Kapitalströme, die durch die Mexiko-Krise bestärkt wurden, ermöglichten es, dass der asiatische Boom viel länger andauerte, als wenn Mexiko nicht gerettet worden wäre und die Folgen nach der Krise viel ernster gewesen wären, als man zunächst angenommen hatte.

Sicherlich ließ die Asien-Krise sogar mich – der ich damals ein großer Skeptiker des Booms war – erstaunen. Da ich schon immer an Wirtschaftsgeschichte interessiert war, wusste ich einiges über Booms und Pleiten in aufstrebenden Volkswirtschaften, von Investment- und Finanz-Manien und ihren unausweichlich schmerzhaften Folgen, von der massiven Wohlstandsvernichtung als Folge von Kriegen, von Zwangsenteignungen und deflationären Depressionen. Ich habe auch den weltweiten 73er-Bärenmarkt und die Rezession miterlebt, genauso wie die Depressionen, die dem Boom in den Öl produzierenden Ländern dieser Welt folgten, die japanische Schrumpfung und 1993/94 die Baisse in Russland nach dem Ende der kommunistischen Herrschaft. Aber ich habe niemals einen solch totalen wirtschaftlichen Zusammenbruch und eine derartige Wohlstandsvernichtung erlebt – in einem solchen Ausmaß, in einer so kurzen Zeit und gegen jede Erwartung – wie in Asien in den sechs Monaten nach dem Auftreten der Asien-Krise.

Man bedenke nur Folgendes: Hat irgendjemand vorausgesagt, dass der Thai Baht von 25 auf 54 gegen den Dollar fällt und dass die Indonesische Rupiah von 2.500 auf mehr als 15.000 zusammenbricht? Asiaten hätten einen solchen Propheten ausgelacht und ihn mit dem Notarzt in die Irrenanstalt gefahren. Sogar ich, der ich ein Skeptiker war, tat mich schwer, die bearishe Prognose von Condor Advisors zu glauben, die ich im Oktober gefunden hatte (siehe Tabelle 2). Aber im November 1997 war das vorhergesagte Abschmieren der Wechselkurse von einem Jahr zuvor bereits von der Rupiah und dem Baht übertroffen worden, und ihr Sechs-Monats-Ziel für den philippinischen Peso und den malaysischen Ringgit wurde im Dezember 1997 erreicht.

Aber ich war nicht nur von der Intensität und dem sich selbst nährendem Momentum der Asien-Krise – ähnlich einer Kriegsneurose – geschockt, sondern auch schwer besorgt über die Weltwirtschaft und über unsere Fähigkeit, das viel diskutierte „Neue Ära"-Phänomen zu verstehen. Es schien mir, als ob das weltweite, wirtschaftliche Gleichgewicht, das bis zum Zusammenbruch des Kommunismus be-

Tabelle 2

EIN VORAUSSCHAUENDER BÄR
Prognosen asiatischer Devisen- und Indexkurse von Condor, 31.10.1997

	Aktuell	in 3 Monaten	in 6 Monaten	in 1 Jahr
Baht/US Dollar	40	43	46	50
Ringgit/US Dollar	3.40	3.90	4.50	4.75
Rupiah/US Dollar	3,600	4,200	4,800	5,000
Peso/US Dollar	34.70	40.00	45.90	48.00
SET equity index (Thailand)	445	400	360	325
KLSE comp index (Malaysia)	662	530	420	400
PSE comp index (Philippines)	1,813	1,540	1,300	1,200
JSE comp index (Indonesia)	503	430	360	325

Quelle: Condor Advisors LLC

stand, und der Globalisierungsdruck unterbrochen worden wären und wir uns nun in unsicheren Gewässern bewegten. Es gab damals einfach keine Möglichkeit zu wissen, wie die Welt in zwei oder drei Jahren aussehen würde. Würde die Asien-Krise vorbeigehen und wie Mexiko 1995 schnell vergessen sein, oder war sie der Startschuss zu einer weltweiten Depression wie in den 30ern? Oder würden einige Länder oder gar die ganze Welt eine Hyperinflation erleben, so wie Lateinamerika in den 80ern?

Die Krise gab mir damals einen Anstoß, die wirtschaftlichen und finanziellen Trends sorgsam zu analysieren, da ich bemerkte, dass eine solche Krise, wie Asien sie erfuhr, einige herausragende Investmentmöglichkeiten bieten würde. Wie wir vorher gesehen haben, ist, nach Kondratieff, eine Krise nur eine von drei elementaren Phasen in einem gesamten kapitalistischen Zyklus – Aufschwung, Krise und Depression. Es wäre also möglich gewesen, dass der Krise eine Depression folgen würde, aber gleichzeitig wäre genauso die Grundlage für einen Aufschwung gelegt worden, die Aktien offensichtlich lange im Voraus diskontierten.

Wie ich vorhin gezeigt habe, kam die schnelle asiatische Expansion vom starken Exportwachstum, entstanden durch das starke Konsumwachstum in den USA in der Zeit von Reagans expansionärer Wirtschaftspolitik (steigende Haushaltsdefizite) ab Mitte der 80er-Jahre. Diese „Verlagerung" nach Asien – die durch spektakuläre Exportwachstumsraten in den späten 80ern hervorgerufen wurde – fand dann statt, als das Exportwachstum sich in den 90ern verlangsamte, von einer umfassenden Kreditexpansion (nach Irving Fisher eine Schulden-Inflation) abgelöst wurde und zu einer Überexpansion des wirtschaftlichen Prozesses führte. Durch die generelle Überinvestition und die Vergabe von Krediten abnormaler Qualität (hauptsächlich für Immobilien und Hotels) wurde das wirtschaftliche System gesprengt (siehe Kapitel 6; Röpkes Überinvestitions-Theorie).

In dieser Hinsicht war der wirtschaftliche Aufschwung in Asien nicht anders als jeder andere Boom. Genauso wie bei den Kanälen, Eisenbahnen, der Öffnung neuer Märkte im 19. Jahrhundert, der „Neue Ära"-Expansion in den USA in den 20ern und dem texanischen Öl-Boom Ende der 70er verführten die Aussichten auf riesige Gewinne Geschäftsleute und Regierungen, sich immer höher zu verschulden. Ich zitiere nochmals Irving Fisher: Überschuldung wird durch „Neue Investmentmöglichkeiten" verursacht, und „leichtes Geld ist der Grund für Überschuldung".

Eine einzigartige Krise?

Das Besondere im Fall Asiens und auch in anderen aufstrebenden Volkswirtschaften in den 90ern war, dass Unternehmensschulden hauptsächlich in Fremdwährungen aufgenommen wurden, weil Kredite und Anleihen in ausländischer Währung niedrigere Zinssätze aufwiesen als heimische Instrumente. Ein weiterer wichtiger Unterschied zu anderen Booms aufstrebender Volkswirtschaften (Lateinamerika im späten 19. Jahrhundert und den späten 70ern, Russland zwischen 1895 und 1915 usw.) war folgender: In den 90ern dienten sowohl Unternehmens- und Staatsanleihen als auch von Konsortien platzierte Aktien und Kredite quasi von Regierung zu Regierung als eine primäre Finanzierungsquelle. Während also in 1980 internationale Institutionen (etwa die Weltbank oder die Asiatische Entwicklungsbank), Regierungen und Geschäftsbanken 80 Prozent des Kapitals bereitstellten, das in die aufstrebenden Volkswirtschaften floss, stellten all diese Institutionen zusammen in den 90ern weniger als 25 Prozent der Gelder bereit, die in die aufstrebenden Märkte gingen, während mehr als 75 Prozent der Gelder von privaten Nichtbanken-Gläubigern und Aktieninvestoren kamen.

Kurzum: Die aufstrebenden Volkswirtschaften in den 90ern wurden nicht durch Banken finanziert, die traditionell ihre Kredite bis zur Fälligkeit halten und diese nicht täglich neu am Markt bewerteten. Genau dies taten die performanceorientierten Investmentfonds, Hedge Funds und andere institutionelle Investoren. Der Privatsektor und die Regierungen aufstrebender Volkswirtschaften, die bis dahin hauptsächlich von Bankkrediten abhängig waren, bekamen in den 90ern Zugang zu den weltweiten Aktien- und Kreditmärkten. Wie es zu diesem Wechsel kam, ist nicht ganz klar. Aber die Abneigung der Banken, Kredite nach der Lateinamerika-Krise in den frühen 80ern auszuweiten, der Prozess der Sicherung von finanziellen Vermögenswerten (Brady Bonds), der von überschüssiger Liquidität getriebene, weltweite Finanz-Bullenmarkt, die zunehmende Risikobereitschaft der investierenden Öffentlichkeit, massive Privatisierungen, das Aufheben von Kapitalkontrollen, die Öffnung neuer Volkswirtschafen, moderne Technologien, Informations- und Kommunikationssysteme sowie der Glaube, dass freie und weitgehend unregulierte Märkte die Ressourcen am effizientesten verteilen würden – das alles zusammen führte zu den strukturellen Veränderungen im Weltfinanzsystem.

Eine weitere Änderung, welche die Finanzstruktur betraf, war der Einsatz von Fremdkapital. Die meisten Finanzinstitutionen und Banken, Einzelinvestoren eingeschlossen, wurden in den 90ern zu Operationen verleitet, wie sie für fremdkapitalfinanzierte Hedge Funds üblich sind: So investierten sie zum Beispiel kurzfristige Kredite in langfristige High-Yield-Anleihen oder Kredite einer niedrig verzinslichen Fremdwährung (Yen) in höherrentierlichen Währungen (etwa Thai Baht oder indonesische Rupiah). Und während es kaum etwas Unrechtes an diesen strukturellen Veränderungen in den globalen Finanzen gab, ist es sehr einfach zu erkennen, dass sie eine wesentlich höhere Volatilität mit sich brachten. Performanceorientierte, institutionelle Investoren und deren Manager, die an ihren Ergebnissen gemessen wurden, tendierten dazu, in einem steigenden Marktmomentum zu investieren – was den Boom verlängerte und immer mehr ausreizte. Aber wenn, wie man so schön sagt, die Preise erst einmal „vor die Tür gegangen" sind, dann beginnen sie wegzubrechen.

In diesem Zusammenhang war die Asien-Krise einzigartig. Die amerikanischen Finanz- und Wirtschaftskrisen des 19. Jahrhunderts hatten ihren Ursprung hauptsächlich in sich verschärfenden monetären Bedingungen in Europa, was die Kapitalströme in die USA reduzierte – damals eine aufstrebende Volkswirtschaft. Doch hier verbreitete sich ein plötzlicher Vertrauensverlust wie ein Buschfeuer in der ganzen Region und führte zum Zusammenbruch der Währungen, der Preise der Finanztitel und der Immobilienwerte.

Bei der Diskussion um das Auftreten einer Krise nennt Kindleberger in seinem Buch „Manien, Paniken und Crashes" die causa remota und die causa proxima, die eine Krise verursachen. Im Falle Asiens waren die entfernten Ursachen (causa remota) beispielsweise die steigenden Handels- und Leistungsbilanzdefizite (Bild 6 zeigt die starke Verschlechterung von Südkoreas Leistungsbilanz in den Jahren vor der Krise), die waghalsige Immobilienspekulation, die überschießende Kapazitäts-

Abbildung 6

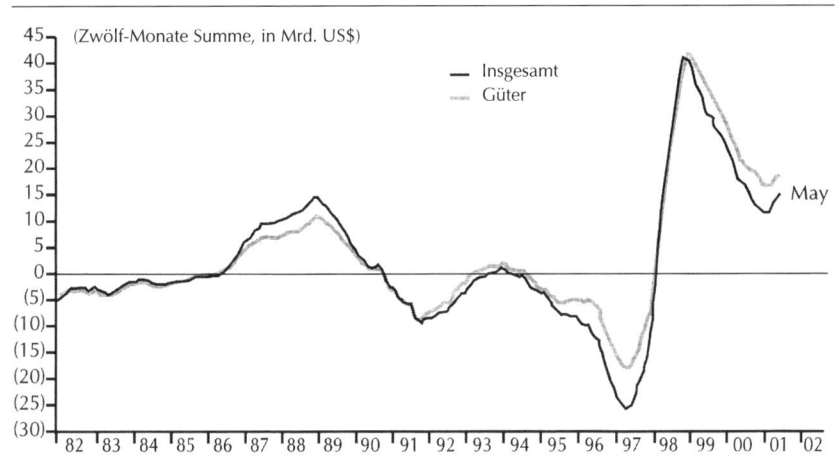

KRISE – CAUSA REMOTA
Südkorea: Handelsbilanz

(Zwölf-Monate Summe, in Mrd. US$)

— Insgesamt
— Güter

May

Quelle: CLSA Emerging Markets

erweiterung in den Unternehmen, betrügerische Praktiken, die Öffnung Chinas und die begleitenden Verluste von Marktanteilen in den Exportmärkten. Die unmittelbare Ursache (causa proxima) bestand in der Umkehr der Erwartungen bei einigen ausländischen Finanzinstitutionen (Hedge Funds oder Banken) und einiger ortsansässiger, betuchter Familien – was besonders betont werden muss, weil später die Ausländer beschuldigt wurden, sie hätten die Krise verursacht. Zur gleichen Zeit, im Frühjahr 1997, entschieden sich einige ausländische Investoren und auch einige der örtlichen, „Smartmoneys" genannten Anleger, ihre Thai-Baht-Bestände aufzulösen, und das brachte den Stein ins Rollen (ich möchte hinzufügen, dass es deutsche Investoren waren, die zur Baring-Krise von 1890 beitrugen, indem sie 1888 aufhörten, argentinische Papiere zu kaufen, und begannen, Anleihen des Landes zu verkaufen). Zusätzlich muss ich betonen, dass nur einige wenige ausländische Investoren zum Ausbruch der Krise von 1997 beitrugen, da die Mehrheit der Ausländer weiterhin fröhlich in Asien investierte – bis zur Krise.

Die riesigen Unternehmensschulden in ausländischen Währungen führten zu einem Ungleichgewicht von Vermögen und Verbindlichkeiten und zu weitreichenden Änderungen in der weltweiten Finanzstruktur, die steigende Volatilität mit sich brachte. Daneben gibt es einen weiteren, dritten wichtigen Unterschied zwischen

1997 und vorangegangenen Krisen: Die Volkswirtschaften des 19. Jahrhunderts waren überwiegend landwirtschaftlich geprägt; im Vergleich zur Realwirtschaft waren die Finanzmärkte klein. Die ländliche Bevölkerung war autark, und ein Großteil des Handels wurde durch Tausch oder mit Bargeld abgewickelt. Bis in die späten 90er hat sich das alles verändert. Die Finanzmärkte, die Aktien, Anleihen, Regierungsanleihen, Grundschulddarlehen, Ratenkredite, Kreditkarten, Derivate und Fremdkapital umfassen, wurden im Vergleich zur Realwirtschaft überproportional groß.

Bei der Diskussion der Kondratieff-Wellen habe ich betont, dass die zyklischen Schwankungen hauptsächlich landwirtschaftlichen Ursprungs waren. Wenn die Preise landwirtschaftlicher Güter stiegen, expandierte die Wirtschaft, und wenn sie fielen, folgte die Rezession. Genauso wurden die Volkswirtschaften von Texas und des Mittleren Westens in den späten 70ern vom Ölpreis angetrieben. Steigende Ölpreise brachten einen noch nie dagewesenen Boom nach Dallas und Houston und in die Öl produzierenden Länder des Mittleren Ostens. Als dann aber der Ölpreis zu steigen aufhörte und 1985 kollabierte, folgte eine Rezession, in der so gut wie alle texanischen Banken Pleite gingen und in der die arabischen Nationen harte Baissen durchlebten. Somit sehen wir, dass die Volkswirtschaften hauptsächlich von Preisbewegungen in ihren dominanten Sektoren abhängen. Seitdem aber die Finanzmärkte in der „Neuen Ära" der späten 90er derart dominant sind, werden steigende Finanzmärkte selbst den Antrieb für wirtschaftliche Expansion bieten, und fallende Finanzmärkte werden unausweichlich in die Rezession führen, genauso wie steigende Rohstoffpreise zu Wohlstandsperioden im 19. Jahrhundert führten und fallende Preise zu Rezessionen.

Die Folgen

Als die Asien-Krise ausbrach, trösteten sich einige Volkswirtschaftler mit der Tatsache, dass viele asiatische Länder sofort Handelsbilanzüberschüsse erwirtschafteten und dass dadurch die schlimme Lage entschärft wurde (siehe Abb. 6). Aber da die Volkswirtschaften von Indonesien, Malaysia, Thailand, Südkorea und den Philippinen um mehr als 50 Prozent in US-Dollar geschrumpft waren, war eine schnelle Erholung der wirtschaftlichen Aktivität auf das Niveau vor der Krise so gut wie nicht möglich. Im Dezember 1997 brachen die Autoverkäufe in Thailand um 73,9 Prozent zum Vorjahr ein, und im Gesamtjahr waren sie um 38 Prozent niedriger. In Indonesien war die Situation noch dramatischer: Das Pro-Kopf-BIP kollabierte wegen des freien Falls der Rupiah um schätzungsweise 70

Prozent in US-Dollar. Es ist klar, dass ein vernichtender Effekt auf die Verkäufe unausweichlich war (siehe Abb. 7). Vom Hochpunkt zwischen Mai und August 1997 gingen die Autoverkäufe um 50 Prozent im Dezember zurück – zu einer Zeit, in der die Rupiah noch bei 5.000 gegen den Dollar gehandelt wurde. Aber im Januar 1998 musste PT Astra, Indonesiens größter Autobauer, wegen der importierten Ersatzteile für die Autos die Preise um 40 bis 45 Prozent anheben. Dann, als die Rupiah unter 15.000 rutschte, mussten die Preise mehr als verdoppelt werden, nur um den Break-even zu erreichen.

Was den asiatischen Ländern begegnete, als deren Währungen zusammenbrachen, war in der Tat eine typische Schulden-Deflations-Krise, die das reale Preisniveau (in US-Dollar ausgedrückt) zusammenbrechen ließ und die Unternehmensgewinne sowie das BIP reduzierte, während die Real-Schuldenlast (die Auslandsschulden waren beispielsweise in US-Dollar oder in Yen nominiert) stark anstieg (siehe Abb. 8). Als Ergebnis der Abwertungen stieg die Real-Schuldenlast in Asien sogar stärker an als während der Depressionsjahre, in denen das Preisniveau in den USA „nur" um 30 Prozent fiel. Man sollte sich der Tatsache bewusst sein, dass zwar eine aufstrebende Volkswirtschaft ihre Währung abwertet, um wettbewerbsfähiger zu werden. Aber eine Auslandsschuldenlast macht eine solche Politik sehr uneffektiv, da die

Abbildung 7

EINBRUCH BEI DEN VERKAUFSZAHLEN
Autoverkäufe in Indonesion, 1995–1999

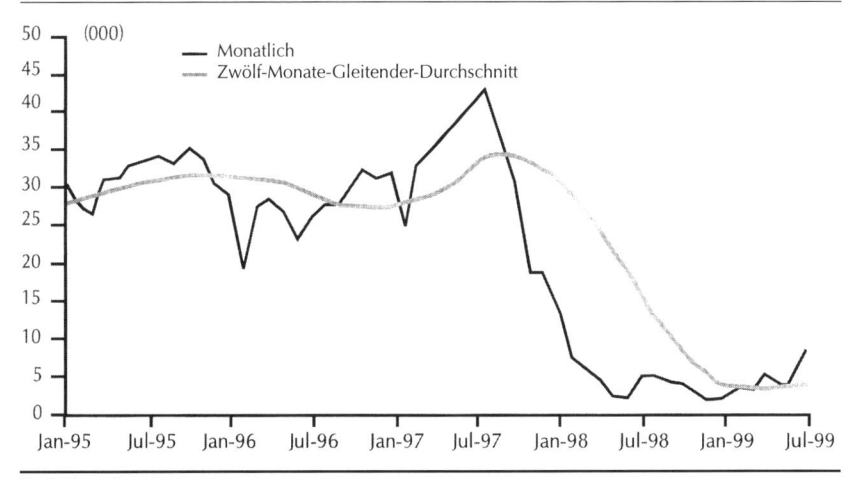

Quelle: Baring Securities

Abbildung 8

ABWERTUNGSEFFEKTE
Auslandsschulden Indonesiens, 1988–1998

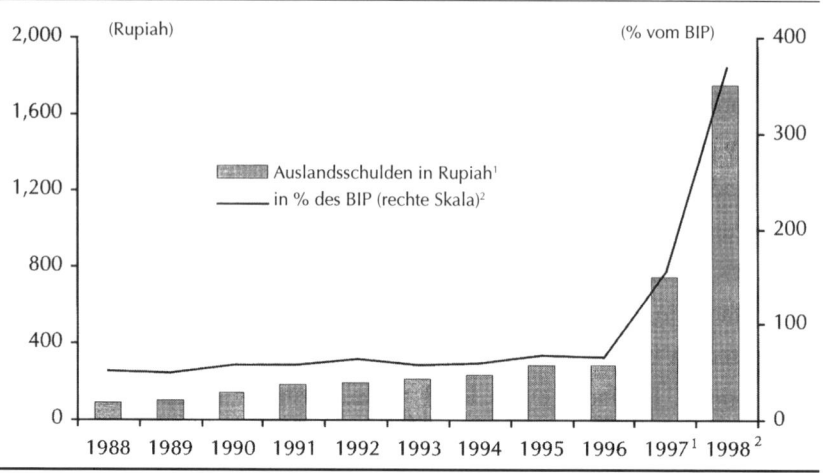

[Diagramm: Balken zeigen Auslandsschulden in Rupiah (linke Skala, 0–2.000), Linie zeigt Anteil in % des BIP (rechte Skala, 0–400), Jahre 1988 bis 1998²]

Legende:
- Auslandsschulden in Rupiah¹
- in % des BIP (rechte Skala)²

[1] 6.000 Rupiah/US$; [2] 3.000 Rupiah/US$; Quelle: Weltbank, Indonesien, Bank für Internationalen Zahlungsausgleich, Reuters, Schätzungen von Peregrine

Bedienung und Tilgung der Auslandsschulden in einheimischer Währung verteuert wird.

Zusätzlich zu der steigenden Schuldenlast als Folge der Zusammenbrüche der asiatischen Währungen litten auch zwei weitere Wachstumsmotoren Asiens: die Exporte und die ausländischen Direktinvestitionen. Während die starken Währungsabwertungen Asiens Wettbewerbsfähigkeit ein wenig verbesserten, wurde der Einfluss der Abwertungen durch den hohen Anteil an importierten, in US-Dollar abgerechneten Erzeugnissen und Rohstoffen gedämpft. Weiterhin wurden die Vorteile in den Fertigungskosten zunächst durch höhere Finanzierungskosten aufgewogen, vor allem, wenn die Exporteure in US-Dollar lautende Schulden hatten. Auch wurde in vielen Fällen in den Monaten nach der Krise eine Finanzierung, egal zu welchem Preis, unmöglich, wodurch Produktion und Export weiter abrutschten. Somit waren der einzige Grund für die oben genannte, bedeutende Verbesserung in den Handelsbilanzen einiger asiatischer Länder weniger die schnell steigenden Exporte als vielmehr der totale Crash der inländischen Volkswirtschaften – was zu einem Einbruch bei den Importen führte. Genauso würde sich das

Handels- und Leistungsbilanzdefizit der USA verbessern, wenn die USA erst einmal in eine ernsthafte Rezession schlittern.

Die im Herbst 1997 zusammenbrechenden Einfuhren Asiens forderten auch von Japans Exporten in diese Region ihren Tribut: Im November 1997 fielen die Aufträge für Industriemaschinen um 56 Prozent (72 Prozent dieser Exporte gehen nach Asien). Somit hätten, wenn Japan es geschafft hätte, die Wirtschaft 1998 anzukurbeln, die schwächeren Exporte jede heimische Verbesserung wieder zunichte gemacht. Die asiatischen Länder konnten ihre Exporte nach Japan nicht ausweiten mit der Folge, dass dessen Volkswirtschaft als Wachstumsmotor für die Region ausfiel.

Aber dann fand im Herbst 1998 ein für Asien glückliches Ereignis statt: Die Russland- und die LTCM-Krise brachten Alan Greenspan dazu, die monetären Bedingungen aggressiv zu lockern, was zum Hightech-Boom in 1999 und im Frühjahr 2000 führte. Der Konsum in den USA erholte sich (das Handelsbilanzdefizit verdoppelte sich) und bewirkte eine Erholung der asiatischen Exporte (siehe Abb. 9). Zusätzlich stabilisierte sich der inländische Verbrauch relativ schnell und bildete eine kleine Unterstützung für eine Wirtschaftserholung im Herbst 1998 und im

Abbildung 9

ANKURBELUNG DER ASIATISCHEN EXPORTE
US-Handelsbilanz

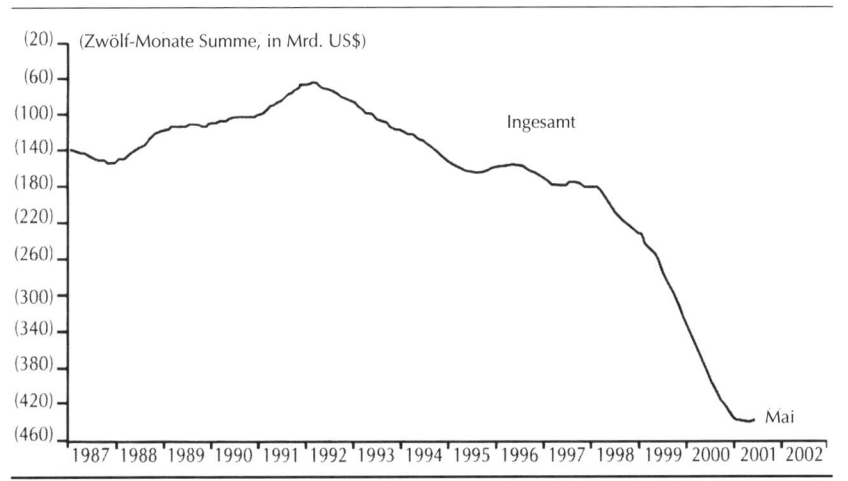

Quelle: Ed Yardeni / Prudential Securities (www.prudential.com)

Jahr 1999. Aber obwohl sich die ausländischen Direktinvestitionen nicht so stark erholten, wie die Volkswirte erwartet hatten, lag die Wirtschaft nicht lange darnieder. Wenn sich ausländische Firmen entschlossen, von den von der Abwertung gedrückten Preisen zu profitieren, kamen sie, wegen der Überkapazitäten, nicht mehr nach Asien, um Autofabriken, Hotels und Fertigungsanlagen zu bauen – sie kamen, um bereits bestehende Fabriken und Firmen zu kaufen. Das trieb den Wert der bestehenden Vermögensgegenstände nach oben, die mit großen Abschlägen zu den Wiederbeschaffungskosten verkauft wurden, und es rettete einige lokale Unternehmen. Doch es hatte nicht den gleichen, ankurbelnden Multiplikatoreffekt auf die Wirtschaft wie die Aufnahme neuer Projekte. Auch wurden mangels ausreichender Finanzmittel und angesichts der Unfähigkeit, Zugang zu den internationalen Kapitalmärkten zu bekommen, dringend notwendige Infrastrukturprojekte verschoben oder gestrichen.

Es gab noch einen weiteren Grund für die gedämpfte Erholung ausländischer Direktinvestitionen nach Asien. Wir haben vorher gesehen, dass sich das wirtschaftliche Umfeld für die meisten asiatischen Länder in den 90ern änderte, weil China ein mächtiger Wettbewerber auf den Exportmärkten wurde und viele Länder verdrängte, die sich auf steigende Exporte für das Wirtschaftswachstum verlie-

Abbildung 10

DIE NACHBARN VERDRÄNGEN
Anteil an US Importen

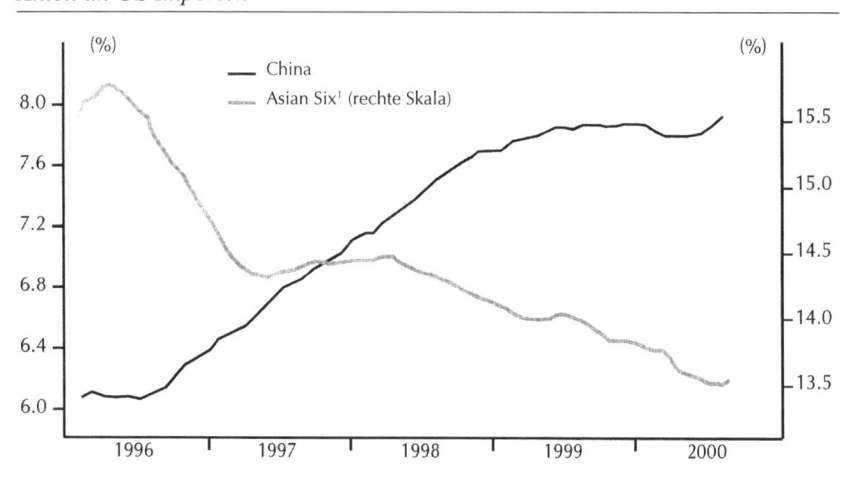

[1] Südkorea, Singapur, Malaysia, Thailand, die Philippinen und Indonesien; Quelle: *Bank Credit Analyst*

ßen (siehe Abb. 10). Zum Unglück für die Nachbarn war der chinesische Wettbewerb nicht auf die Exporte beschränkt. Wegen seiner starken Wettbewerbsposition bei der Produktion und des hohen Potenzials des Inlandsmarktes zog China in den 90ern in zunehmendem Maße ausländische Direktinvestitionen zu Lasten der anderen aufstrebenden Volkswirtschaften an sich. In der Tat investierten sogar die heimischen asiatischen Produktionsfirmen zunehmend in China, um von den sehr niedrigen Arbeitskosten und der stark verbesserten Infrastruktur zu profitieren.

Somit begann eine schwierige Zeit für die asiatischen Volkswirtschaften. Die Exporte erholten sich bis zum Jahr 2000, aber als der US-Hightech-Boom im Sande verlief und die US-Wirtschaft sich abschwächte, schrumpften sie erneut. Was vor allem in den ressourcenreichen asiatischen Ländern stabilisierend wirkte, war ein starker landwirtschaftlicher Sektor. Wie wir gesehen haben, lebt in vielen asiatischen Volkswirtschaften immer noch ein größerer Teil der Bevölkerung im landwirtschaftlichen Sektor als in den urbanen Zentren, in denen sich die Produktion normalerweise konzentriert. Der landwirtschaftliche Sektor hängt in allen aufstrebenden Volkswirtschaften hauptsächlich von den Rohstoffpreisen ab. Unter anderem erhöhten steigende Preise für Palmöl, Kaffee, Kakao und Gummi das Einkommen des Landwirtschaftssektors, wohingegen fallende Preise das Einkommen nach unten drückten, so wie es im 19. Jahrhundert in der US-Wirtschaft der Fall war. Was jetzt, während der 1997/98er-Krise, passierte, ist sehr interessant: Wie im Falle Indonesiens gezeigt, fiel die Rupiah von rund 2.500 gegen den Dollar auf über 15.000. Da der landwirtschaftliche Sektor aber Rohstoffe produziert, die auf den Weltmärkten in US-Dollar gehandelt werden, zogen die landwirtschaftlichen Güter in Rupiah an – obwohl auch diese damals schwach war. Mit anderen Worten: Während die verschuldeten heimischen Vermögen stark getroffen wurden – vor allem der Immobilien- und Produktionssektor –, kam es zu einer Verbesserung des landwirtschaftlichen Sektors in Relation zu den urbanen Zentren. Somit konnten sich die meisten asiatischen Volkswirtschaften trotz der einbrechenden Exporte über eine „inländisch angeführte Wirtschaftserholung" in den Jahren 2001/2002 freuen.

Der Silberstreif am Horizont

Die Asien-Krise nahm bei der Zerstörung von Wohlstand historische Ausmaße an. Doch sie brachte auch einige hervorragende Investmentmöglichkeiten. Jede Finanzkrise schafft ungewöhnliche Investmentmöglichkeiten, weil die Preise in den

Keller fallen, sich aber dann stark erholen – wie ein Tischtennisball (der so genannte „dead cat bounce"). Trotzdem muss ich klarstellen, dass diese Erholung in den Aktienkursen häufig nur eine vorübergehende ist, weil die Preise dann nochmals die Tiefpunkte testen oder diese sogar unterschreiten. Deshalb ist es wichtig zu verstehen, dass Preiszusammenbrüche in Aktien, Immobilien und anderen Vermögensklassen auf verschiedene Art und Weise auftreten können. Eine typische direkte Deflation der Vermögenspreise fand während der Depression der 30er-Jahre statt, als Aktien um fast 90 Prozent von ihren 1929er-Hochs fielen. Ein anderes Beispiel ist der Zusammenbruch des Nasdaq vor kurzem. Aber oftmals fallen die Preise in einheimischer Währung nur mäßig, während sie als Folge einer starken Währungsabwertung relativ zum realen Wert (in US-Dollar) völlig zusammenbrechen.

Das war der Fall während der Hyperinflation in Deutschland zwischen 1919 und 1923, in Lateinamerika nach 1980, in Russland 1993/94, in Mexiko 1995 und in Asien 1997/98. Vor allem die Zusammenbrüche im realen Preisniveau treten für finanzielle Vermögenswerte normalerweise in einer Krise auf, weil Währungsabwertungen für gewöhnlich von einem Preisverfall bei Aktien und Renten begleitet werden – den einzigen Vermögenswerten, die in einer Vertrauenskrise schnell liquidiert werden können. Ein Beispiel ist die indonesische Tabakfirma HM Sampoerna, die im Frühjahr 1997 eine Marktkapitalisierung von mehr als 6 Mrd. US-Dollar aufwies. Während der Krise brach diese auf rund 120 Mio. US-Dollar im Frühjahr 1998 zusammen. Währenddessen verliefen die Geschäfte aber gut, weil die Krise nicht den landwirtschaftlichen Sektor betraf (die Aktie erholte sich anschließend stark und erreichte eine Marktkapitalisierung von mehr als 16 Mrd. US-Dollar gegen Ende 1999).

Genauso kollabierten 1919 während der deutschen Hyperinflation die Aktienkurse (ausgedrückt in Gold) um fast 90 Prozent als Folge des Zusammenbruchs des deutschen Marktes. Auch in Lateinamerika war ein Preisverfall wie nach der Petrodollar-Krise 1980/81 und wie vor kurzem in Brasilien und Argentinien wegen Währungsabwertungen üblich.

In der Tat drängen sich Investmentmöglichkeiten direkt auf, wenn Länder starke und langanhaltende Währungsabwertungen erfahren. Deshalb möchte ich die Lehre von der Hyperinflation im nachfolgenden Kapitel detaillierter analysieren.

Wie lange dauert es, den Schaden zu beheben?

Ich habe gezeigt, dass das Exportwachstum vieler asiatischer Länder gelitten hat – unter der mexikanischen Peso-Abwertung 1995 und darunter, dass China einen immer größeren Anteil aller asiatischer Exporte für sich verbuchen konnte, vor allem nach der 55-prozentigen Abwertung 1994 (seit 1987 stieg der Anteil Chinas an allen asiatischen Exporten in die USA von sechs auf 26 Prozent). Somit sollten die neuesten Abwertungen in Asien in gewissem Ausmaß die Wettbewerbssituation einiger Länder verbessern. Aber der Effekt der Abwertungen von 1997/98 darf nicht überschätzt werden. Mexikanische und chinesische Arbeitskräfte sind immer noch billiger als die in Thailand, Malaysia, Indonesien und auf den Philippinen. Mexiko wird auch weiterhin von der Nähe zu den USA und, als Mitglied der NAFTA, von den niedrigeren Importzöllen in die USA profitieren. Und China wird jeden Tag wettbewerbsfähiger, weil die Arbeitskosten infolge der Produktivitätszugewinne weiter fallen.

China konnte vor kurzem vor allem die Produktion und den Export von elektronischen Produkten ankurbeln. Zurzeit stellen diese Produkte den größten Anteil an allen Exporten in einigen asiatischen Ländern (siehe Tabelle 3). China ist heute ein dominanter Produzent von Textilien, Kleidung, Schuhen und Spielzeug. Deshalb bin ich der Meinung, dass dieses Land bald auch der weltweit größte Produzent von elektronischen Komponenten, Kommunikationsausrüstungen und Halbleitern sein wird.

Schon heute kann man sehen, dass der Anteil der chinesischen Elektronik an den Gesamtexporten schnell wächst (siehe Abb. 11). Und wenn man sich die Überkapazitäten in der Elektronikindustrie anschaut, ist es wahrscheinlich, dass China die anderen asiatischen Produzenten das Fürchten lehren wird, wenn seine Kapa-

Tabelle 3

VERLASS AUF DIE GREENBACKS
Anteil des asiatischen BIP am US-Abschwung

	Exporte in % des BIP von 2000	Exporte in die USA in % des Exports	IT Exporte in % an den Exporten in die USA
Indien	10	39	30
Japan	10	31	31
China	23	40	30
Korea	37	23	55
Taiwan	48	27	55
Singapur	85	24	73

Quelle: CEIC / JP Morgan

Abbildung 11

MEHR UND MEHR VERKABELT
Chinesische Elektroexporte in % aller Exporte, 1996–2000

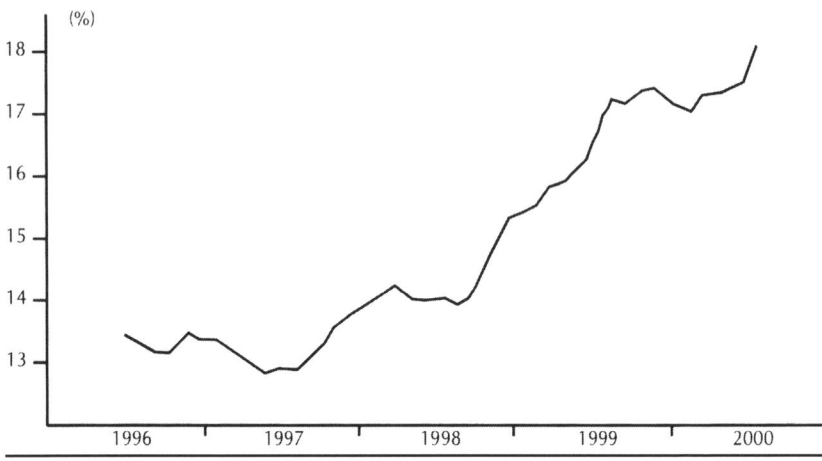

Quelle: BCA Research

zitäten einmal komplett in Betrieb genommen werden. Deshalb sollten wir auch in einer weltweiten Wirtschaftserholung nicht erwarten, dass es dem Produktionssektor Asiens außerhalb China besonders gut gehen wird. Und doch wird China, wie ich in Kapitel 13 zeigen werde, für einige Sektoren der asiatischen Volkswirtschaften zum größten Kunden werden.

Kapitel 10

Die Lehre von der Inflation

Das erste Allheilmittel einer heruntergewirtschafteten Nation ist die Inflation der Währung; das zweite ist Krieg. Beides bringt vorübergehenden Wohlstand; beides bringt nachhaltige Zerstörung.
Ernest Hemingway (1899–1961)

Vor 20 Jahren schlug mir mein Freund Gilbert de Botton, der GAM gegründet hat, vor, „The Economics of Inflation" zu lesen, ein Buch aus dem Jahr 1931, von Professor Constantino Bresciani-Turroni, italienischer Volkswirt und Mitglied der Deutschen Reparationskommission während der Jahre der Weimarer Hyperinflation. Ich lege dieses Buch jedem ans Herz, der sich für Anlagethemen interessiert, weil es die umfassendste Analyse der Ursachen und Wirkungen von Inflation sowohl auf die Preise von Gütern, Vermögenswerten, Rohstoffen und Devisen als auch auf Wirtschaftsaktivitäten, den Staatshaushalt, den Außenhandel und die Sozialstruktur der Gesellschaft ist.

Die meisten Investoren glauben, dass Inflation schlecht sei für finanzielle Vermögenswerte und gut für reale Werte wie Gold, Silber, Diamanten und Immobilien. Was aber in der Regel übersehen wird, ist die Tatsache, dass in Volkswirtschaften mit sehr hoher Inflation Aktien zu einem bestimmten Zeitpunkt geradezu lächerlich unterbewertet sind und deshalb hervorragende Kaufgelegenheiten bieten. Ich nenne dieses Phänomen das „Paradoxon der Inflation": Statt ein hohes Preisniveau zu schaffen, neigt Hyperinflation dazu, extrem niedrige Preise zu erzeugen, weil die Währungsabwertung (aufgrund massiver Kapitalflucht) die einheimische Inflation überkompensiert.

Ich kann mich an mehrere Fälle erinnern, in denen Aktien in hochinflationären Volkswirtschaften spottbillig wurden: die Philippinen 1985/86, Argentinien 1989, Brasilien und Peru 1990. Auf den Philippinen führten in den frühen 80ern die hohe Inflation und eine schlechte Wirtschaft sowie die sozialen und politischen Bedingungen unter Marcos Regime dazu, dass Aktien und der Wert des Peso stark fielen. 1985 lag der Commercial Stock Index in US-Dollar um 76 Prozent unter seinem Allzeithoch der 80er. Der Mining Index fiel um 94 und der Ölindex um 97 Prozent. Die Gesamtmarktkapitalisierung der sechs größten Firmen (damals Benguet, San Miguel, PLDT, Atlas, Philex und Ayala) fiel auf nur noch 340 Mio. US-Dollar, und der gesamte philippinische Aktienmarkt wies eine Kapitalisierung von weniger als 500 Mio. US-Dollar auf (heute, sogar nach der Asien-Krise von 1997, beträgt die Marktkapitalisierung rund 25 Mrd. US-Dollar). PLDT wurde für weniger als 40 Mio. US-Dollar mit einem KGV von 1,7 gehandelt. San Miguel hatte eine Marktkapitalisierung von nur 60 Mio. US-Dollar – weniger als 75 Prozent des Wertes der in Hong Kong notierten Tochtergesellschaft. Auf ihrem Höhepunkt in den späten 90ern stieg PLDT auf über vier Mrd. US-Dollar, während San Miguel sogar mehr als 4,5 Mrd. US-Dollar erreichte. Wenn Ihnen also Strategen erzählen wollen, dass US-Aktien billig erscheinen, dann erinnern Sie sie an die Bewertung der philippinischen Aktien 1985.

Lateinamerika in den 80ern

Wegen unseres Interesses an Volkswirtschaften mit hoher Inflation und niedrigem Preisniveau besuchte ich 1988 Argentinien sowie Peru und Brasilien 1990. In den 80ern litten all diese Volkswirtschaften unter wirtschaftlicher Depression, sozialem Unfrieden, Hyperinflation, dem Fehlen ausländischer Direktinvestitionen, einer Kapitalflucht riesigen Ausmaßes und dem Zusammenbruch ihrer Währungen. Das Ergebnis waren extrem niedrige Bewertungen der Vermögenswerte dieser Länder. In der Tat liefert ein Vergleich Argentiniens während den Jahren der Hyperinflation in den 80ern mit Argentinien nach dem Konvertierungsplan in den 90ern ein gutes Bild des Paradoxon der Inflation. Tabelle 1 vergleicht die Inflationsrate von 1977 bis 1987 mit der Marktkapitalisierung der 16 größten Aktien in US-Dollar. Wie man sehen kann, gab die besten Kaufgelegenheiten zu dem Zeitpunkt, als die Inflation am höchsten war.

Als ich 1988 Argentinien besuchte, war ich wirklich überrascht: Die Gesamtmarktkapitalisierung betrug lediglich 750 Mio. US-Dollar, und das tägliche Han-

Tabelle 1
DAS PARADOXON DER INFLATION
Marktkapitalisierung der 16 größten Werte in Argentinien vs. Inflation, 1977–1987

	Millionen US$	Inflationsrate
1977	292.056	160.4
1978	771.334	169.8
1979	2,010.622	139.7
1980	1,801.148	87.6
1981	674.588	131.3
1982	349.867	209.7
1983	733.715	433.7
1984	567.346	688.0
1985	1,092.563	385.4
1986	637.550	81.9
1987	584.728	131.0

Quelle: Consultores de Inversiones Bursatiles Y Francieras, Buenos Aires

delsvolumen an der Börse von Buenos Aires betrug weniger als eine Mio. US-Dollar. Ein qualitativ hochwertiges Beefsteak vom Jungtier kostete nur fünf US-Dollar, ein Luxusappartement 70.000 US-Dollar und ein ganzes Bürohaus in bester Lage nur eine Million US-Dollar! Das war zu einer Zeit, als die Inflation bei 600 Prozent jährlich lag. Aber wie war die Situation einige Jahre später, 1994, als die Inflation in Argentinien auf weniger als zehn Prozent gedrosselt wurde? Alles war teurer geworden und Buenos Aires mal wieder – wie in den 70ern – eine der teuersten Städte der Welt.

Der argentinische Aktienmarkt hatte ebenfalls einen Höhenflug hinter sich. Molinos, die 1987 für weniger als 20 Mio. US-Dollar gekauft werden konnten, waren 1994 insgesamt 515 Mio. US-Dollar wert; und Picardo, die 1986 für nur zwölf Mio. US-Dollar gehandelt wurden, erreichten 213 Mio. US-Dollar (die gesamte Marktkapitalisierung ist in der Zwischenzeit auf 34 Mrd. US-Dollar gewachsen, aber offensichtlich wurde ein Teil dieses Anstiegs durch die Privatisierung von Staatsvermögen verursacht). In dieser Zeit stiegen auch die Preise für argentinische Schulden erheblich. Die Rendite der Bonex-Papiere, die in den späten 80ern um die 20 Prozent schwankte, fiel auf rund neun Prozent 1994, und argentinische Auslandsanleihen, die 1989 für zwölf gehandelt wurden, stiegen auf über 80.

Unter Präsident Alberto Fujimori erfuhr Peru zwischen 1991 und 1994 einen ähnlichen Umschwung. Die Inflation fiel von über 1.000 Prozent p. a. auf weniger als zehn Prozent p. a., die Marktkapitalisierung stieg von 600 Mio. US-Dollar auf fünf Mrd. US-Dollar, und die Auslandsanleihen stiegen von drei Cent auf über 70!

[Man muss sich bewusst machen, dass sowohl in entwickelten als auch in aufstrebenden Märkten in Mitleidenschaft gezogene Anleihen und Länderkredite manchmal großartige Investmentmöglichkeiten anbieten. Zurzeit würde ich in Länderkredite von Cuba und Nordkorea investieren.] Einer der Gründe, warum ich mich an Peru erinnere, ist, dass das Land zwischen 1990 und 1991 am Rande eines Bürgerkriegs stand und kein besonders sicherer Ort war, um dort Urlaub zu machen. Dennoch zeigt das Land in der Nacht seine ausgeprägte Lebensenergie. Offensichtlich erzeugt Hyperinflation in Kombination mit einem schlechten politischen und sozialen Umfeld gleichzeitig phantastische Kauf- wie auch Unterhaltungsmöglichkeiten.

Russland in den frühen 90ern und die deutsche Hyperinflation

1993/94 entwickelte sich eine ähnliche Situation in Russland. Einige Experten verglichen damals die politische und wirtschaftliche Landschaft mit den Jahren der Hyperinflation nach der Weimarer Verfassung vom 19. August 1919. Ob ein solcher Vergleich angebracht ist, ist diskussionswürdig, denn auf die katastrophalen Jahre der deutschen Hyperinflation von 1919 bis 1923 folgte eine Periode des Wohlstands in den späten 20ern, was in Russland nicht der Fall war.

Abb. 1 von Bresciani-Turroni zeigt, wie sich die realen Preise in Deutschland zwischen 1913 und 1924 bewegten. Es ist deutlich zu erkennen, wie die Großhandelspreise, Lebenshaltungskosten, Reallöhne und Aktienpreise bis 1922 dramatisch fielen – und man beachte den starken Anstieg im Jahr 1923! Das Paradoxon der Inflation ist klar erkennbar, und es wurde damals auch von Volkswirtschaftlern, unter anderem von Bresciani-Turoni, in Deutschland sehr ausführlich dokumentiert. Gegen Ende 1922 fiel der deutsche Lebenshaltungskostenindex auf rund 40 gegenüber einem Index der Weltpreise, der bei 150 stand (Basis: 1913 = 100 – ausgedrückt in Gold). Der deutsche Wirtschaftswissenschaftler Richard Gaettens berichtete in seinem Buch „Inflationen" von einem holländischen Geschäftsmann, der 1923 Deutschland bereiste und feststellte, dass ein Halstuch nur 20 Prozent des Preises in Holland kostete. Er kaufte den gesamten Ladenbestand von 4.000 Halstüchern und verkaufte ihn mit einem ansehnlichen Gewinn in seiner Heimat. Gaettens hebt auch hervor, wie Ausländer deutsche Immobilien und Aktien zu Ausverkaufspreisen erwarben. Abb. 1 und Tabelle 2 zeigen, wie billig Aktien wurden, wenn man den Verfall der Mark mit einrechnet. (Bitte beachten Sie, dass in

Abbildung 1

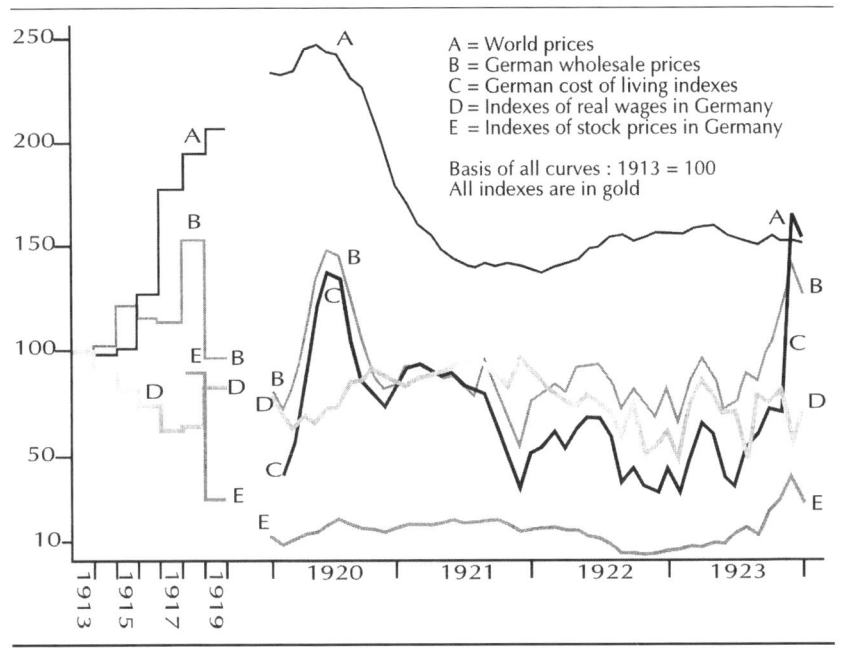

WEIMARER DEFLATION 1
Preise in Deutschland 1913–1923

A = World prices
B = German wholesale prices
C = German cost of living indexes
D = Indexes of real wages in Germany
E = Indexes of stock prices in Germany

Basis of all curves : 1913 = 100
All indexes are in gold

Quelle: Brescani-Turroni

Tabelle 2 die erste Spalte den Deutschen Aktienpreisindex in heimischer Währung anzeigt. Die zweite Spalte zeigt den Aktienindex, bereinigt um den Währungsverfall der Mark.)

Die erste großartige Kaufgelegenheit ergab sich im Februar 1920, als der Dollarindex für deutsche Aktien bei nur 8,47 gehandelt wurde (1913 = 100). Innerhalb von fünf Monaten verdoppelte sich der Index in Dollar, hauptsächlich deswegen, weil die Mark sich kurz, aber stark erholte. Von Sommer 1920 bis Februar 1922 hielt der Dollarindex seinen Stand, fiel jedoch dann tief, weil der Währungsverfall den Anstieg der Aktienpreise in heimischer Währung bei weitem übertraf. Nach Brescani-Turoni stieg das heimische Preisniveau bis Anfang November 1922 (als der Dollarindex bis auf 2,72 gefallen war) um das 89fache im Vergleich zu 1914, während der Wert des Dollars um das 1.525fache stieg, der Kohlepreis um das 1.250fache, Stabeisen um das 2.000fache und der Großhandelspreisindex um das 945fache.

WEIMARER DEFLATION 2
Preisindex für deutsche Aktien (1913 = 100)

Tabelle 2

	1918		1919		1920		1921		1922		1923	
	in Papiermark	um den Wechselkurs des Dollars bereinigt	in Papiermark	um den Wechselkurs des Dollars bereinigt	in Papiermark	um den Wechselkurs des Dollars bereinigt	in Papiermark	um den Wechselkurs des Dollars bereinigt	in Papiermark	um den Wechselkurs des Dollars bereinigt	in Papiermark	um den Wechselkurs des Dollars bereinigt
Januar	126	101.55	97	49.68	166	10.73	278	18	743	16.27	21,400	5.24
Februar	131	104.32	98	45.57	300	8.47	260	17.82	841	16.98	45,200	6.79
März	132	106.48	97	39.2	196	9.82	265	17.84	986	14.57	33,600	6.66
April	133	109.23	96	31.99	184	12.93	275	18.17	1018	14.69	50,200	8.61
Mai	138	112.75	91	29.74	160	14.45	277	18.71	873	12.63	95,100	8.38
Juni	137	107.36	96	28.77	167	17.93	299	18.12	823	10.89	352,000	13.44
Juli	137	99.34	100	27.85	187	19.92	337	18.45	897	7.63	1,349,400	16.03
August	143	98.53	99	22.08	204	17.98	389	19.36	1156	4.28	12,474,300	11.33
September	135	86.03	112	19.56	220	15.94	492	19.69	1262	3.61	531,300,000	22.65
Oktober	109	69.28	124	19.41	245	15.06	644	18.00	2062	2.72	171,322[1]	28.47
November	95	53.72	125	13.7	260	14.12	936	14.94	5070	2.96	23,680,000[1]	39.36
Dezember	88	44.63	127	11.4	274	15.79	731	15.99	8981	4.97	26,890,000[1]	26.8

Quelle: *The Economics of Inflation*, Costantino Bresciani-Turroni

Der riesige relative Verfall der Aktienpreise (ein Minus von mehr als 97 Prozent in Dollar) schuf einige außergewöhnliche Situationen. Daimler, eine der größten und profitabelsten Firmen Deutschlands, hatte ein Aktienkapital von weniger als 980 Millionen Papiermark. Da ein Auto der Firma damals im Schnitt 3.000.000 Mark kostete, betrug die gesamte Marktkapitalisierung der Firma Daimler das Äquivalent von nur 327 Autos. Und die Marktkapitalisierung der 16 besten Tietz-Geschäfte war identisch mit dem Kaufpreis von 16.000 Anzügen.

Die letzten Monate des Jahres 1922 boten eine herausragende Kaufgelegenheit für deutsche Aktien (siehe Tabelle 2). Vom Tiefpunkt im Oktober 1922 bei 2,72 stieg der Dollarindex bis November 1923 auf 39,36 – ein Gewinn von fast dem 15fachen in 13 Monaten! Mit anderen Worten: Jeder, der nach dem März 1919 deutsche Aktien gekauft hatte, verdiente im November 1923 Geld, auch in Dollar gerechnet. Der Anstieg der Aktienpreise 1923 war außergewöhnlich, wenn man bedenkt, dass die Franzosen das Ruhrgebiet besetzten und die Arbeitslosigkeit in Deutschland stieg. Aber man muss verstehen, dass während der Zeit der Hyperinflation eine spekulative Manie den deutschen Aktienmarkt prägte. Die Öffentlichkeit glaubte, dass die Papiermark nicht länger ihre Funktion als Werterhaltungsinstrument erfüllen konnte, und der Kauf von Aktien wurde nicht nur als ein Investment für Mehrwert und Ersparnisse angesehen, sondern als kurzfristiges Mittel, um Liquidität zu parken und um Arbeitskapital zu schützen, das 1919 bis 1923 durch den ständigen Geldverfall bedroht wurde.

In der Tat lässt sich häufig Folgendes beobachten: Je schlechter die Bedingungen werden, desto stärker steigen die Aktienkurse. Diese paradoxe Situation wurde im Juli 1923 in einem Artikel in „Plutus", damals die führende Finanzzeitung, beschrieben: „Es gab außergewöhnliche Anstiege bei den Notierungen aller Aktien; der Hauptgrund hierfür ist die katastrophale Veränderung der wirtschaftlichen Situation." Ich möchte anmerken, dass 2001 bis 2002 der Aktienmarkt in Zimbabwe in heimischer Währung sehr stark gestiegen ist. Der Grund ist, dass wegen der katastrophalen wirtschaftlichen und finanziellen Bedingungen des Landes die Leute mit Geld in Zimbabwe hastig Aktien kauften, weil Aktien praktisch die einzige Werterhaltungsfunktion in der Hyperinflation des Landes, dem Währungsverfall und bei der Enteignung der Farmen der weißen Siedler haben.

Die Weimarer Hyperinflation endete im Herbst 1923, als die deutsche Regierung per Dekret am 15. Oktober 1923 die Rentenmark einführte, von der maximal 2.400 Millionen ausgegeben werden durften; 1.200 Millionen wurden zur Disposition der Regierung gestellt. Zur Überraschung aller funktionierte die Finanzreform; sie wurde als das „Wunder der Rentenmark" bekannt. Konsum und Produktion verbesserten sich unverzüglich. Der Fleischkonsum, der vor dem Ersten Weltkrieg 52 kg pro Kopf betrug, fiel bis 1923 auf 22 kg, stieg aber dann 1924 wieder bis auf 41 kg. Der Bierverbrauch, der zwischen 1921 und 1923 um mehr als 50 Prozent eingebrochen war, verdoppelte sich 1924. Der starken Erholung 1924 folgte eine „Stabilisationskrise" im Jahr 1925, weil es zu wenig Arbeitskapital für die Geschäfte gab – eine Folge der Hyperinflation, in der Kapital „immobilisiert" wurde. (Die „Immobilisierung" von Kapital findet während inflationärer Perioden statt, weil sich das günstigste Verhältnis zwischen „Anlagekapital" und „Umlaufkapital" in Richtung des Erstere bewegt.) 1925 wuchs Geld sehr knapp, und Aktien fielen stark (aber nicht auf die Tiefpunkte von 1923). Die Stabilisationskrise aber erwies sich aus einem langfristigeren Gesichtspunkt als günstig: Sie zwang die deutsche Wirtschaft zu einer dramatischen Rationalisierung, wodurch Gelder aufgetaut und individuelle Ersparnisse mobilisiert wurden; ausländische Direktinvestitionen wurden wegen des hohen, heimischen Realzinssatzes angezogen. Somit folgte eine energische wirtschaftliche Expansion, die von 1926 bis zum Anbruch der Depression der 30er andauerte.

Die Weimarer Inflation, die Finanzreform von 1923, die Stabilisationskrise und die darauf folgende wirtschaftliche Erholung stellen eine Periode enormer wirtschaftlicher Komplexität dar, und die Beschäftigung mit ihr ist ein absolutes Muss für einen Wirtschaftsstudenten. Dieses Buch will zeigen, dass in Ländern mit Hyperinflation oder in Ländern, die einen massiven Währungsverfall erleiden, wie in Asien 1997/98, die Aktien geradezu lächerlich billig werden. Zu diesem Zweck möchte ich an Folgendes erinnern: Die deutschen Aktienpreise fanden ihren Boden im Oktober 1922 – ein Jahr vor der Rentenmark, zu deren Einführung sie bereits um mehr als das Zehnfache gestiegen sind (siehe Tabelle 2). Nach Einführung der Rentenmark performten die Aktien bis 1926 schlecht, als das wirtschaftliche Wachstum wieder an Fahrt gewann. Des Weiteren hielten sich die deutschen Aktien oberhalb ihrer 22er-Tiefs, während die US-Aktien während der Depression der 30er weit unter ihre Niveaus von Anfang der 20er fielen. Ganz klar: Der beste Zeitpunkt, um deutsche Aktien in diesem Jahrhundert zu kaufen, war mitten in der Weimarer Inflation, als die wirtschaftlichen, sozialen und politischen Bedingungen horrend aussahen (siehe Abb. 2 – bitte beachten Sie auch, dass die deutschen Aktien ein Hoch im Jahre 1962 erreichten und es bis 1984 dauerte, dieses Hoch zu übertreffen – 24 Jahre später!).

Ich hatte zwei Gründe, das Paradoxon der Inflation genauer zu diskutieren. Zum Ersten wollte ich zeigen, dass in dem Fall eines starken Währungsverfalls, wo-

Abbildung 2
CHANCEN IN DER DEFLATION
Aktienpreisindex für Deutschland 1919–1986

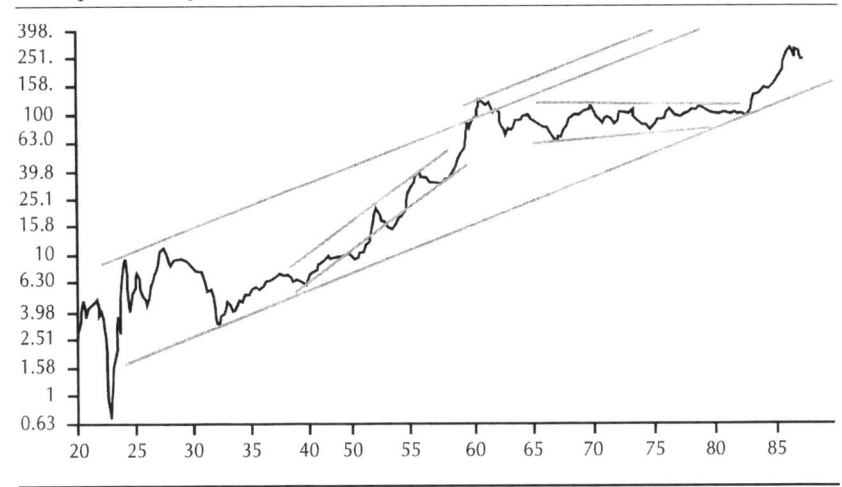

Quelle: Rolf Bertschi, Credit Suisse Private Banking, 1987, Zürich

rin er auch immer begründet sein mag, Aktien normalerweise extrem unterbewertet sind. Das war in den 70ern in den USA der Fall (als der Dollar rund 70 Prozent gegenüber harten europäischen Währungen verlor), in Lateinamerika in den 80ern, in Russland in den frühen 90ern und in Asien nach der 97er-Krise. Währungsabschwächungen traten immer wegen inflationären Drucks auf, und nicht umgekehrt. In den frühen 20ern in Deutschland, in Lateinamerika in den 80ern und in Russland nach dem Zusammenbruch des Kommunismus war es jeweils die Hyperinflation, die zum Zusammenbruch der Währung und zu einem niedrigen Preisniveau geführt hat.

Im Falle von Asien aber war es nicht die Hyperinflation, die zu überbewerteten Währungen und dann zu deren Kollaps führte, sondern es waren die überzogenen Preise von Vermögenswerten – vor allem von Immobilien und Aktien. Wie in Kapitel 9 betont, machte die Unausgeglichenheit der heimischen Vermögenswerte, die einen Einkommensfluss in heimischer Währung und in Verbindlichkeiten in ausländischen Währungen aufwiesen, dieses Problem noch größer. Und noch eins: Wenn hochinflationäre Perioden zu niedrigen Aktienbewertungen führen, dann haben niedriginflationäre Länder normalerweise ein hohes Preisniveau und ebenso hohe Aktienbewertungen – geschehen in Japan in den späten 80ern und in den westlichen Finanzmärkten in den späten 90ern.

Der zweite Grund für die Diskussion des Einflusses der Inflation auf Aktienpreise besteht darin, dass sich in den frühen 90ern in Russland eine einzigartige Kaufgelegenheit ergab, die der Situation während der deutschen Hyperinflation in den 20ern sehr ähnlich war – und das, obwohl seitdem die Aktienbewertungen gestiegen sind und die Aktien dort, in internationalen Standards gemessen, immer noch extrem niedrig bewertet sind. Die Möglichkeit besteht also nach wie vor. Nach dem Zusammenbruch des Kommunismus erlitt die ehemalige Sowjetunion einen schrecklichen wirtschaftlichen Niedergang. In Tabelle 3 ist zu sehen, dass die russische Wirtschaft zwischen 1989 und 1994 um 50 Prozent schrumpfte. Ich muss aber klarstellen, dass diese offiziellen Statistiken die wirtschaftliche Entwicklung vielleicht schlechter darstellten, als sie in Wirklichkeit war, da unter der Planwirtschaft und dem totalitären politischen System die ehemalige Sowjetunion jede wirtschaftliche Aktivität streng kontrollierte. Es gab nur sehr wenig Schmuggel, die Aktivitäten auf dem Schwarzmarkt waren sehr begrenzt, und da ein strenges Produktionsergebnis-Quoten-System existierte, wusste der Staat genau, wie viel in der Landwirtschaft und im Industriesektor produziert wurde. Nach dem Zusammenbruch des Kommunismus veränderte sich das völlig. Recht und Ordnung brachen zusammen, weil die Staatsinstitutionen ihre Macht verloren. An die Stelle der ineffizienten, bisher hoch regulierten Planwirtschaft trat ein wirtschaftlicher Dschungel, da es noch keine rechtliche und kommerzielle Infrastruktur gab, die für den Kapitalismus unabdingbar ist (keine Eigentumsrechte, keine Handelsgesetze, kein gerechtes Steuersystem, keine Bilanzierungsstandards).

Tabelle 3

UM DIE HÄLFTE GEKAPPT
Osteuropas Wirtschaftsentwicklung (BIP-Wachstum in %)

	1989	1990	1991	1992	1993	1994
Russland	3.0	(2.0)	(12.9)	(18.5)	(15.0)	(9.0)
Ukraine	4.1	(2.6)	(11.2)	(14.0)	(15.0)	(10.0)
Kazachstan	-	-	(12.0)	(13.0)	(15.0)	(10.0)
Polen	0.3	(11.6)	(7.6)	1.0	4.0	4.0
Czechische Republik	1.4	(1.2)	(14.2)	(7.1)	0.0	3.0
Slovakische Republik	1.0	(2.5)	(11.2)	(7.0)	(7.0)	(2.0)
Ungarn	0.1	(3.3)	(11.9)	(4.5)	(3.0)	1.0
Bulgarien	(0.6)	(9.1)	(11.7)	(7.7)	(5.0)	0.5
Rumänien	(5.8)	(7.4)	(13.7)	(15.4)	(6.0)	1.0

Quelle: Vienna Institute for Comparative Studies, Commerzbank-Schätzungen für die Jahre 1993 und 1994

Die Folgen dieser „Wild West"-mäßigen Gesetzlosigkeit waren ein dramatischer Einbruch der offiziellen Produktionsergebnisse und gleichzeitig ein explosiver Anstieg der „grauen Wirtschaft", die in den offiziellen Regierungsstatistiken nicht auftaucht. Diese inoffizielle Wirtschaftsaktivität wurde normalerweise mit der Mafia in Verbindung gebracht. Aber wenn es keine definierten Handelsgesetze gibt oder wenn Gesetze existieren, aber nicht durchgesetzt werden, weil die Regierung ihre Macht und Autorität verloren hat und bei der russischen Bevölkerung in Verruf steht – wer soll dann sagen, was erlaubt ist und was nicht?

Ich möchte darauf hinweisen, dass in den meisten aufstrebenden Volkswirtschaften die Statistiken das BIP unterbewerten, da die offiziellen Statistiken weite Teile der Wirtschaft nicht abdecken. Da ein großer Anteil des landwirtschaftlichen Sektors immer noch wie eine Art privater Haushalt funktioniert, in dem der Tausch üblich ist, schätze ich, dass das BIP in überwiegend landwirtschaftlich strukturierten Volkswirtschaften um 20 bis 25 Prozent höher liegt, als die offiziellen Statistiken anzeigen. Im Gegensatz dazu scheint das BIP die echte wirtschaftliche Aktivität in hochentwickelten Volkswirtschaften zu überschätzen, die Transaktionen, die normalerweise im Haushalt erledigt werden (etwa Waschen, Bügeln oder Kochen), komplett auf die Serviceindustrie outgesourct haben (beispielsweise Waschsalons, Fast Food, Catering-Service oder Schneidereien).

Was in den frühen 90ern in Russland geschah, war eine totale wirtschaftliche Anarchie, eine Zeit, die den Tagen des amerikanischen „Raubrittertums" im 19. Jahrhundert wahrscheinlich sehr ähnlich war. Man muss sehen, dass der Aufstieg einer unternehmerisch denkenden Klasse nicht nach dem Zusammenbruch des Kommunismus 1989 begann, sondern bereits lange davor. In der Ausgabe vom 29. Juni 1981 erschien in der „Fortune" ein Artikel mit der Überschrift „Russlands Untergrund-Millionäre – Wie man im Geschäft überlebt, wenn ein Geschäft ein Verbrechen ist". Viele der in den frühen 90ern erfolgreichen Familien waren bereits vorher sehr erfahren in den Methoden, ein Geschäft nach ihren eigenen Regeln zu leiten. Was als Mafia bezeichnet wurde, war oftmals kein organisiertes Verbrechen, sondern es waren unternehmerisch denkende Menschen, die in organisierter und gut strukturierter Art und Weise innerhalb eines chaotischen, wirtschaftlichen Umfelds operierten.

Das erste Mal war ich 1981 in Russland und besuchte es danach noch mehrere Male. Meiner Meinung nach gibt es absolut keinen Zweifel daran, dass es den Leuten in den frühen 90ern, trotz des harten, wirtschaftlichen Abschwungs – nach den offiziellen Zahlen – wesentlich besser ging als bei meinem ersten Besuch. Indem die ineffiziente, offizielle Wirtschaft schrumpfte und die Untergrundwirtschaft sehr schnell expandierte, wurden einige Leute mit guten Beziehungen und flexiblem Verstand sehr schnell sehr reich, während andere, wie die Pensionäre, auf der Verliererseite standen. Aber das war eher eine Folge der Hyperinflation, die Russland in den frühen 90ern ergriff, als des Schrumpfens der Realwirtschaft. Tatsächlich habe ich diese sehr schnelle Polarisierung der Gesellschaft in den meisten Transformationswirtschaften beobachtet. In China, Vietnam und Osteuropa wurden in den Jahren nach dem Zusammenbruch des Kommunismus Mitglieder der Regierung, der Polizei, der Armee und des Geheimdienstes sowie deren Verwandte, genauso wie Leute mit Beziehungen zu diesen Personen, sagenhaft reich, während die Arbeiterklasse und die Pensionäre Verluste erlitten (absolut gesehen waren sie vielleicht nach dem Zusammenbruch des Kommunismus besser gestellt, aber im Vergleich zu den Wohlhabenden wurden sie ärmer, und das Wohlstandsungleichgewicht wurde größer).

Eines der Probleme Russlands war, dass es – anders als China – die Privatisierungsbemühungen für den Staatssektor sehr schnell und radikal vorantrieb. Bereits 1992 wurde das Massenprivatisierungsprogramm gestartet. Die „Volksprivatisierung" legte fest, dass der Großteil (40 bis 51 Prozent) des zu privatisierenden Vermögens den Arbeitern und dem Management der jeweiligen Unternehmen gehören sollte. Der Rest wurde auf Staats-Eigentums-Fonds übertragen, die per Gesetz dazu verpflichtet waren, mindestens 29 Prozent des Kapitals dieser Firmen mittels Gutscheinauktionen zu verkaufen. Die Gutscheine wurden gegen eine nominale Gebühr an alle russischen Bürger verteilt, und sie waren die einzigen akzeptierten Zahlungsmittel bei den Auktionen (die Gutscheine waren somit eine Art Staatseigentums-Privatisierungs-Schecks). Bis Ende 1993 hatten bereits 144 Mio. russische Bürger oder 96 Prozent der Gesamtbevölkerung solche Privatisierungsgutscheine mit einem nominalen Wert von 10.000 Rubel (im Juni 1992 ca. 25 US-Dollar wert) erhalten. Da die Gutscheine in Rubel notierten, waren sie sofort handelbar, was schnell zur Gründung von amtlich zugelassenen Gutschein-Fonds führte, die russische Variante von Investmentfonds (bis 1993 haben 550 Gutscheinfonds rund 17 Prozent aller ausgegebenen Gutscheine gekauft). Während seit dem Zusammenbruch des Kommunismus in Russland praktisch alles schief ging, war das Massenprivatisierungsprogramm sehr erfolgreich und tief greifend – vor allem angesichts der Schwierigkeiten, die ein so neuer Plan mit sich bringt und die entstehen, wenn man diesen Plan in einem so großen Land wie Russland umsetzen will. So wurden bis Ende 1993 über 7.000 mittlere und große Unternehmen und mehr als 90.000 kleine Unternehmen privatisiert.

Seit ihrer Emission wurden die Gutscheine aktiv gehandelt, und ihre Preise schwankten zwischen drei und 26 US-Dollar. Ein zweiter, wenngleich auch damals illiquider Markt für Aktien von privatisierten Firmen entstand parallel. Die meisten Trades zwischen Arbeitern, Managern, strategischen Investoren, Gutscheinfonds, Spekulanten und einigen Ausländern wurden aber außerhalb des Marktes abgewickelt. Als die Privatisierung griff, waren die Bewertungen extrem niedrig. Bis Juni 1993 waren schätzungsweise 15 Prozent der russischen Industrie durch das Gutschein-Auktionssystem verkauft. Rund 20 Prozent des Kapitals dieser privatisierten Firmen gingen an Außenstehende (im Gegensatz zu den Arbeitern und Managern, die, wie erwähnt, großes Interesse an den Firmen hatten). Mit anderen Worten: Bis Juni 1993 wurden drei Prozent der russischen Industrie von Außenstehenden gekauft, die schätzungsweise 15 Mio. Gutscheine zeichneten. Angenommen, diese Gutscheine waren im Schnitt acht US-Dollar wert, als sie angeboten wurden, dann waren drei Prozent des russischen Kapitals etwa 120 Mio. US-Dollar wert. 1994 kosteten die Privatisierungsgutscheine rund zwölf US-Dollar, womit die gesamte russische Industrie mit nur fünf bis sechs Mrd. US-Dollar bewertet wurde!

Wenn man bedenkt, dass Russland weltweit die Nummer eins bei der Produktion vieler Mineralien und Energieressourcen, inklusive Mangan, Titanium, Nickel, Rohöl und Erdgas, die Nummer zwei bei der Produktion von Aluminium, Vanadium und Platin sowie die Nummer vier bei der Produktion von Gold und Kohle war und dass die Bevölkerung ein relativ hohes Ausbildungsniveau hatte (Russland war in keinster Weise ein Land der Dritten Welt), so waren die Vermögenswerte lächerlich billig. Tabelle 4 gibt einen Einblick, welchen Reichtum an natürlichen Ressourcen Russland hatte.

Tabelle 4

RIESIGE RESSOURCEN
Rohstoff-Reserven der ehemaligen Sowjetunion

Ressource	geschätzte Reserven	Marktwert (in Mrd. US$)
Öl	57 Mrd. Barrel	1.268,00
Mangan	500 Mio. short tons (amerik. Tonnen)	192,50
Gold	8.710 metric tons (metrische Tonnen)	103,60
Nickel	8.1 Mio. short tons	57,51
Vanadium	4 Mio. metric tons	30,05
Platin	6 Mio. kg	23,40
Silber	50.000 metric tons	7,04
Chrom	129 Mio. metric tons	6,45
Summe		1.689,00

Quelle: *International Energy Annual*, Energy Information Administration

Die unglaubliche Unterbewertung der russischen Vermögenswerte in den Jahren 1993/94 wird auch offensichtlich, wenn man die Marktkapitalisierung der einzelnen Firmen im Jahr 1994 betrachtet: Surgutneftegaz, Russlands größte Ölfirma, auf die zwei Prozent der Weltölförderung entfällt, wurde durch den Gutscheinprozess im Jahr 1993 privatisiert und wies im Frühjahr 1994 eine Markkapitalisierung von nur 170 Mio. US-Dollar auf! Uralmash und Permsky Motors, die jeweils mehr als 30.000 Leute beschäftigten, waren sieben bzw. vier Mio. US-Dollar wert. Gum Einkaufscenter, ein führender Einzelhändler in Moskau (das Hauptgeschäft liegt direkt neben dem Kreml, aber es besitzt weitere 15 Geschäfte in Moskau), war nur 24 Mio. US-Dollar wert.

Neben dem Paradoxon der Inflation gab es noch andere Gründe dafür, dass russische Vermögenswerte so stark unterbewertet waren. Als das Massenprivatisierungsprogramm begann, wurden die Buchwerte vom 1. Juli 1992 von allen zu privatisierenden Firmen festgelegt. Aber danach fiel der Rubel um rund 80 Prozent, was die niedrigen Privatisierungspreise bei den Gutscheinauktionen 1993 erklärt. Ein weiterer Grund liegt darin, dass das Management und die Arbeiter der Firmen, die privatisiert wurden, gleich von Anfang in großem Stil Unternehmensaktien kauften (51 Prozent). Da die Preise, zu denen sie die Aktien kaufen konnten, auf den Buchwerten (vom 1. Juli 1992) basierten, hatten sie ein starkes Eigeninteresse daran, dass ihre Unternehmenswerte stark unterbewertet wurden.

Im Falle Russlands gibt es keinen Zweifel daran, dass vieles falsch lief, nachdem der Kommunismus zusammengebrochen war. Aber die Massenprivatisierungsprogramme waren enorm erfolgreich. Keine andere postkommunistische Volkswirtschaft transferierte so viele Vermögenswerte so schnell in den privaten Sektor, wie es Russland in den frühen 90ern machte. Nicht nur, dass Tausende von Firmen privatisiert wurden, von kleinen Firmen bis hin zu sehr großen; es wurden auch Appartements an die Mieter zu nominalen Preisen verkauft. Somit besaßen die meisten russischen Bürger relativ schnell eigenes Vermögen, was sicherstellte, dass das Land nicht in die Planwirtschaft zurückfiel. Tatsächlich hatten die Russen in den frühen 90ern die Nase voll von der Regierung und den Bürokraten. Konsequenterweise kümmerten sie sich nicht länger um die Regelungen und Gesetze der Regierung. Das Einzige, worum sie sich kümmerten, war, so schnell wie möglich so viel Geld wie möglich in der inoffiziellen Wirtschaft zu verdienen. Und obwohl dieser Dschungelkapitalismus und der extreme wirtschaftliche Darwinismus Probleme aufwarfen, schufen sie doch einen sehr dynamischen privaten Sektor, der nach der 98er-Krise zu sehr starkem Wachstum führte (In China vollzog sich die Entwicklung ähnlich).

Russland ist ein riesiges Land mit gewaltigen, natürlichen Ressourcen. Sollten die Rohstoffpreise in den nächsten zehn Jahren steigen, wie zu erwarten ist, wäre es ein Hauptprofiteur (neben Argentinien, Brasilien, Indonesien, Malaysia, Thailand, Vietnam und den Öl produzierenden Ländern).

Die russischen finanziellen Vermögenswerte waren in den frühen 90ern sehr unterbewertet, und obwohl es einige Risiken gab, war es sehr unwahrscheinlich, dass sie von diesen Tiefstpreisen aus noch weiter fallen konnten, da die wohlhabenden Russen wahrscheinlich weiterhin Aktien kaufen würden, um ihre Kontrolle auszubauen. Wie oben erwähnt, wurden alle russischen Vermögenswerte gegen Ende 1993 mit rund fünf bis sechs Mrd. US-Dollar bewertet – der Aktienmarkt in Hong Kong war damals mehr als 300 Mrd. US-Dollar wert.

Es gibt noch einen weiteren Grund, warum ich die Lehre von der Inflation und die niedrigen Bewertungen, die Länder mit Hyperinflation schaffen, so ausführlich bespreche. Seit 1980 (wie in Kapitel 7 gezeigt) gab es sinkende Rohstoffpreise und fallende Inflationsraten. Das führte zu einer Gleichgültigkeit gegenüber der Inflation und sogar zu einer Angst vor Deflation in den westlichen industrialisierten Ländern. Im Moment scheinen die Produktionsgüter tatsächlich im Preis zu fallen, weil China fast alles billiger produzieren kann als der Westen – und somit exportiert China Deflation. Aber die lockere Geldpolitik der westlichen Zentralbanken kann in der Zukunft zu einem erneuten starken, inflationären Druck führen. Wenn man den unsicheren Zustand der Weltwirtschaft bedenkt, könnte es sein, dass eine strenge Geldpolitik als Gegenmittel wirkungslos ist.

Deswegen erwarte ich für die nächsten Jahre, dass die Inflation in dem einen oder anderen Sektor oder dem einen oder anderen Land der Weltwirtschaft ausbricht. Deshalb sollten die Investoren mit den Möglichkeiten, die solche inflationären Situationen in den Aktienmärkten bieten, vertraut sein.

Außerdem wurden im Jahr 2002 die US-Regierungsanleihen und die Anleihen der US-Regierungsbehörden zur favorisierten Vermögensklasse. Aber nach der Rally seit September 1981 und bei den aktuellen Renditen, die auf dem tiefsten Stand seit über 40 Jahren stehen, wurden diese Anleihen sehr verwundbar in Bezug auf eine künftige Inflation, die die Erwartung der Investoren übertreffen würde. Steigende Inflation, so wie wir sie von den 40ern bis 1981 hatten und so wie wir sie in den Ländern mit Hyperinflation finden, ist für die Halter von Anleihen eine Katastrophe. In einem Umfeld steigender Inflation würde ich erwarten, dass bis zu einem gewissen Punkt in den nächsten Jahren die Investoren besser beraten sind, Aktien oder Immobilien zu halten – vorausgesetzt, diese können zu einem vernünftigen Preis erworben werden, wie das jetzt in den meisten Emerging Markets der Fall ist.

In Bezug auf Emerging Markets gibt es einen weiteren Punkt zu bedenken. Mit der Zeit hat sich die Weltwirtschaftsgeographie als Ergebnis von Kriegen, effizienteren Handelsrouten, Entdeckungsreisen, neuen Industrien und neuen Erfindungen sehr stark verändert. Der Zusammenbruch der sozialistischen und der kommunistischen Ideologie entließ rund drei Mrd. Menschen in die Marktwirtschaft und in das kapitalistische System. Dies geschah in einer Zeit großen technologischen Fortschritts, der kabellosen Information und Kommunikation – und das wird meiner Meinung nach zu einem extrem schnellen Wandel in den Zentren der weltweiten Produktion, des Handels und der Finanzen führen. Damit beschäftigt sich das folgende Kapitel.

Kapitel 11

Aufstieg und Fall der Wohlstandszentren

Von den Städten, die früher großartig waren, wurden die meisten unbedeutend; und diejenigen, die zurzeit mächtig sind, waren in vergangenen Tagen schwach. Deshalb gelange ich, wenn ich beides gleichermaßen diskutiere, zu der Überzeugung, dass das menschliche Glück niemals lange anhält.

Herodot (5. Jahrhundert v. Chr.)

Es gibt eine Reihe von Gründen, warum mich Aufstieg und Fall von Städten in der Wirtschaftsgeographie stets fesseln. Einer der bemerkenswertesten Aspekte der Wirtschaftswissenschaften ist, wie ungleichmäßig sich der Fortschritt entwickelt. Seit den frühen Tagen unserer Geschichte sind viele Städte, Länder und Zivilisationen aufgeblüht und verblüht – aber zu sehr unterschiedlichen Zeiten und in verschiedenen Regionen der Welt. Eine Eigenschaft des wirtschaftlichen Wachstums ist die beständige Veränderung: Einige Regionen wachsen für einige Zeit schneller und entwickeln sich rascher als andere, bevor sie wieder in der Entwicklung zurückgehen.

Um diese „Mutation der Wohlstandszentren" zu verstehen, muss man nur auf die Reihenfolge der zehn größten Städte Amerikas im Jahr 1850 blicken (siehe Tabelle 1). Von den zehn größten Metropolen der zweiten Hälfte des 19. Jahrhunderts stehen heute nur noch drei auf der Liste. Baltimore, New Orleans, Cincinnati, St. Louis, Pittsburgh, Buffalo und Cleveland wurden den von „Neulingen" Los Angeles, Chicago, San Francisco, Detroit, Houston und Dallas ersetzt. Der Aufstieg von

253

Tabelle 1

DIE TOP TEN
Amerikas zehn größte Städte von 1850–1986 (Bevölkerung in Tausend)

1850		1900		1930		1950		1986	
New York	516	New York	63,437	New York	6,930	New York	7,892	New York	17,807
Philadelphia	340	Chicago	1,699	Chicago	3,376	Chicago	4,921	Los Angeles	12,373
Baltimore	169	Philadelphia	1,294	Philadelphia	1,951	Los Angeles	3,997	Chicago	8,035
Boston	137	St. Louis	561	Detroit	1,569	Philadelphia	2,922	Philadelphia	5,755
New Orleans	116	Boston	561	Los Angeles	1,238	Detroit	2,659	San Francisco	5,685
Cincinnati	115	Baltimore	509	Cleveland	900	Boston	2,233	Detroit	4,577
St. Louis	78	Cleveland	382	St. Louis	822	San Francisco	2,022	Boston	4,027
Pittsburgh	47	Buffalo	352	Baltimore	805	Pittsburgh	1,533	Houston	3,566
Buffalo	42	Cincinnati	326	Boston	781	St. Louis	1,400	Washington	3,429
Washington	40	San Francisco	343	Pittsburgh	670	Cleveland	1,384	Dallas	3,348

Bemerkungen: 1) Philadelphia, die zweitgrößte Stadt, 1850 fiel bis 1950 auf Platz vier; 2) New Orleans, Cincinnati, St. Louis, Pittsburgh, Buffalo und Cleveland – sie waren alle im 19. Jahrhundert unter den größten zehn Städten – verschwanden bis zur zweiten Hälfte des 20. Jahrhunderts von der Liste; 3) Los Angeles, das bis 1930 nicht auf der Liste war, ist jetzt Amerikas zweitgrößte Stadt; 4) Detroit und Cleveland, die wohlhabendsten Städte in den 20ern, haben danach einen relativen Verfall erlebt; 5) vor 1800 waren die größten Städte in Amerika: Boston, Philadelphia, New York, Baltimore, Salem, Charleston, Newport, Providence, New Haven, New London und Norwich; Quelle: Marc Faber Limited

Los Angeles ist bemerkenswert: Zählte es 1890 nur 50.000 Einwohner, ist es heute Amerikas zweitgrößte Stadt. Während also einige Städte und Regionen das gesamte wirtschaftliche Wachstum in den vergangenen 100 und mehr Jahren übertrafen, blieben andere auf ihrem Niveau oder sind sogar in der Rangliste abgestiegen.

Die Welt unterliegt heute Veränderungen, die in ihrer Tragweite mit den Entdeckungsreisen Ende des 15. Jahrhunderts oder mit der zweiten Hälfte des 19. Jahrhunderts vergleichbar sind, als ein gewaltiger technologischer Fortschritt erreicht wurde (vor allem im Transportwesen in Gestalt von Kanälen und Eisenbahnen, ebenso im Produktionssektor). Das Gleiche gilt für den Eintritt Amerikas in die Weltwirtschaft. Die dramatischen Veränderungen dieser beiden Perioden führten zum Aufstieg neuer Städten und Regionen und zum Abstieg oder totalen Ruin etablierter Wohlstandszentren. Genauso wird die aktuelle, schnelle Integration so vieler, neuer Regionen in die weltweite, freie Marktwirtschaft nach dem Zusammenbruch der kommunistischen und sozialistischen Ideologie neue Zentren wirtschaftlichen Wachstums entstehen lassen, während andere dem Untergang geweiht sind.

Da ich seit 1973 in Hong Kong lebe, war es mir vergönnt, Zeuge der kometenhaften wirtschaftlichen Entwicklung vieler asiatischer Städte und Länder zu sein. Vor 25 Jahren waren Taiwan, Südkorea, Singapur und Malaysia arm. Heute sind sie reich, und ihre Hauptstädte sind große, moderne Metropolen mit einer Infrastruktur, wie man sie vor zwei oder drei Dekaden nicht erahnen konnte. Genauso wurde unterschätzt, wie schnell sich Städte in vorher geschlossenen Gesellschaften, wie China, Vietnam, der ehemaligen Sowjetunion und Osteuropas, entwickeln und in einigen Fällen die heutigen Wohlstandszentren ablösen. Ich denke vor allem an Hong Kong. Kann sich die Öffnung Chinas auf Hong Kong genauso auswirken, wie sich die Öffnung der Seeroute nach Asien unter den Portugiesen im 16. Jahrhundert auf die damals gedeihenden Städte entlang der Seidenstraße, wie Turfan, Khotan, Kashgar, Samarkand und Bactria, ausgewirkt hat? Und was ist mit der politischen Seite? Kann die Wiedervereinigung Hong Kongs mit China im Jahr 1997 in irgendeiner Weise mit der Integration der spanisch-maurischen Hauptstadt Cordoba in das Reich der Berber, Almoravid, im elften Jahrhundert verglichen werden – ein Ereignis, das den Abstieg Cordobas verursachte? Wird das Schicksal Hong Kongs das gleiche sein wie das Schicksal Salzburgs nach der Aufnahme in das Staatsgebiet Österreichs im Jahr 1803? Oder wird Hong Kong weiterhin unter der chinesischen Regierung gedeihen, wie Alexandria unter der römischen Herrschaft und Konstantinopel unter dem osmanischen Reich? Nach der Gründung durch Alexander den Großen im Jahre 332 v. Chr. war Alexandria bis zu Cleopatras Selbstmord im Jahre 30 v. Chr. unter ptolemäischer Herrschaft, woraufhin Ägypten eine römische Präfektur wurde. Unter der Herrschaft Roms wurde Alexandria zum wichtigsten Wirtschaftszentrum und zur zweitgrößten Stadt des Reiches.

Einige Studien zeigen, dass Aktien, langfristig gesehen, immer steigen. Wenn diese Theorie richtig wäre, müsste jedes Investment in die frühen Wohlstandszentren, wie Tyrus, Sidon oder Karthago, dank des frühen „Starts" vor mehr als 2.000 Jahren bedeutend mehr wert sein als jedes Investment in den USA oder in Japan (bei drei Prozent Zinsen würde jeder in diesen Städten investierte Dollar heute mehr als 142 Mrd. Billionen Dollar wert sein). Aber das ist ein Hirngespinst, weil im Verlauf der Geschichte die Dinge gewaltig schief gehen und das wirtschaftliche Gleichgewicht auf den Kopf gestellt wird.

Unter diesem Blickwinkel lohnt es sich, einige Städte und Regionen zu betrachten, die mächtig, einflussreich und wohlhabend wurden und dann infolge sozialer, wirtschaftlicher oder politischer Änderungen untergingen. Da es unmöglich ist, alle ehemals großartigen Städte zu behandeln, soll die Geschichte einiger ausgewählter Metropolen Denkanstöße geben.

Welches Kriterium sollte man definieren, um zu entscheiden, ob eine Stadt mächtig, einflussreich und wohlhabend ist? Aus Bevölkerungsstatistiken kann man eine Liste von Machtzentren – politische, wirtschaftliche oder beides gleichzeitig –

zusammenstellen (siehe Tabelle 2). Gleichzeitig wurden viele kleinere Städte wegen ihres Handels, ungewöhnlicher Rohstoffe (Minen, Öl, Landwirtschaft) oder Industrien reich, und deren Pro-Kopf-BIP-überstieg das Pro-Kopf-Einkommen der größten Städte.

Wohlstand in der frühen Zeit

In der frühen Geschichte lagen die größten Städte der Welt im Nil-Tal und in Mesopotamien, dem heutigen Irak; es waren Städte des ägyptischen, sumerischen, babylonischen oder assyrischen Reiches. Sie wurden vor allem wegen ihrer landwirtschaftlichen Produktion, ihrer Rohstoffminen und in einigen Fällen wegen der sehr günstigen, geographischen Lage reich – die Grundlage, wie im Falle Babylons, für einen aktiven Außenhandel. In der Nähe von Babylon beispielsweise, wo es nur einen Streifen Land zwischen den Flüssen Euphrat und Tigris gibt, wurden Verbindungskanäle und ein ausgeklügeltes Bewässerungssystem gebaut. Zusätzlich profitierten die Hauptstädte der jeweiligen Dynastien von den Schätzen, die durch Krieg mit den Nachbarvölkern ins Land gebracht wurden. Umgekehrt gingen viele Städte zugrunde, weil sie Kriege verloren und daraufhin verfielen.

Tabelle 2

RUHM VERGANGENER TAGE
Städte, die einmal die größten der Welt waren

Memphis	3100 BC	Cordoba	935 AD
Akkad	2240	Kaifeng	1013
Lagsah	2075	Constantinople	1127
Ur	2030	Merv	1145
Thebes	1980	Constantinople	1153
Babylon	1770	Fez	1170
Avaris	1670	Hangzhou	1180
Memphis	1557	Cairo	1315
Thebes	1400	Hangzhou	1348
Nineveh	668	Nanjing	1358
Babylon	612 (first over 200,000)	Beijing	1425
Alexandria	320	Constantinople	1650
Patna	300	Beijing	1710
Chang'an	195	London	1825 (first over 5,000,000)
Rome	25	New York	1925 (first over 10,000,000)
Constantinople	340 AD	Tokyo	1965 (first over 20,000,000)
Ctesiphone	570		
Chang'an	637		
Baghdad	775 (first over 1,000,000)		

Quelle: Tertius Chandler, *Four Thousand Years of Urban Growth*, New York, 1987

Die erste babylonische Dynastie, die unter Hamurabi florierte, fiel um 1600 v. Chr. in die Hände der Hethiter. Unter den Hethitern und dann unter den Kassitern und den Assyrern war Babylons Schicksal besiegelt, und durch die völlige Vernichtung durch den assyrischen König Sennacherib im Jahr 689 v. Chr. wurde es zum Ödland. Dessen Nachfolger, König Ashurbanipal, eroberte ganz Ägypten und zerstörte 664 v. Chr., als das assyrische Reich (dessen Hauptstadt Niniveh damals die größte Stadt der Welt wurde; siehe Tabelle 2) am Zenith seiner Blüte war, die größte Stadt: Theben. Die assyrische Herrschaft in Westasien (das Territorium umfasste Groß-Mesopotamien und Ägypten) dauerte nur kurze Zeit; sie wurde vom babylonischen König Nabopolassar und seinem Sohn Nebukadnezar beendet, der Ägypten und Jerusalem eroberte (was zur babylonischen Deportation der Juden führte). Niniveh wurde 612 v. Chr. zerstört, und Assyrien hörte auf zu existieren. Unter Nebukadnezar erreichte das neo-babylonische Reich seinen Höhepunkt; zu dieser Zeit wurde der berühmte „Turm von Babel" fertig gestellt.

Babylon wurde wiedererbaut und florierte erneut, dank der günstigen Lage, als Handelszentrum – zuerst unter babylonischer Herrschaft und später als Teil des großen persischen Reiches, gegründet durch Cyrus den Großen (550 v. Chr.). Dieser nahm den sprichwörtlich reichen Krösus gefangen (nach historischen Quellen wurde Krösus bei lebendigem Leibe in Olivenöl verbrannt). Und obwohl damals Persepolis und später Susa die Hauptstädte Persiens waren, verhinderte deren geographische Lage, dass sie jemals wichtige Handelsstädte wurden. Somit blieb Babylon auch während seines Abstiegs für fast 300 Jahre die größte Stadt der Welt, bevor Alexander der Große (356–323 v. Chr.) das gesamte achämenidische Reich eroberte.

Babylon ist wegen seines Aufstiegs, Falls und Wiederaufbaus interessant. Städte wie Berlin, Shanghai, Ho Chi Minh, St. Petersburg, Prag, Budapest, Havanna und Moskau, die in der ersten Hälfte des 20. Jahrhunderts florierten, aber dann von den Kommunisten wirtschaftlich verwüstet wurden, könnten sich rasch wieder erholen und ihren früheren Wohlstand gar noch übertreffen!

Während die Städte Mesopotamiens und des Nil-Tals wegen der Landwirtschaft und der reichen Minen durch Erpressung (zum Beispiel Tributzahlungen) und Kriege (sicherlich zutreffend im Falle der Assyrer) florierten, wuchsen die Städte der Phönizier, wie Byblos, Sidon und Tyre, ab dem 15. Jahrhundert v. Chr. zu Handelszentren heran. Die Phönizier waren große Schiffsbauer und Navigatoren (ihnen wird die Entdeckung des Polarstern zugeschrieben), und sie gründeten das erste weltweite Handelsimperium, indem sie Hunderte von Handelssiedlungen schufen, deren berühmteste Karthago, Uttica und Gades (Cadiz) waren. Mit dem

Aufstieg des phönizischen Handelsimperiums und der Verbreitung des hellenistischen Einflusses verlagerten sich die Macht- und Wohlstandszentren zum Mittelmeer. Hier wurde Karthago binnen kurzer Zeit die wohlhabendste Handelsstadt, seine Bevölkerung zählte auf dem Höhepunkt mehr als 700.000 Einwohner. Tyre wurde schließlich von Alexander zerstört, und als er 332 v. Chr. Alexandria gründete, verlagerte sich der Ost-West-Handel auf diese neue Stadt im Nil-Delta.

Unter ptolemäischer und später römischer Herrschaft stieg Alexandria zur vollen Größe auf. Es profitierte von seiner privilegierten Lage, von dem schnell expandierenden Ost-West-Handel der Römer. Es wurde nicht nur eine wohlhabende Stadt mit über 500.000 Einwohnern (inklusive Sklaven hätte die Bevölkerung wohl eine Million überstiegen), sondern es war auch das Zentrum des Hellenismus und Semitismus (das Septuagint, die früheste griechische Übersetzung des Alten Testaments aus dem hebräischen Original, wurde hier geschrieben). Der römische Eroberer Hadrian lobte die Dynamik und die Handelsaktivität Alexandrias, wo sogar „die blinden Leute arbeiten" und wo „Geld deren Gott ist, der von den Juden, Christen und allen anderen Religionen verehrt wird". Der gigantische Leuchtturm von Pharos konnte aus 40 Meilen Entfernung gesehen werden, und die Bücherei zog Doktoren, Astronomen, Philosophen und andere Gelehrte von überall aus der Welt an.

Es gibt mehrere Gründe für den wirtschaftlichen Erfolg von Alexandria. Unter ptolemäischer Herrschaft verlagerten sich bereits die Handelsrouten nach Indien und in den Fernen Osten. Griechische und dann römische Schiffe suchten Häfen in Indien auf und brachten Waren durch das Rote Meer zurück nach Ägypten (Marcus Aurelius entsandte 166 n. Chr. eine Delegation auf dem Seeweg nach China). Ein Kanal wurde zwischen dem Nil und dem Roten Meer gebaut, jedoch mussten, weil es Probleme gab, die Waren vom Golf von Suez nach Alexandria auf Kamelen transportiert werden. Zur Zeit des römischen Reiches ging die Bedeutung der Seidenstraße bereits zurück, weil der Handel mehr und mehr auf dem Meer betrieben wurde. Dies hatte zwei Gründe: Die Römer entdeckten die Monsun-Winde, welche die Segelzeit nach Indien beträchtlich verringerten, und die ständigen Kriege mit den Persern und deren Aufstand machten die Seidenstraße auf Dauer unsicher, von Zeit zu Zeit sogar gänzlich unpassierbar. Dies war wohl mit ein Grund dafür, dass Tyre nach der Zerstörung durch Alexander den Großen nicht wieder komplett aufgebaut wurde. Alexandrias Abstieg begann mit der teilweisen Vernichtung der Truppen durch Marcus Aurelius; später beschleunigte sich der Prozess mit dem Zusammenbruch des römischen Reiches. Schließlich war das Schicksal des wahrscheinlich größten Handelszentrums aller Zeiten – eine Folge seiner für den Seehandel strategisch guten Lage – ironischerweise durch die Entdeckung neuer Seehandelswege im Jahre 1497 – um das Kap der Guten Hoffnung (siehe unten) – besiegelt.

Die Stadt Petra erlitt ein ähnliches Schicksal, und später wurde Antiochia unter römischer Herrschaft ein wichtiges Kultur- und Handelszentrum. Petra genoss für einige Zeit eine Monopolstellung im Gewürzhandel. Aber als sich die Handelswege verzweigten, zerfiel die Stadt. Das einst florierende Handelszentrum verschwand von der Landkarte, bis es vom Schweizer J. L. Burckhardt im Jahre 1812, von nomadischen Stämmen bewohnt, entdeckt wurde. Im Falle von Antiochia zerstörte nicht eine Verlagerung der Handelswege die Stadt, sondern Krieg. Im Jahre 260 n. Chr. wurde die Stadt mit ihren 300.000 Einwohnern vom persischen König Shapur I. geplündert. Dieser hat vorher den römischen Kaiser Valerian gefangen genommen (Valerian starb in Gefangenschaft; immer wenn Shapur mit seinem Pferd ausritt, benutzte er den Hals des Römers als Schemel). Antiochia wurde 1401 von dem großen Timur von Samarkand zerstört, und Jahre später hatte die Stadt nur noch 300 bewohnte Häuser – das Ende einer der mächtigsten Städte des Nahen Ostens.

Es gibt keinen Zweifel daran, dass das große Römische Reich für den Handelswachstum sehr förderlich war. Für damalige Maßstäbe war das Reich riesig. Es beruhte einzig und alleine auf militärischer und politischer Macht und auf zivilem Konstruktions-Know-how, das bis ins 19. Jahrhundert nicht mehr übertroffen wurde. Das sehr anspruchsvolle Rechtssystem verband Eigentums- und Erbschaftsrechte, Handels-, Schifffahrts- und Bürgerrechte und wurde im gesamten Reich angewandt. Rom war die erste Macht, die ein ausgedehntes und qualitativ hochwertiges Straßensystem schuf – mit tollen Brücken und Tunneln. Es gründete auch das erste effiziente Post- und Kommunikationssystem – Nachrichten wurden in Rekordzeit verbreitet (vielleicht schneller als zu jeder Zeit, bis im 19. Jahrhundert die Eisenbahnen gebaut wurden). Seine Münzen wurden im gesamten Reich akzeptiert. Und letztlich war das Reich zur Zeit der „pax romana", also der Friedenszeit, die nicht lange dauerte (siehe Kapitel 12), relativ sicher, weil Straßenräuber und Piraten zum großen Teil ausgeschaltet wurden und die Schifffahrtswege wie auch die Straßen kontrolliert wurden.

Es ist nicht schwer, den positiven Einfluss all dieser Faktoren auf den Handel nachzuvollziehen, insbesondere weil Rom kein bedeutender Produzent irgendwelcher Güter war. Was in Rom „produziert" wurde, waren Intelligenz, militärische Fähigkeiten, Recht und Gesetz, gut funktionierende Kapitalmärkte sowie ein administratives System, das trotz einiger Mängel wesentlich besser war als das, was andere Mächte je erreicht hatten. Da es nicht fähig war, sich selbst zu versorgen, mussten quasi alle Güter von seinen Territorien oder benachbarten Ländern importiert werden: Gold, wilde Tiere und Elfenbein kamen aus Afrika; Eisen, Wolle, Früchte und Silber aus Spanien; Kleidung, Perlen und Textilien aus Persien; Schwefel, Wein und Zedernholz aus Syrien; Parfums aus Ägypten und Arabien; Seide und Porzellan aus China; Edelsteine und Gewürze aus Indien. Mit dem Wachsen der Bevölkerung Roms (zum Höhepunkt wurde die Marke von 500.000 Einwohnern übertroffen) und dem immer größer werdenden Bedarf an Luxusgütern wurde das Herz des Reiches zum weltweit größten Konsumentenmarkt – in mancher Hinsicht mit dem heutigen Amerika vergleichbar. Auch Rom hatte ein riesiges Handelsdefizit, das schließlich zu Hyperinflation, Währungsabwertungen (der Silbergehalt der Münzen wurde sukzessive reduziert; siehe Kapitel 12), zum Verlust der Macht und in den Ruin führte.

Der Verfall Roms war im dritten Jahrhundert n. Chr. bereits in vollem Gange. Der erste starke Schlag war aber die Entscheidung von Konstantin dem Großen, sich in Byzanz niederzulassen (330 n. Chr.). Er baute es neu auf, stattete es mit herrlichen Kirchen aus und benannte es in Konstantinopel um (er bekehrte sich zum Christentum und behauptete, dass er eine neue Stadt „auf Befehl Gottes" erbauen müsse). Von da ab hatte das römische Reich zwei Hauptstädte – die eine war Rom und die andere Konstantinopel, und die Bevölkerung der Letzteren übertraf bald die von Rom. Rom erlitt weitere Schicksalsschläge im fünften Jahrhundert, als es von Westgoten, Ostgoten und Vandalen geplündert wurde: Im Jahre 455 plünderte der vandalische König Genseric die Stadt 14 Tage lang, wovon sie sich nicht mehr erholte. Im Jahre 600 n. Chr. hatte Rom nur noch 50.000 Bürger; bei rund 30.000 Einwohnern wurde im Jahr 1300 das Minimum erreicht – von über 500.000 Einwohnern zum Höhepunkt im ersten Jahrhundert! Man kann sich vorstellen, was ein 90-prozentiger Bevölkerungsrückgang für die Immobilienpreise bedeutete.

Wegen seiner günstigen geographischen Lage am Zugang zum Schwarzen Meer erwies sich Konstantinopel als eine der beständigsten großen Städte. Als Teil mächtiger Reiche verblieb es bis ins 19. Jahrhundert unter den weltweit zehn größten Städten (mit Ausnahme einiger Jahre, nachdem es von den osmanischen Türken im Jahr 1453 besetzt wurde und die Bevölkerung von über 500.000 auf weniger als 50.000 fiel).

Die 500 Jahre nach dem Zusammenbruch des römischen Reiches waren von Kriegen, kulturellen Umbrüchen und wirtschaftlicher Misere in Westeuropa gezeichnet. Im Gegensatz dazu führte der Tod Mohammeds in Medina im Jahre 632 zum Aufstieg eines mächtigen islamischen Reiches und der Kalifaten. Innerhalb von 150 Jahren bauten die Kalifaten und ihre hauptsächlich arabischen Nachfolger ein Reich auf, das Mesopotamien, Syrien, den gesamten Nahen Osten, Nordafrika und einen großen Teil Spaniens umfasste. Im Jahre 750 errichtete Al-Mansur das Kalifat im Irak und erbaute Madinat al-Salaam (Stadt des Friedens) auf dem Platz eines kleines sasanischen Dorfes, das Baghdad hieß. Es wurde mit Steinen der zerstörten Ruinen von Ctesiphone erbaut, bis zur Eroberung durch die Araber im Jahre 637 die größte Stadt der damaligen Welt. Es ist kaum zu glauben, dass sich das weltweit größte Zentrum in weniger als 120 Jahren komplett in Luft aufgelöst hat. Es wäre das Gleiche, wenn heute eine Stadt wie Tokio, New York oder London von der Bildfläche verschwinden würde.

Baghdad entwickelte sich schnell zu einem kulturellen und wirtschaftlichen Zentrum, die Bevölkerung wuchs auf 900.000 Einwohner Mitte des neunten Jahrhunderts, und machte Baghdad zur größten Stadt der damaligen Welt. Das Glück verließ die Stadt aber bald wieder, denn es begann ein Bürgerkrieg. Im Jahr 1000 war die Bevölkerung bereits auf 150.000 zurückgegangen, und im Jahr 1258 überrannte der Mongole Helagu Khan Mesopotamien und ließ die gesamte Bevölkerung Baghdads ermorden.

Die Kalifen eroberten Nordafrika im siebten Jahrhundert, und der Berber Tarik setzte 710 nach Spanien über, um den westgotischen König Roderik zu besiegen (die Westgoten besetzten Spanien seit dem fünften Jahrhundert). Tarik eroberte einen Großteil der spanischen Halbinsel inklusive Toledo. Unter den Omayyad-Kalifen wurde Cordoba die Hauptstadt des maurischen Spaniens. Die Stadt florierte im zehnten Jahrhundert und wurde wegen seiner religiösen Toleranz, die Händler, Wissenschaftler und Poeten aller Völker und Religionen anzog, die in bemerkenswerter Harmonie zusammenlebten, für kurze Zeit das Zentrum der islamischen Welt. Von Zeitzeugen ist überliefert, dass Andalusien niemals so gerecht und weise regiert wurde wie unter den arabischen Eroberern. Bis ins Jahr 1000 war Cordoba die größte Stadt der Welt, und das maurische Spanien war die bevölkerungsreichste Region Europas.

Cordobas Erfolg hielt nur kurze Zeit, da ein Konflikt zwischen den Berbern, Arabern, Juden, Sklavenvertretern, Christen und zum Islam übergetretenen Spaniern die Stadt schwächte. Cordoba wurde im Jahre 1236 vom spanischen König Ferdinand III. von Castillo zurückerobert – ein Ereignis, das den Niedergang beschleunigte. Bis ins Jahr 1300 schrumpfte die Bevölkerung von über 450.000 im

Jahre 1000 um mehr als 90 Prozent. Damals gab es also keine Aktien-Bärenmärkte, sondern nur Bärenmärkte in Bezug auf die Einwohnerzahlen von Städten.

Während Cordobas Wohlstand sich im elften Jahrhundert abschwächte, wurden Marrakesch und Fez, die bis ins nächste Jahrhundert unter der Herrschaft der Berber standen, wichtige Zentren des Handels und der Zivilisation.

Wie erwähnt, war im Jahre 361 Konstantinopel größer als Rom. Und als sich Roms Verfall im fünften Jahrhundert beschleunigte, wurde Konstantinopel als Hauptstadt des byzantinischen und oströmischen Reiches zum wichtigsten Zentrum der westlichen Zivilisation. Vom fünften bis zum 15. Jahrhundert, als es an die osmanischen Türken fiel, war Konstantinopel das weltweit größte Markt- und Schifffahrtszentrum – es löste Rom in puncto Macht und Alexandria beim Handel ab. Wegen der ständigen Feindschaft des Römischen Reiches mit Persien wurden Häfen unter byzantinischer Herrschaft im Schwarzen Meer gebaut, und die Handelsrouten verlagerten sich in die Region nördlich des Kaspischen Meeres und des Aral-Sees nach Sogdiana, einer Region im heutigen Usbekistan, nach Samarkand, Kashgar und nach China. Diese Verbindung ist als die Nördliche Seidenstraße bekannt. Das byzantinische Reich erreichte seinen Höhepunkt wahrscheinlich zur Zeit Justinians des Großen (527–565), als es auch die Balearen, Sardinien, Korsika, den Balkan, Venedig bis nach Norden zur Donau, Kleinasien, Nordafrika, Ägypten und Syrien umfasste.

Byzanz hatte ein hochentwickeltes Bankensystem. Ein Indikator für den Wohlstand war wohl das Niveau der byzantinischen Zinssätze, die niedriger waren als sonstwo auf der Welt. Justinian legte das Maximum auf vier Prozent für Bauern, sechs Prozent für pfandgesichterte Privatkredite, acht Prozent für Geschäftskredite und zwölf Prozent für Schifffahrtsinvestitionen fest. Aber kurz nach Justitians Tod begann der Wohlstand Konstantinopels zurückzugehen, da seine Nachfolger sich mit internen Kämpfen und Angriffen von außen auseinander setzen mussten: Die Avaren und Slawen überquerten die Donau und eroberten imperiales Gebiet und Städte. Die Perser gewannen zwischenzeitlich die Kontrolle über einen Großteil von Westasien, und später drangen islamische Kräfte in einen Großteil von Syrien, Ägypten und ganz Nordafrika ein.

Bis zum elften Jahrhundert schien das byzantinische Reich dem Zusammenbruch nahe zu sein. Aber mit diplomatischem Geschick gelang es dem Eroberer Alexius Comneus I., die europäischen Mächte gegen den Islam zusammenzuschließen (die Seljuk-Türken eroberten Jerusalem im Jahre 1076), und er entfesselte die Heiligen Kriege, also die acht Kreuzzüge, die Konstantinopel zunächst Aufschub gewährten, aber schließlich doch zu seiner Zerstörung führten. Während des ersten Kreuzzuges wurde die Position von Byzanz gestärkt, da die Seljuk-Türken zurückgedrängt und ein Königreich Jerusalem geschaffen wurde. Der vierte Kreuzzug schließlich stellte für Konstantinopel einen Wendepunkt dar, weil es für Nachschub und Schiffe der Kreuzritter zahlen musste, die von Venedig angeführt wurden, und somit im Jahre 1204 finanziell restlos ausgeplündert war – ein Desaster, von dem sich die Stadt niemals mehr erholte (dieses Ereignis zeigt auch, dass man seinen Verbündeten niemals voll vertrauen darf!). Konstantinopel fiel im Jahre 1453 und wurde unter islamischer Herrschaft zu Istanbul, der Hauptstadt des osmanischen Reiches.

Ich habe hauptsächlich aus zwei Gründen einige Zeit damit verbracht, die frühen Zentren der Zivilisation zu besprechen. Erstens ist es bemerkenswert, dass keines dieser frühen Zentren heute kulturelle, wirtschaftliche oder politische Bedeutung hat. Zweitens hört man so viel vom „Vorteil des Ersten", wenn neue Industrien sich entwickeln oder eine Firma ein neues Produkt erfindet. Aber die Tatsache, dass die meisten Wiegen der Zivilisation entweder verschwunden oder verfallen sind, impliziert nicht, dass ein derartiger Vorteil existiert – zumindest nicht für eine lange Zeit.

Die Renaissance – Westen und Norden

Der Aufstieg der italienischen Handelszentren wie Genua, Amalfi, Florenz, Pisa und Venedig zu wichtigen wirtschaftlichen Zentren zwischen dem elften und dem 16. Jahrhundert hat eine Reihe von Ursachen. Nach dem Ende des Römischen Reiches brach der Ost-West-Handel zusammen. Mit dem Aufstieg der Metropolen in Frankreich und Nordeuropa im neunten und zehnten Jahrhundert wurde er wiederbelebt. Wegen des regionalen Handels und mit einigen Industrien und Minen baute sich im Norden und im Westen Wohlstand auf – und mit ihm Bedarf an Luxusgütern und Gewürzen aus Asien. Die Küstenstädte Amalfi, Genua und Venedig wollten diese Nachfrage befriedigen, und ihre Schiffe liefen Häfen in Ägypten, Palästina, Nordafrika und Konstantinopel an, um Ladung aufzunehmen, die über die Alpen in die nordeuropäischen Städte transportiert oder zu den sechsmal im Jahr stattfindenden Messen in Champagne und Brie gebracht wurde.

Ein großer Vorteil dieser Städte war ihr ausgeklügeltes Banken-, Versicherungs- und Bilanzierungssystem: Die doppelte Buchführung wurde zum ersten Mal eingesetzt, und im Jahre 1157 emittierte Venedig die ersten Staatsanleihen. Die Florentiner taten sich vor allem im Bankwesen hervor. Ein Katalysator für den Wohlstand in Genua und Venedig waren die „Heiligen Kriege", die mit dem ersten Kreuzzug auf Initiative von Papst Urban II. im Jahr 1096 begannen. Die Kreuzritter benötigten regelmäßigen Nachschub, und die Schiffe für den Transport dieser Güter und Truppen wurden von den italienischen Handelszentren gestellt und oftmals auch finanziert. Im Gegenzug erhielten sie Zugang zu den Seehäfen von Palästina. Auf dem Höhepunkt seiner Macht kontrollierte Venedig die Inseln Kreta, Rhodos, Negraponte, Lemnos und Zypern mit dessen Hafenstadt Famagosta, ebenso die Langstreckenseehandelswege zwischen ihren Hafenstädten und dem Nahen Osten sowie der Adria. Venedig hatte die zweitgrößte Bevölkerung in Europa – rund 110.000 Einwohner zwischen 1300 und 1500. Damit war es größer als Konstantinopel, dessen Bevölkerung auf weniger als 50.000 im Jahre 1450 schrumpfte (von 400.000 im Jahre 500 und 300.000 im Jahre 1000). Dabei muss man wissen, dass nach dem Ausbruch des „Schwarzen Tods" in der Handelsstadt Kaffa auf der Halbinsel Krim im Jahre 1346 (nachdem sie von einem mongolischen Prinzen belagert wurde) die Pest sich schnell in Europa ausbreitete und die Bevölkerung zwischen 1346 und der Mitte des 15. Jahrhunderts um etwa ein Drittel reduzierte.

Von besonderer Bedeutung für den Handel in Venedig war der Aufstieg der hanseatischen Liga in Nordeuropa, die ihr Zentrum in Lübeck hatte und auf ihrem Höhepunkt über 100 Städte in Norddeutschland und Außenstellen mit einem eigenen Rechtssystem, wie London, Brügge, Bergen und Novgorod, umfasste. Brügge profitierte von der Tatsache, dass es ab dem Jahr 1200 zum Kreis der flämischen Messen gehörte, denn es kamen viele ausländische Kaufleute in die Stadt und brachten Wolle in die schnell wachsenden Städte Flanderns mit ihrer Bekleidungsindustrie, Getreide aus der Normandie und Weine aus Bordeaux. Zu Ende des 13. Jahrhunderts, Anfang des 14. Jahrhunderts begannen die Schiffe aus Genua und Venedig auch in Brügge anzulegen, um Gewürze und Pfeffer abzuladen und Textilien aus Flandern an Bord zu nehmen. Mit der Zeit ließen sich reiche italienische Kaufleute dort nieder und brachten Kapital sowie moderne Finanztechniken mit.

1309 wurde die berühmte Börse gegründet; sie wurde zum Zentrum des Kapitalmarktes. Doch auch Brügges Handelsvorherrschaft im Norden dauerte nicht lang. In der zweiten Hälfte des 15. Jahrhunderts bremste die fortschreitende Versandung der Zwyne-Mündung die Handelsaktivitäten, und Damme wurde der Haupthafen. Die flämische Industrie und die deutschen Händler brachen ihre Zelte ab und gingen nach Antwerpen, das Brügge als Nordeuropas führende Hafenstadt sowie als Finanz- und Handelszentrum ablöste (die Börse in Antwerpen wurde im Jahr 1460 gegründet; siehe unten]. In der Zwischenzeit wurden Nürnberg, Augsburg und Köln im 15. Jahrhundert Deutschlands größte und bekannteste Städte (Nürnberg war eine wichtige Handelsstadt, weil sie auf der Achse Venedig–Brügge lag). Augsburg machte sich einen Namen, weil es im 15. und 16. Jahrhundert die Heimat von Handelsbanken-Familien wie den Fuggern, den Meutlingern, den Welsern, den Hochstettern und den Manlichs war. Diese verlagerten ihre Geschäftstätigkeit später nach Antwerpen, weil sich das wirtschaftliche Zentrum Europas von Venedig in den Norden verlagerte.

Der Aufstieg der nordeuropäischen Städte trug wesentlich zur Steigerung der handelstechnischen Bedeutung Venedigs bei, weil die Kaufleute bis zum 16. Jahrhundert Güter von Indien und aus dem Fernen Osten fast ausschließlich in Venedig kaufen mussten. Aber sie bildeten auch die Grundlage für den Niedergang der Stadt, weil das 16. Jahrhundert, wie noch gezeigt werden wird, das wirtschaftliche Gleichgewicht der Welt störte und dieser Prozess die Handelsvorherrschaft Brügges und der italienischen Handelsstädte zerstörte.

Das 16. Jahrhundert war vom Kampf zwischen den Supermächten Spanien, Frankreich, England und dem osmanischen Reich gekennzeichnet. In diesem Jahrhundert wurden neue Handelsrouten nach Asien und Amerika geöffnet. Auch war es die Zeit mächtiger Könige, wie Francois I. und Henri IV. von Frankreich, Charles V., dem heiligen römischen Eroberer und König von Spanien, Henry VIII. und Elisabeth I. von England, Philip II. von Spanien und Suleiman dem Großartigen, Sultan des osmanischen Reiches (der 1529 gezwungen wurde, die Belagerung Wiens aufzugeben, aber dessen kolossales Reich sich von Tanger nach Baghdad erstreckte und Nordafrika, Ägypten, Kleinasien, Palästina, Syrien, den Balkan sowie Ungarn umfasste).

Nach A. Blanqui (*L'Historie du Commerce*, Paris, 1826, das wohl kürzeste und beste Buch über Wirtschaftsgeschichte aller Zeiten) trafen die Umsegelung des Kap der Guten Hoffnung und die Öffnung neuer Handelswege in den Orient durch Vasco da Gama im Jahre 1498 Venedig wie ein Blitzschlag. Dies könnte eine Übertreibung sein, weil Venedig für den Großteil des 15. Jahrhunderts eine wichtige Handelsstadt blieb, aber die langfristige Auswirkung bestand darin, wie Montesquieu bemerkte, dass Venedig „ans Ende der Welt geworfen" wurde, wo es dann auch verblieb. Von ebenso großer Bedeutung für den Niedergang Venedigs waren die extrem teuren Kriege gegen die Türken, welche die Stadt letztendlich verarmen ließen.

Die Umsegelung des Kap der Guten Hoffnung war eine Glanzleistung, eine Folge der portugiesischen Expansion an der westafrikanischen Küste. Dieser Prozess begann bereits im frühen 15. Jahrhundert. Die durchgängigen Meereshandelswege in den Orient verursachten wesentlich niedrigere Transportkosten zwischen den nordeuropäischen Städten und Asien als die mühsamen Landwege über die Alpen nach Venedig, mit dem Schiff nach Alexandria oder einen anderen mediterranen Hafen im Nahen Osten und dann entlang der Seidenstraße nach Asien oder mit dem Schiff nach Indien.

Die Portugiesen verschenkten keine Zeit und begannen, sich zu einem Handelsimperium im Orient zu entwickeln. Mit militärischen Aktionen und Diplomatie gründeten sie Siedlungen in Hormuz, Goa, Diu (an Indiens Westküste), Cochin, Malacca, Macao, auf den Gewürzinseln von Indonesien, in Limpiao (Ningbo), Nagasaki, Ceylon und Mosambique. Der Einfluss des neuen portugiesischen Handelsimperiums wurde in Venedig sofort registriert. Die Kaufleute Venedigs konnten durch den Wettbewerb mit den Portugiesen nur noch mit zunehmenden Schwierigkeiten Pfeffer in Indien kaufen. Aufgrund der niedrigeren Verschiffungskosten konnte Pfeffer dann zum halben Preis in Lissabon verkauft werden, was die nordeuropäischen Händler veranlasste, sich in der portugiesischen Hauptstadt einzudecken.

Der Aufstieg der westlichen Reiche

Die Weltwirtschaft um das Jahr 1550 hatte mit der des 15. Jahrhunderts nur sehr wenig Ähnlichkeit. Die Portugiesen besaßen quasi ein Monopol über den Gewürzhandel mit dem Orient. Goa, damals eine sehr wohlhabende Stadt, war ihr Zentrum in Asien und der Haupthafen Westindiens. Über Malacca (vielleicht die reichste Stadt der Region bis zu ihrer Ankunft) kontrollierten sie die Durchfahrt vom Indischen Ozean in das Südchinesische Meer. Mittels Ormuz überwachten sie den Persischen Golf und die Handelsrouten nach Zentralasien, über Aden den Handel auf der arabischen Halbinsel. Mehrere Festungen entlang den West- und Ostküsten Afrikas sicherten die Route um das Kap der Guten Hoffnung. Von Macau aus handelten die Portugiesen intensiv mit Japan, und gleichzeitig sicherten sie sich durch ihre Siedlungen in den Moluccas die Kontrolle über den Gewürznachschub. Die einzige andere europäische Nation mit Präsenz in Asien war Spanien, das nach Magellans Landung in Cebu im Jahre 1521 Anspruch auf die Philippinen erhob (Manila wurde im Jahre 1571 zum administrativen Zentrum Spaniens).

Im Südwesten war Lissabon jetzt das wichtigste Handelszentrum, während Antwerpen die Rolle von Brügge in Nordeuropa übernahm. Tatsächlich wurde Antwerpen, nach Braudel (*Civilisation & Capitalism 15th–18th Century*, New York 1982) im „Zeitalter der Fugger" das Zentrum der gesamten internationalen Wirtschaft, das Venedig entthronte – und Lissabon, hauptsächlich weil die Portugiesen sich entschieden hatten, ihren Pfeffer nach Antwerpen zu verschiffen, und dort Kupfer und Silber aus deutschen Minen als Bezahlung aufluden, anstatt mit Brügge zu handeln. Anfangs lag dieser Wohlstand im Pfefferhandel mit Lissabon begründet. Später jedoch wurde der Silberhandel zur Stärke Antwerpens; Handelspartner war die spanische Stadt Sevilla mit ihren Gütern Leinen, Holz, Haushaltswaren, Teer, Schiffen, Weizen und Roggen, teilweise für Spaniens Eigenverbrauch und teilweise für die Verschiffung nach Amerika. Aber was noch wesentlich wichtiger war: Das Silber musste nach Antwerpen gebracht werden, um die Zinsen für die riesigen spanischen Kriegskredite zu bezahlen.

In der zweiten Hälfte des 16. Jahrhunderts geriet die Wirtschaft Antwerpens wegen einer Serie unglücklicher Ereignisse unter Druck. Dies waren unter anderem der spanische Staatsbankrott 1557 (gefolgt von weiteren Ausfällen Spaniens in den Jahren 1575, 1596, 1607, 1627 und 1647) und die Plünderung von Antwerpen durch spanische Kaufleute, die ihre Gläubigerguthaben eintreiben wollten, ebenso interne Turbulenzen aufgrund von Religionskriegen. Nach der Wiedereroberung der Stadt durch Spanien im Jahre 1585 beschlossen viele jüdische und protestantische Familien, nach Amsterdam umzuziehen, das damals im Gebiet der Unabhängigen Vereinten Provinzen lag, wo 1672, wie Sir William Temple schrieb, niemand „irgendeinen Grund hatte, sich über Unterdrückung zu beklagen" (*Observations upon the Provinces of the United Netherlands* 1720).

Es gab noch weitere Gründe für den Abstieg von Antwerpen und den Aufstieg Amsterdams zu Nordeuropas führendem Handelszentrum. Bis Mitte des 16. Jahrhunderts wurde Amsterdam zum Konkurrenten von Antwerpen, dem Hauptgetreidemarkt Nordeuropas, der zwangsläufig auch Händler und Banker anzog. Frankreichs Aufkündigung des Erlasses von Nantes im Jahre 1685 hatte ebenfalls großen Einfluss auf die Bevölkerung und die Wirtschaft von freien Städten wie beispielsweise Amsterdam, Genua oder London. Viele, meist geschickte und gelehrte Flüchtlinge (französische Hugenotten, sephardische Juden, Antwerpener, deutsche Kaufleute oder Engländer) entschieden sich, wegen der größeren religiösen Freiheit und Toleranz lieber in Amsterdam zu leben als in dem von Spanien kontrollierten Antwerpen.

Der Wohlstand Lissabons dauerte nicht viel länger als der Antwerpens. Der Wendepunkt war die Vereinigung von Spanien und Portugal unter König Philip II.

im Jahre 1580 (Portugal wurde 1640 wieder unabhängig). Da die Holländer in einen harten Kampf um die Unabhängigkeit Spaniens verwickelt waren, wurde Portugal durch die Vereinigung mit Spanien ebenfalls zum Feind. Im Ergebnis war es ihnen nicht mehr länger erlaubt, Ladungen aus dem Osten in Lissabon aufzunehmen. Dieser Verlust der Geschäftsmöglichkeit zwang die Holländer, den Osten selber zu erforschen. Auf der Suche nach Seide und Gewürzen reisten sie in den Fernen Osten und zerstörten letztlich das lukrative ostasiatische Handelsmonopol Portugals. Das Land durchlebte nach dem Boom eine schreckliche Armut, weil es, wie Blanqui bemerkte, über den florierenden Handel seine Landwirtschaft völlig vernachlässigt hatte.

1596 kamen die Holländer auf die Gewürzinseln. Von Anfang an zielte die holländische Politik im Osten darauf ab, die Machtgrundlage der Portugiesen zu erodieren. Ein für sie glückliches Ereignis war die Vernichtung der spanischen Armada durch England im Jahr 1588, was die spanische Überlegenheit zur See beendete. 1602 wurde die Dutch East India Company gegründet und bemächtigt, die politische Verwaltung in Asien zu übernehmen, Krieg gegen die Spanier und die Portugiesen zu beginnen sowie ein Monopol über den ostindischen Handel zu sichern. Die Dutch East India Company hatte eine sehr hohe Eigenkapitalausstattung und war sehr mächtig (siehe Kapitel 3).

Also lagen die Holländer nach dem Jahr 1600 mit den Portugiesen im Osten im Wettstreit, und sie schafften es, die Position ihrer Rivalen stufenweise zu unterminieren. Mit der Einnahme von Malacca, der strategisch wichtigsten Hafenstadt im Osten, versetzten die Holländer den Portugiesen im Jahr 1640 einen vernichtenden Schlag. Ungefähr zur selben Zeit nahmen sie auch Ceylon von den Portugiesen ein und etablierten sich in Nagasaki, nachdem die Portugiesen von den Japanern aus religiösen Gründen vertrieben worden waren.

Dann, zur Mitte des 17. Jahrhunderts hin, kam es zur Verlagerung der wirtschaftlichen Zentren in Asien. Unter den Portugiesen war Goa der Mittelpunkt des gesamten Handels mit dem Westen (hauptsächlich Gewürze). Nun, da die Holländer einen Großteil der Region des Fernen Ostens kontrollierten, wurde Batavia der Schwerpunkt. Alle Güter, die nach Westen verschifft werden sollten, mussten zuerst nach Batavia zur Freigabe gebracht werden – eine Praktik, die äußerst ineffizient wurde, als der Handel immer mehr zunahm. Die Anweisung der holländischen Regierung lautete, den Handel mit den East Indies zu monopolisieren, und im Jahr 1680 kontrollierten die Holländer den Handel mit dem Fernen Osten vollständig. Batavia war das wichtigste Zentrum des Ostens, während Amsterdam Lissabon als

Europas Handels- und Finanzdrehschreibe ablöste. Zum ersten Mal in der Geschichte begann der Kapitalismus aufzublühen. Amsterdam eröffnete die erste aktive Aktienbörse. Dies machte es möglich, das Risiko des hochriskanten Handels mit Übersee zu verteilen, und unterstützte somit dessen Expansion enorm.

Die Portugiesen verloren ihr Monopol des Handels mit dem Fernen Osten an die Holländer, und England war bis dato noch kein wichtiger Wettbewerber. Die Dutch East India Company florierte und besaß auf ihrem Höhepunkt 150 Handelsschiffe, 40 Kriegsschiffe und etwa 8.000 Angestellte. Aber die holländische Vorherrschaft dauerte nicht viel länger als die der Portugiesen. Ständige Kriege in Europa, der Verfall in den Kolonien, Missmanagement und Korruption hatten einen negativen Einfluss auf die Machtbasis der Wirtschaft des Landes und machten sie verwundbar. Gegen Ende des 17. Jahrhunderts verließ die Dutch East India Company das Glück, und das bot England die Möglichkeit, das Monopol aufzubrechen.

Britannien und der Ferne Osten

Die Engländer segelten im Jahr 1600 in den Fernen Osten und bauten Firmen in Bantam in Java auf; 1637 landeten sie in Japan und China. Die Bemühungen der British East India Company aber konzentrierten sich auf Indien, wo sie verschiedene Siedlungen aufbauten. 1765 nahm sie große Ländereien in Indien in Besitz, und das Hauptquartier der Firma wurde nach Kalkutta verlagert, das zum Zentrum des British Eastern Empire und zur Hauptstadt Indiens wurde.

Im 18. Jahrhundert entwickelte auch England einen aktiven und hochprofitablen Handel mit China und erodierte schrittweise die starke wirtschaftliche Position der Niederlande im Osten, weil sich die Nachfrage für verschiedene Rohstoffe veränderte. Bis etwa zum Jahr 1700 waren Gewürze, Seide, Baumwolle und Nahrungsmittel die Hauptexportgüter nach Europa. Im 18. Jahrhundert wurden Tee und Kaffee die wichtigsten Exportrohstoffe. Zu dieser Zeit gab es Tee nur in China, während die Dutch East Indies Kaffee produzierten. Das Problem beim Handel mit China war folgendes: Während England immer mehr chinesische Seide und Tee kaufte, erwarb China – abgesehen von geringen Mengen Baumwolle, Wollwaren und Pelzen – nur wenig von den englischen Kaufleuten. Also gab es ein konstantes Handelsdefizit, und Silber floss aus England heraus.

Um diese Situation zu korrigieren, begannen die Engländer, Opium von Kalkutta in ihre „Firmen" in Kanton (jetzt Guangzhou) zu schiffen, wo es an die Chinesen verkauft wurde. Die Portugiesen machten das über Jahrhunderte hinweg, und amerikanische Kaufleute begannen, türkisches Opium in China anzubieten. Aber es waren die Engländer, die große Mengen billig offerieren konnten, weil die Droge hauptsächlich aus dem unter britischer Herrschaft stehenden Bengal kam, wo günstige Wachstumsbedingungen herrschten.

Zu Beginn des 19. Jahrhunderts verschifften die Engländer rund 2.000 Kisten (mit je 150 Pfund) Opium nach China. Bis 1836 umfasste der jährliche Handel mit der Droge 26.000 Kisten. Eine Konsequenz aus diesem starken Anstieg war ein Umschwung in der Handelsbilanz mit China zugunsten Englands. Für das British Eastern Empire und dessen Hauptstadt Kalkutta war der Opiumhandel ein riesiges, hochprofitables Geschäft, das die Position der Engländer in Asien stärkte. In den 1840ern kamen rund 25 Prozent der indischen Staatseinnahmen aus den Opiumverkäufen. Aber nun verlor China Silber, und der Opiumhandel wurde zum Sorgenkind der Regierung.

Ein anderes Ereignis, das den Holländern schwer zu schaffen machte, waren die napoleonischen Kriege in Europa. Als Napoleon Holland annektiert hatte, wurde die Dutch East India französisch. Aber nach der Niederlage der französischen Marine in der Schlacht von Trafalgar nahmen die Engländer Batavia ein und annektierten die Insel Java. Nach der Schlacht von Waterloo im Jahre 1815 aber gaben die Briten Malacca und die East Indies an die Holländer heraus – im Austausch für die holländische Anerkennung von Stamford Raffles, dem englischen Begründer von Singapur, neuer Stadt Singapur, dessen strategische Lage an der Grenze zu den Straßen von Malacca von großer Bedeutung für den Handel zwischen Kalkutta und Kanton war. Das Tor nach China war nun gesichert.

Im Jahr 1825 stellte sich die Situation in Asien wie folgt dar: Die Handelsmetropole war Kalkutta, gleichzeitig Hauptstadt des British Eastern Empires. Die Holländer litten stark unter dem wirtschaftlichen Verfall Amsterdams (der in etwa im Jahr 1750 begann) und unter der Annexion des Landes durch Frankreich während des Napoleonischen Krieges. Amsterdam wurde für einige Zeit von London als Handels- und Finanzzentrum Europas abgelöst. London war Englands wichtigste Stadt; im Jahr 1700 wohnten hier mehr als 550.000 Menschen (zehn Prozent der Bevölkerung des Landes), und es war zudem die größte Stadt in Westeuropa.

Londons Größe und Bedeutung im Handel des 18. und 19. Jahrhunderts waren bemerkenswert, wenn man bedenkt, dass im 18. Jahrhundert die Gesamtbevölkerung der britischen Inseln weniger als halb so groß war wie die Frankreichs oder Spaniens. Der Grund für Londons Dominanz lag darin, dass es als Landeshauptstadt das politische Zentrum war, das königliche Gericht beheimatete und Britanniens Haupthafen beherbergte (hier wurden drei Viertel von Englands Außenhandel abgewickelt). Außerdem war es die „Spielwiese" der High Society und das Zentrum der internationalen Finanzen, des Handels sowie der Kultur. In Asien war der Handel zwischen Kanton und Kalkutta das wichtigste Geschäft. Vormals wichtige Städte wie Malacca und Penang zogen gegen Singapur den Kürzeren, das zu einem wichtigen Anlaufhafen für die englischen Schiffe wurde, die durch die Straßen von Malacca segelten. Die erste „Ladung" Gefangener aus England erreichte New Holland (Australien). Diese waren zum Großteil auf Nahrungsmittelnachschub aus England angewiesen. Ein Großteil Asiens war noch unerforscht (der Borobudur-Tempel in Java wurde vom Westen erst im Jahr 1814 entdeckt).

Im Jahr 1839 belagerten chinesische Truppen die ausländischen Firmen in Kanton und forderten, dass der gesamte Opiumbestand an sie ausgehändigt werde. Insgesamt wurden 20.283 Kisten Opium ausgeliefert und sofort zerstört. Dieser Vorfall provozierte den ersten Opiumkrieg, und nach der Niederlage stimmte China zu, die Insel Hong Kong den Briten zu überlassen und fünf Häfen für den Handel zu öffnen. Diese so genannten Vertragshäfen waren Canton, Amoy, Fuzhou, Ningbo und Shanghai. Nach dem zweiten anglochinesischen-Krieg (1856 bis 1858) stimmte China zu, die Südspitze der Halbinsel Kowloon und im Jahre 1898 das Festland für 99 Jahre an die Briten zu vermieten. Die Bevölkerung Hong Kongs wuchs von 30.000 im Jahre 1851 auf 880.000 im Jahre 1931. Als Japan die Mandschurai im Jahre 1937 besetzte und Kanton 1938 ebenfalls an Japan fiel, gab es einen massiven Zustrom von Flüchtlingen nach Hong Kong. Zu Beginn des Zweiten Weltkrieges wurde die Bevölkerung Hong Kongs auf 1,6 Mio. geschätzt. 1941 besetzten die Japaner Hong Kong und wiesen eine große Zahl von Chinesen aus. Bis zum Ende des Krieges ging die Bevölkerung auf rund 600.000 Einwohner zurück. Aber der Aufstieg des Kommunismus in China führte wieder zu einer massiven Einwanderung in die Stadt, und bis 1950 lebten 2,2 Mio. Menschen in der Kolonie.

Entwicklungen in Asien

Die Öffnung der Vertragshäfen begünstigte den Handel, und das Lizenzsystem in Shanghai war für die wirtschaftliche Entwicklung der Stadt ebenfalls förderlich. Bis 1930 verbuchte Shanghai 54 Prozent des gesamten chinesischen Außenhandels. Es war eine der größten und wirtschaftlich bedeutendsten Städte in der Welt – vergleichbar mit London, New York, Berlin und Chicago.

Als sich der Zweite Weltkrieg abzuzeichnen drohte, veränderte sich das wirtschaftliche Machtgleichgewicht in Asien merklich. Shanghai war das Paris des Ostens und die wichtigste Stadt in Südostasien. Burma öffnete sich und wurde während dieses Prozesses reich. Die Hauptstadt Rangoon war wesentlich bedeutender als Bangkok – in wirtschaftlicher Hinsicht. Die Franzosen eroberten Vietnam, und die Blütezeit Kalkuttas war vorbei. Als China mit Indien 1907 ein Abkommen schloss, um den Opiumhandel stark zu reduzieren, versiegte die Hauptgeldquelle Kalkuttas. Der wirtschaftliche und politische Verfall der Stadt beschleunigte sich, als Delhi 1911 die neue Hauptstadt Indiens wurde.

Japan stieg zu einer starken Militärmacht auf, nachdem es China im Sino-Japanischen-Krieg von 1895 und Russland im Russisch-Japanischen-Krieg besiegt hatte. Die militärischen und wirtschaftlichen Leistungen des Landes waren vor allem insofern beeindruckend, als Japan bis zur Mitte des 19. Jahrhunderts nur sehr wenig Kontakt mit der westlichen Welt hatte. Doch dann zwang der Kommodore Perry die Japaner, einen Vertrag mit den USA zu unterzeichnen, der die Öffnung mehrerer Häfen für amerikanische Schiffe beinhaltete. Das in China entwickelte Vertragshafensystem wurde später auch in Japan eingeführt, mit der Meistbegünstigungsklausel, die US-Landungsrechte und Vorteile für andere westliche Nationen beinhaltete. Die Öffnung Japans zum Westen führte zur Modernisierung, die aus dem ehemals stark dezentralisierten, archaischen Feudalsystem einen fortschrittlichen Staat machte.

Taiwan, seit 1895 von den Japanern besetzt, war immer noch ein landwirtschaftlich geprägtes Land. Korea wurde nach dem Russisch-Japanischen-Krieg von Japan annektiert. Die Hafenstädte Hong Kong und Singapur blühten auf, waren aber im Vergleich zum Industriekoloss Shanghai immer noch kleine Dörfer. Die Bedeutung Manilas wuchs. Nach dem spanisch-amerikanischen Krieg wurden die Philippinen 1898 von Spanien an die USA abgetreten, zusammen mit Puerto Rico und Guam. Im 16. und 17. Jahrhundert war Manila wegen seiner Rolle als Umschlagshafen für den Silberhandel reich und wirtschaftlich bedeutend in Asien. Das in Potosi (Bolivien) geförderte Silber wurde von Acapulco nach Manila geschifft und dort gegen chinesisches Porzellan, Perlen, Edelsteine und Luxusbaumwolle aus Indien getauscht. Kurz nach dem Zweiten Weltkrieg war Manila nach Shanghai und Tokio vermutlich die drittwichtigste Stadt in Asien, denn die Philippinen waren ein amerikanisches Protektorat.

In China hat sich die Zivilisation früh entwickelt. Hier findet man eine große Zahl von Städten, die unter verschiedenen Dynastien als jeweilige Hauptstadt dienten (siehe Tabelle 3). Da China für große Zeitperioden, in Abhängigkeit vom Kaiser und seiner politischen Macht, eine sehr zentralisierte Gesellschaft hatte, war die politische Hauptstadt in der Regel auch die größte und wohlhabendste Stadt. Während der Tang-Dynastie unter Kaiser Tiazong (627–650 n. Chr.) wurde das Land recht wohlhabend, und seine Hauptstadt Chang-an entwickelt sich zu einem wahren Prachtexemplar von Eleganz und Reichtum. Seide, die damals in Europa mit dem gleichen Gewicht Gold bezahlt wurde, war das übliche Bekleidungsmittel für halb Chang-an, und auch Pelzmäntel wurden von vielen getragen. Unter der Sung-Dynastie verlagerte sich die Hauptstadt zuerst nach Kaifeng (die Bevölkerung wurde auf 1,2 Mio. im elften Jahrhundert geschätzt). Aber nachdem die Mongolen eingedrungen waren und die Stadt zerstört hatten, wurde die Hauptstadt südlich des Yangtse-Flusses zu Hangzhou wiederaufgebaut.

Hangzhou war seit der Tang-Dynastie ein wichtiges Geschäftszentrum, und nach dem Bau des Großen Kanals, der es mit Peking verband, gewann die Stadt immer mehr an Bedeutung. Der Glanz und die effektive Verwaltung Pekings wurden von Marco Polo ausführlich dokumentiert, der am Hofe Kublai Khans wohn-

Tabelle 3

METROPOLEN
Die größten Städte Chinas

Stadt	Bevölkerung (in Tsd.)	Jahr/Welt
Ao (Chen Chow)	32	1360 BC
Anyang	30	1200 BC
Loyang	50	800 BC
Lintzu	80	650 BC
Yenhsiatu	180	430 BC
Chang'an[1]	400	200 BC
Loyang	420	100 AD
Nanjing	150	361
Loyang	200	200
Chang'an	400	622
Chang'an	600	800
Chang'an	500	900
Kaifeng	400	1000
Kaifeng[1]	442	1150
Hangzhou	255	1200
Nanjing	482	1400
Beijing[1]	672	1500
Beijing	650	1700
Beijing	1.100	1900
Shanghai	1.500	1925
Shanghai	5.000	1980

[1] Damals auch die größte Stadt der Welt; Quelle: Chandler, *Four Thousand Years of Urban Growth*, New York, 1987

te: „Die Straßen sind alle mit Steinen und Ziegeln gepflastert – es gibt einen Überfluss an allem – die Zahl der Brücken geht an die 12.000, in anderen Straßen waren die Quartiere der Dirnen, die hier in einer solchen Anzahl sind, dass ich es nicht wage, über diese eine Schätzung abzugeben." Unter der Herrschaft der Mongolen (Yuan-Dynastie, 1271–1368) wurde Peking die Hauptstadt, aber dank der Ausgabe von Papiergeld in großen Mengen konnten sich die Industrien und Städte, wie Guangzhou, Ningbo, Shanghai, Wenzhou und, wie oben erwähnt, Hangzhou, schnell entwickeln.

Obwohl sich wichtige Handelsstädte entwickelten, verlagerten sich die bedeutendsten Wirtschaftsgebiete von Zeit zu Zeit in Abhängigkeit vom Bewässerungssystem des Landes und von den Wasserkontrollen. Denn sie trugen zur Erhöhung der landwirtschaftlichen Produktivität bei und ermöglichten den Getreidetransport. Seit der Antike wurde an einem aufwändigen System von Bewässerungskanälen, Oberflächentanks, Drainagen, Flutkontrollen und künstlichen Wasserstraßen gebaut, und man war somit eng mit der Politik verbunden. Alle Wasserwerke wurden von den verschiedenen Dynastien als entscheidende politische Werkzeuge eingesetzt, und ihr Verwendungszweck sowie ihre Weiterentwicklung fielen unter die Entscheidungsgewalt der politischen Führer der jeweils herrschenden Klasse. Zu jeder Zeit gab es in der chinesischen Geschichte begünstigte Regionen, die mehr Aufmerksamkeit zu Lasten anderer bekamen (die Veränderungen in der Bewässerungspolitik spiegeln sich in der Geschichte der chinesischen Bauernrebellionen wider).

Während also in Europa die Verlagerung der Finanzzentren eher aus wirtschaftlichen (Handels-)Gründen erfolgte, florierten unterschiedliche Regionen in China zu unterschiedlichen Zeiten als Folge der Politik der Wasserversorgung. Wirtschaftlich von Bedeutung ist, dass keine dieser Städte südlicher als Hangzhou lag – eine Tatsache, die Bedeutung haben könnte, wenn man Vorhersagen über künftige Wohlstandsregionen in China machen will. Aber das Muster der chinesischen Zivilisation war im Großen und Ganzen gleich: Mit der Zeit stiegen Städte und Regionen in Abhängigkeit von politischen, wirtschaftlichen und sozialen Veränderungen auf, um dann wieder in die Bedeutungslosigkeit zurückzufallen.

Gründe für den Aufstieg und Niedergang von Städten
Die Lage

Wenn man nach den Gründen für die Bedeutung von Städten sucht, kann man nicht sagen, dass ein besonderer Faktor immer der dominierende ist. Aber es lässt sich feststellen, dass die Lage der Stadt auf jeden Fall eine große Rolle spielt. Städte wuchsen in fruchtbaren Regionen oder in Regionen, in denen ein Bewässerungssystem (in der Nähe zu Wasserwegen) die Bewirtschaftung des Landes ermöglichte. Sehr frühe Zivilisationen entwickelten sich zwischen Euphrat und Tigris, in China am Gelben Fluss und in Ägypten am Nil. Da die frühen Zivilisationen in der Regel landwirtschaftlich geprägt waren, ist das selbstverständlich. Aber es scheint, als ob auch heute noch die Lage für den Wohlstand von Regionen und Städten wichtig ist. Als sich der Handel entwickelte, florierten Städte entlang der Handelsrouten (etwa Turfan, Khotan, Samarkand, Bukhara, Bactria, Petra, Merv, Kashgar, Texila, Mathura, Pataliputra, Babylon oder Seleucia). Als später der Seehandel immer wichtiger wurde, stiegen die Hafenstädte zu bedeutenden Handelszentren auf (Beispiele sind Tyre, Tripolis, Sidon, Karthago, Gades, Athen, Marseilles, Syracus, Rhodos, Alexandria, Odessa, Aden, Ormuz, später Venedig, Famagosta, Genua, Konstantinopel, Kaffa, Lissabon, Bordeaux, Brügge, Lübeck, Bremen, Danzig, Riga, Hamburg, Antwerpen, Cadiz, Barcelona oder Sevilla).

Nach den Entdeckungsreisen wurde auch der Zugang zu einem Hafen zu einem wichtigen Faktor, so beispielsweise in der Karibik Havanna (das spanische Tor nach Lateinamerika), in Südamerika die Küstenstädte von Cartagena, Salvador de Bahia, Rio de Janeiro und Acapulco und in Asien Malacca, Goa, Batavia, Surat, Hangzhou, Canton, Shanghai, Amoy (Xiamen), Fuzhou oder Nagasaki. Hafenstädte waren auch die ersten wichtigen Städte in Nordamerika (Salem, Boston, New York – vor allem wegen deren Anschluss an inländische Wasserstraßen –, Newport, New Orleans, Quebec und Montreal). In Afrika entwickelten sich florierende Städte entlang der Küste bei Sansibar, Mombasa, Mozambique, Luanda, Cape Town, Tangier, Algier und Tunis. Und die Lage blieb auch im weiteren Verlauf der Geschichte wichtig: Während der industriellen Revolution war die Nähe zu den Ressourcen und zu Wasserstraßen bedeutend, und es gilt als sicher, dass der Zugang zum Meer zur Entwicklung der westlichen Küstenstaaten Amerikas beigetragen hat (Long Beach ist heute der größte Seehafen der USA).

Aber sind Häfen an sich wichtig? Oder sind sie von Handelsströmen abhängig? Es wurde gezeigt, dass die Entdeckung der Handelsrouten um das Kap die Bedeutung der mediterranen Hafenstädte verringerte. Genauso hatte wesentlich später die Eröffnung des Suez-Kanals einen vernichtenden Einfluss auf die Transithafen-Insel St. Helena. Und warum begannen die Hafenstädte an der amerikanischen Westküste zu florieren? Offensichtlich, weil sich der Handel mit Asien scheibchenweise ausweitete. Läge zwischen Asien und Kalifornien statt des Wassers, das einen günstigen Transport ermöglicht, eine große Wüste, so hätte der Handel zwischen den beiden Regionen sich niemals so entwickelt. So scheinen Hafenstädte bis heute sowohl den Handel zu stimulieren als auch von ihm abhängig zu sein. Was Ursache ist und was Wirkung, ist nicht eindeutig zu erkennen.

Wohlhabende Städte entwickelten sich auch in ressourcenreichen Regionen. Wie gezeigt, war zu Beginn des 17. Jahrhunderts Potosi die größte Stadt Südamerikas. In den USA wuchsen in den Gebieten der Goldminen regelrechte Boomtowns aus dem Boden. Viel später wurden Städte wie Houston und Dallas wegen ihrer Nähe zum Öl die größten und wirtschaftlich bedeutendsten Städte der Nation. In der gesamten Geschichte war die Lage einer Stadt sehr wichtig. Man kann darüber streiten, ob die Lage auch in Zukunft weiter so bedeutend sein wird wie in der Vergangenheit. Es ist möglich, dass Seehäfen ihren Stellenwert verlieren, weil hochwertige Ladung mehr und mehr mit dem Flugzeug transportiert wird. Somit könnte eine günstige Lage an einem Flughafen ein immer wichtigerer Faktor werden. Auch könnte die Nähe zu den Hauptmärkten entscheidender werden, weil sich die Produktlebenszyklen wegen technologischer Alterung verkürzen (ein Faktor, von dem Mexiko dank seiner Nähe zu den USA in den vergangenen Jahren sicherlich profitiert hat). Möglicherweise werden Städte aufblühen, die in der Nähe hochrangiger Lerninstitute liegen (Universitäten, Technologiezentren, Forschungsinstitutionen). Auf jeden Fall wird die Lage weiterhin von großer Bedeutung sein, auch wenn sie heute natürlich von anderen Ursachen beeinflusst wird als in den frühen Zeiten, in denen Landwirtschaft, Ressourcenreichtum und Handelswege zur Entstehung von reichen Städten führten.

Eine günstige Lage führte auch zum Aufstieg wichtiger Handelszentren. Es gab immer wichtige Städte in der Nähe des Nil-Deltas: zuerst Memphis, dann Theben, Alexandria und Kairo. Konstantinopel, respektive Istanbul, blieb ebenfalls eine wichtige Stadt, weil sie zwischen dem Mittelmeer und dem Schwarzen Meer angesiedelt ist. Bedeutende Zentren gab es an den Straßen von Malacca, und auf Malacca folgten Penang und Singapur. Ebenso entwickelten sich wichtige Städte in Nordchina an der Küste zwischen Ningbo und Tianjin. Das zeigt: Eine günstige geographische Situation ist eindeutig ein langfristig positiver Faktor für die wirtschaftliche Prosperität einer Stadt.

Bürgerliche Infrastruktur und Toleranz

Genauso wie der langfristige Erfolg einer Firma hauptsächlich von den Managementqualitäten abhängt, wurden Städte mit einer guten Administration reich.

Aber was ist eine gute Administration? Ist es das Modell von Singapur mit einem starken wirtschaftlichen Management durch die Regierung, oder ist es das Laissez-faire-System von Hong Kong? Meiner Meinung nach ist das nicht das entscheidende Thema. Beide Formen der wirtschaftlichen Administration können erfolgreich sein, solange es ein „System" gibt – als Gegensatz zu Chaos. Dieses System muss für alle Marktteilnehmer fair sein: mit klaren Bürger- und Handelsgesetzen (beispielsweise gut entwickelte Bilanzierungsregeln, Eigentumsrechte, gut regulierte, aber freie Märkte für Güter, Dienstleistungen und Arbeit, ein effizienter Finanzmarkt, Insolvenzregelungen und faire Besteuerung), die konsequent und unabhängig durchgesetzt werden. Einer der Gründe für den Aufstieg von Rom und London war deren ausgeklügeltes Rechtssystem, das – zumindest im Falle Londons – völlig unvoreingenommen gegenüber ausländischen Händlern war. Gleichheit vor dem Gericht und Unabhängigkeit sind für den Erfolg einer Stadt sicherlich viel wichtiger, als man allgemein glaubt.

Erfolgreiche Städte hatten nicht nur eine gute Rechtsstruktur, sondern auch andere Institutionen und eine Politik, welche die wirtschaftliche Entwicklung förderten. In frühen Zeiten waren vor allem Straßen, Brücken, Häfen und der Zugang zu Frischwasser mittels Aquädukten und Kanälen, genauso wie zu frischen Nahrungsmitteln, wichtig (Rom dominierte die Welt teilweise auch wegen seiner herausragenden Infrastruktur und seines durchdachten Kommunikationsnetzwerks). Heute mögen dies kostengünstige und technologisch fortschrittliche Kommunikationssysteme, dauerhafte Stromversorgung, geeignete Zugänge zu Flughäfen, Vergnügungseinrichtungen, gute Lebensbedingungen und ein angenehmes Klima sein. Recht und Gesetz sind eine weitere Komponente. Wo Leute, vor allem Minderheiten, sich sicher fühlen möchten, sind effiziente und unbestechliche Polizei- und Feuerwehrkräfte von großer Bedeutung.

Das Schaffen von Gesetzen sowie ihre strikte und unvoreingenommene Durchsetzung verhalf Städten zur Blüte; genauso wichtig war Toleranz. Früher war religiöse Toleranz das Hauptthema. Cordoba wurde unter der relativ gelassenen Herrschaft der Moslems reich, aber es zerfiel während der spanischen Inquisition. Im Lauf der Geschichte boten alle großen Handelsstädte, inklusive Alexandria, Venedig, Genua, Lissabon, Antwerpen (anfangs), Amsterdam, London, Hong Kong und Singapur, den Minderheiten gleiche Wettbewerbsbedingungen (zugegeben: mehr oder weniger). Aber religiöse Themen oder Rassen waren nicht die einzigen Bereiche, auf die Toleranz Einfluss hatte. Eine dynamische Gesellschaft entsteht dort, wo auch intellektuelle Toleranz, Bewusstseinsfreiheit, soziale Mobilität und

Ideenfreiheit gewährleistet sind – auch wenn sich das Gedankengut nicht mit den Auffassungen der jeweiligen Regierung deckt. Wenn Intellektuelle, Wissenschaftler und Philosophen verfolgt und eingesperrt (oder gefoltert und ermordet) wurden, dann flohen sie und nahmen ihr Know-how mit sich; und genau von diesem Wissen hängt der Fortschritt ab (nach 1685 zogen viele französischen Hugenotten mit ihrem Know-how der Uhrmacherei in die Schweiz). Es ist kein Zufall, dass das Format der Lehrer und Schüler in Hochschulen von der Toleranz des politischen Systems abhängt. Ich glaube, dass intellektuelle Toleranz und religiöse Freiheit mit die Dreh- und Angelpunkte sind, wenn man den wirtschaftlichen Erfolg des relativ ressourcenarmen Nordamerika zwischen dem 16. und 19. Jahrhundert mit dem ressourcenreichen spanischen Südamerika vergleicht – oder auch den Wohlstand der marktwirtschaftlichen, westlichen Volkswirtschaften im Vergleich zu den totalitären, kommunistischen Regimen im 20. Jahrhundert. (Es ist bemerkenswert, dass bis heute, von Japan einmal abgesehen, ganz Asien keine einzige Weltklasse-Universität hat).

Doch auch hier sind Ursache und Wirkung nicht immer eindeutig. Werden Städte und Regionen reich, weil sie eine gute Administration, ein faires Rechtssystem, Toleranz, freie Märkte und Hochschulen haben? Oder kann es sein, dass Städte, wenn sie wohlhabend werden, eine Tendenz zu besserer Organisation (besserer Verwaltung) haben, einhergehend mit dem Wunsch der führenden Klasse, deren Wohlstand zu schützen? Indem sie sich und ihren Kindern wünschen, das totalitäre System zu ersetzen, unter dem sie mit den Regeln der Gesetze aufgeblüht waren? Oder weil Minderheiten immer mehr akzeptiert werden und die Gesellschaft immer toleranter wird? Man denke nur an den Piraten Henry Morgan, der später ein ehrenwerter Mann und sogar zum Ritter geschlagen wurde! Oder man denke an die großen Gangster, Drogendealer und Schmuggler, die ihre Kinder in amerikanische Wirtschaftsschulen schicken, um aus ihnen ehrbare Bürger zu machen! Offensichtlich kommt dieser Prozess in Gang, wenn der Wunsch entsteht, Wohlstand zu schützen und Gesetze einzuführen, um den Besitz zu schützen. Wiederum scheint es so, als ob Ursache und Wirkung fortdauernd miteinander interagieren und sich gegenseitig verstärken. In diesem Zusammenhang bin ich relativ optimistisch, dass mit der Zeit die „Neuen Reichen" von Russland und China sich ein strukturiertes Handelsrecht und eine Handelsinfrastruktur wünschen, um ihren – früher oftmals illegal – angesammelten Wohlstand zu schützen.

Ein weiterer Aspekt: Auf der Suche nach den Faktoren, die für die Wohlstandserschaffung förderlich sind, sollte man nicht allzu dogmatisch sein. Wo gut eingeführte Eigentumsrechte langfristig günstig sein mögen, kann aber auch deren Fehlen kurzfristig gelegentlich zu phantastischem Wachstum und zu einer guten Entwicklung führen – man denke an ehemalige Minenstädte und Piratenzentren. Auch denke ich an das explosive Wachstum Shanghais in jüngster Zeit. Klar definierte Eigentumsrechte hätten es niemals ermöglicht, in so kurzer Zeit so viel neue Infrastruktur zu entwickeln. Ebenso denke ich, dass unter der Herrschaft von Gesetzen und entwickelter Eigentumsrechte Shanghai nicht so verfallen wäre wie unter der kommunistischen Herrschaft. Eine gute Rechtsstruktur ist also langfristig wünschenswert, aber sie kann kurzfristig einige wachstumshemmende Effekte haben. Auch sollte man nicht vergessen, dass die Einführung einer guten Gesetzesinfrastruktur für die Wirtschaft förderlich ist, wohingegen die Beseitigung eines guten und gerechten Rechtssystems immer einen vernichtenden Einfluss auf das Vertrauen und die wirtschaftlich Entwicklung hatte.

Im Zusammenhang mit Toleranz sollte man überlegen, ob religiöser Glaube, Philosophien und Ideologien Faktoren sind, die Städte und Gesellschaften zu Wohlstand führen. Der Soziologe Max Weber dachte, dass die protestantische Ethik dem kapitalistischen Verhalten förderlich sei, weil Sparsamkeit, Pünktlichkeit, Entbehrung und Zuverlässigkeit einen moralischen Hintergrund haben, den er anderswo vermisste (Max Weber, „Protestant Ethic and the Spirit of Capitalism", New York, 1930). Aber hält Webers Theorie auch stand? Könnte es nicht sein, dass der Protestantismus, wie ein Freund von mir sagt, vor allem in seinem Ursprungsland Deutschland hauptsächlich eine Bewegung gegen die wirtschaftliche Macht der Klöster und die zahlreichen religiösen Feiertage war, welche die Arbeiter davon abhielten, sieben Tage zu arbeiten? Auf jeden Fall wurde der Protestantismus von den feudalen Grundherren stark unterstützt, die ihre Arbeiter mehr arbeiten sehen wollten. Genauso wurden jahrelang Bücher veröffentlicht, die erklärten, dass China wegen des Konfuzianismus niemals ein kapitalistisches System entwickeln könne, ganz im Gegensatz zu Japan, wo das System sehr schnell adaptiert wurde. Aber in den vergangenen Jahren haben die Gelehrten und die Politiker, die politische Freiheit ablehnen, den förderlichen Effekt des Konfuzianismus auf die wirtschaftliche Entwicklung gelobt. Im Zusammenhang mit China finde ich dieses Argument ziemlich weit hergeholt, weil China recht arm blieb und weil in der chinesischen Hierarchie die Kaufleute (in unserem System die Pfeiler des Kapitalismus und der freien Märkte) immer zur niedrigsten Klasse gehörten. Wie also lautet die Antwort? Aufgrund meiner Beobachtungen glaube ich, dass ein moralischer Hintergrund wichtig ist, der Sparsamkeit, Ausbildung, harte Arbeit, Entbehrung, Zuverlässigkeit,

Pünktlichkeit (alles Eigenschaften des Katholizismus und des Islam) – kurz gesagt: Disziplin – fördert. Enthusiastische Exzesse und Fanatismus zu Lasten der Freiheit und Toleranz aber sind offensichtlich vernichtend für die wirtschaftliche Entwicklung, wie es uns die Inquisition und der Kommunismus reichlich demonstriert haben.

Militärische und politische Macht

Sind militärische und politische Macht Faktoren für das Schaffen von Wohlstand? Es wurde gezeigt, dass die Assyrer, Römer und Mongolen reich wurden, weil sie hauptsächlich eine frühe und präkapitalistische Technik mit Hilfe militärischer Auseinandersetzungen anwendeten: Übernahmen, Management-Buy-outs und Asset Stripping (ganze Völker in die Sklaverei nehmen), Gesundschrumpfung (hierbei denke ich daran, wie die Influenza, die durch die Spanier eingeschleppt wurde, die einheimische Bevölkerung der Neuen Welt dezimierte) und Restrukturierung (die Römer verbreiteten ihre effizienten Managementmethoden – gute Verwaltung und ein Rechtssystem – über ihr gesamtes Reich). War Timur die frühe Version eines Hedge-Fund-Managers? Klug und gebildet, mit gewaltiger Tapferkeit und dem Willen zum Sieg („Killerinstinkt") fuhr er durch die Welt, plünderte eine Stadt nach der anderen und machte somit sein eigenes Samarkand zu einer reichen und ruhmvollen Stadt.

Aber es wurde auch deutlich, dass die Phönizier, die italienischen Handelsstädte und die hanseatischen Städte durch Handel und ein wenig Industrie wohlhabend wurden – ohne militärische oder politische Ambitionen (das Gleiche gilt für die Schweiz, Australien, Neuseeland, Singapur und Hong Kong). Wie lautet also die Antwort? Man muss mehrere Punkte bedenken: Einige entwickelten überlegene militärische Fähigkeiten, zumindest für eine Zeit, hatten ein „Momentum" und eine „Nichts-zu-verlieren-Mentalität". Bei Momentum denken wir an das psychologische Glücksgefühl des Sieges, das im Krieg sicherlich zu noch mehr Erfolgen führen kann (Glückssträhne). Bei der „Nichts-zu-verlieren-Mentalität" denken wir an arme und unterdrückte Leute mit wenig oder keinen wirtschaftlichen Möglichkeiten (dieses Phänomen führt auch zum Terrorismus). Der eine oder andere dieser Faktoren war sicherlich für die Hunnen, die Tataren, die Mongolen, die Römer, die hellenistischen Griechen unter Alexander dem Großen, Frankreich unter Napoleon und Deutschland unter Hitler von Bedeutung. Aber pure Macht scheint keinen anhaltenden Wohlstand zu bringen. Zuerst war die rein militärische Macht erfolgreich – ich nenne sie mal den Parasiten, weil sie sich von einer alternden Gesellschaft ernährt: ihren reichen und hilflosen Trägern. Aber früher oder später wurde der Parasit zu groß, und er selbst wurde der Träger, was wiederum andere Parasiten ermunterte, sich von ihm zu ernähren.

Um gegenüber den Römern gerecht zu sein, muss man verstehen, dass sie nicht durch Krieg eine hochentwickelte Gesellschaft wurden, sondern eher wegen ihrer technologischen Vormachtstellung (Ingenieurfähigkeiten), der Bildung (Menschenverstand, Tapferkeit, Nationalismus) und der Disziplin (Schlichtheit, Pünktlichkeit, Verlässlichkeit, Zurechnungsfähigkeit). Deshalb konnten sie eine effektive bürgerliche Verteidigungsmacht aufbauen, die schließlich zum Aggressor wurde und das Reich ausweitete. Genauso wurde Venedig zu einer Militärmacht, aber nicht, weil es den Wohlstand schützen musste. Im Falle der Venezianer kann man unzweifelhaft behaupten, dass ihr Wohlstand sich nicht aus ihrer militärischen Macht ableiten ließ – es war genau umgekehrt. Dasselbe trifft auf die Amerikaner zu: Im Gegensatz zu Timur wurden sie nicht mittels militärischer Aggression reich. Sie wurden die dominante Militärmacht der Welt, weil sie die Technologie, Organisationsfähigkeiten sowie einen Einheitssinn (Patriotismus) hatten und weil sie es sich leisten konnten, eine große Armee zu unterhalten.

Während militärische Macht also zeitweise zu Wohlstand führen kann, hängt lang anhaltender Wohlstand, wie man ihn im frühen Rom (ein Reich, das eine überraschend lange Zeit überlebte) und in modernen Zeiten im Falle des Britischen Empire und der USA finden kann, von anderen Faktoren ab. Es ist aber keine Frage, dass in der Vergangenheit militärische Macht den Wohlstand verlängerte – bis zu einem bestimmten Zeitpunkt und in unterschiedlicher Qualifikation, wie ich in Kapitel 12 erklären werde. Man darf aber nicht vergessen, dass Konstantinopel oder Venedig ohne militärische Macht von den angreifenden Türken zum Frühstück verspeist worden wäre. Aber wäre das so schlecht gewesen? Konstantinopel wiedererlangte nach alledem unter Suleiman dem Großartigen seinen Ruhm.

Sind Innovationen für den Aufstieg einer Stadt notwendig? In frühen Zeiten waren das Segel, das Rad, der kriegerische Streitwagen, das Bewässerungssystem und später die Infrastruktur Roms (Straßen, Brücken, Aquädukte), Recht und Gesetz die Innovationen. Während des finsteren Mittelalters brachten die islamischen Gesellschaften die Zivilisation hauptsächlich wegen ihrer mathematischen Fähigkeiten weiter (inklusive der Buchführung). Die italienischen Stadtstaaten erfanden berühmt gewordene Handels- und Finanztechniken. Die britischen und amerikanischen Städte wurden wegen der industriellen Umsetzung vieler neuer Erfindungen reich. Eine Innovation ist ein mächtiger Faktor für das Entstehen reicher Städte. Aber Innovationen und Erfindungen alleine sind nicht ausreichend. China war in beidem bereits in sehr frühen Zeiten führend, aber was zu fehlen schien, war ein der kommerziellen Ausnutzung dieser Erfindungen förderliches Umfeld. Im Vergleich dazu war Amerika des 19. Jahrhunderts: Freiheit, eine kapitalistische Mentalität, freie Märkte und der Antrieb sowie das Verlangen, erfolgreich zu sein, was die Einwanderer (frei von irgendwelchen Verpflichtungen) in ihre neue Heimat mitbrachten – in Verbindung mit reichlichen Ressourcen schufen sie ein sehr günstiges Umfeld für die beispiellose wirtschaftliche Entwicklung und den Fortschritt.

Reine Größe?
Wie steht es um die Größe? Haben kleine Städte eine größere Chance, reich zu werden, als große Städte? Reiche Zentren wachsen oftmals zu großen heran (etwa Babylon, Alexandria, Rom, Konstantinopel, Cordoba, London, Hangzhou oder New York). Aber viele kleine Städte wurden sehr reich trotz ihrer geringen Größe (beispielsweise Amalfi, Cadiz, Goa, Batavia, Genf, Abu Dhabi oder Monaco). Ich bin mir nicht sicher, ob es eine Antwort auf diese Frage gibt. Was entwickelt sich besser: große oder kleine Firmen? Die Erfahrung der letzten Zeit würde lauten: große Firmen. Aber offensichtlich gibt es Zeiten, in denen kleine Firmen sich besser entwickeln. Genauso mag es Zeiten geben, in denen große Städte erfolgreicher sind. Man denke beispielsweise an den Krieg: Da Eroberungs-Armeen immer die politische Hauptstadt eines Landes angreifen, können diese Städte, die auch wirtschaftliche Zentren sein können (London, Paris, Tokio), verwundbarer sein als andere. Auf der anderen Seite scheinen Hauptstädte, die sich nur auf Politik stützen (Brasilia, Canberra, Peking), nicht besonders verwundbar zu sein – obwohl die terroristischen Anschläge des 11. September sowohl das wirtschaftliche als auch das politische Mekka Amerikas getroffen haben. Eine Generalisierung des Größenfaktors scheint nicht möglich. Aber ein Punkt scheint bedeutend zu sein: Ein kleiner Stadtstaat oder eine Stadt mit einem hohen Grad an Autonomie am Rand oder im Zentrum eines großen Reiches (Venedig, Brügge, Goa, Tanger, Antwerpen in den frühen Tagen, Genua, Hong Kong bis Juli 97, Singapur für die absehbare Zukunft) kann offensichtlich aufgrund seiner Autonomie von einer solch günstigen Position enorm profitieren.

Warum große Städte untergehen

Was ist mit dem Untergang einer Stadt gemeint? In einigen Fällen ist es offensichtlich: Pompeji wurde durch die gewaltige Eruption des Vesuv im Jahre 79 nach Christus vollkommen zerstört. Nineveh, Babylon, Seleucia, Karthago, Rom, Pagan und Angkor erlebten ebenfalls regelrechte Abstiege. Aber der Fall Venedigs im 16. und 17. Jahrhundert war nicht so deutlich. Bis zum 18. Jahrhundert blieb es recht wohlhabend, obwohl seine Bedeutung für den Handel definitiv zurückging. Wenn wir also über den Aufstieg und Untergang von Städten sprechen, müssen wir bedenken, dass der Aufstieg meistens lang dauerte und von Zyklen schnellen Wachstums begleitet wurde, die von Rezessionen unterbrochen wurden. Im Gegensatz dazu dauerte ihr Niedergang (von Zerstörung durch Krieg und Naturkatastrophen abgesehen) ebenfalls eine gewisse Zeit, bis hin zu mehreren hundert Jahren, und er wurde immer wieder von Erholungsphasen unterbrochen.

Städte (vor allem die antiken Städte) wurden genauso durch Kriege reich, wie sie ihren Wohlstand durch Kriege verloren. Krieg ist somit ein wichtiger Faktor für den Wohlstandsverlust einer Stadt oder eines Landes. Aber das ist eine oberflächliche Erklärung für den Verfall eines Systems. Warum beginnen Städte, die aufgrund von Kriegen reich wurden, plötzlich damit, Kriege zu verlieren? Es muss einen grundlegenden Faktor geben, der zum Verlust von militärischer Wettbewerbsfähigkeit führt und der andeutet, dass der Wohlstandsverlust durch Krieg das Symptom und nicht die Ursache ist. Wenn in unserem kapitalistischen System eine Firma Pleite geht, ist der Wettbewerb nicht die Ursache des Zusammenbruchs. Was die Pleite verursacht, ist das Unvermögen der Firma, adäquate Maßnahmen (Reserven, niedriges Fremdkapital, Innovationen, neue Märkte, neue Produkte, Kosteneinsparungen) zu ergreifen, um den Wettbewerb zu schlagen. Wenn man also den Untergang großer Städte analysiert, muss man genau zwischen Symptomen und Ursachen unterscheiden.

Sind Erfolg und Wohlstand die Saat für den Misserfolg? Städte und Länder, die es zu Reichtum und Macht brachten, wurden unausweichlich arrogant, vermessen und selbstgefällig, und sie tendierten zu übermäßigem Verbrauch. Aufblühende Städte und Länder neigten dazu, sich auf diejenigen Geschäfte zu konzentrieren, die sie reich machten, und eine Diversifikation ihrer Interessen zu vernachlässigen. Wohlhabende Städte und Länder hatten auch immer überschüssige Geldmittel zu investieren. Diese übermäßige Liquidität führte zu einem hohen heimischen Preisniveau (Verlust von Wettbewerbsfähigkeit), und mit der Zeit wurden diese Gelder in weniger profitable Unternehmungen investiert. Konsequenterweise fielen die Gewinnmargen. Genauso haben reiche Städte immer in ausländischen Ländern investiert und wurden somit für Schocks „von außen" verwundbarer. Wo letztlich Not und Außendruck einen vereinenden Effekt haben und die Gesellschaft zusammenbringen, führt Wohlstand zu internem Kampf und parteiischen Abspaltungen.

Wo auch immer wir leben, was auch immer wir machen und mit wem auch immer wir verbunden sind: Es ist ziemlich offensichtlich für uns alle, dass sich mit dem Erfolg eine gewisse Arroganz, Selbst-Rechtschaffenheit, Über-Vertrauen und Selbstgefälligkeit entwickeln werden. Sehr erfolgreiche Gesellschaften und alle Städte, die ich in diesem Kapitel erwähnt habe, waren zu einer Zeit die „Xerox" des städtischen Universums, und sie mussten die Konsequenzen daraus tragen. Nachdem sie unglaublichen Erfolg feiern konnten, übernahmen sie eine „Nichts-kann-schiefgehen"-Einstellung und unterlagen dem großen Irrtum des Optimismus. In einigen Fällen gaben sie zu viel aus und investierten zu viel.

Das Fehlen von Diversifikation kann den Niedergang von Städten ebenfalls vorantreiben. Die meisten Städte wurden wegen eines Produkts, eines industriellen Sektors oder einer Dienstleistung reich. Sie waren Handels-, Produktions- oder Finanzzentren, oder sie gründeten ihren Wohlstand auf Eroberungen. Die Abhängigkeit von einem Produkt machte sie aber verwundbar bei Veränderungen in der Nachfrage nach ihrem Produkt. Alle Produktmärkte – auch die „Märkte" für Eroberungen – sind irgendwann einmal gesättigt. Zudem kommt unausweichlich Wettbewerb in der einen oder anderen Form auf und reduziert die Gewinnmargen. Das Schlimmste von allem aber ist, wenn die Nachfrage nach einem Produkt ganz verloren geht – aus welchem Grund auch immer. Das Umsegeln des Kap der Guten Hoffnung durch die Portugiesen führte zu einem Sinken der Nachfrage nach Handelsdienstleistungen in Venedig, und die Gewinnmargen verschlechterten sich. Auch kamen Venedigs Gewinnmargen unter Druck, weil die Stadt versuchte, ihr Handelsmonopol mit – teuren – Kriegen zu verteidigen. Im Übrigen ist das Fehlen von Diversifikation typisch für alle Boomtowns. In Potosí und Manaus gab es überhaupt keine Diversifikation, und als die Nachfrage nach ihren Produkten zurückging oder sich der Nachschub verringerte (erschöpfte Minen), gerieten sie in Vergessenheit.

Jede wohlhabende Stadt musste mit dem Problem steigender Preise kämpfen, was zu einem Wettbewerbsverlust führte. Rom und Spanien litten unter hoher Inflation. Die Armeen dieser Reiche wurden folglich teurer als die ihrer Feinde – ihrer Wettbewerber.

Sozialer Unfriede war ebenso typisch für wohlhabende Städte. Ich nehme an (mangels ausreichender Statistiken), dass diese Zwietracht aufgrund ungleicher Wohlstandsverteilung oder wirtschaftlicher Abschwünge auftrat. Klassenkämpfe erwiesen sich immer als kostspielig und schwächten den „Esprit de corps" der Stadt. Da sie sich nicht mehr „zusammenraufen" wollten, wurden die Mitglieder der reichen Gesellschaften anfälliger für ausländische Eindringlinge und externe Schocks. Und wenn etwas schief ging, musste ein Schuldiger für die soziale, politische oder wirtschaftliche Störung gefunden werden. Das traf natürlich immer die Minderheiten. Im schlimmsten Fall wurden diese Gruppen (Juden, Hugenotten, Indianer, Armenier und Ausländer im Allgemeinen) vertrieben (wie 1492 in Spanien und in vielen europäischen Städten während des Mittelalters, genauso wie in den 70ern in Uganda), oder ihre Sicherheit wurde so sehr bedroht, dass sie die Städte freiwillig verließen.

Man darf nicht vergessen, dass die Klasse der Händler und die Bankiersfamilien oftmals zu Minderheiten gehörten. Wegen ihrer sozialen Struktur und der internationalen Natur ihrer Geschäfte können Minderheiten sehr mobil sein. Wenn sich das geschäftliche oder soziale Klima verschlechterte, packten sie einfach ihre Koffer und verließen den Ort (dies traf vor allem auf die Juden im Mittelalter zu, weil ihnen Grundbesitz oftmals verwehrt wurde, was sie somit noch mobiler machte). In diesem Zusammenhang wird es interessant sein, wie die Reaktion der Chinesen ausfallen wird, wenn sich die Bedingungen in Hong Kong dramatisch verschlechtern. Man kann sich denken, wer für diese Probleme verantwortlich gemacht wird!

Beim Betrachten der Geschichte von Städten und Reichen fällt auf, dass einige Aufstiege sehr schnell verliefen und dann der Zusammenbruch genauso schnell stattfand, während andere Aufstiege sehr resistent waren und eine überraschend lange Zeit gedauert haben. Während die Hunnen, Tataren und Mongolen nur für kurze Zeit einen Platz an der Sonne genossen, überdauerten das Römische Reich und das Britische Empire Jahrhunderte. Diese Ausdauer lag zum einen in ihrer Disziplin, der Ausbildung, im Patriotismus, der Rechts- und Handelsinfrastruktur, der starken Administrationsfähigkeiten und in der militärischen Macht begründet. Auf der anderen Seite hing der Erfolg von Gesellschaften, die nur informelle Strukturen und Regierungen „ohne Auftrag" entwickelten, hauptsächlich vom Genie ihrer Führer ab. Deshalb erlebten ihre Reiche und Städte das Gleiche, als Alexander, Attila, Dschingis Khan, Timur, Akbar und Kublai Khan starben.

Was bringt die Zukunft?

Es wurde gezeigt, dass sich die Wohlstandszentren mit der Zeit verlagern – und man kann das Gleiche für die Zukunft erwarten. Ein Unterschied könnte darin bestehen, dass sich die Veränderungen beschleunigen. Zur Zeit der Expansion der Portugiesen im Orient dauerte eine Hin- und Zurückreise zu den Moluccas bis zu drei Jahre. Mit Beginn des 18. Jahrhunderts dauerte eine Hin- und Rückreise nach China ungefähr zwei Jahre. Auch 1850 brauchten die Schiffe immer noch mehr als vier Monate, um von London nach Shanghai zu segeln. Aber nach der Eröffnung des Suezkanals im Jahr 1869 verkürzte sich die Reisezeit nach Hong Kong und Shanghai auf 40 beziehungsweise 43 Tage. Heute können Schiffe diese Distanz in rund 25 Tagen bewerkstelligen, und Jumbojets brauchen weniger als 13 Stunden. In der Zwischenzeit entwickelte sich die elektronische Kommunikation zu einem verzögerungsfreien Informationstausch, und die Kosten sind fast zu vernachlässigen.

Veränderungen der wirtschaftlichen Weltkarte werden deshalb mit höherer Geschwindigkeit vonstatten gehen. Man denke zum Beispiel an das Amerika der Jahre 1850 (Tabelle 1) und 1950. 1850 waren die innerstädtischen Immobilienpreise an der Westküste rund 100-mal höher als an der Ostküste, die damals so gut wie nicht besiedelt war. Ein Jahrhundert später gab es diesen Preisunterschied nicht mehr, weil sich die Wirtschaftsgeographie Amerikas radikal verändert hatte. In nur 100 Jahren entstanden ganz neue Städte, die einen Platz als wichtige Handels- und Industriezentren einnahmen – auch im Mittelwesten und in Texas. Ich glaube, dass wegen der immer schnelleren Veränderungen, denen wir ausgesetzt sind, die Länder, die gerade begonnen haben, sich nach dem Zusammenbruch des Kommunismus zu öffnen, sich in weniger als 20 Jahren industrialisieren und zu bedeutenden wirtschaftlichen Zentren werden können.

Man vergleiche die Industrialisierung des amerikanischen Kontinents mit den aktuellen Entwicklungen in Asien: Amerika benötigte 100 Jahre für die Industrialisierung, und im Jahr 1900 waren Landwirtschaft und Bergbau immer noch wichtiger als die Produktion. Japan, Taiwan und Südkorea industrialisierten sich im Zeitraum von 40 Jahren, und China hat es tatsächlich in etwas mehr als 20 Jahren geschafft. Oder die Entwicklung des chinesischen Aktienmarktes: Der Aktienhandel begann in den späten 80ern, und im Jahr 1990 erreichte die Marktkapitalisierung 1 Mrd. US-Dollar. Bis 1997 waren es bereits 172 Mrd. US-Dollar, und jetzt übersteigt die Kapitalisierung die Marke von 500 Mrd. US-Dollar – nach Japan der größte Markt in Asien. Zum Vergleich: Die US-Marktkapitalisierung betrug im Jahr 1950, mehr als 100 Jahre nach Handelsstart, nur 86 Mrd. US-Dollar und stieg bis Mitte der 60er nur auf 500 Mrd. US-Dollar an. Die Marktkapitalisierung Japans überstieg die Marke von 50 Mrd. US-Dollar das erste Mal im Jahr 1971, und Hong Kong schaffte das im Jahr 1986.

Kein anderes Land der Welt hat jemals in einer solch kurzen Zeit einen so großen Finanzmarkt entwickelt wie China. Auch waren vor wenigen Jahren die Immobilienpreise in Hong Kong achtmal so hoch wie in Peking und Shanghai. Die Differenz hat sich schnell verkleinert, weil die Preise in China stiegen und die in Hong Kong fielen. Ich glaube, dass wir in den nächsten zehn bis 20 Jahren eine umwerfende Veränderung im Sinne neuer Wohlstandszentren erleben werden. Shanghais Immobilienpreise können leicht die von Hong Kong übersteigen und vielleicht auch die von New York. Bangalore in Indien – vor zehn Jahren niemals ein Diskussionspunkt – wird Silicon Valley ablösen. Auf die gleiche Weise haben die amerikanischen Produktionszentren Manchester, Birmingham und Lancaster ersetzt (im Jahr 1835 gab es in Lancashire mehr Industriemaschinen als im ganzen Rest der Welt zusammen).

Deshalb möchte ich nicht ausschließen, dass genauso, wie Lancashire die Werkstätte der Welt im frühen 19. Jahrhundert war, China eines Tages sich diesen Stempel aufdrücken lassen kann und mit seinen 1,2 Mrd. Menschen mehr Güter produziert als der ganze Rest der Welt zusammen. Warum auch nicht? Immerhin ist der Anteil der Bevölkerung als Prozentsatz an der gesamten Weltbevölkerung wesentlich höher, als es der von Lancashire jemals war. Auch wenn man auf die Wirtschaftsgeographie Chinas vor der Machtübernahme der Kommunisten im Jahr 1946 schaut, ist es nachweisbar, dass Shanghai und die Mandschurai die dominierenden wirtschaftlichen Zentren waren (siehe Tabellen 4 und 5). Als China im Jahr 1949 die Tore nach außen verschloss, schuf es für Hong Kong, Taiwan und Südkorea die Möglichkeit, sich sehr schnell zu entwickeln. Ich glaube aber, dass sich die Wirtschaftsgeographie mit der Öffnung Chinas mit einer halsbrecherischen Geschwindigkeit radikal verändern wird – und der Korridor Ningbo-Shanghai-Tianjin wird eines der Hauptballungszentren wirtschaftlicher Aktivität.

Die Hauptaussage dieses Kapitels ist folgende: Wenn Investoren herumsitzen und denken, dass die weltweite Wirtschaftsgeographie in zehn, 20 oder 50 Jahren immer noch so aussehen wird wie zurzeit, werden sie einige unliebsame finanzielle Überraschungen erleben. Der Zusammenbruch des Kommunismus und der sozialistischen Regime sowie das Ende der Eigenständigkeit und Isolation Indiens werden die wirtschaftliche Sphäre der Welt genauso vergrößern wie die Entdeckungsreisen des 15. Jahrhunderts. Wir haben gesehen, wie die Entdeckung Amerikas und der Handelsroute um das Kap der Guten Hoffnung die etablierte Weltordnung komplett veränderte. Das gesamte Weltwirtschaftszentrum, das sich bis dahin um das Mittelmeer konzentrierte, verlagerte sich an die Atlantik-Küste, um von der stärker werdenden Bewegung von Gütern und Menschen nach Amerika und in den Fernen Osten zu profitieren. Genauso wird der Aufstieg Chinas, Indiens und Rest-Asiens mit seinen drei Milliarden Menschen zweifellos einen tief greifenden Einfluss auf die Weltwirtschaft sowie die soziale und geopolitische Balance haben. Das Gleiche trifft auf den Aufstieg Russlands und der ehemaligen Staaten der Sowjetunion zu.

Deshalb behaupte ich, dass die heute reichsten Städte sehr wahrscheinlich dies nicht mehr in der Zukunft sein werden und dass Investoren nicht selbstgefällig sein dürfen, indem sie die Geschwindigkeit, mit der Veränderungen stattfinden, unterschätzen. Ein junger Abenteurer, der heute nach Asien kommt, sollte so klug sein und Städte wie Shanghai, Ho Chi Minh, Yangon oder Ulan Bator besuchen – vielleicht sogar Pjöngjang.

In Kapitel 2 habe ich an einem Beispiel erklärt, wie Geld immer aus einer großen Schüssel zur Erde fließt, aber von Zeit zu Zeit Veränderungen auftreten in der Weise, dass das Geld in einen ganz bestimmten Wirtschaftssektor oder in eine ganz bestimmte Region der Welt fließt. In den späten 90ern gingen die Überschüsse der Welt in die USA und finanzierten das steigende Handels- und Haushaltsdefizit. Aber aus Gründen, die ich im folgenden Kapitel erläutern werde, zweifle ich daran, dass die monetären Überschüsse weiterhin diese Ungleichgewichte in den USA ad infinitum finanzieren werden. Ich glaube, dass ein genereller Wechsel der Bewegung der internationalen Kapitalströme bereits eingeläutet ist.

Tabelle 4

WER WAR WO?
Geographische Verteilung der ausländischen Direktinvestitionen in China 1931

	Großbritannien	Japan	Russland	USA	Summe (Mio. US$)	%
Shanghai	737.4	215.0	-	97.5	1,049.9	46.0
Manchurai	-	550.2	261.8	-	812.0	36.0
restliches China (inkl. Hong Kong)	226.0	108.9	11.4	52.7	399.0	17.6
Summe	963.4	874.1	273.2	150.2	2,260.9	100.0

Tabelle 5
BRITISCHER FOKUS
Britische Geschäftsinvestitionen in China, 1929

	Pfund	US$	Summe %
Shanghai	151,527,500	737,408,000	76.6
Hong Kong	18,455,300	59,812,00	9.3
restliches China	27,979,000	136,160,000	14.1
Summe	197,961,800	963,380,000	100.0

Beachte: Hong Kong erhielt, obwohl es britisch war, nur 9,3 % der britischen Investitionen in China!;
Quelle: Remer, C.F., *Foreign Investments in China*, New York, 1933

Kapitel 12

Führungsmacht USA?

Das wichtigste Thema beim Geld ist, seine Stabilität aufrechtzuerhalten ... Man muss (als Wähler) sich zwischen dem Vertrauen auf die natürliche Stabilität des Goldes und der Intelligenz der Regierungsmitglieder entscheiden. Und – im Hinblick auf diese Herren – empfehle ich Ihnen, solange das kapitalistische System andauert, Gold zu bevorzugen.

George Bernard Shaw (1856–1950)

Ich bin immer wieder aufs Neue erstaunt, wenn die Leute sagen, dass die Neue Ära so anders sei als die Vergangenheit – vor allem, weil sich doch die menschliche Natur und das Verhalten der Menschen im Lauf der Geschichte so wenig geändert haben. Vor kurzem las ich das unterhaltsame Buch von Virginia Cowle „The Great Swindle – The Story of the South Sea Bubble" (Collins, 1960). Das Buch handelt von Aufstieg und Fall der South Sea Company und John Law's Mississippi Company im frühen 18. Jahrhundert. Bei der Lektüre war ich von den vielen Parallelen zwischen dieser frühen Spekulationsperiode unseres kapitalistischen Zeitalters und der heutigen Finanzwelt fasziniert. Vor allem war ich verblüfft über die ähnliche Rolle, die das Papiergeld, die überschüssige Kreditschöpfung und die sehr fragwürdigen Praktiken sowohl der Regierungen als auch der Firmen beim Aufbau der Finanzexzesse in beiden Perioden spielten. Zunächst zögerte ich, diese ungewöhnliche Periode zu Beginn des Kapitalismus zu erörtern, aber als ich über die Zahlen stolperte, welche die Bewegung des argentinischen Peso für eine Unze Gold (siehe Abb. 1) zeigten, wusste ich, dass das, was in den vergangenen Jahren passierte, nicht sehr viel anders war als das, was sich bei

Kapitel 12

John Law's erstem Experiment mit reinem Papiergeld abspielte. Hierzu später mehr.

Was im Frühjahr 2002 ebenfalls meine Aufmerksamkeit auf sich zog, war die Parole einiger US-Akademiker und -Meinungsbildnern, dass die USA sich nicht nur wie eine Supermacht, sondern wie ein Imperium benehmen sollten. Dieser Gesinnungswandel war hauptsächlich eine Konsequenz der Anschläge des 11. September und verdient eine Erörterung im zweiten Teil dieses Kapitels.

Wie in Kapitel 8 gezeigt, verbreiten sich Wellen des Optimismus von Zeit zu Zeit wie ein Buschfeuer um die Welt. Die Leute glauben, den Beginn einer Neuen Ära zu erkennen, die unvorstellbaren Reichtum und Wohlstand für alle bringen wird – und Investment-Manien blühen auf. Das Neue-Ära-Denken wird in Zusammenhang gebracht mit den Entdeckungsreisen (Amerika, neue Goldvorkommen), dem Öffnen neuer Territorien (der Westen Amerikas, China in den zurückliegenden Jahren), neuen Erfindungen (Kanäle, Eisenbahnen, Automobil, Radio, PC, Internet, kabellose Geräte), steigenden Rohstoffpreisen (Gummi im frühen 20. Jahrhundert, Öl in den 70ern), Friedensverträgen (Zusammenbruch des Kommunismus) oder einer starken wirtschaftlichen Entwicklung in bislang vernachlässigten Ländern.

Abbildung 1

IN RAUCH AUFGELÖST
Argentinischer Peso pro Unze Gold, 2000–2002

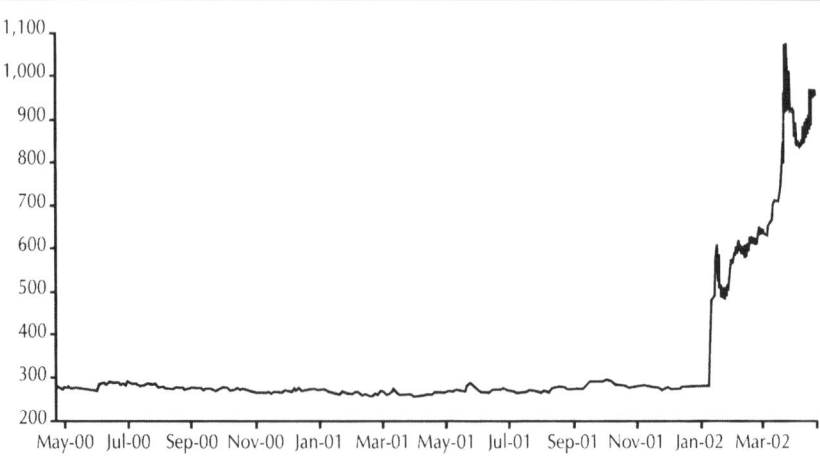

Quelle: Prof. Werner Antweiler, University of British Columbia, Vancouver

Die 90er-Jahre brachten all diese Faktoren mit sich. Der Zusammenbruch des Kommunismus brachte eine gewaltige Vergrößerung der Sphäre der Weltwirtschaft, wobei sich viele Länder öffneten und fast drei Milliarden Menschen dem kapitalistischen System beitraten. Hinzu kamen der Einsatz und die dramatische Verbesserung vieler elektronischer Erfindungen, die zu einem Boom im High-Tech- und Kommunikationssektor führten. Wegen des Zusammenbruchs des Kommunismus gab es auch eine Friedensdividende, weil die westlichen Verteidigungsbudgets reduziert werden konnten. Dann kam die Globalisierungsbewegung, die zu einem bedeutenden Aufleben des Welthandels führte, weil Länder ihre Importbeschränkungen, Zollbestimmungen und Devisenkontrollen erleichterten oder aufhoben. Letztlich erlebten wir zum ersten Mal in der Geschichte einen wirklich weltweiten Finanzmarkt, der es ermöglichte, Kapital von einer zur anderen Ecke der Welt und zu allen Arten von Investments zu bewegen, was – zumindest zeitweilig – zu einem starken Wirtschaftswachstum in einigen Regionen der Welt führte.

Die South Sea Bubble und das Mississippi Scheme

Eine typische Eigenschaft des Neue-Ära-Gedankens ist, dass er ein Land oder die Welt üblicherweise nicht am Anfang einer Wohlstandsphase befällt, sondern erst gegen Ende hin, und dass er von einem „Rausch", eben einer Investment-Manie, begleitet wird. Zwei der besten Beispiele für dieses Phänomen sind John Law's Mississippi Scheme und die South Sea Bubble, die fast zeitgleich im frühen 17. Jahrhundert auftraten und mit Blick auf die aktuelle monetäre Situation von Bedeutung sind.

Im Jahr 1711 gründete Robert Harley, Graf von Oxford, die South Sea Company, um 10 Mio. Pfund Regierungsschulden zu übernehmen, die in Aktien dieser Firma umgewandelt wurden. Im Austausch dafür erhielt die Firma jährliche Zinszahlungen von der Regierung und ein Handelsmonopol für die spanischen Objekte in Südamerika. Zusätzlich bekam das Unternehmen ein Jahr später die Exklusivrechte, Sklaven in Südamerika zu verkaufen. Gleich von Anbeginn an erfreute sich die Firma großen Ansehens, aber die Gewinne waren sehr kurzlebig. Der spanische König Philip V. untersagte der Firma, mehr als eine Warenladung pro Jahr nach Südamerika zu bringen – und auch bei dieser kleinen Unternehmung bestand er auf einem Gewinnanteil. Zusätzlich war die Assiento – die Genehmigung, schwarze Sklaven zu den südamerikanischen Plantagen zu transportieren – mit hohen Risiken behaftet, da viele auf der Reise verstarben. Zudem wurden die unbewaffneten Schiffe oftmals von Piraten angegriffen oder von der spanischen Küstenwache vertrieben. Sie wollten wohl mit beiden Geschäfte machen und schlugen sich mal auf die Seite der Freibeuter, mal auf die der Piraten.

Auf dem Höhepunkt dieser Schwierigkeiten verlor die Firma im Jahr 1715 zwei ihrer Gründer: Lord Bolingnroke und Lord Oxford. Beide wurden des Landesverrats angeklagt. Zu diesem Zeitpunkt gingen die Direktoren daran, König George I. für ihre Geschäfte zu interessieren, in der Hoffnung, dass er ihnen bessere Konditionen in Bezug auf die Spaniern zusichert. Da der hannoveranische König nicht die Absicht hatte, sich in englische Geschäftsangelegenheiten zu verwickeln, bedienten sich die Direktoren des Services zweier Geliebter, Madam Schulenburg und Madam Kielmansegge, die beide sehr geldgierig (und hässlich) waren, aber auf George einen beträchtlichen Einfluss hatten. Im Ergebnis schaffte es die Firma – mittels politischer Manöver, durch Bestechung der beiden Geliebten mit Aktien der Firma und durch Intrigen –, ihn dazu zu bewegen, die Präsidentschaft der South Sea Company zu übernehmen.

In der Zwischenzeit erwarb der schottische Abenteurer John Law, der die Wahrscheinlichkeitsgesetze verstand, ein Vermögen mit professionellem Glücksspiel. Law wurde von Britannien ins Exil geschickt, weil er in einem Duell einen Mann getötet hatte – und später wurde er auch aus Frankreich verbannt, weil er dachte, dass Papiergeld dem Gold und Silber überlegen sei, wie noch gezeigt wird. „Wenn Blut nicht durch den Körper zirkuliert", sagte er, „siecht der Körper dahin; dasselbe passiert, wenn Geld nicht zirkuliert." Aber im Jahr 1713, nach dem spanischen Erbfolgekrieg, kehrte er nach Frankreich zurück, wo er nach dem Tod Ludwig XIV. im Jahre 1715 den Regenten, den Duc d'Orléans, von den Vorteilen von Papiergeld und Kredit überzeugen konnte. Im Jahr 1716 erteilte ihm Orléans die königliche Erlaubnis, die Banque Générale zu gründen, die Papiergeld emittierte mit der Garantie, es immer in Goldmünzen eines festgelegten Gewichts zurückzunehmen (im Prinzip nichts anderes als ein privater Goldstandard). Das Grundkapital der Bank bestand zu einem Viertel aus Münzen und zu drei Vierteln aus Regierungs-Rohlingen. Mit Hilfe des Regenten wurde die Bank sofort zu einem Erfolg. Ihre Banknoten waren sehr praktisch, weil die Regierung sie für Steuerzahlungen akzeptierte. (Im Jahr 1718 garantierte die Regierung auch für die Verpflichtungen der Bank.)

Im Jahr 1717 überzeugte Law den Regenten, seiner neuen Mississippi Company ein Monopol für den gesamten Handel zwischen Frankreich und seinen Territorien in Nordamerika zuzusichern, welche die heutigen Staaten Louisiana, Mississippi, Arkansas, Missouri, Illinois, Iowa, Wisconsin und Minnesota umfasste. Im Gegenzug akzeptierte er ausstehende Papiere der französischen Regierung als Bezahlung für die Mississippi Company. Dieses Prozedere war im Grunde genommen nichts anderes als eine teilweise Konversion der französischen Staatsschulden in Mississippi-Aktien.

Die Geschäfte der Firma erwiesen sich nicht als profitabel. Zum Teil lag dies daran, dass die Firma bei der Aktienemission nur Regierungsschulden anstatt Geld bekam. Des Weiteren wollten nur sehr wenige Franzosen in die amerikanischen Territorien emigrieren. In seiner Verzweiflung entwickelte Law einen Plan, in dem inhaftierte Frauen und Männer mit der Bedingung freigelassen wurden, dass sie heiraten und emigrieren. Solche Paare wurden dann in Ketten gelegt in Paraden durch Paris geschickt – die Ketten waren weniger ein Symbol für die Hochzeit als ein Mittel, die Frischvermählten an der Flucht zu hindern.

Trotzdem fielen die Aktien der Mississippi Company bis zum Jahr 1719 auf 300 Livres, was bedeutend weniger war als bei ihrer Emission zum Preis von 500 Livres. Zu diesem Zeitpunkt hatte John Law eine großartige Idee: Er kündigte an, in sechs Monaten für eine bestimmte Anzahl der Firmenaktien 500 Livres zu zahlen. Die Öffentlichkeit erklärte sich das wie folgt: Wenn der Organisator der Firma fast das Doppelte des aktuellen Aktienpreises zu zahlen bereit ist, dann muss dies darin begründet sein, dass er von sehr günstigen Entwicklungen weiß. Die Investoren nahmen an, dass künftige Kapitalgewinne gesichert seien, und sie pushten stufenweise den Preis der Aktie nach oben.

Nach seiner Ankündigung gab der hoch angesehene Law – ein genauso guter Redner und Promoter wie viele der heutigen High-Tech-Führungskräfte – bekannt, dass sich die Firma mit einer Reihe von neuen Unternehmungen und Akquisitionen mit Unterstützung des Regenten befasst. 1718 kaufte er das Tabakhandelsmonopol und 1719 die Firmen von Französisch-Ostindien sowie China und erwarb das Münzprägemonopol, die Steuerbehörde und die nationale Banque Royale – alles zum Ausgleich für die Übernahme der gesamten französischen Staatsschulden, die damals 1,5 Mrd. Livres betrugen.

Der Plan war brillant: Die Mississippi Company zahlte der Regierung 1,5 Mrd. Livres; im Gegenzug zahlte die Regierung die Gläubiger aus – die dann das Geld, das sie erhielten, in Aktien der Firma investierten, die Law ihnen mit einem Rabatt anbot. Die Regierung musste der Mississippi Company nur drei Prozent Zinsen zahlen, wohingegen öffentliche Gläubiger vier Prozent Zinsen verlangten.

Der Plan funktionierte für eine Weile perfekt, da jedesmal, wenn die Firma eine neue Unternehmung anpries, zusätzliche Aktien zu immer höheren Preisen ausgegeben wurden und eine immer größere Anzahl an Spekulanten an der Manie, die daraus entstand, teilhaben konnten. Die öffentliche Begeisterung wurde von der Regierung angeheizt, die damit begann, die Geldpressen rund um die Uhr laufen zu lassen. Der Regent hatte bis dahin die Banque Générale (die von Law vermutlich im Austausch für all diese Privilegien gegeben wurde) übernommen, die im Dezember 1718 zur Banque Royale wurde. Aber obwohl Law immer betonte, dass man eine kleine Goldreserve zur Unterstützung des Papiergeldes, das die Bank emittierte, halten sollte, erzählte er nun dem Regenten, dass die Öffentlichkeit genügend Vertrauen in das Papiergeld aufgebaut hat und dass deshalb die Goldreserven in den Banktresoren nicht länger vonnöten seien. (Da schrillen die Alarmsirenen, wenn man an die Goldverkäufe der Zentralbanken in den vergangenen Jahren denkt!)

Schließlich erhöhte die Regierung das Geldangebot im Jahr 1719 dramatisch und verringerte die Zinssätze, indem sie Geld für nur ein oder zwei Prozent verlieh. Zusätzlich entwickelte sich die übliche Praxis, die Unternehmensaktien per Ratenzahlung, gestreckt auf zwölf monatliche Raten (eine frühe Form des Margin Account), zu bezahlen. Ziel dieses Vorgehens war es eindeutig, die Aktien in Richtung immer höherer Preise zu manipulieren. Es verbreitete sich eine noch nie dagewesene Spekulationswelle über ganz Frankreich, und die Leute kamen aus ganz Europa, um mit Aktien der Mississippi Company in der Rue Quincampoix zu spekulieren, wo auch kleine Leute ein Vermögen machten. (Das Wort „millionaire" wurde zu dieser Zeit erfunden. Vom Lateinischen „mille" abgeleitet, bezeichnete es ursprünglich jemanden, der 1.000 Livres besaß.) Als sich die Aristokraten darüber beschwerten, dass ihre Köche Millionäre wurden und ihren Arbeitsplatz aufgaben, schrieb Law: „Die Tore des Wohlstands sind nun für die ganze Welt geöffnet. Das ist es, was das Schicksal der alten Administration von der heutigen unterscheidet" (die typische Rhetorik einer „Neuen Ära"). Tatsächlich war Law gegenüber dem Adel sehr freigiebig, von dessen gutem Willen der Plan in gewisser Weise abhing: Er reservierte immer einige Aktien für wichtige Leute.

Der gewaltige Anstieg des Papiergeldes, vereint mit der Möglichkeit, die Aktien der Mississippi Company auf Kredit kaufen zu können, führte nicht nur dazu, dass der Aktienpreis gegen Ende des Jahres 1719 auf über 20.000 Livres anstieg (von 300 zu Beginn des Jahres). Leider bemerkte man auch einen schnellen Preisanstieg in Frankreich. Brot, Milch und Fleisch verteuerten sich um das Sechsfache, während Bekleidung um 300 Prozent im Preis stieg.

Das Ergebnis dieser enormen Inflation machte die Besitzer von Mississippi-Aktien und von Papiergeld nervös, und im Januar 1720, nur zwei Wochen, nachdem Law zum General-Rechnungsprüfer der Finanzen ernannt worden war, entschieden sich einige große Spekulanten, zu verkaufen und in „reale Vermögenswerte", wie Immobilien, Rohstoffe und Gold, zu investieren. Dies ließ den Aktienkurs fallen, und da die Leute nur mit Banknoten die realen Vermögenswerte bezahlen konnten, stiegen die Preise für Gold und Land stark an, als das Vertrauen in Papiergeld schwand. Dies veranlasste Law – der zu dieser Zeit immer noch die Unterstützung des Regenten hatte – dazu, außerordentliche Maßnahmen zu ergreifen. Zwei Dinge mussten erledigt werden: Die Leute mussten davon abgehalten werden, zum Gold zurückzukehren (da die Banque Royale nur zwei Prozent ihrer Vermögenswerte in Gold hielt), und der Aktienkurs der Mississippi Company musste stabilisiert werden. Somit verkündete Law, dass Banknoten fortan das einzig legale Zahlungsmittel waren: Zahlungen über 100 Francs in Gold und Silber wurden verboten, und der Besitz von mehr als 500 Livres Gold wurde für illegal erklärt. Auch schuf er den Gebrauch von Gold und Silber als Hartgeld ab (ab Mai 1720 wurden keine Gold- und Silbermünzen mehr geprägt), und er verkündete, dass diese nicht länger verwendet werden dürfen, um irgendeine Form von Schulden abzuzahlen – ausländische Schulden inklusive.

Wer Gold hortete, dem wurden harte Strafen auferlegt. Um diese unverhohlene Enteignung durchzudrücken, setzte Law große Belohnungen für diejenigen aus, die beim Aufspüren von Gold halfen, das dann konfisziert wurde. Dann führte er eine noch verzweifeltere Maßnahme durch. Insgesamt hatte die Mississippi Company 624.000 Aktien ausgegeben. Bei einem Aktienpreis von rund 10.000 Livres betrug die Marktkapitalisierung rund sechs Milliarden Livres (oder ca. 300 Mio. Pfund) – ein riesiger Betrag zu dieser Zeit. Die einzige Möglichkeit, eine so große Marktkapitalisierung zu erhalten, war, eine Dividende zu bezahlen. Aber die Firma hatte nicht einmal genug Einkommen, um auch nur ein Prozent Gewinnausschüttung zu bezahlen, und war somit in einer prekären Situation.

Also fusionierte Law die Banque Royale mit der Mississippi Company und verkündete, dass der Preis der Mississippi-Aktie bei 9.000 Livres pro Aktie fixiert werden würde. Er machte ein Umtauschbüro auf, in dem die Aktien der Mississippi Company gegen Banknoten ge- und verkauft werden konnten. Er hoffte, dass die Investoren durch diese Maßnahme an ihren Aktien festhielten, bis die Entwicklungen auf dem amerikanischen Kontinent große Gewinne für die Aktienbesitzer produzieren könnten. Aber die Investoren verloren das Vertrauen komplett, und der

Verkaufsdruck hielt weiter an (statt dem Verkaufsdruck ein Ende zu bereiten, wirkte der fixierte Aktienpreis wie ein Verkaufsanreiz), was die Bank dazu veranlasste, einmal mehr das Geldangebot um einen riesigen Betrag zu erhöhen. Das Ergebnis war eine weitere Runde eskalierender Preise. Innerhalb von vier Jahren verdreifachte sich die Umlaufmenge.

Law stellte plötzlich fest, dass sein Hauptproblem nicht länger der Kampf gegen das Gold war, das er zu entwerten versuchte (wie es auch die heutigen Zentralbanker versuchen zu tun); sein tatsächlicher Feind war die Inflation. Er erließ einen Verwaltungsakt, mit dem die Banknoten und die Aktien der Mississippi Company schrittweise um 50 Prozent entwertet wurden. Wie man leicht nachvollziehen kann, reagierte die Öffentlichkeit auf diesen Erlass mit Wut, und Law wurde bald „gebeten", das Land zu verlassen. In der Zwischenzeit wurde Gold wieder als Währungsbasis akzeptiert, und die Leute konnten so viel davon besitzen, wie sie wollten. Wie aber ein Zeitgenosse berichtete, kam die Genehmigung erst zu einer Zeit, als niemand mehr Gold hatte, weil die Regierung das meiste bereits beschlagnahmt hatte.

Den anfänglichen Erfolg von John Laws Finanzgeschäften bemerkte man auch in England. Von dessen Plan inspiriert, beschaffte sich John Blunt – ein zwielichtiger Zeitgenosse, der in der Vorstandsetage der South Sea Company das Sagen hatte – die Rechte, große Anteile der Regierungsschulden in Aktien seiner Firma zu tauschen – gegen das Versprechen, der Regierung 7,5 Mio. Pfund zu zahlen. Blunt überbot den Vorschlag der Bank von England, der sehr ähnlich war, weil die South Sea Company exzellente Verbindungen zu einflussreichen Politikern hatte. Der König und seine Gefolgsleute wurden für ihre Unterstützung alle reich „belohnt" (also bestochen). (Im Gegensatz zur Mississippi Company war die South Sea Company von Anfang an ein Betrug.)

Blunt erkannte die Möglichkeit, eine Menge Geld zu verdienen, wenn er die Genehmigung hätte, 100 Pfund South-Sea-Aktien für jede 100 Pfund eingetauschter Schulden zu emittieren. Als das Parlament die Erlaubnis zur Konversion erteilte, stand der Preis seiner Aktie bei 128 Pfund. Aber in der Annahme, dass die Aktie auf 300 Pfund steigen könnte, hatte die Firma das Recht, zwölf Aktien an jemanden zu emittieren. Sie müsste aber dann jemandem, der 1.200 Pfund Regierungsschulden hielt und den Tausch wünschte, nur vier Aktien geben. Die Firma könnte dann die verbliebenen acht Aktien am freien Markt verkaufen und die Einnahmen als Gewinn verbuchen. Als das Unterhaus das South-Sea-Gesetz verabschiedete, wurde tatsächlich nur der Konversionspreis für die einlösbaren Regierungsschulden fixiert; die Konversion nichteinlösbarer Schulden oder Zinsen wurde offen gelassen.

Der Erfolg dieses Plans hing offensichtlich voll und ganz vom steigenden Aktienwert ab. Zum Glück für Blunt wollte jeder von einem steigenden Aktienpreis profitieren. Für die Firma bedeutete das: Je höher die Aktie stieg, desto weniger Aktien mussten für die Zinsen getauscht werden. Auch die Regierung und die wichtigen Politiker hatten Interesse an einem steigenden Aktienpreis, weil ohne einen solchen die South Sea Company nicht die 7,5 Mio. Pfund an die Regierung hätte zahlen müssen. Außerdem verteilte die Firma im Geheimen Aktien an den Kanzler des Schatzamtes John Aislabie, den Postminister James Craggs, den Staatssekretär des Finanzministers Charles Stanhope und an die beiden Geliebten des Königs. Sie wurden mit einem kleinen Aufschlag zum Marktpreis emittiert, aber die Bezieher mussten kein Geld dafür bezahlen und waren deshalb daran interessiert, dass der Marktpreis nach oben ging – genauso wie die heutigen leitenden Angestellten, deren Optionspläne sie mit dem Interesse ausstatteten, die Aktien nach oben zu pushen.

Im April 1720, zur selben Zeit, als der Mississippi-Plan bereits in großen Schwierigkeiten steckte, platzierte die South Sea Company zwei sehr erfolgreiche Aktienemissionen – die erste zu 300 Pfund und die zweite zu 400 Pfund. Aber sie hatte nicht die Macht wie John Law, das Geldangebot zu erhöhen, um den Aktienpreis nach oben zu treiben. Der skrupellose Blunt fand bald einen anderen Weg: Er kündigte an, dass die Firma den Aktionären Kredite zubilligen würde und dass nur zehn Prozent Barzahlung nötig seien, um die dritte Aktienemission zu 1.000 Pfund im Juni 1720 zu kaufen. Da die Aktien bereits von rund 100 Pfund zu Beginn des Jahres auf fast 1.000 Pfund gestiegen waren, wurde die Öffentlichkeit vollkommen verrückt. In diesem Zusammenhang trieben sie die Aktienpreise für andere, sehr suspekte Firmen in die Höhe, deren Geschäftszweck zum Beispiel lautete: „Eheversicherung gegen Scheidung", „ein Rad, das sich unendlich lange dreht", „zur Anpflanzung von Mulberry-Bäumen und zur Züchtung von Seidenwürmern im Chelsea Park" und „eine Unternehmung zu starken, die große Vorteile hat, aber niemand weiß, was es ist". Abgesehen von diesen sehr dubiosen „Projekten" wurden einige Firmen, wie die „Gesellschaft der Abenteurer Londons zur Koloniebesiedlung in Terra Australis" und „Puckle's Maschinengewehr", gegründet, die eine Vision hatten, aber ihrer Zeit voraus waren – Australien wurde erst ein halbes Jahrhundert später von Capitain James Cook entdeckt, und das Maschinengewehr wurde erst im 19. Jahrhundert erfunden.

Das Problem der Flut dieser „Bubble-Firmen", von denen die meisten Betrügerorganisationen waren, bestand darin, dass sie die South Sea Company in Gefahr brachten, die zum Großteil vom ständigen Fluss neuen Geldes abhängig war, um ihren Aktienpreis in die Höhe zu treiben und die Party am Leben zu erhalten. Um also den Wettbewerb um das Geld der Spekulanten zu verringern, erließ John Blunt eine Anweisung, die eine Reihe von Firmen für illegal erklärte. Das königliche Gericht urteilte, dass tatsächlich einige illegal waren, und die „gesetzeslosen" Aktien brachen zusammen. Aber als dies geschah, wurden Nachschussverpflichtungen ausgelöst, weil jeder auf Kredit investiert hatte, und somit wurden andere Aktien mit in die Tiefe gerissen – auch die South Sea Company. Und nachdem sich die Gemütsverfassung der Spekulanten geändert hatte, konnte nichts mehr die Aktien der South Sea Company vor dem totalen Verfall schützen. Nachdem sie im Juli noch für rund 1.000 Pfund gehandelt wurden, fielen sie bis Ende September auf 190 Pfund (siehe Abb. 2).

Blunt, der bereits vorher verkauft hatte (Was ist also in den USA so neu daran?), versuchte inzwischen, einen Notkredit mit der Bank von England zu verhandeln, um den Aktienkurs der South Sea bei 400 Pfund zu stabilisieren, aber die Bank stieg in letzter Minute aus, als die Öffentlichkeit und der Adel, die un-

Abbildung 2

EIN REGELRECHTER WAHN
Aktienpreis der South Sea Company, 1719–1722

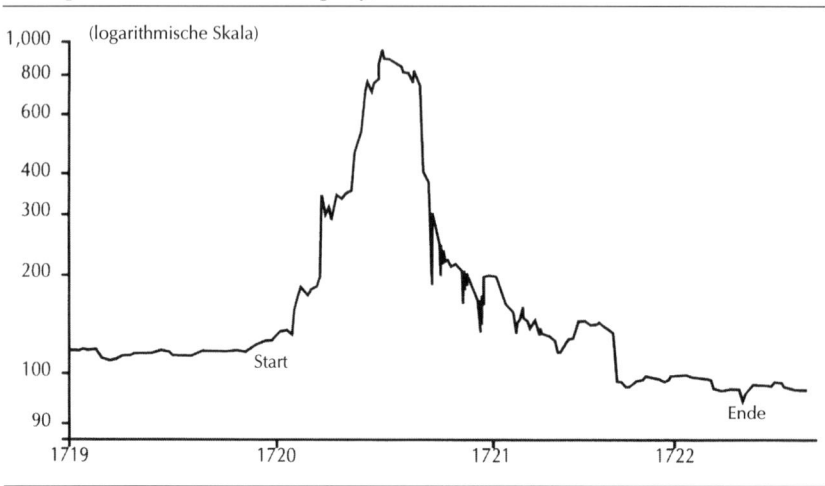

Quelle: Elliott Wave International

ter riesigen Verlusten litten, einen Prügelknaben suchten. Am Ende mussten die Direktoren einen Großteil der Profite, die sie mit den höchst fragwürdigen Praktiken der Firma erzielt hatten, wieder abgeben. Als Blunt als Zeuge aufgerufen wurde, behauptete er, er könne sich an nichts erinnern. Der Schatzmeister der Firma musste die Stadt verlassen. Nachdem Blunt aber mildernde Umstände zugesprochen wurden, sagte er schließlich aus – und an diesem Punkt kam es ans Licht, dass die Firma sich mit allen Varianten beschäftigte, um die Aktionäre zu betrügen mit dem Ziel, die nahen Mitarbeiter und Direktoren zu bereichern. Die Firma wurde letztlich abgewickelt, und die Aktionäre erhielten 33 Pfund pro Aktie.

In den darauf folgenden 300 Jahren haben sich die Voraussetzungen für Investment-Manien mehrmals verändert – aber die Handschrift, die Stützen und die Natur der Darsteller, die an der Bubble beteiligt waren, sind zum Großteil gleich geblieben.

Das „Bubble"-Modell verursacht eine „Verschiebung", die zu außergewöhnlichen Gewinnmöglichkeiten, übermäßigem Handel, Überschuldung, spekulativen Exzessen sowie Schwindel und Betrügerein führt, auf die eine Krise folgt, bei welcher der massive Betrug ans Tageslicht kommt. Im letzten Akt fordert die empörte Öffentlichkeit, die Schuldigen zur Rechenschaft zu ziehen. In jedem Fall heizten das überschüssige Geldangebot und die Inanspruchnahme von Krediten die Flammen der irrationalen Spekulation und der öffentlichen Teilnahme weiter an. Dies führte dazu, dass eine immer größer werdende Gruppe von Leuten versuchte, reich zu werden, ohne auch nur das Geringste vom Spekulationsobjekt zu wissen.

Die Geschichte des Mississippi-Plans und die der South Sea Company sind für uns durchaus relevant, weil sie alle wesentlichen Bestandteile der nachfolgenden Manien enthielten: zwielichtige Gestalten, Betrug, dubiose Praktiken, Geldschöpfung und die Ausweitung riskanter Kredite, um die Spekulationsorgie am Leben zu halten. Ferner den Katalysator, der letztlich zum Zusammenbruch führte – normalerweise die Enthüllung des Schwindels –, das Unvermögen eines großen Spekulanten, seinen Nachschussverpflichtungen nachzukommen, die Aufdeckung des Verkaufs der Insider oder einige ungünstige wirtschaftliche oder politische Neuigkeiten. Und dann die Panik, in der die Gier und Euphorie der Angst und dem Verlangen der Spekulanten, um jeden Preis auszusteigen, weichen. Die Ereignisse der vergangenen zehn Jahre in den USA riechen stark nach dem Mississippi-Plan – die Privatisierungswelle eingeschlossen. Genauso schien auch John Law damals voran-

301

zukommen, als er den Regenten dazu brachte, ihm das Tabakmonopol und andere Staatsvermögen zu verkaufen.

Ebenso wichtig ist es zu erkennen, dass sowohl die Betreiber der South Sea als auch John Law versuchten, den Markt um jeden Preis zu stützen. Doch ab einem bestimmten Zeitpunkt waren die Marktkräfte wesentlich stärker als jede preisstützende Maßnahme. Vor allem finden sich die Tricks eines John Law heute in der Politik der Zentralbanken wieder, deren Ziel es ist, jedes Problem mit denselben Mitteln zu bekämpfen – einfach durch eine Ausweitung des Geldangebots. Dass eine solche Geldpolitik zu den gleichen Preissteigerungen führen wird, die damals das Vertrauen der Leute in das Papiergeld zerstörte, scheint klar zu sein. Ob an diesem Punkt die heutigen Zentralbanker und Regierenden sich darauf einschwören, den Goldbesitz der Investoren zu enteignen, wie es auch Law machte, muss abgewartet werden. Aber man darf nicht vergessen, dass auch im Jahre 1933 – inmitten der Depression – die US-Regierung den Goldbesitz von Einzelpersonen für illegal erklärte.

Ich möchte auch erwähnen, dass es während des Mississippi- und South-Sea-Booms Kritiker gab, aber niemand wollte diesen Spielverderbern Aufmerksamkeit schenken. Der britische Botschafter in Frankreich, Graf von Stair, widerstand der Versuchung, in Mississippi-Aktien zu investieren, und in einer heißen Diskussion mit Law behauptete dieser, dass sein verrückter Plan Frankreich eher ruinieren würde, als die Macht auszuweiten. Aber die schlechte Beziehung zwischen Stair und Law, die man auch in London kannte, war der Grund für seine Absetzung. Law genoss in ganz Europa ein enormes Ansehen als erfolgreichster Finanzminister aller Zeiten (genauso wie Alan Greenspan heute), und auch in England wurde er bewundert. Deshalb wurde die Kluft zwischen Stair und Law peinlich für die britische Regierung, und man entschied sich, ihn zurückzubeordern. Im Falle der South Sea Company veröffentlichte das prominente Parlamentsmitglied Archebald Hutcheson eine Reihe von Schriftstücken, in denen er betonte, dass die Leute, die diese Aktien zu hohen Preisen kauften, „von jedem Menschenverstand und jeder Intelligenz verlassen worden sein" mussten – da die Firma keine echte Geschäftsgrundlage hatte, würden sie ihr Geld an die ursprünglichen Aktionäre und die Zinszahlungsempfänger weitergeben.

Genauso dachte der in Irland geborene französische Volkswirt Richard Cantillon (bekannt als der erste echte Monetarist), nämlich dass sich die Aktien der South Sea Company einige Jahre lang halten könnten, aber dass „über denjenigen, die als letzte in der Aktie investiert sein würden, eine melancholische Erwartung hängt". Aber es ist ja normal, dass in einer Investment-Manie die Spekulanten den raren skeptischen Stimmen keine Aufmerksamkeit schenken. Cantillon verstand voll und ganz, wie ein Anstieg des Geldangebotes bei Gelegenheit einen kurzfristigen Anstieg der Produktion und Beschäftigung ermöglichen könnte, aber dass er ebenso die Rohstoffpreise mit nach oben ziehen würde. Er machte ein riesiges Vermögen mit den Aktien der Mississippi Company, weil er nahe dem Hochpunkt im Frühjahr 1720 verkauft hatte, und in weiser Voraussicht verließ er, Frankreich im gleichen Jahr in Richtung Holland. (Bis zu seiner Rückkehr nach Paris zehn Jahre später wurde er von mehreren Parteien, die Verluste erlitten hatten, verklagt. Die Klagen wurden aber alle als grundlos abgelehnt.)

Im Falle der South Sea Company aber unterschätzte sogar Cantillon – einer der brillantesten Finanziers und Ökonomen seiner Zeit – die Kräfte der Schwerkraft, denn kurz nach seiner Bemerkung, dass „diejenigen, die als letzte investiert sind", Verluste erleiden würden, brach die Aktie zusammen. Cantillon wurde 1734 in seinem Haus in London ermordet, und mit ihm wurden alle seine Schriftstücke verbrannt – vermutlich wurde das Verbrechen von seinem Koch begangen, den er eine Woche vorher entlassen hatte. Das einzig erhaltene Werk dieses hochkarätigen Volkswirtschaftlers ist „The Essay on the Nature in General", das sich mit den Themen Bankenanalyse, Bankkrediten, der Münzprägung sowie dem Automatismus, der das Geldmetall international verteilt, beschäftigt. Schumpeter bezeichnete in seiner „History of Economic Analysis" dieses Werk als nahezu „einwandfrei". Er sagte, dass es „in den meisten Bereichen für rund ein Jahrhundert unübertroffen war".

Was man daraus lernen sollte

John Laws Mississippi-Plan ist, abgesehen von (oder gerade wegen) der Pleite, ein bedeutendes Ereignis in der Wirtschaftsgeschichte, weil er den Versuch verkörpert, Papiergeld in großem Maße einzuführen. Die Banque Générale war zunächst eine reine Anlagebank, keine Kreditbank, und sie war für einige Zeit ein großer Erfolg. Mit der begrenzten Ausgabe von Banknoten, die durch Gold gedeckt waren, und mehreren Zweigstellen in den Provinzen sicherte die Bank den Zahlungsverkehr abseits der Finanzzentren Paris und Lyon. Somit begünstigte sie Handel und Industrie. Das Problem tauchte auf, als der Regent die Bank übernahm (und sie zur Banque Royale wurde) und damit begann, unbegrenzt viele Banknoten auszugeben. Trotzdem müssen wir erkennen, dass es natürlich immer eine Grenze für die ausgegebenen Banknoten gibt – und dieses Limit kommt vom Markt. Wie gezeigt, verlor die französische Öffentlichkeit zu einem bestimmten Zeitpunkt das Vertrauen in die Banque Royale, und niemand wollte mehr Papiergeld haben – allen Bemühungen Laws als Finanzminister zum Trotz. Die Banknoten wurden schnell gegen reale Werte abgewertet. Hier wird deutlich: Ein Finanzsystem, das auf Papiergeld basiert, hängt fast vollständig vom Vertrauen der Öffentlichkeit in die von den Geldbehörden ausgegebene Währung ab – und wenn das Vertrauen einmal stark erschüttert ist, sind schmerzhafte Folgen unausweichlich.

Der Leser fragt sich nun sicher, wie lange noch ausländische Investoren, die bis heute das Handels- und Leistungsbilanzdefizit der USA finanzieren, Käufer und Besitzer von amerikanischen Aktien, Anleihen und des Dollars sein wollen. Die Zeit wird kommen, dass die „kettenbriefartigen" Operationen mit Geld ohne Deckung (fiat money), die vom US-Federal Reserve Board durchgeführt werden, nicht mehr funktionieren werden und es eine starke Abwertung des US-Dollars geben wird. Eine andere Möglichkeit ist natürlich, dass der US-Dollar nicht gegenüber ausländischen Währungen an Wert verliert, sondern gegenüber Rohstoffen und realen Werten. Wie ich vorhin gezeigt habe, führte das übermäßige Geldangebot durch die Banque Royale zu steigenden Rohstoff- und Immobilienpreisen, als die französische Öffentlichkeit bemerkte, dass die Banknoten an Wert verlieren.

Was Immobilien angeht, so ist es üblich, dass deren Preise für einige Zeit nach dem Platzen einer Aktien-Bubble weiter ansteigen – aus zwei Gründen: Zum einen haben die Spekulanten begriffen, dass die Aktien ihren Hochpunkt erreicht haben, und sie verlagern ihr Geld auf ein anderes Spekulationsobjekt. Wenn die Welt in eine Spekulationswelle verwickelt ist, endet diese Welle nicht über Nacht, sondern sie tendiert dazu, einige Zeit anzuhalten und sich über andere Vermögenswerte wie Aktien zu verbreiten – wie Immobilien, Rohstoffe oder Kunst. Zum anderen bemerken die geschickten Investoren und (vor allem in der jüngsten High-Tech-Bubble) die Unternehmensinsider gegen Ende einer spekulativen Aktienmarkt-Blase, dass die Preise zu weit nach oben geschossen sind und mit den zugrunde liegenden Fundamentaldaten wenig zu tun haben. Deshalb verlagern und diversifizieren sie einen Teil oder ihr gesamtes Vermögen in Vermögensklassen, die nicht am Wirbelsturm der Spekulation teilhaben und somit konsequenterweise absolut oder zumindest relativ „billig" sind. Wie man in Abb. 3 erkennen kann, stiegen die Immobilienpreise in Japan auch nach dem Top des Aktienmarktes am 29. Dezember 1989 während des Jahres 1990 weiter an. Im Fall von Australien stiegen die Immobilienpreise für weitere zwei Jahre nach dem Aktienmarkthochpunkt im Jahre 1987 (siehe Abb. 4).

Abbildung 3

RÜCKSICHTSLOSES WEITERMACHEN (CARRY ON REGARDLESS)
Japanische Hauspreise, 1986–1994

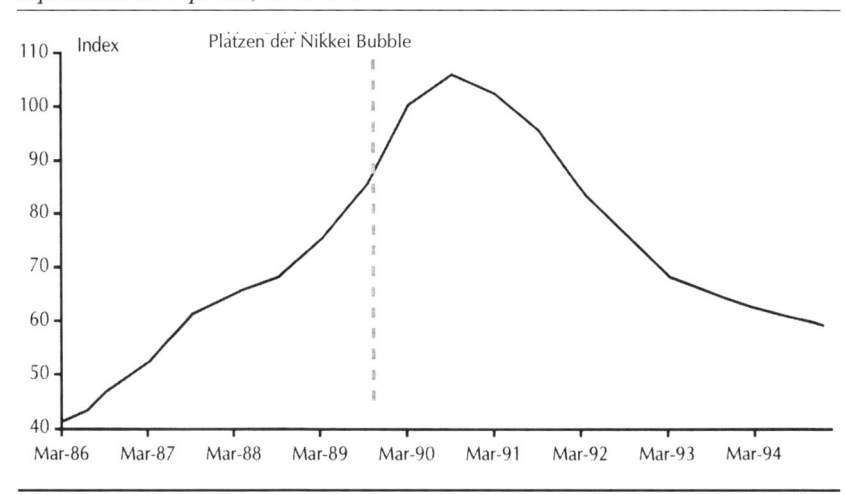

Quelle: HSBC

Abbildung 4

DER ANSTIEG NACH DEM VERFALL
Sydney Hauspreise, 1986–1989

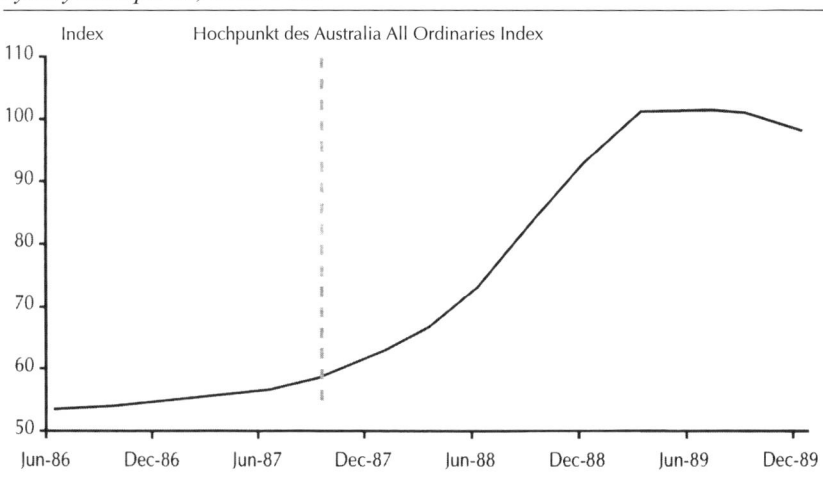

Quelle: HSBC

Somit ist es nicht unnormal, dass sich der US-Immobilienmarkt in den zurückliegenden 18 Monaten weiterhin sehr fest darstellte, auch wenn die Aktien nur eine sehr armselige Performance aufwiesen. Aber auch wenn die Immobilienpreise für einige Zeit nach dem Platzen einer Blase sehr robust sein können, entsteht später auch in den Immobilien eine Art Bubble, weil liquide Mittel in reale Werte verlagert werden, denn der Immobilienmarkt – bei Fehlen eines starken Aktienmarktes – ist dann die einzige Spielwiese. Im Ergebnis unterliegen letztlich auch die Immobilienpreise den Kräften von Angebot und Nachfrage, und sie folgen dem Trend der Aktienpreise. Das zeitliche Auftreten des Hochs der Immobilienpreise nach einem Aktienmarkthoch ist zeitlich schwer zu bestimmen, aber es dürfte wohl nach sechs Monaten bis zwei Jahren der Fall sein.

Der Mississippi-Plan und die South Sea Bubble sind auch aus einer anderen Perspektive heraus interessant. Die Spekulationswelle der Jahre 1717 bis 1720 breitete sich über den gesamten europäischen Kontinent aus, und die darauf folgende Krise war von internationalem Ausmaß. Der ursprüngliche Erfolg der Mississippi Company zog Investoren aus ganz Europa und Britannien nach Paris, wo sie mit den Aktien der Firma spekulierten. Viele Investoren kauften auch Aktien der South Sea Company und andere „heiße" Neuemissionen in London. (Der konservative Schweizer Kanton Bern spekulierte in London mit 200.000 Pfund öffentlichen Geldern und verkaufte sie mit einem Gewinn von zwei Millionen Pfund.) Tatsächlich scheint im Frühjahr 1720 eine „bizarre" Neuverteilung von Vermögenswerten bei den internationalen Investoren stattgefunden zu haben. Wie beschrieben, begannen die Mississippi-Aktien im Januar 1720 zu kollabieren, aber die South Sea Company setzte genau da erst zu ihrem Höhenflug in London an. Mit anderen Worten: Die britischen und internationalen Investoren waren vom Zusammenbruch des Plans von Law in keinster Weise beunruhigt. Man dachte in London sogar, dass der Plan wegen einer politischen Verschwörung gegen Law zusammenbrach, da er schottischen Ursprungs war. Im Sommer 1720, als die South Sea Company gerade ihren Hochpunkt erreicht hatte, verlagerten die Spekulanten Gelder von England nach Holland und Hamburg, um mit kontinentaleuropäischen Versicherungs-Aktien zu spekulieren. Ich erwähne dies aus folgendem Grund: Wenn einmal überschüssige Liquidität geschaffen worden ist, dann wird das Geld auch von einem Sektor oder Land sehr schnell in einen anderen fließen und kann somit eine ganze Serie von Bubbles an anderen Orten auslösen.

Als Cantillon seinen Wohlstand dadurch schuf, dass er nach Holland umsiedelte und nicht am spekulativen Boom der South-Sea-Aktie teilnahm, folgte er vielleicht unabsichtlich einer wichtigen Börsenweisheit: Wenn eine Investment-Manie einmal zu Ende ist, dann ist es normalerweise das Beste, wenn man komplett aus dem Land oder Sektor, in dem die Manie stattgefunden hatte, aussteigt und sich einer Vermögensklasse und/oder einem Land zuwendet, die wenig oder keine Korrelation mit dem Objekt der Manie aufweist.

Oben habe ich gezeigt, wie die Rohstoffpreise in Frankreich wegen der übermäßigen Ausgabe von Banknoten nach 1718 zu steigen begannen. Für die Zukunft ist ein Bullenmarkt bei Rohstoffen, der die Erwartungen der Investoren übertreffen könnte, ziemlich wahrscheinlich, vor allem wenn die US-Wirtschaft sich abschwächt, weil die Konsumenten ihre Ausgaben kürzen müssen. Ich habe keinen Zweifel daran, dass das Federal Reserve Board einmal mehr das System mit Geld überfluten wird, das zu einem bestimmten Zeitpunkt in die Rohstoffmärkte strömen wird, genauso wie die überschüssige Liquidität zur Zeit des Mississippi-Plans und in den 60ern zu einem starken Anstieg der Rohstoff- und Realwertpreise geführt hatte.

Vor allem möchte ich nochmals betonen, dass die Rohstoffpreise unter jedem wirtschaftlichen Szenario stark steigen können – vorausgesetzt, es gibt überschüssiges Geld und Kreditschöpfung, und das Vertrauen der Investoren in Finanzwerte ist erschüttert. Ein Beispiel sind die frühen 70er – als die Rohstoffpreise haussierten, obwohl die Weltwirtschaft auf die schlimmste Rezession seit den 30ern zusteuerte (siehe Abb. 5). Noch beeindruckender als der Anstieg des CRB-Index war die Performance der Preise für landwirtschaftliche Produkte: Von ihren Tiefpunkten 1968/69 zu ihren Hochpunkten 1973/74 stieg Weizen um 465 Prozent, Sojabohnenöl um 638 Prozent, Baumwolle um 317 Prozent, Mais um 295 Prozent und Zucker um 1.290 Prozent. Oder nehmen wir die Depressionsjahre der 30er: Wie man in Abb. 6 sehen kann, bewegte sich der Silberpreis seit 1919 in einem Bärenmarkt und fand erst am 16. Februar 1931 seinen ersten Boden bei 0,2575 US-Dollar. Von da an aber stiegen die Silberpreise bis auf 0,81 US-Dollar im Jahr 1935 – ein Gewinn von mehr als dem Dreifachen, vom Tiefpunkt an gerechnet. Und wenn außerdem ein Investor 1929 Silber anstatt den Dow gekauft hätte, der damals bei 300 stand, hätte er im Jahr 1980, als das Silber bei 50 US-Dollar stand, einen Gewinn von fast dem 200fachen realisieren können, wohingegen der Dow nur weniger als dreimal so hoch stand als zu seinem Hochpunkt 1929. (Zugegebenermaßen wäre die Performance des Dow wesentlich besser, wenn man die Dividenden berücksichtigen würde; genauso habe ich hier den Gipfel des Silberpreises des Jahres 1980 genommen, der von seiner Natur her ähnlich war wie der Gip-

Kapitel 12

Abbildung 5

DRAMATISCHE HÖHEN
CRB Commodity Index, 1968–1974

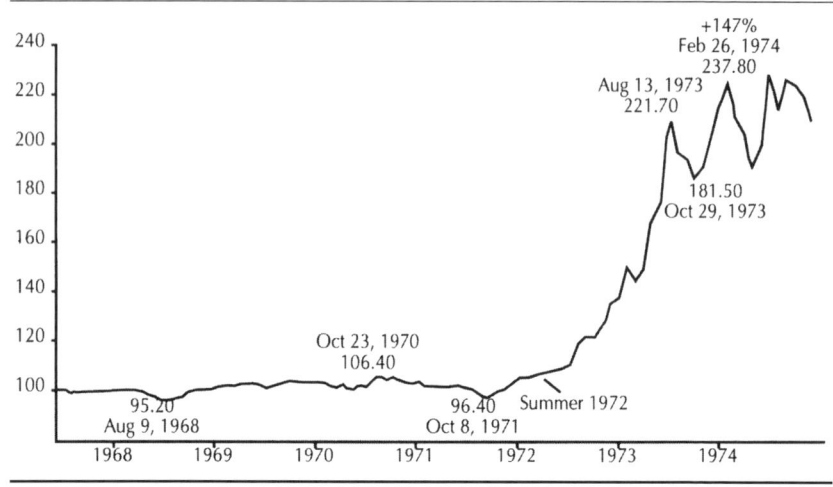

+147%
Feb 26, 1974
237.80

Aug 13, 1973
221.70

181.50
Oct 29, 1973

Oct 23, 1970
106.40

95.20
Aug 9, 1968

96.40
Oct 8, 1971

Summer 1972

Quelle: National Institute of Investment Research

Abbildung 6

DIE SUCHE NACH DEM GLANZ
Silber, 1915–1948

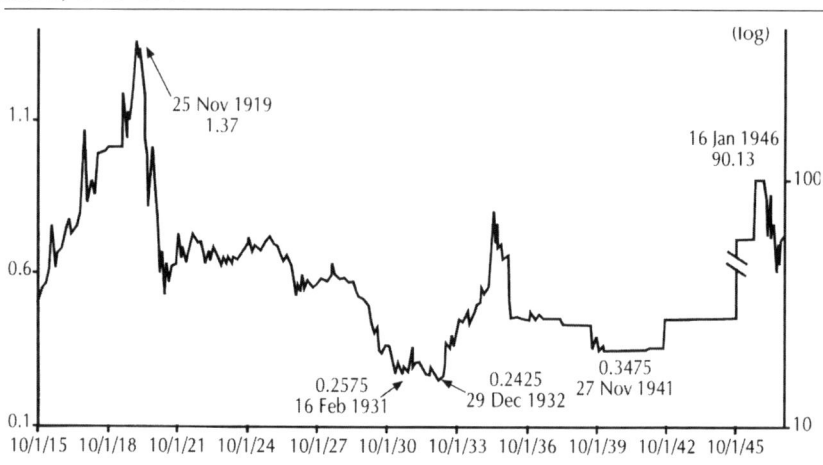

(log)

25 Nov 1919
1.37

16 Jan 1946
90.13

0.2575
16 Feb 1931

0.2425
29 Dec 1932

0.3475
27 Nov 1941

Quelle: National Institute of Investment Research

fel des Nasdaq im März 2000 bei über 5.000 Punkten – mit anderen Worten: ein im Leben einmaliger Bubble-Hochpunkt.)

Die Gold-Aktien legten während der Depressionsjahre eine hervorragende Performance hin. Vom Tiefpunkt 1929 stieg Homestake Mining von 65 US-Dollar auf 544 US-Dollar im Jahr 1936. Und zusätzlich zahlte Homestake insgesamt 171 US-Dollar Dividende, was mehr als das Doppelte des Preises von 1929 war. (Dome Mining stieg von sechs US-Dollar im Jahr 1929 auf 61 US-Dollar im Jahr 1936.)

Ich erwähne die Rohstoffe hier aus mehreren Gründen. Zunächst einmal sind die dramatischsten Rohstoff-Bullenmärkte immer nach ausgedehnten Bärenmärkten entstanden, so wie wir sie seit 1980 hatten; sie hatten sich nach der Asien-Krise und im Jahr 2001 nach unten beschleunigt, als klar wurde, dass die Weltwirtschaft Probleme hatte. Zum Beispiel Kaffee: Kaffee hatte seinen Gipfel im Jahr 1976 und befindet sich seitdem in einem Bärenmarkt – obwohl dieser immer wieder von starken Rallys, wie der von 1997 (siehe Abb. 7), unterbrochen wurde. Der Kaffeepreis fand im Oktober 2002 seinen Tiefpunkt bei 42,75 US-Dollar-Cent und ist seitdem auf mehr als 60 US-Dollar-Cent gestiegen. Nimmt man nun an, dass die 42 US-Dollar-Cent den Tiefpunkt von Kaffee in diesem Zyklus gebildet hatten, und nimmt man weiter den durchschnittlichen Anstieg nach den Tiefpunk-

Abbildung 7

BEREIT FÜR DEN ANGRIFF ?
Kaffee, jeweils der nächste Future, wöchentlich, 1996–2002

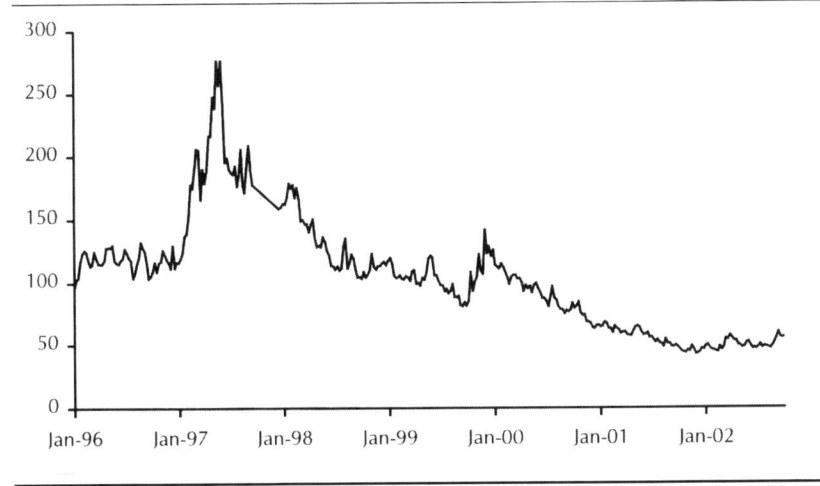

Quelle: Super Charts and National Institute of Investment Research

ten in den Jahren 1903, 1909, 1915, 1921, 1931, 1940, 1963, 1969, 1975, 1981, 1992 und 1996 an, der 88 Prozent innerhalb von weniger als zwölf Monaten betrug, dann wäre man nicht überrascht, weitere Zugewinne in Kaffee in den nächsten zwölf Monaten zu sehen. Aber das ist hier nicht das Thema – Thema ist die Tatsache, dass die Rohstoffpreise von ihren Tiefpunkten – wann auch immer diese aufgetreten sind – sehr starke Aufwärtsbewegungen innerhalb kurzer Zeit gemacht haben (siehe auch Abb. 5). Kürzlich bewegten sich die Getreidepreise stark nach oben, was signalisiert, dass deren langfristige Bärenmärkte sich dem Ende neigen. Der CRB-Index ist zusätzlich in den vergangenen zwölf Monaten um mehr als 25 Prozent gestiegen, was in Hinblick auf die Schwäche der Aktienkurse bemerkenswert ist!

Auch wenn ich ernste Zweifel an dem weit verbreiteten Glauben habe, dass die Rezession vorbei ist, würde ich, wenn sie denn tatsächlich vorbei wäre, Folgendes behaupten: Die Rohstoffpreise werden sich merklich verbessern, weil die weltweite Rohstoffnachfrage zunimmt. Und wenn sich die Weltwirtschaft nicht erholt, ist es wegen der weiteren Liquiditätszuflüsse der Geldbehörden und der expansiven Fiskalpolitik sehr wahrscheinlich, dass die Rohstoffpreise angekurbelt werden. (Zurzeit steigen die US-Regierungsausgaben mit einer alarmierenden Geschwindigkeit.) Wenn sich die US-Wirtschaft und das Investmentklima für Finanzwerte in den USA nicht verbessern, wird sich auch zusätzlich der US-Dollar vermutlich noch viel weiter abschwächen.

Man sollte bedenken, dass die Investoren wenig Vertrauen in den Euro oder in den Yen haben. Wohin sollten also die internationalen Investoren mit ihrer Liquidität gehen, wenn sie künftig das Vertrauen in US-Vermögenswerte verlieren? Zum Beispiel die asiatischen Zentralbanken, deren Vermögen auf den US-Dollar konzentriert sind und die nur etwa drei Prozent ihrer Reserven in Gold halten (1980 waren es über 30 Prozent)? Wenn der Tag kommt, an dem ihr Vertrauen in den US-Dollar erschüttert wird, werden sie in den Euro oder in den Yen gehen? Vielleicht ja – aber es ist durchaus vorstellbar, dass sie wegen der weniger guten Fundamentaldaten dieser Währungen über eine Diversifikation in Gold nachdenken.

Ich habe das Potenzial für einen signifikanten Anstieg in den Rohstoffen auch deshalb betont, weil es eine hohe Korrelation zwischen der Performance der Rohstoffe und den Emerging Markets gibt (siehe Abb. 8). Wenn also ein Investor daran glaubt – so wie ich –, dass eines Tages die Rohstoffpreise dramatisch ansteigen werden, dann ist ein übergewichtetes Engagement in ressourcenreichen Märkten ratsam.

Abbildung 8
APPETIT AUF ROHSTOFFE
Emerging Markets vs. Rohstoffe, 1988–2000

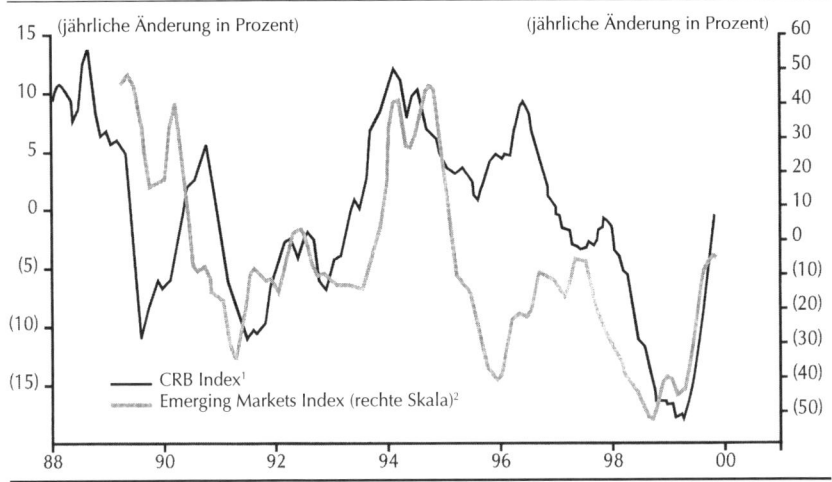

(jährliche Änderung in Prozent) — linke Skala: 15, 10, 5, 0, (5), (10), (15)
(jährliche Änderung in Prozent) — rechte Skala: 60, 50, 40, 30, 20, 10, 0, (10), (20), (30), (40), (50)

— CRB Index[1]
···· Emerging Markets Index (rechte Skala)[2]

Jahre: 88, 90, 92, 94, 96, 98, 00

[1] Commodity Research Bureau; [2] Morgan Stanley Capital Internationel – Relative Entwicklung gegenüber dem Nasdaq;   Quelle: BCA Publications LTD

Vor kurzem habe ich einen ausgezeichneten Report meines Freundes Robert Prechter bekommen, der den Titel trug: „Kann die Fed die Deflation stoppen?". Prechter, Autor des Bestsellers „Conquer the Crash", interpretiert voll zutreffend, dass die Fed oder jede andere Zentralbank die Deflation nicht stoppen kann. Aber am Ende seines Reports erhebt er Einspruch, indem er sagt:

> *Ich kann keine richtigen Kräfte entdecken, die der Deflation entgegentreten könnten, nachdem sie ausgebrochen ist. Am Ende, wenn es nicht mehr viel zu zerstören gibt, ist Inflation oder vielleicht sogar Hyperinflation durchaus wahrscheinlich. Ich denke, dass diese Ereignisse für den nächsten Kondratieff-Zyklus sogar sehr wahrscheinlich sind. Wenn sich eine Regierung auf die Politik der Hyperinflation einlässt, so wie es die Konföderation in den 1860ern, Deutschland in den frühen 20ern und Frankreich nach dem Zweiten Weltkrieg taten, dann ist der monetäre Pfad komplett verschieden von dem der Deflation, aber ironischerweise ist das Endergebnis das gleiche wie das eines deflationären Crashs. Am Ende der Hyperinflation sind alle in der hyperinflationierten Währung geführten Bankkonten zusammen*

wesentlich weniger wert, als sie es zu Beginn waren – manchmal sogar gar nichts mehr. Die Gesamtschulden sind zusammengeschrumpft oder verschwunden, weil die Banknoten in der abgewerteten Währung ausgestellt wurden ... In diesem Sinne ist das Ergebnis auch bei Hyperinflation die Zerstörung von Geld und Kredit, was nichts anderes als Deflation ist.

Robert Prechter, The Elliott Wave Theorist, April 2002

Ich habe die heimische Hyperinflation in den 80ern in Mexiko und Lateinamerika mit der gleichzeitigen Deflation durch den Wechselkursmechanismus in Kapitel 10 dargestellt. Nach Prechters Meinung gibt es etwas, das die Inflation in der unmittelbaren Zukunft beschleunigen könnte. Er schreibt:

Wie kann man feststellen, ob meine Schlussfolgerungen bezüglich der Deflation falsch sind und dass anstelle der Deflation Inflation oder Hyperinflation stattfindet? Es gibt zwei feinfühlige Barometer für die wichtigen monetären Trends. Das eine ist der Devisenmarkt. Wenn der Preis des Dollars gegenüber anderen Währungen beginnt zusammenzubrechen, dann fürchtet der Markt entweder die Dollar-Inflation oder dass der Wert des Dollars sich nicht in einem Klima des schwindenden Vertrauens halten kann. Der andere, noch viel wichtigere Faktor ist der Goldmarkt. Ich hoffe, Gold für niedrigere Preise am Ende des deflationären Trends empfehlen zu können, aber wenn Gold über 400 US-Dollar pro Unze steigt, wäre ich wahrscheinlich überzeugt, dass das Haupttief bereits durchschritten ist.

Während ich mit Prechter darin übereinstimme, dass die Fed die Deflation nicht stoppen kann, fürchte ich, dass in den USA keine Deflation wie in den 30ern auftreten wird, als die Preise um 30 Prozent fielen. Ich denke eher, dass – so wie Prechter es darstellt – diese über den Devisenmarkt auftreten wird, genauso wie über einen gegen einen Korb von Rohstoffen abwertenden Dollar, und wenn nicht „in der unmittelbaren Zukunft", dann zumindest innerhalb der nächsten zwei bis drei Jahre. Der Grund für diesen Pessimismus ist, dass sich die USA mit ihrer riesigen Schuldenlast einfach keine Deflation leisten können, weil ansonsten das System sofort bankrott wäre. Man darf nicht vergessen, dass die Schuldenlast wesentlich höher ist als im Jahr 1929, weil (wie man in Kapitel 6, Abb. 3 sehen kann) das Verhältnis zwischen Schulden und dem BIP nach dem Jahr 1929 stark gestiegen ist. Die Schulden verblieben in etwa auf dem gleichen Niveau, während sich das

BIP um 30 Prozent reduzierte, was zu einem signifikanten Anstieg dieses Verhältnisses führte.

Aber als Besitzer von Gold-Aktien, physischem Gold und verschiedenen Devisen hoffe ich sehr, dass Prechter damit Recht hat, wenn er sagt, es gebe keine wirkliche Deflation im heimischen Preisniveau in den USA. In diesem Fall wäre das wirtschaftliche Chaos komplett, weil die Ausfallraten bei den Unternehmen noch stärker ansteigen würden, als es bereits in den vergangenen zwölf Monaten der Fall war. Gleichzeitig würden das Vertrauen und der blinde Glaube an die Allmächtigkeit von Alan Greenspan letztlich zusammenbrechen und zu einer Panik führen. Unter solchen Bedingungen ist es durchaus vorstellbar, dass der Goldpreis nach oben schießen wird. Sowohl mit als auch ohne Inflation sollten die Investoren physisches Gold und Silber, Gold- und Silber-Aktien, einen Korb an Rohstoff-Futures und Aktien von Firmen aus rohstoffreichen Volkswirtschaften besitzen.

Die Investoren dürfen niemals Laws Experiment mit Papiergeld vergessen. Anfangs war es ein großartiger Erfolg, der sogar die französische Wirtschaft ankurbelte. Auf seinem Hochpunkt 1719 war Law einer der am meisten bewunderten Menschen in Europa. Aber der Mississippi-Plan ging schief, und Law fiel in Ungnade, weil die Banque Royale zu stark daran glaubte, jedes Problem mit einem steigenden Papiergeldangebot lösen zu können. Als Law dann schließlich feststellte, dass die Feinde der Vertrauensverlust in das Papiergeld und eine sich beschleunigende Inflation sind, war der Schaden bereits eingetreten. Er versuchte dann, den Preis der Mississippi-Aktie festzusetzen, genauso wie einige Regierungen in den zurückliegenden Jahren versuchten, ihre Aktienmärkte zu stützen, und andere sich ebenfalls mit diesen Gedanken trugen. Man darf nicht vergessen, dass nach dem Treffen des Federal Open Market Committee (FOMC) im Januar 2002 ein Fed-Beamter „unkonventionelle Maßnahmen" erwähnte – wenn die Geldpolitik ineffektiv sein würde – wie zum Beispiel: „Kauf von US Aktien" und – wie später angedeutet wurde – die Fed „kann theoretisch alles kaufen, um Geld in das System zu pumpen", inklusive „Staats- und Landesschulden, Immobilien und Goldminen – jeden Vermögenswert".

Dass diese Maßnahmen genauso dem Untergang geweiht sind wie Laws Versuch, den Preis der Mississippi-Aktie bei 9.000 Livres zu fixieren, ist offensichtlich. Wenn die Fed solche Maßnahmen einführt (und ich bin mir sicher, dass sie es machen wird, weil sie aus der Zeit Laws überhaupt nichts gelernt hat), dann wird Prechters Hyperinflations- und Währungszusammenbruchs-Szenario unsere wirtschaftliche Zukunft gestalten. Allein die Tatsache, dass diese „unkonventionellen

Maßnahmen" bei einem FOMC-Meeting zur Diskussion standen, lässt mich schaudern, weil ich an die freien Märkte und das kapitalistische System glaube – aber die Botschaft ist klar und deutlich. Man könnte sogar behaupten, dass die Fed bereits versucht hat, den Markt zu stützen, indem sie die Zinssätze in noch nie dagewesener Geschwindigkeit gesenkt (siehe Tabelle 1) und das Geldangebot massiv erhöht hat. Es ist nutzlos zu sagen, dass die Fed weiterhin alles nur Notwendige unternehmen wird, um Deflation zu vermeiden – und genau deshalb müssen sich die Investoren auf die Konsequenzen dieses finanziellen Selbstmords vorbereiten.

Ich erwarte, dass im Ergebnis auf jeden Fall Rohstoffe und vor allem Gold und Silber sehr stark steigen werden. Auch denke ich, dass der US-Dollar abwerten wird – vor allem gegenüber einem Basket von Rohstoffen, wie Kaffee, Zucker, Baumwolle und Getreide (siehe Abb. 9 – was auch induziert, dass ein bedeutender Bullenmarkt für Getreide bereits begonnen hat). Und ich wiederhole hier noch einmal, dass steigende Rohstoffpreise für ressourcenreiche, aufstrebende Volkswirtschaften wie Brasilien, Argentinien, Indonesien, Russland, Malaysia, Thailand und Vietnam sehr günstig sein werden.

Der Fluch über den Weltreichen

Ich habe versucht, Folgendes herauszuarbeiten: Wenn eine Bubble durch übermäßiges Geld- und Schuldenwachstum geschaffen wird und dann platzt, liegt die Gefahr darin, dass zu viel Geld geschaffen wurde – um Preise zu stützen und Deflation zu vermeiden –, was zu Inflation und Währungsabwertung führt. Genau das passierte während der Weimarer Republik in Deutschland zwischen 1919 und 1923, in Lateinamerika in den 80ern und zur Zeit des Mississippi-Plans. In einer schwachen Wirtschaftslage versuchen Regierungen, die wirtschaftliche Aktivität mittels Budgetdefiziten und mit übermäßigem Geldmengenwachstum anzukurbeln, was dann zu steigender Inflation und Währungsabwertung führt. Im Falle der

Tabelle 1

KOHLEN INS FEUER
Zinssenkungen in den USA

Neue Ära	Folge	
2000	11 Senkungen in 12 Monaten	6% auf 1,25% oder 475 Basispunkte
1929	8 Senkungen in 18 Monaten	6% auf 1,25% oder 450 Basispunkte
1873	9 Senkungen in 8 Monaten	9% auf 2,25% oder 650 Basispunkte

Quelle: Pivotal Events, 9. August 2002

Abbildung 9

BULLEN AUF DER WEIDE
CRB Futures Preis Index [1]

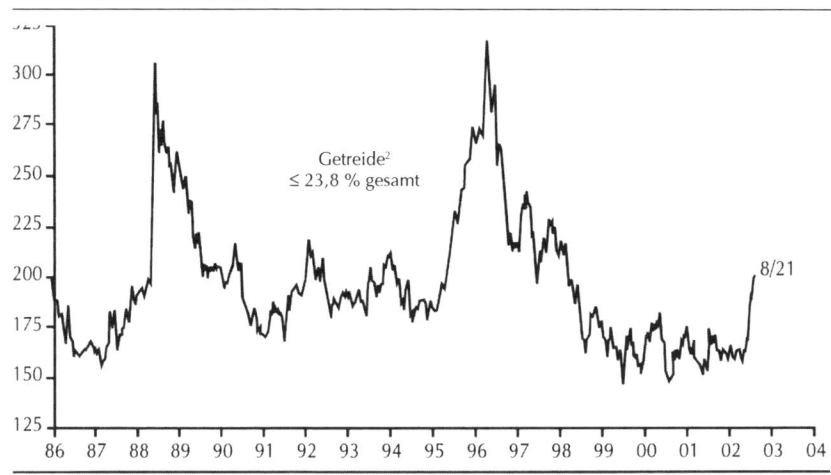

Getreide[2]
≤ 23,8 % gesamt

8/21

[1] Fünf-Tage-Durchschnitt der täglichen Daten des nächsten Kontraktes; [2] Enthält Mais, Sojabohnen und Weizen;
Quelle: Ed Yardeni / Prudential Securities (www.prudential.com)

USA bin ich neben dem starken Geld- und Schuldenwachstum über einer andere Entwicklung besorgt, die zu einem wesentlich niedrigeren Dollar führen kann.

In letzter Zeit erschien eine Reihe von Artikeln in der amerikanischen Presse, die nahe legen, dass die USA nicht nur eine Super- oder Großmacht, sondern ein komplettes „Empire" im römischen und britischen Sinne seien (so zum Beispiel die „International Herald Tribune" vom 2. April 2002). Und wie der Kolumnist Charles Krauthammer meint, ist es eine Tatsache, „dass seit dem römischen Reich kein anderes Land jemals in der Geschichte eine derartige Vormachtstellung in Kultur, Wirtschaft, Technologie und Militär gehabt hat." Auch Paul Kennedy, der vor nicht allzu langer Zeit Amerikas Ruin vorhersagte, weil es über das Ziel hinausschieße, behauptet nun, dass „niemals etwas Ähnliches wie dieses Mächte-Missverhältnis bestanden hat." Kennedy meint:

Der „Pax Britannica" war billig, weil die Armee Britanniens wesentlich kleiner war als die europäischen Armeen, und auch die Royal Navy war genauso groß wie die beiden nächstgrößeren Seestreitmächte – jetzt könnten alle anderen Seestreitkräfte der Welt zusam-

men gegen die Übermacht der amerikanischen Seestreitkräfte nichts ausrichten. Das Frankreich Napoleons und das Spanien von König Philip II. hatten machtvolle Feinde, und sie waren Teil eines multipolaren Systems. Charlemagnes Reich erstreckte sich lediglich über Westeuropa. Das Römische Reich ging darüber hinaus, aber es gab ein anderes großes Reich in Persien und ein noch größeres in China. Es ist unvergleichlich.

Paul Kennedy, The Rise and Fall of Great Powers, New York, 1987

Der amerikanische Journalist Robert Kaplan schlägt sogar vor, dass Amerika einen imperialistischen Kurs einschlagen sollte:

Unsere künftigen Anführer sollten für ihre Hartnäckigkeit, ihren durchdringenden Intellekt und ihre Fähigkeit gelobt werden, unter einem sanften imperialen Einfluss Wohlstand in die entlegensten Teile der Welt zu bringen. Je erfolgreicher unsere Außenpolitik ist, desto größeren Einfluss wird Amerika in der Welt haben. Somit ist es wahrscheinlicher, dass künftige Historiker auf die USA des 21. Jahrhunderts als ein Weltreich und eine Republik zurückblicken, die sich von Rom und jedem anderen Weltreich in der Geschichte unterscheidet.

Robert Kaplan, Warrior Politics: Why Leadership Demands a Pagan Ethos,
Random House 2001

Wie der Herausgeber des Wall Street Journal, Max Boot, schrieb, sind das alles gute Neuigkeiten, weil die USA „ein attraktives Weltreich sind, dem jeder gerne angehören möchte". Es gibt wenig Zweifel, dass unter Berücksichtigung der Alternativen – wie dem chinesischen oder russischen Reich, die, auch wenn der Kommunismus nicht mehr existiert, immer noch einen totalitären Charakter haben – eine weltweit dominante USA, die wahrscheinlich eine Art „Pax Americana" durchsetzen könnte, beste Aussichten für die wirtschaftliche und soziale Entwicklung bringen könnte. Europäische Akademiker werden diese Ansicht wohl nicht teilen, aber ich bin mir sicher, dass es dem durchschnittlichen Tibeter, Saudi, Indonesier oder Schwarzafrikaner wesentlich besser ginge, wenn er vom „sanften imperialen Einfluss" einer US-Verwaltung regiert werden würde und nicht von den eigenen regionalen Regierungen, herrschenden Klassen oder von ausländischen Tyrannen wie im Falle Tibets (die Kambodschaner würden dem Wort „sanft" nicht zustimmen, weil über deren Land von den USA ein Bombenteppich gelegt wurde). Die schlechten Nachrichten sind aber die wirtschaftlichen: Alle großen Weltreiche erfuhren mit der Zeit eine steigende Inflation, steigende Zinssätze und eine starke Abwertung ihrer Währung.

In seiner Einleitung zur „Geschichte der Zinssätze" zitiert Sydney Homer den österreichischen Wirtschaftswissenschaftler Eugen Böhm von Barwek (1851–1914), der erklärte, dass das kulturelle Niveau einer Nation von deren Zinssätzen widergespiegelt werde. Bezogen auf von Barwek gilt: Je höher die Intelligenz der Leute und die moralische Stärke, desto niedriger die Zinssätze. Passenderweise fügte Homer hinzu, dass von Barwerk von „Zinssätzen eines freien Marktes" spricht und nicht von „kontrollierten Zinssätzen". (Davon abgesehen würde Barwerk, wenn er heute noch lebte, auch zwischen „Zinssätzen eines freien Marktes" und „manipulierten Zinssätzen" unterscheiden, die dann auftreten, wenn die Zentralbanken aggressiv am Geldmarkt intervenieren und wenn die Regierung quasi Garantien für regierungsfinanzierte Unternehmen ausspricht, was im Falle der USA dazu führte, dass die Bauzinsen künstlich niedrig gehalten wurden.) Homer weiter:

> *Wenn Böhm von Barwerk „finanzielle Stärke" anstatt „moralische Stärke" und „technologisches Niveau" anstatt „kulturelles Niveau" gesagt hätte, dann würden ihm heute mehr Leute zustimmen, aber ich glaube, er meinte genau das, was er gesagt hatte. Wenn man ihm diese Varianten vorgeschlagen hätte, dann hätte er wohl in der Tat geantwortet, dass moralische Stärke in einer Nation als Ganzem eine notwendige Voraussetzung für finanzielle Stärke ist und dass ein hohes kulturelles Niveau eine notwendige Voraussetzung für ein hohes technologisches Niveau ist.*
>
> Sydney Homer, *A History of Interest Rates*, New Jersey, 1977

Wie wahr! Homer sagte, der Hauptzweck seiner Geschichte sei,

> *... nicht die soziologischen oder wirtschaftlichen Ursachen und Wirkungen von Zinssatzänderungen zu erforschen, sondern einfach nur vorherrschende Zinssätze selbst über Jahrhunderte hinweg in vielen Ländern herauszusuchen, aufzuschreiben und zu analysieren. Dennoch kann es der Leser nicht verhindern, nachhaltige Trends und sich über die Jahrhunderte wiederholende Muster zu erkennen. Er kann sie in seinem eigenen Geiste mit dem Aufstieg und Fall von Nationen und sogar ganzen Zivilisationen in Verbindung bringen. Die Kapitel*

über die Zinssätze im alten Babylon, Griechenland und Rom zeigen in jedem Einzelfall einen fortschreitenden Verfall der Zinssätze, während sich die Nationen oder Kulturen entwickelten und gediehen, und dann einen starken Anstieg der Zinssätze, wenn sie „herabsteigen und verfallen" – eine Untertassen-Formation. In unserem Kulturkreis (Westeuropa und Nordamerika) sind die Zinssätze seit dem Mittelalter größtenteils gefallen. Aber jetzt? Die jüngsten hohen Zinssätze haben nicht lange genug angehalten, um in den Charts einen deutlichen Trend zu zeigen. Aber werden sie es tun?

Wenn man Abb. 4 in Kapitel 7 betrachtet, ist das letzte Wort darüber noch nicht gesprochen, ob im langfristigen Trend der Zinssätze das amerikanische Weltreich seinen Gipfel bereits überschritten hat. Aber man bemerkt einen eindeutigen Abwärtstrend bis in die 40er, dann einen starken Anstieg bis 1981, der den Abwärtstrend eindeutig gebrochen hat, und danach einen erneuten Verfall der Zinssätze. Aber wohin werden wir uns von hier an bewegen – wie Homer bereits 1977 fragte? Sicherlich werden die Anleger nicht noch einmal die Zwei-Prozent-Marke bei den langlaufenden US-Staatsanleihen sehen wie in den 40ern. Und wenn man historische Vorkommnisse und die aktuell veröffentlichten Inflationsstatistiken berücksichtigt, muss man ernsthaft darüber besorgt sein, dass der Trend steigender Inflation und steigender Zinssätze bald wieder auftauchen wird.

In diesem Zusammenhang kann im Hinblick darauf, dass einige Ökonomen heute die USA mit Rom vergleichen, eine kurze Analyse der monetären Geschichte des Römischen Reichs hilfreich sein.

Bis zur Herrschaft von Augustus (der als erster Kaiser des Römischen Reiches im Jahre 27 v. Chr. eingesetzt wurde) verwendeten die Römer nur reine Gold- und Silbermünzen. Um seine riesigen Ausgaben für Infrastrukturmaßnahmen zu finanzieren, ordnete Augustus an, dass die regierungseigenen Minen in Spanien und Frankreich 24 Stunden am Tag ausgebeutet werden sollen – eine Maßnahme, die das Geldangebot deutlich erhöhte. Man schätzt, dass zwischen 27 und 6 v. Chr. die Preise in Rom sich verdoppelten. Während der zweiten Hälfte seiner Herrschaft (6 v. Chr. bis 14 n. Chr.) reduzierte Augustus die Münzprägung drastisch, als er bemerkte, dass diese zu einem Preisanstieg führte. Nach seinem Tod im Jahre 14 n. Chr. wurde Tiberius, den Augustus mit seiner Tochter Julia verheiratete (die eine sehr erfolgreiche Karriere als Nymphomanin einschlug), zum Kaiser berufen. Unter Tiberius war die Menge der neuen Münzprägungen wesentlich kleiner als während der Herrschaft von Augustus, was zwangsläufig zu einer regelrechten Geldknappheit im Reich und gleichzeitig zu einem riesigen Überschuss in den Schatztruhen des königlichen Schatzamtes (Fiskus) führte. Als dann Tiberius im Jahr 37 n. Chr. ermordet wurde, hinterließ er seinem geisteskranken Nachfolger Caligula 700 Mio. Denarii – ungefähr 30-mal so viel, wie Augustus hinterlassen hatte.

Caligulas verschwenderische Ausgaben bedurften der Enteignung von Besitztümern einer Reihe von wohlhabenden Familien, die er fälschlicherweise einer Verschwörung gegen sich beschuldigte. Seine Nachfolger waren der genauso verrückte Claudius sowie Nero. Bis dahin wurden die angesammelten Fiskalüberschüsse Roms komplett ausgegeben, und die großen Defizite, die Rom im Handel mit seinen Kolonien hatte, brachten Nero dazu, die Währung Roms abzuwerten. Im Jahr 64 n. Chr. machte er den Aureus um zehn Prozent leichter. Während also in der Vergangenheit 41 Aurei von einem Pfund Gold geprägt wurden, betrug das Verhältnis nun 45. Nero prägte zudem neue Silbermünzen, die nicht nur leichter waren, sondern auch noch einen Anteil von zehn Prozent Kupfer enthielten, was bedeutet, dass der neue Denaius rund 25 Prozent weniger wert war als der alte. Somit kann man sagen, dass Nero an der Währung „herumspielte".

Wie man sich vorstellen kann, wurden die neuen Münzen von Anfang an mit einem Abschlag gegenüber den alten belegt und führten zu Inflation. Nero versuchte dann, die neuen Münzen in die alten „zurückzuprägen", aber das war nur teilweise erfolgreich, weil die Wohlhabenden entweder ihren Reichtum versteckten oder in abgelegene Provinzen auswanderten und den römischen Steuereintreibern auswichen. Nero schuf aber einen Präzedenzfall: Zwischen seiner Absetzung im Jahr 68 n. Chr. und der Plünderung Roms in der zweiten Hälfte des fünften Jahrhunderts erhöhten die nachfolgenden Kaiser beständig das Geldangebot im Reich durch eine Abwertung des Denarius, der am Ende nur noch 0,02 Prozent Silber enthielt! Vor einigen Jahren fertigte Rolf Bertschi von Credit Suisse Private Banking, der einen exzellenten täglichen Technik-Kommentar schreibt www.cspb.com/techresearch, ein Bild und eine Tabelle an, die den schrittweisen Verfall der römischen Währung von der Zeit des Kaisers Augustus bis zum Jahr 268 n. Chr. zeigen (siehe Tabelle 2 und Abb. 10).

Ein paar Beobachtungen mehr zum Römischen Reich sind wohl angebracht, weil der „Pax Americana" mit dem „Pax Romana" verglichen wurde. Es ist richtig, dass auf dem Höhepunkt des Römischen Reiches unter Augustus zumindest für kurze Zeit im Großteil des Reiches Frieden herrschte. Aber abgesehen von dieser relativ kurzen Zeit war Rom immer in Kriege entlang seinen Grenzen verwickelt oder musste sich vor Volksaufständen in den Provinzen und sogar auf der italieni-

Kapitel 12

Tabelle 2

DAS SILBER DURCHLEUCHTEN ...
Die Abwertung des römischen Denarius

Emittent	Jahr	% Silber
Nero	AD54	94
Vitellius	AD86	81
Domitian	AD81	92
Trajan	AD98	93
Hadrian	AD117	87
Antonius Pius	AD138	75
Marcus Aurelius	AD161	68
Septimus Severus	AD193	50
Elagenalus	AD218	43
Alexander Severus	AD222	35
Gordian	AD244	28
Philip	AD244	0.5
Claudius Gothicus	AD268	0.02

Quelle: Pivotal Events, 9. August 2002

Abbildung 10

... BIS NICHTS MEHR ÜBRIG IST
Römischer Denarius 54 bis 268 n. Chr.

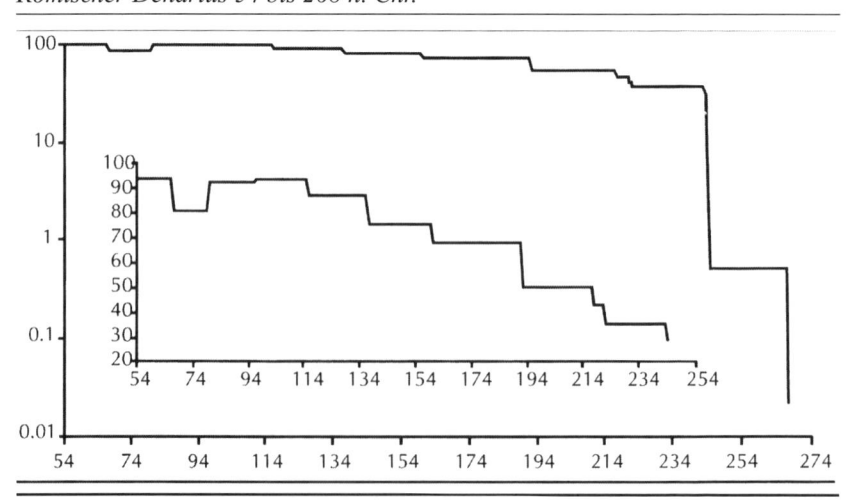

Quelle: Rolf Bertschi, Credit Suisse Private Banking

schen Halbinsel schützen. Auch war für die meiste Zeit des Reiches die Schifffahrt unsicher, da das Mittelmeer von Piraten heimgesucht wurde. Somit war der „Pax Romana" eher ein Mythos denn Realität. Auch ist es kein Zufall, dass Neros Währungsabwertung just zu dem Zeitpunkt begann, als das Reich begann, schwächer zu werden. Ich vermute, dass Nixons Schließung des Gold-Fensters im August 1971 (seitdem sind US-Dollar für internationale Niederlassungen nicht mehr in Gold konvertierbar) ebenfalls nach dem Erreichen des Höhepunkts der USA im Sinne von wirtschaftlicher Vorherrschaft stattfand und eine Dekade steigender Inflation und einer starken Abwertung des Dollars einläutete. Die Meinung, das amerikanische Weltreich habe seinen Höhepunkt bereits hinter sich, wird auch von Sydney Homers Bemerkung bestätigt: Wenn Weltreiche verfallen, weisen die Zinssätze eine steigende Tendenz auf. Auf diesen Beobachtungen basierend wäre der amerikanische Gipfel in den 40ern oder 50ern anzusiedeln.

Auch wenn es richtig ist, dass die USA heute militärisch jeder anderen Nation viel stärker überlegen sind, als Paul Kennedy dies anmerkte, und sie den Kalten Krieg „gewonnen" haben, sollte uns diese Tatsache nicht gleichgültig lassen. Das Römische Reich erreichte seine größte Ausdehnung auch erst unter Kaiser Trajan (98 bis 116 n. Chr.), aber bis dahin wurden die diversen Kriege zum Schutz des Reiches – im Sinne von menschlichen Verlusten – bereits extrem kostspielig, und die Wirtschaft auf der italienischen Halbinsel begann bereits stark abzubauen. Der Historiker William McNeill schreibt dazu:

Unter Domitian (81 bis 96 n. Chr.) manifestierte sich eine Reihe von wirtschaftlichen Krisen in Italien. Der Preis von Wein fiel desaströs. Der Grund war wahrscheinlich das Verschwinden des Exportmarktes für italienischen Wein, das aus der Verbreitung des Weinbaus in den westlichen Provinzen ... resultierte. Während somit der Wohlstand der westlichen Provinzen – oder zumindest der Wohlstand der landbesitzenden Klasse in diesen Provinzen – wuchs, manifestierte sich der wirtschaftliche Verfall in Italien ... (die) italienische Bevölkerung nahm ab oder hörte zumindest auf zu wachsen. Italienische Rekruten konnten nicht länger in ausreichender Anzahl gefunden werden; es wurden mehr und mehr Soldaten und Beamte angeworben, anstatt sie von den mehr romanisierten westlichen Provinzen zu holen. Im Ergebnis war Italien auf dem Weg, seine besondere und privilegierte Stellung, die es unter Augustus und den frühen Kaisern hatte, zu verlieren.

William McNeill, *History of Western Civilisation*, Chicago, 1986, Seite 169

Hier besteht also eine weitere wichtige Parallele zu den USA. Genauso wie die italienischen Weine gegenüber den Bauern anderer Provinzen des römischen Reiches verloren haben, was einen wirtschaftlichen Verfall auf der italienischen Halbinsel verursachte, wird die US-Produktion schrittweise von den neuen Produktionszentren südlich der Grenzen und in Asien, heute vor allem in China, unterwandert. Und was schließlich Kaplans Beobachtung betrifft, dass unsere Anführer für ihre „Hartnäckigkeit, ihren durchdringenden Intellekt und ihr Fähigkeit, Wohlstand in die entlegensten Ecken der Welt zu bringen" gelobt werden, kann ich unseren Lesern nur versichern, dass die römischen Kaiser wie Trajan, Hadrian, Marcus Aurelius, Severus, Diocletian und Konstantin nicht nur hartnäckig waren und einen großartigen Intellekt besaßen, sondern dass sie auch tapfer waren und oftmals im Kampf auch in der ersten Reihe ihrer Armeen standen (Valerian starb in Gefangenschaft durch den persischen König Shapur I., und Crassus wurde im Kampf vom partherischen König Mithradates III. getötet).

Was aber schrittweise das Reich zusammenbrechen ließ, war die Unfähigkeit, sich an eine sich verändernde Welt anzupassen. Wie Will Durant beobachtete: „Wenn eine Gruppe oder Zivilisation verfällt, liegt es nicht an einer mystischen Beschränkung des Unternehmenslebens, sondern an der Unfähigkeit der Politiker oder der intellektuellen Führer, die Herausforderungen des Wandels zu meistern."

Nun zu den beiden nächsten Weltreichen. Unter Karl V. und seinem Nachfolger Philip II. hatte sich das Spanien des 16. Jahrhunderts, vor allem nach der Vereinigung mit Portugal im Jahr 1580, zu einem riesigen Reich entwickelt. Es erstreckte sich über nahezu ganz Westeuropa, im Süden über fast die ganze afrikanische Küste, im Osten bis zu den Philippinen und Teilen von Indonesien und in Amerika nach Mexiko und über den ganzen lateinamerikanischen Kontinent. Philip II. besaß ein Reich, „in dem die Sonne niemals unterging" – es war das größte Territorium, das jemals von einem Staat regiert wurde. Aber der Wohlstand war nur von kurzer Dauer, weil all das Gold und Silber, das von den Minen in Mexiko und Potosi nach Spanien gebracht wurde, für die Verteidigung des Reiches verbraucht wurde und zum Niedergang der Landwirtschaft und der Produktion auf der Iberischen Halbinsel führte. Die spanische Krone konnte bereits 1557 ihren Kreditverpflichtungen nicht nachkommen, und weitere Ausfälle traten in den Jahren 1575, 1596, 1607, 1627 und 1647 ein.

Wegen dieser Ausfälle erlebten auch wichtige Finanzzentren in Europa, wie Antwerpen, Genua und Lyon, die Hauptfinanzierer der spanischen Kredite, vernichtende Finanzkrisen. Darüber hinaus war das 16. Jahrhundert hochinflationär. Zwischen 1500 und 1600 stiegen die Preise in Europa wegen des starken Anstiegs der Mengedes im Umlauf befindlichen Gold und Silbers fast um das Fünffache (siehe Kapitel 7, Abb. 2). Und als die Edelmetalllieferungen nach 1580 abnahmen, erlebte die ganze spanische Halbinsel eine schreckliche Depression, die einen großen Teil des 17. Jahrhunderts andauerte. Weitere Faktoren, die zum Verfall des spanischen Reiches führten, waren der Verlust des östlichen Handelsreiches Portugals an die Holländer zu Beginn des 17. Jahrhunderts, die Präsenz von Piraten und Freibeutern auf dem Meer (das Äquivalent des 16. Jahrhunderts zu den Terroristen von heute), Aufstände sowie kostspielige Kriege gegen jede europäische Nation und die Türken im Mittelmeer, welche die menschlichen und natürlichen Ressourcen Spaniens komplett austrockneten.

Das britische Reich war in vielerlei Hinsicht wahrscheinlich das erfolgreichste der Geschichte, weil der Wohlstand – anders als in Rom und Spanien – nicht von seinen Kolonien abhing. Während der ersten Hälfte der Industriellen Revolution war es anderen Nationen ein gutes Stück voraus. Wie bereits erwähnt, befanden sich 1830 in Lancashire mehr in Betrieb genommene Maschinen als im gesamten Rest der Welt. Zusätzlich führte Britannien Recht und Gesetz in vielen Ländern der Welt ein. Aber mit der Zeit erwies sich das Reich als sehr kostspielig, und im 20. Jahrhundert musste es seine Besitztümer in Übersee schrittweise aufgeben und verlor in wirtschaftlicher Hinsicht gegenüber anderen Nationen – eine Tatsache, die sich in der schrittweisen Abwertung des Pfund gegenüber starken Währungen widerspiegelt (siehe Abb. 11).

Ein weiterer Punkt, der Sydney Homers Beobachtung von verfallenden Reichen und steigenden Zinssätzen unterstützt, ist die Bewegung der britischen Zinssätze. In Abb. 12 kann man erkennen, dass die britischen Zinssätze 1896 ihren Boden erreichten, als die Renditen für die Rentenanleihen auf 2,21 Prozent gefallen waren. Die Anleihen erreichten nie mehr diese niedrigen Niveaus, auch nicht während der Depression und der Labour-Administration in den 40ern – ein enormer Unterschied zur Bewegung der US-Zinssätze, die in den 40ern neue Tiefpunkte einnahmen (siehe Kapitel 7, Abb. 4).

Die eindrucksvolle Vorstellung eines Weltreiches ist aber ein unter einem schlechten Stern stehendes Anliegen großer Länder, aus dem früher oder später eine riesige Verpflichtung wird. Aufgrund des historischen Beweises bin ich überrascht, dass jemand den Wunsch hat, ein Reich zu besitzen, denn dessen Fortbestehen ist langfristig extrem kostspielig. Unausweichlich erfahren solche Reiche Inflation, steigende Zinssätze, Währungsabwertung, Schuldenausfälle oder eine Kombination daraus.

Das soll nun nicht heißen, dass es nicht gute Investmentmöglichkeiten in Weltreichen gäbe. Auch wenn sich die Reiche bereits in Auflösung befanden, gab es

Kapitel 12

Abbildung 11

DER „SONNENUNTERGANG" IN EINEM WELTREICH 1
Pfund Sterling gegen den Schweizer Franken, 1915–1988

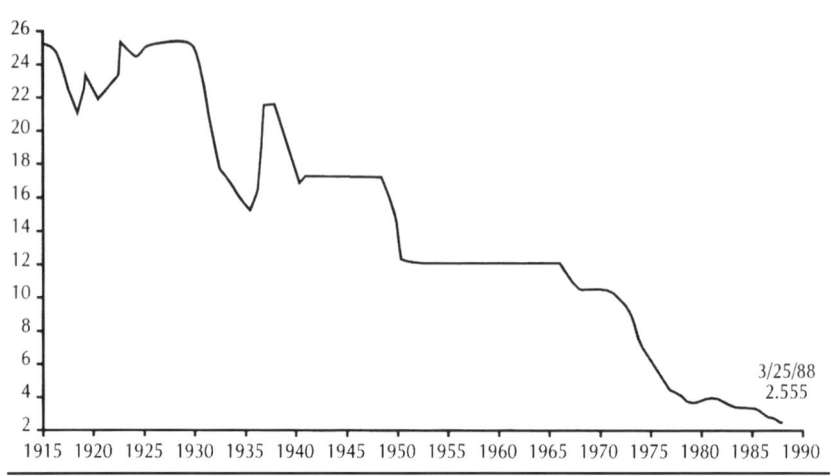

3/25/88
2.555

Quelle: Datastream

Abbildung 12

DER „SONNENUNTERGANG" IN EINEM WELTREICH 2
Renditen langlaufender, englischer Staatsanleihen, 1700–1975

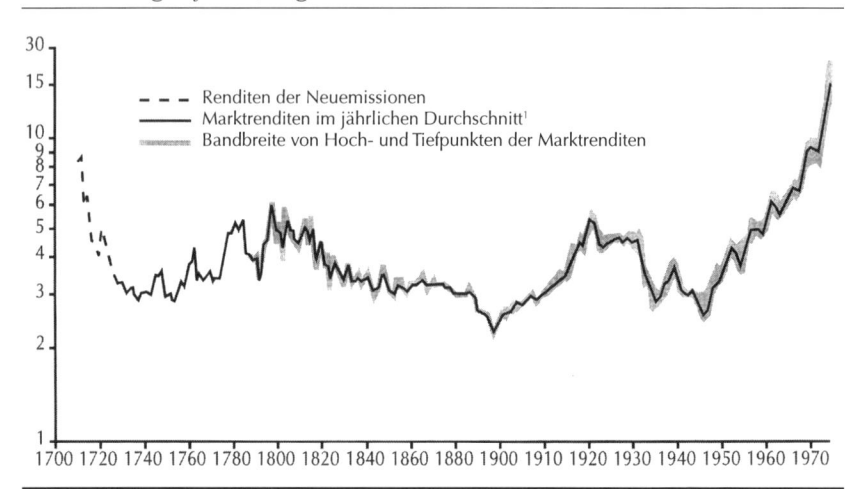

- - - Renditen der Neuemissionen
—— Marktrenditen im jährlichen Durchschnitt[1]
▬▬ Bandbreite von Hoch- und Tiefpunkten der Marktrenditen

[1] 3 % Jahreszins und konsolidierte Rentenanleihen: 1725–1888; 2,25 % Rentenanleihen: 1889–1902; 2,5 % Rentenanleihen: 1903–1975; Quelle: Sydney Homer, *A History of Interest Rates*

immer einige Städte oder Industriesektoren, die trotzdem aufblühten. Als der Verfall Roms bereits im vollen Gang war, wurde Antiochia dessen wichtigste und wohlhabendste Stadt im Mittleren Osten. Und als Konstantin sich entschloss, sich im Jahr 330 in Konstantinopel niederzulassen, wuchs die Stadt sehr schnell, und seine Bevölkerung übertraf die von Rom, dessen Einwohnerzahl damals bereits zurückging. Das Gleiche gilt für das spanisch-portugiesische Reich: Städte wie Mexico, Bahia, Havana, Quito, Ouro Preto und Manaus erlangten wirtschaftliche Bedeutung, auch als Spanien und Portugal bereits ums Überleben kämpften. Und trotz des Verblassens des Britischen Empire kann niemand abstreiten, dass es großartige Investmentmöglichkeiten in britischen Firmen und Immobilien in den zurückliegenden 100 Jahren gegeben hat. Aber es bleibt die Tatsache, dass alle Weltreiche mit der Zeit steigende Inflation und – genauso wie Sydney Homer beobachtete – steigende Zinssätze erfahren und dass es normalerweise bessere langfristige Möglichkeiten gibt als Investments in Weltreichen, die unter einer sich abschwächenden Währung leiden.

„Pax Americana"

Nun lassen Sie mich die ketzerische Vermutung äußern, dass das US-Reich seinen Gipfel bereits überschritten hat und dass die analoge Periode zur goldenen Ära des Römischen Reiches unter Augustus in den USA die 50er oder frühen 60er seien. Diese Vermutung soll in keinster Weise andeuten, dass die USA in einen Abgrund fallen werden, aber sie deutet auf steigende Inflation und Zinssätze sowie auf einen langfristig schwächeren Dollar und bessere Investmentmöglichkeiten in anderen Teilen der Welt hin.

Ich muss zugeben, dass Inflation ein sehr komplexes Thema ist, da einige Preise steigen können, während andere gleichzeitig fallen. Es ist mir klar, dass die Öffnung Chinas und die Öffnung anderer Billighersteller von Produktionsgütern und Dienstleistungen, wie Indien und jetzt auch zunehmend Vietnam, in vielen Wirtschaftsbereichen einen deflationären Schock verursachen. Umgekehrt sehe ich aber, dass eine riesige Menge Geld aus der in Kapitel 2 beschriebenen Schüssel fließt, die infolge des expandierenden Geldangebots immer voller wird, und dass diese gigantische Menge von Liquidität oder Kredit eine Inflation oder Bullenmärkte in vielen Wirtschaftssektoren verursachen wird. Was mich verwirrt, ist, dass die Leute von Inflation reden, wenn Rohstoffpreise oder Löhne steigen; wenn aber Aktien steigen, dann wird der Begriff „Bullenmarkt" verwendet. In der Realität sind beides aber einfach nur Preisanstiege – Ersterer von natürlichen Ressourcen und Letzterer von finanziellen Vermögensgegenständen. Somit muss man endlich einmal klar definieren, was Inflation ist und was deren Symptome sein können.

Bezogen auf den Wirtschaftswissenschaftler Ludwig von Mises meint der Begriff Inflation, wie er immer und überall, vor allen in den USA, verwendet wird, „einen Anstieg der Geldmenge, der in Umlauf befindlichen Banknoten und der Menge der Bankeinlagen". Aber:

> ... Heute gebrauchen die Leute den Ausdruck „Inflation" für das Phänomen, das die unausweichliche Konsequenz der Inflation ist – eine Tendenz des Steigens aller Preise und Löhne. Das Ergebnis dieser bedauerlichen Verwirrung ist, dass es keinen Begriff mehr dafür gibt, der die Ursache für den Anstieg von Preisen und Löhnen bezeichnet. Es gibt also kein Wort mehr, welches das Phänomen bezeichnet, das bis heute Inflation genannt wird ... Genauso gut, wie man über etwas Namenloses sprechen kann, kann man es auch bekämpfen. Diejenigen, die vorgeben, Inflation zu bekämpfen, bekämpfen in der Tat nur die unausweichliche Konsequenz der Inflation – steigende Preise. Ihre Unternehmungen sind dem Untergang geweiht, weil sie das Übel nicht an der Wurzel packen. Sie versuchen, die Preise niedrig zu halten, während sie sich der Politik einer steigenden Geldmenge verschreiben, die die Preise unabwendbar ansteigen lassen muss. Solange diese terminologische Unklarheit nicht vollständig beseitigt ist, kann es keine Frage über einen Inflationsstopp geben.
>
> Ludwig von Mises, *An Unworkable Fiscal Policy*, in: *Economic Freedom and Interventionism*, Foundation for Economic Freedom, 1990

Wenn man von Mises Definition akzeptiert, dass es sich bei Inflation um einen Anstieg im Geldangebot und nicht um einen generellen Preisanstieg bei Gütern und Dienstleistungen handelt, dann kann man daraus ableiten, dass es in den USA bereits eine bemerkenswerte Inflation gegeben hat, aber das gestiegene Geldangebot bisher noch nicht seinen Weg in die Produktionsgüterpreise gefunden hat. Die Importpreise fallen noch, weil die Produktionsgüter hauptsächlich immer billiger werden, weil die chinesischen Güter die globalen Märkte erreichen und weil der Dollar so stark ist. Aber es gab eine Vielzahl von Preisanstiegen in anderen Sektoren der US-Wirtschaft. Die Häuserpreise sind in den letzten zwölf Monaten in der gesamten Nation um rund zehn Prozent und seit 1995 um 40 Prozent gestiegen. Die Preisanstiege in einigen Städten, wie Boston, San Francisco, San Diego und Denver, sind wesentlich höher gewesen und bewegen sich in einem Rahmen von 70 bis 96 Prozent. (In Großbritannien bezahlen die Käufer von Neubauten im Schnitt 14 Prozent mehr als vor einem Jahr, und in London sind es 18 Prozent mehr.)

Ich persönlich halte es für sehr wahrscheinlich, dass wir im Jahr 2003 in den USA eine deutlich ansteigende Preissteigerungsrate sehen werden, egal unter welchem wirtschaftlichen Szenario. Wenn sich die Weltwirtschaft fängt, wird sich die Nachfrage nach Rohstoffen, die infolge der Asien-Krise gefallen ist, wieder erholen und zu wesentlich höheren Preisen bei NE-Metallen, Getreide und Gebrauchsgütern führen. Man darf nicht vergessen, dass sich inflationsbereinigt die Rohstoffe nahe einem Allzeittief bewegen (siehe Kapital 2, Abb. 11) und dass viele Rohstoffe unterhalb der Produktionskosten verkauft werden. Das US-Department of Agriculture berechnete, dass im Jahr 1999 die durchschnittlichen Produktionskosten für ein Pfund Baumwolle in den USA 84 Cent betrugen. Heute bewegt sich diese Zahl wegen der höheren Energiepreise wahrscheinlich eher bei 90 Cent. Wenn man eine mäßige Gewinnmarge von drei bis fünf Prozent einkalkuliert, würde der Gleichgewichtspreis für Baumwolle rund 95 Cent betragen. Aktuell wird Baumwolle für rund 45 Cent gehandelt.

Außerdem ist es auch sehr wahrscheinlich, dass, wie vorher erklärt, die Rohstoffpreise auch in einem deflationären Umfeld steigen können. Von ihrem Tief- zum Hochpunkt zwischen 1932 und 1934 kletterten die Rohstoffpreise im Schnitt um 100 Prozent (siehe Kapitel 2, Abb. 11). Wenn die aktuelle Erholung abbricht und die Wirtschaft noch einmal in eine Rezession fällt oder sich auch nur abschwächt, sind höhere Inflationsraten viel wahrscheinlicher, weil die erneute wirtschaftliche Schwäche die Fed dazu verführen (oder besser: „verleiten") würde, mit ihrer Geldüberversorgung fortzufahren. Das Argument würde dann sein, dass die Geldpolitik sehr erfolgreich darin war, den Hausbausektor und den Konsum im Jahr 2001 hoch zu halten, aber dass diese nicht lang genug angehalten haben und dies der Grund für den erneuten Abschwung sei.

Ich bin der Meinung, dass unabhängig vom wirtschaftlichen Ausblick steigende Inflations- und Zinsraten das Hauptthema sein werden. Das würde vor allem dann eintreten, wenn neben steigenden Rohstoffpreisen der US-Dollar sich abschwächen würde – ein Ereignis, das ich innerhalb der nächsten zwölf bis 18 Monate für unausweichlich halte. Ein signifikanter Anstieg der Rohstoffpreise würde sicherlich die Anleihen unter Druck bringen. Die Ausländer wiederum, Haupt-Käufer von amerikanischen Unternehmensanleihen in den vergangenen beiden

Jahren, würden große Verluste erleiden, und somit würde sich ihre Nachfrage auf in US-Dollar notierte Festzinspapiere reduzieren, oder sie würden komplett aus dem Markt aussteigen.

Es gibt einen weiteren Mythos, den ich entlarven möchte. Basierend auf der noch frischen Erfahrung in Japan und den Erinnerungen an die Depressionsjahre in den 30ern bringen die meisten Menschen eine schwache Wirtschaft mit Deflation und eine starke Wirtschaft mit Inflation in Verbindung. Aber in Wirklichkeit ist das Gegenteil eher die Regel als die Ausnahme:

In schwachen Volkswirtschaften geht eine lockere Geldpolitik normalerweise mit Budgetdefiziten einher. Zusammen mit Kapitalflucht und dem Fehlen ausländischer Investoren tritt normalerweise ein Verfall des Wechselkurses ein, der wiederum das einheimische Preisniveau weiter ansteigen lässt. Eine schwache Wirtschaft also mit einer sehr lockeren Geldpolitik und Fiskaldefiziten zu bekämpfen ist oftmals das Rezept für ein Desaster, wie wir es in Lateinamerika und Mexiko in den 80ern gesehen haben.

Tabelle 3 zeigt die Bewegungen der mexikanischen Aktien zwischen 1979 und 1988, eine Zeit harter Rezession, hoher Inflationsraten und einer starken Abschwächung der Währung. In einheimischer Währung bewegte sich der Markt seitwärts mit einem leichten Abwärtstrend zwischen 1979 und 1983. Danach explodierte der Markt (in einheimischer Währung) wegen der sehr hohen Inflationsraten, die durch die übermäßig lockere Geldpolitik verursacht wurden. In lokaler Währung stieg der Mexican Stock Exchange Index vom Tiefpunkt bei 1.066 im Jahr 1979 auf ein Hoch von 343.545 im Jahr 1987! Doch in Dollar gerechnet sehen die Ergebnis ganz anders aus: Vom Hochpunkt bei 70 Punkten im Jahr 1979 kollabierte der Index auf fünf Punkte in den Jahren 1982 bis 1983, bevor er auf 234 im Jahr 1987 stieg (siehe Tabelle 3 und Abb. 13). 1988 aber war der Index in etwa auf demselben Niveau wie 1979, wohingegen der Index in Peso mehr als 100-mal höher stand. Somit ist also offensichtlich, dass Mexico in den 80ern sehr hohe heimische Inflationsraten hinnehmen musste. Aber in Dollar hatten wir bis in die Mitte der 80er eine Periode mit sehr starker Deflation, weil der ständige Peso-Verfall den Anstieg des heimischen Preisniveaus überkompensierte.

Außerdem ist es nicht schwer zu verstehen, dass die Rohstoffpreise, die von 1980 an in Dollar gefallen sind (siehe Kapitel 2, Abb. 11), in Peso gerechnet um ein Vielfaches gestiegen sind. Deshalb wiederhole ich: Wirtschaftliche Schwäche kann sehr wohl mit schnell steigenden Konsumentenpreisen und ansteigenden Rohstoffpreisen einhergehen, wenn die steigenden Preise von einem starken Währungsverfall begleitet werden, wie es in den 80ern in Mexiko und in den meisten lateinamerikanischen Ländern der Fall war. Erst vor kurzem ist der Goldpreis in Argentinien in heimischer Währung wieder explodiert [siehe Abb. 1].

Es gibt einen letzten Punkt, den ich in Bezug auf Mexiko und die anderen lateinamerikanischen Länder während der 80er ansprechen will. Als diese zu Beginn der Dekade in eine hochinflationäre Rezession gerieten, war es das Beste, sich komplett von deren Aktienmärkten fernzuhalten, weil die Währungsabwertung die Gewinne in lokalen Währungen mehr als nur aufhob. Aber die tödliche Kombination von hoher Inflation, Rezession und schneller Währungsabwertung bot auch

Tabelle 3

VOLATILITÄT DES PESOS
Hoch- und Tiefpunkte des Mexican Stock Exchange Index, 1979–1988

In Peso	1979	1980	1981	1982	1983	1984	1985	1986	1987	1988
Hoch	1,651	1,432	1,479	786	2,452	4,366	11,197	47,101	343,545	214,154
Tief	1,066	1,107	862	496	837	2,885	3,710	12,802	60,281	86,606
In US$	1979	1980	1981	1982	1983	1984	1985	1986	1987	1988
Hoch	70	62	63	29	15	24	25	51	234	93
Tief	48	48	34	5	5	16	16	25	50	38

Quelle: Acciones y Valores

Abbildung 13

BESTÄNDIGER IN DOLLARS
Mexican Stock Exchange Index (in US$), 1982–1990

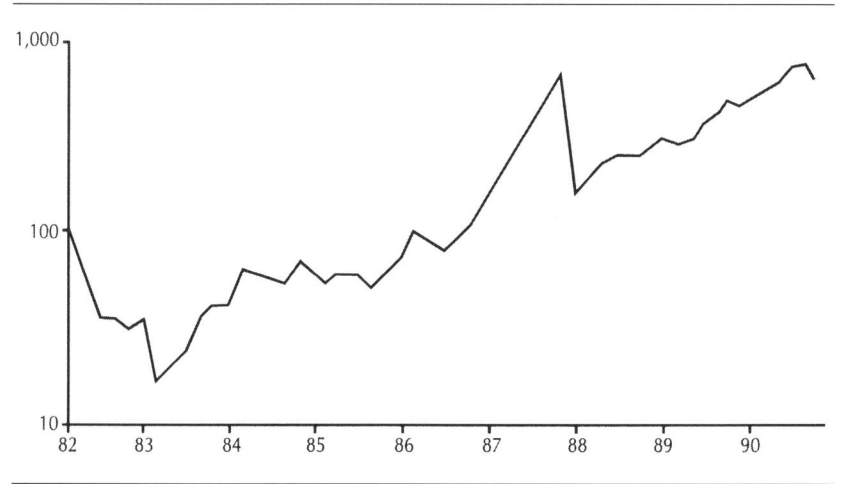

Quelle: Acciones y Valores

eine spektakuläre Kaufgelegenheit Mitte der 80er in Mexiko und Chile und in den späten 80ern in Argentinien, Kolumbien, Peru sowie Brasilien (wie ich es in Kapitel 10 genauer erklärt habe). Wie in Tabelle 3 und Abb. 13 ersichtlich, haben sich die mexikanischen Aktien in US-Dollar innerhalb weniger Jahre nach 1984 mehr als verfünzigfacht! Insgesamt gesehen würde ich behaupten, dass es ein schwerwiegender Fehler für den heutigen Investor ist, wenn er einfach annimmt, der CPI (Konsumentenpreisindex) könne nicht stark ansteigen, wenn die US-Wirtschaft sich erneut abschwächt. Je länger die Wirtschaft es nicht schafft, sich komplett zu erholen, desto mehr würde sie zu viel höherem Geldmengenwachstum und zu höheren Inflationsraten neigen, wenn man sich die aktuelle Politik der Fed vor Augen hält.

Obwohl die Öffnung Chinas einen deflationären Schock in die gesamte Welt brachte, dürfen wir die Wahrscheinlichkeit eines erneuten Inflationsdrucks nicht unterschätzen, wenn wir zum Beispiel der Österreichischen Schule folgen, die Inflation nur am Anstieg der Geldmenge misst. Vor allem bin ich der Meinung, dass die Rohstoffpreise deutlich von ihren gedrückten Niveaus ansteigen können. Die Anleihenpreise stehen ebenfalls kurz vor einem Jahrhundert-Hoch, nachdem sie seit September 1981 in einem Bullenmarkt verharrten. Langfristig kann man gegenüber US-Regierungsanleihen nicht mehr länger positiv eingestellt sein, weil die Fed „außergewöhnliche Maßnahmen" ergreifen will, um die Wirtschaft zu stützen, was in einem Preisanstieg münden wird. Wenn ich mir die ernsthaften imperialen Wahnvorstellungen Amerikas anschaue, erwarte ich auch, dass Budgetüberschüsse der Vergangenheit angehören und der US-Dollar sich bald merklich abschwächen wird. Aber es ist – wie ich bereits erklärt habe – schwer, sich vorzustellen, dass der US-Dollar gegenüber anderen Währungen stark fallen kann; daher wird der Großteil des Verfalls sich gegenüber einem Rohstoffkorb und vor allem gegenüber dem Gold abzeichnen, da Letzteres die einzige Währung ist, an der die Zentralbanker nicht herumbasteln können. (Sie können wohl verkaufen und den Preis für einige Zeit drücken – aber nicht für ewig.)

In meinen Augen ist „Stagflation" das wahrscheinlichste Ergebnis einer relativ schwachen Wirtschaft, zusammen mit übermäßiger Geldpolitik und jetzt auch fiskalen Anreizen. Die Fed kann sich langfristig nicht aus den wirtschaftlichen Problemen „herausdrucken" – im Sinne von „Geld drucken". Aber sie kann sicherlich so viel Geld drucken, wie nötig ist, um eine heimische Inflation, ähnlich wie in Mexiko, zu generieren, die aufgrund des Peso-Verfalls in eine starke Währungsdeflation führte. Das ist wirklich kein besonders attraktives Umfeld für finanzielle US-

Werte, vor allem wenn man deren immer noch sehr hohen Bewertungen und die sich immer mehr verfinsternden Aussichten auf eine große Gewinnerholung bedenkt.

In Kapitel 13 komme ich auf Asien zurück. Hier dürften die Aussichten für Investoren im globalen Zusammenhang am besten sein. Die vielfachen Gründe für diese meine Einschätzung habe ich aufgezeigt.

Ich fokussiere mich dabei stark auf die Konsequenzen, die sich aus dem immer größer werdenden weltweiten Einfluss Chinas ergeben. Schließen möchte ich mit einer Diskussion der ernsthaftesten wirtschaftlichen Herausforderung, mit der wir uns in den kommenden Jahren beschäftigen müssen: des weltweiten Wohlstands- und Einkommensungleichgewichts.

Kapitel 13

Asien im Übergang

Es sind nicht viel mehr als Frieden, einfache Steuern und eine erträgliche Justiz-Administration nötig, um einen Staat vom niedrigsten Barbarentum zur höchsten Form des Reichtums zu bringen.
Adam Smith (1723–1790)

In den frühen 90ern begann in Asien eine Periode des wirtschaftlichen, sozialen und politischen Umbruchs, die meiner Meinung nach in den vor uns liegenden Jahren ihr Gesicht verändern wird. Jeder, der Asien das letzte Mal vor dem Zweiten Weltkrieg besucht hätte, wäre verblüfft über den Fortschritt und die Veränderung der Macht – aber ein Besucher im Jahr 2020 wird eine komplett andere Landschaft vorfinden. Ich denke, dass bis dahin einige Länder, die einen wirtschaftlichen Winterschlaf unter ihrem totalitären Regime gehalten haben (Myanmar, Vietnam, Laos, Kambodscha, Nordkorea und bis vor kurzem China) oder die ausländische Investoren ausschlossen (hier ist vor allem Indien zu erwähnen), zum Rest von Asien aufgeschlossen oder einige der heutigen Wohlstandszentren sogar überholt haben. Auf der Gegenseite werden einige der heutigen Erfolgsstories unterliegen oder komplett zusammenbrechen, weil sie sich einem intensiven Wettbewerb durch die Newcomer gegenüber sehen. Um nichts anderes geht es bei Veränderung: Sie bringt unausweichlich sowohl Gewinner als auch Verlierer hervor.

Nach dem Zweiten Weltkrieg waren einige wichtige Trends in Asien zu verzeichnen: das Ende der kolonialen Herrschaft, die Bildung souveräner Nationen und der Aufstieg des Kommunismus in Ländern wie China, Vietnam und Burma.

Das Ende der Kolonialherrschaft war zunächst von Feindschaft gegenüber den ehemaligen Kolonialmächten und dem Unwillen begleitet, Ausländer an der Entwicklung in asiatischen Volkswirtschaften teilhaben zu lassen. Oberste Priorität hatte es, Nationen aufzubauen, und nicht, für wirtschaftliches Wachstum zu sorgen. Auch wurden ausländische Investitionen lange Zeit als potenziell destabilisierend angesehen.

Das Ende der Kolonialherrschaft prägte auch das politische System der asiatischen Länder. Da die Unabhängigkeit oft durch Guerillakriege oder nach Perioden des zivilen Unfriedens erreicht wurde, blieben zwischen den politischen Führern und der Armee enge Verbindungen bestehen. Um diese enge Verbindung besser zu verstehen, ist es wichtig zu wissen, dass die Opposition zur Kolonialherrschaft nur sehr beschränkte Ressourcen hatte (zum Beispiel Maos Rote Armee). Somit mussten sich die Einheiten der revolutionären Armeen selbst um ihre Nahrungsmittel- und sonstige Versorgung kümmern. Es gab keinen Staat, der mit einem Militärbudget die Freiheitskämpfer unterstützen hätte können, und somit musste sich jede Armeeeinheit auf einen oder wenige „Versorgungsoffiziere" verlassen, deren Aufgabe es war, Nahrungsmittel zu beschaffen. Das war eine heikle Aufgabe: Hätte man auf der einen Seite zu viel von der heimischen Bevölkerung gefordert, wäre deren Unterstützung sehr schnell abgeflaut. Auf der anderen Seite musste viel genug beschafft werden, um die Freiheitskämpfer gut ausrüsten und zufrieden stellen zu können. Somit kann man sagen, dass die Oppositionsarmeen in einer Art Feudalsystem organisiert waren und jede Einheit das Recht hatte, „Steuern" in der Region, in der sie operierte, einzusammeln.

Es überrascht nicht, dass dieses Systems des Privilegs nach der Unabhängigkeit fortbestand und es immer noch „feudale" politische Systeme in einigen asiatischen Ländern gibt. Der Führer eines Landes überträgt den zuverlässigen Gefolgschaften (führende Wirtschaftsleute, einflussreiche Lokalpolitiker und Armeegeneräle) Privilegien (Monopole, Steuerkonzessionen, Staatskredite usw.), und diese wiederum unterstützen uneingeschränkt die regierende Partei. Dieses System funktionierte von den 50ern bis zur Mitte der 80er sehr gut, und es garantierte Frieden und Stabilität (wenn auch auf Kosten der individuellen Freiheit). Heimische Stabilität unterstützte wiederum wirtschaftliches Wachstum. Bis vor kurzem wurde dieses feudale System, das die politische, wirtschaftliche und militärische Macht an der Führungsspitze vereinte, von der Bevölkerung wegen der kommunistischen Bedrohung in der Region und als Folge der Erinnerungen an die „bösen" Kolonialmächte akzeptiert.

In den 90ern aber traten Risse in Asiens Feudalsystemen auf. Mehr und mehr Länder liberalisierten ihre Volkswirtschaften und bewegten sich auf ein kapitalistisches System zu, an dem viele Ausländer über Direkt- und Portfolioinvestitionen beteiligt waren. Freie Märkte, Kapitalismus und ausländische Investoren unterwanderten nun die Macht der Feudalsysteme, weil der Kapitalismus ein stärker strukturiertes politisches, legislatives und wirtschaftliches System erfordert (siehe unten). Auch konnten die Regierungen die strengen Wirtschaftskontrollen nicht länger mit dem Argument der inneren Sicherheit begründen, als die politischen und sozialen Spannungen in der asiatischen Region sich abgeschwächt hatten (Friede zwischen Indonesien und Malaysia infolge von Sukarnos „Crush Malaysia"-Politik im Jahr 1963, das Ende des Vietnam-Krieges, der Niedergang des Kommunismus usw.). Im Ergebnis begann für Asien in den 90ern eine Umbruchphase, die von deutlichen politischen Veränderungen geprägt war – hin zu einer pluralistischen Gesellschaft, in der die Rolle des Gesetzes den absoluten Staat oder die Militärmacht immer mehr herausforderte.

Westliche Länder, vor allem die USA, unterstütztendie totalitären Herrschaften oder Militärdiktaturen (was die heimische Stabilität sicherte), solange die Bedrohung des Kommunismus existierte. Aber als in den 80ern die Bedrohung dahinschwand und die westlichen Mächte ein starkes Interesse an der Öffnung der geschlossenen Märkte für Exporte entwickelten, gewann die wirtschaftliche Reform Priorität für die asiatischen industrialisierten Länder, weil deren auf Monopole und Privilegien basierenden Feudalsysteme für freie Märkte und freien Handel nicht förderlich waren. Somit förderten die westlichen Länder den immer noch andauernden Umbruch von ad hoc feudalen Hierarchien zu mehr liberalen, mehr strukturierten, konstitutionellen Systemen, indem sie die asiatischen Länder dazu aufforderten, wirtschaftliche Reformen voranzutreiben.

Die Rolle Chinas

Bisher habe ich betont, dass der Niedergang des Kommunismus in Asien einen günstigen Einfluss auf die Region hatte, indem er Spannungen abbaute. Aber die Situation ist nicht ganz so einfach. Mit dem Zusammenbruch der Sowjetunion hatte China zum ersten Mal in der modernen Geschichte keinen Druck mehr an seinen Nordgrenzen. Somit begann die militärische Führung, sich zunehmend auf Südostasien zu fokussieren, und erreichte einige strategische Ziele. Aber was genau sind die strategischen Ziele Chinas? Um das zu verstehen, darf man Asien nicht allein aus der westlichen Perspektive betrachten, sondern muss sich in die Position der Führung in Peking hineinversetzen. Von diesem Blickwinkel aus würde ich Asien wie folgt sehen:

Wir Chinesen spüren im Norden keinen Druck mehr von der Sowjetunion. Der Grenzhandel mit Russland nimmt sogar stark zu, und die erneute Freundschaft ist die natürliche Konsequenz von Neid und Misstrauen unserer beiden Nationen gegenüber den westlichen Mächten, vor allem gegenüber den USA. (Obwohl unsere russischen Freunde und auch wir die Überlegenheit der Marktwirtschaft gegenüber der strengen, staatlichen Planwirtschaft anerkennen müssen, nehmen wir es dem Westen immer noch übel, dass er als Sieger aus dem Kalten Krieg hervorging.) Unsere Wirtschaft wächst sehr schnell, und wir lesen immer wieder in der westlichen Presse, dass China in 20 Jahren die weltweit größte Volkswirtschaft sein wird. Aber unser starkes wirtschaftliches Wachstum hat auch einige potenziell destabilisierende Probleme geschaffen. Das heimische Wachstum hat die Macht unserer Zentralregierung erodiert und führte zu steigender Autonomie in den Provinzen und in der Klasse der Entrepreneurs; und wir wurden zunehmend abhängig von Importen natürlicher Ressourcen, vor allem von Öl aus dem Mittleren Osten. Zudem hat es den Anschein, dass die USA zunehmend über unseren wirtschaftlichen Erfolg und unseren wachsenden militärischen Einfluss in der Pazifikregion besorgt sind. Amerikas Antwort auf unseren Einfluss war eine Politik der Angsteindämmung – der Angst, dass wir eines Tages ganz Asien einbinden (was auch die Unterstützung Amerikas für Taiwans unabhängige Haltung und seine strategische Allianz mit Japan erklärt).

Unsere Antwort auf diese potenziellen Probleme liegt auf der Hand. Wir müssen die Macht unserer Zentralregierung stärken – selbst dann, wenn dies bedeutet, dass wir die Partei für einige erfolgreiche Unternehmer öffnen müssen. Wir müssen demokratische Trends bändigen; wir müssen damit fortfahren, unsere Armee zu modernisieren und Taiwan und Hong Kong zurück in unseren politischen Machtbereich bringen. Auch können wir uns es nicht leisten, dass eine feindliche Macht den Ölfluss nach China unterbricht. Um unsere Schifffahrtsrouten in den Mittleren Osten zu sichern, müssen wir starke militärische Basen vom Persischen Golf bis zu Chinas nördlichen Häfen aufbauen. Im Kriegsfall brauchen wir einen direkten Zugang zur Andaman Sea durch Myanmar und zum Arabischen Meer durch Pakistan – mit beiden Ländern haben wir seit der Befreiung Tibets gemeinsame Grenzen.

Letztlich müssen wir die amerikanischen Störenfriede aus unserem südostasiatischen Hinterhof herausbekommen, indem wir der wichtigste Konsument und ausländische Investor für Asiens Volkswirtschaften werden. Das wird nicht sonderlich schwer werden, weil wir wenig Rohstoffe haben und die natürlichen Ressourcen, die wir brauchen, von unseren asiatischen Nachbarn kaufen können – Öl und Holz aus Indonesien und dem Fernen Osten Russlands, Kaffee aus Vietnam, Palmöl aus Malaysia, Reis aus Thailand, Kupfer von den Philippinen und aus der Mongolei sowie alle landwirtschaftlichen Produkte aus Australien und Neuseeland. Wenn unsere Wirtschaft weiterhin mit der jetzigen Geschwindigkeit wächst, sollten wir der weltweit größte Käufer der meisten Rohstoffe werden – und dadurch, dass wir Asiens größter Konsument sind, sollten wir auch geöffnete Märkte für unsere Produktionsgüter gewährleisten können. Im Gegensatz zur westlichen Denkweise sind wir wesentlich weniger von Exporten in die USA für unser wirtschaftliches Wachstum abhängig als die USA von uns für niedrigpreisige, qualitativ hochwertige Produkte, die sie brauchen, um ihre Inflations- und Zinsraten mittels deflationärer Importpreise niedrig zu halten. Alle Exporte zusammen machen gerade mal zehn Prozent unseres BIP aus, und unsere inländische Wirtschaft hat ein riesiges Wachstumspotenzial, da die Immobilien- und Konsumentenmärkte immer noch zum Großteil unterversorgt sind.

Meinung eines fiktiven Chinesen aus der politischen Führungsriege

Somit muss man erkennen, dass Asien derzeit riesigen wirtschaftlichen und politischen Gegenströmen ausgesetzt ist. Während sich die innerregionalen Spannungen verringert haben, wurde der zunehmende wirtschaftliche und militärische Einfluss Chinas zur Bedrohung – und gleichzeitig zur Chance. In Kapitel 9 habe ich aufgezeigt, wie China die anderen asiatischen Länder von den Exportmärkten in den 90ern verdrängt hat (was einer der Gründe der Asien-Krise war) und wie die wachsende chinesische Wettbewerbsfähigkeit im Produktionssektor den Fluss von ausländischen Investitionen aus anderen asiatischen Ländern umleitete. Aber gleichzeitig wird China nun Asiens größter Konsument für natürliche Ressourcen, während seine ins Ausland reisenden Urlauber bereits heute in vielen Ländern die größte Touristengruppe darstellen. Abb. 1 zeigt das Wachstum der Zahl der ins Ausland reisenden Urlauber Chinas, eine Zahl, die sich in den letzten sechs Jahren verdreifacht hat, aber bis jetzt immer noch weniger als ein Prozent der Bevölkerung repräsentiert. Da asiatische Länder wie Japan, Südkorea und Taiwan Aus-

Abbildung 1

UNTERWEGS
Ins Ausland reisende Chinesen

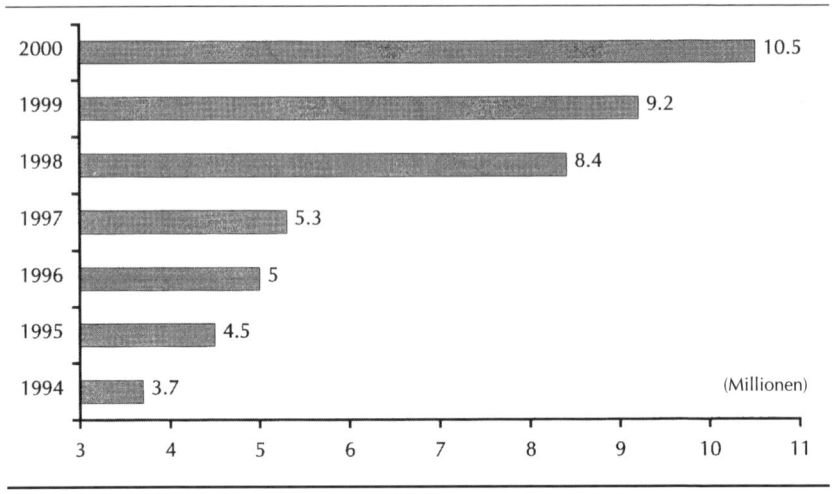

Jahr	Millionen
2000	10.5
1999	9.2
1998	8.4
1997	5.3
1996	5
1995	4.5
1994	3.7

(Millionen)

Quelle: China National Tourism Adminstration

reiseraten von mehr als zehn Prozent haben und die Rate in Großbritannien bei über 100 Prozent liegt, ist es nicht unrealistisch, davon auszugehen, dass diese Rate in China in den nächsten zehn bis 20 Jahren auf fünf bis zehn Prozent anwächst, denn das würde 60 bis 100 Millionen ins Ausland reisende Chinesen jährlich bedeuten! Zusätzlich erwerben chinesische Firmen immer stärker andere Firmen in ganz Asien, um ihre wirtschaftlichen und politischen Muskeln spielen zu lassen. Das ist auch für die Chinesen in Ländern wie dem fernöstlichen Russland und Myanmar förderlich, die von strategischer Bedeutung sind. Der Aufstieg Chinas zur dominanten wirtschaftlichen und politischen Macht Asiens wirft einige Fragen auf.

Es ist offensichtlich, dass China mit einer zunehmend wohlhabenden Gesellschaft von 1,2 Milliarden Menschen der weltweit größte Konsument für die meisten Güter und Dienstleistungen sein wird. Es gibt dort bereits heute mehr Kühlschränke, Mobiltelefone, Fernseher und Motorräder als in den USA, und es ist nur eine Frage der Zeit, bis riesige Märkte für nahezu jedes Produkt entstehen. Der Ressourcenbedarf wird deshalb wesentlich ansteigen, und die chinesische Nachfrage nach Öl, Kaffee, Kupfer und Getreide wird die Rohstoffpreise dramatisch ansteigen lassen. Folgende Zahlen zeigen ein deutliches Bild: Asien verbraucht mit einer Bevölkerung von rund drei Milliarden Menschen 19 Millionen Barrel Öl pro Tag. Im Gegensatz dazu verbrauchen die 285 Millionen Amerikaner rund 22 Millionen Barrel Öl pro Tag – ein Pro-Kopf-Verbrauch, der mehr als zehnmal so groß ist. Aber der asiatische Konsum wächst beständig. Zum Beispiel zeigt Abb. 2, dass sich der Ölbedarf in China seit 1992 auf rund 4,5 Millionen Barrel pro Tag verdoppelt hat. Ich schätze, dass der Ölkonsum in Asien sich in den nächsten zehn Jahren nochmals auf rund 35 bis 45 Millionen Barrel pro Tag verdoppeln wird. Auch auf diesem Niveau wäre der Pro-Kopf-Verbrauch immer noch geringer als der in Lateinamerika. Deshalb halte ich diese Schätzung für sehr realistisch angesichts der überragenden Wachstumsaussichten Asiens, der schnellen Industrialisierung und des ständigen Anstiegs des Lebensstandards in den erst vor kurzem geöffneten Ländern wie China und Vietnam. Mit dieser riesigen Nachfrage wird Asien, der dann der größte wirtschaftliche Block sein wird, die geopolitische Umgebung der Öl produzierenden Regionen der Welt revolutionieren. Deshalb erwarte ich, dass China sich in den nächsten Jahren wesentlich stärker im Mittleren Osten und in Zentralasien einmischen wird, was zu zusätzlichen Spannungen in diesem sehr in-

Abbildung 2

HEISSHUNGER AUF ÖL
Rohölnachfrage

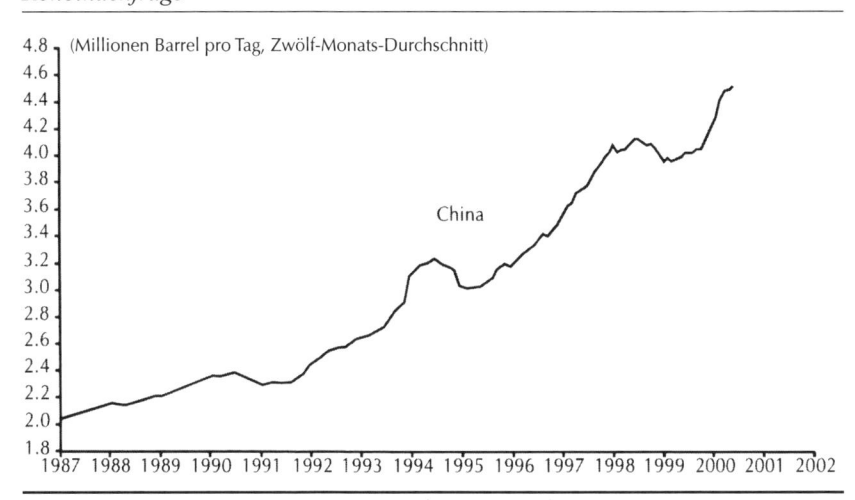

Quelle: Oil Market Intelligence, Ed Yardeni / Prudential Securities (www.prudential.com)

Tabelle 1

DIE SUCHE NACH DEM PLATZ AM ESSTISCH
Nahrungsmittelverbrauch in Asien – China vs Taiwan und Hong Kong

	China	Taiwan	Hong Kong
Fleisch	15	81	91
Geflügel	2	*	29
Fisch	4	59	57
Reis	154	85	60
Früchte	12	92	92
Flüssige Milch	6	39	52
Gemüse	19	70	78
Fruchtsäfte	0	19	3

Pro-Kopf-Verbrauch der wichtigsten Nahrungsmittel in Kilo pro Person, außer Fruchtsäfte in Litern pro Person; * In Fleisch mit eingerechnet; Quelle: Consumer Asia 1995

stabilen Teil der Welt führen könnte. Unausweichlich dürfte vor allem ein Zusammenstoßen von chinesischen Interessen im Mittleren Osten und Zentralasien mit denen Amerikas und vielleicht auch Russlands sein. Zusätzlich wird eine Verdoppelung der Nachfrage in Asien zwangsläufig zu deutlich höheren Ölpreisen in der zweiten Hälfte dieser Dekade führen, in der man den Hochpunkt der weltweiten Produktion erwarten kann.

Aber das chinesische Wirtschaftswachstum wird nicht nur in den Ölmärkten spürbar sein. Ein Beispiel ist der Pro-Kopf-Verbrauch von Nahrungsmitteln in China. Ich sollte ihn nicht mit dem Nahrungsmittelverbrauch in einigen westlichen Ländern vergleichen, wo die Fettleibigkeit zum Alltag gehört. Aber wenn man den Verbrauch von Fleisch, Milch, Fisch, Früchten und Geflügel in China, Taiwan und Hong Kong vergleicht, wird es offensichtlich, dass der steigende Lebensstandard in China diese Zahlen in Richtung der Zahlen der Wohlhabenden in Hong Kong und Taiwan bewegen wird (siehe Tabelle 1). Oder man vergleiche den Kaffee-Verbrauch in China mit dem in den westlichen Ländern: Der jährliche Pro-Kopf-Verbrauch in Deutschland beträgt 8,6 kg, in der Schweiz 10,1 kg und in Japan, wo der Kaffeeverbrauch in den vergangenen 30 Jahren ständig angestiegen ist, 2,3 kg. Aber in China beträgt er nur 0,2 kg. Würde er nur auf 1 kg ansteigen (was ein bisschen weniger als in Südkorea wäre), dann hätte China einen Gesamtkonsum von 1,2 Mrd. kg – verglichen mit rund 70 Millionen Kilo in der Schweiz! Ich will an dieser Stelle ausdrücklich betonen: Wenn der Lebensstandard in China weiterhin ansteigt, wird dieses Land riesige Auswirkungen auf die Rohstoffmärkte der Welt haben und wahrscheinlich die Rohstoffpreise spürbar nach oben treiben. Deshalb lautet meine Empfehlung: Der sicherste Weg, auf den Aufstieg Chinas zur weltweit dominanten Wirtschaftsmacht zu setzen, ist, einen Korb von Rohstoffwerten zu kaufen.

Einige Leser werden meinen Optimismus, was die Wachstumsaussichten Chinas betrifft, in Frage stellen und auf die Probleme des Landes verweisen. Diese beziehen sich hauptsächlich auf das Finanzsystem, große, schlechte Kredite in staatseigenen Banken, nicht unterlegte Pensionsverpflichtungen, Korruption und steigendes Wohlstandsungleichgewicht zwischen der städtischen und der ländlichen Bevölkerung. Ich kenne all diese Probleme sehr gut, da ich für gewöhnlich zu Konferenzen in Asien eingeladen werde, um das bearishe Szenario für China zu präsentieren. Meine bearishe Haltung aber liegt meistens in der Tatsache begründet, dass es für Ausländer sehr schwer sein wird, viel Geld in China zu verdienen, weil eine deflationäre Umwelt mit sehr hohem Wettbewerb herrscht – wie im Falle der US-Wirtschaft im 19. Jahrhundert werden die Ausländer regelmäßig als eine Art Abflussreiniger benutzt. Aber die eigenen Probleme Chinas, die fast allen aufstrebenden Volkswirtschaften zu Eigen sind, können in meinen Augen gelöst werden, weil sie von substantieller Tragweite sind.

Ich betone das Wort „können", weil China es bis jetzt nicht geschafft hat, die meisten seiner Probleme zu lösen, und radikale Finanzreformen immer wieder verschoben hat. Aber ich bin davon überzeugt, dass China irgendwann in der Zukunft eine ernste Finanzkrise erleben wird, welche die Politiker letztendlich dazu zwingt, das Thema der schlechten Kredite und Pensionsfonds anzugehen.

Der Leser sollte aber nicht zu viel in die Finanzkrise, die ich erwarte, hineininterpretieren. Wie wir in den Kapiteln 4, 6 und 7 gesehen haben, erlebte die amerikanische Wirtschaft im 19. Jahrhundert eine Reihe von Krisen und sogar einen Bürgerkrieg, aber die Wirtschaft performte in bewundernswerter Weise zwischen 1800 und 1900 – und das in einem deflationären Umfeld. Auch habe ich herausgefunden, dass alle schnell wachsenden Volkswirtschaften gelegentlich horrende temporäre Rückschläge erfahren – ein Phänomen, das bereits dem Vater der Wirtschaftszyklentheorie, Clement Juglar, bekannt war, als er nachwies, dass der Wohlstand einer Nation an der Härte der Krisen, die sie erfährt, gemessen werden kann.

Wie erwähnt, hatte die schnelle Expansion der US-Wirtschaft in der zweiten Hälfte des 19. Jahrhunderts mehrere Ursachen, inklusive den schnellen Bevölkerungsanstieg, die Öffnung neuer Märkte mit der weiteren Erschließung des Landes durch die Eisenbahn und den Einsatz neuer Erfindungen in der Produktion, was die Produktivität enorm ansteigen ließ. Wenn man also die US-Wirtschaft der zweiten Hälfte des 19. Jahrhunderts mit der des heutigen China vergleicht, dann darf man nicht die Tatsache übersehen, dass 1850 die USA bei der Industrialisierung weit hinter Europa zurücklagen. Ein Aufholeffekt kam ins Spiel. Das wird offenbar, wenn man bedenkt, dass zwischen 1875 und 1890 die US-Industrieproduktion im Schnitt mit 4,9 Prozent jährlich wuchs, im Vergleich zu nur 1,2 Prozent im Vereinigten Königreich und 2,5 Prozent in Deutschland. Das starke amerikanische Wachstum war typisch für eine aufstrebende Volkswirtschaft, und es ist vergleichbar mit dem starken Wachstum des Pro-Kopf-BIP in China zwischen 1978 und 1995, das im Durchschnitt mehr als fünf Prozent betrug, während die Welt im Schnitt um nur 1,11 Prozent wuchs. Außerdem führten die USA im Jahr 1885, die zu Beginn des Jahrhunderts kaum eine Industrie hatten, die Weltproduktion an, indem sie 28,9 Prozent der weltweiten Ausbringungsmenge herstellten. Und während die USA kaum Baumwolle im Jahr 1800 produzierten, stellten ihre Plantagen im Jahr 1860 bereits ein Fünftel bis ein Sechstel des weltweiten Angebots! Es ist im Prinzip ganz einfach: Wenn die USA innerhalb eines Jahrhunderts von einem sehr bescheidenen Start weg die weltweit dominante Wirtschaftsmacht werden konnten, dann wird es angesichts der Beschleunigung der Veränderungen, die ich erwähnt habe, sehr wahrscheinlich sein, dass in zehn bis 20 Jahren China die bei weitem wichtigste Wirtschaft auf der Welt werden kann – unabhängig von der Zahl der Krisen, die es durchlaufen muss.

Ein Problem sehe ich aber voraus: Aufgrund seiner Größe und seiner steigenden wirtschaftlichen und militärischen Bedeutung wird China sämtliche Proportionen für ein harmonisches Machtgleichgewicht in Asien sprengen. Wenn China Asiens größter Handelspartner sowohl für Exporte als auch für Importe werden wird, wird es nicht nur ein wirtschaftlicher Hegemon sein, sondern auch die USA als Asiens einflussreichste politische Macht verdrängen. Dass ein solcher Übergang an einem bestimmten Punkt zu ernsthaften Spannungen zwischen den USA und Japan auf der einen Seite und China auf der anderen Seite führen kann, ist offensichtlich – der Trend dazu ist bereits da, und er ist meiner Meinung nicht aufzuhalten.

Spannungen zwischen Japan und China können allein schon wegen wirtschaftlicher Themen entstehen. In allen Märkten hat der Importanteil aus Japan abgenommen, während der Anteil Chinas schnell zugenommen hat (siehe Abb. 3). Zunehmend wird Japan gezwungen, seine Produktion nach China und in andere Billigländer zu verlegen – was die Wirtschaftsaktivität in Japan weiterhin dämpfen wird, aber auch die Profitabilität in Japans Unternehmenssektor erhöhen könnte. Daher möchte ich an Investoren appellieren, nicht allzu negativ über die heutigen

Abbildung 3

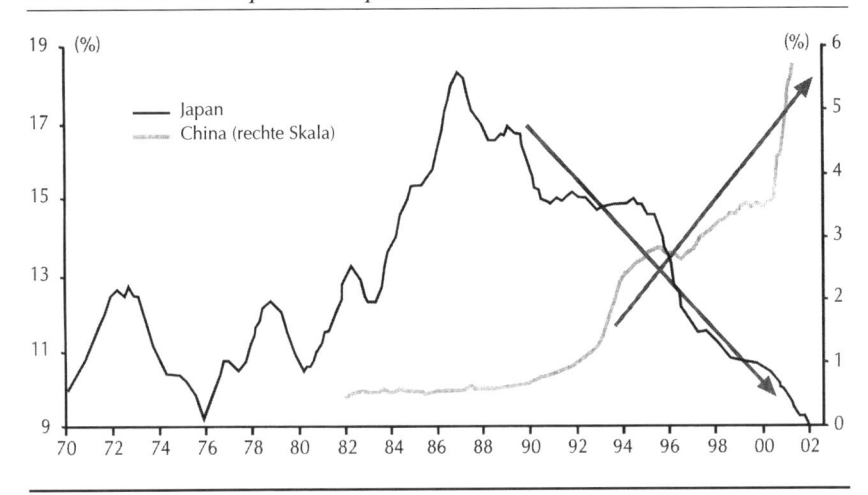

KONKURRENZVERHÄLTNIS
Marktanteil an US-Importen – Japan vs. China

KONKURRENZVERHÄLTNIS — Marktanteil an US-Importen — Japan vs. China (Japan: linke Skala, China: rechte Skala), 1970–2002.

Quelle: Bridgewater Associates

japanischen Aktien zu denken. Der Aktienbesitz von Privatleuten als Prozentanteil der finanziellen Vermögenswerte in Japan befindet sich auf einem Rekordtief, und deshalb könnte eine Änderung hier zu einer überraschend starken Aktienmarkt-Performance führen. Das würde vor allem auf ein inflationäres Umfeld zutreffen, das zu einem Zusammenbruch der japanischen Anleihenpreise führen würde, deren Renditen im Jahr 2002 nahe dem Allzeittief lagen, und der den Geldfluss von Anleihen in Aktien umleiten würde.

Obwohl man sehr vorsichtig mit Vorhersagen sein muss, halte ich es doch für sehr wahrscheinlich, dass Asien in zehn bis 20 Jahren weitaus weniger von Exporten in den Westen abhängig sein wird als heute. Der Handel innerhalb Asiens wird dominieren, weil die Region kaum Produkte aus dem Westen benötigt. Exporte in westliche Industrienationen aber werden wohl fortbestehen, da die asiatische Produktion und der IT-Service wettbewerbsfähig sind.

Zudem möchte ich einen im Westen weit verbreiteten Mythos entlarven. Ich bekomme oft zu hören, dass China und der Rest Asiens sich immer noch auf westliches Know-how und westliche Technologie verlassen und dass Asiaten unfähig sind, Innovation und Erfindungen zu machen. Wenn ich solche Argumente höre, muss ich immer lachen. In Indien wurde die Zahl Null erfunden, ohne die sich die

Wissenschaft des Westens niemals mit der Geschwindigkeit entwickeln hätte können, wie sie es tat. Francis Bacon dachte, dass die Erfindungen Papier und Druck, Schießpulver und Magnetkompass mehr als jede religiöse Überzeugung oder astrologische Beeinflussung zur Ablösung der Antike und des Mittelalters durch die moderne Welt beigetragen haben. Und diese Erfindungen kamen aus China! Und wenn ich die Leistungen im Produktionssektor Japans in den zurückliegenden 30 Jahren betrachte, kann es einfach keinen Zweifel daran geben, dass die Asiaten auch großartige Innovatoren sein können. Nicht zu vergessen, dass in fast jeder westlichen High-Tech-Firma und in jedem führenden Forschungslabor indische oder chinesische Wissenschaftler arbeiten!

Was ganz Asien in Bezug auf die eigenen Innovationen wirklich braucht, ist ein günstigeres soziales und politisches Umfeld – eines von der Art, das Westeuropa vom Mittelalter zur industriellen Revolution und die USA vom Bauernland im frühen 19. Jahrhundert zur Weltmacht des 20. Jahrhunderts katapultiert hat. Der Ursprung von Fortschritt und wirtschaftlicher Entwicklung in Westeuropa ist sehr komplex, aber er zeigt, was in Asien noch in großem Umfang fehlt. Ich bin immer noch voller Hoffnung, dass Asien schrittweise von der feudal-kapitalistischen Gesellschaft zu einer gut strukturierten Marktwirtschaft und einem institutionell-kapitalistischen System heranreifen wird. Ich bin deshalb einigermaßen optimistisch, weil ein feudales System auf einem kompletten System basiert – einem System, in dem politische, wirtschaftliche und militärische Macht ein und dasselbe sind und dessen Ziele Sicherheit und Stabilität sind anstatt Wachstum. Die Marktwirtschaft und das kapitalistische System aber beruhen auf Gleichheit, auf individueller Freiheit, auf Institutionen mit verlässlichen Regeln und Gesetzen (im Gegensatz zur willkürlichen Justiz eines herrschaftlichen oder königlichen Gerichts). Sein Ziel ist nicht die Ausbeutung, sondern Wachstum und Fortschritt durch Innovation und Kreativität – und „das Streben nach Gewinn und für ewig neuer Gewinn im Sinne eines ständigen, rationalen, kapitalistischen Unternehmens" (Max Weber, ebenda, 1930).

Ich denke, dass sich heute eine neue Unternehmerklasse in Asien entwickelt, ähnlich wie die Klasse der Handelsleute in den Stadtstaaten des Mittelalters, die wirtschaftliche Reformen einleiteten, die wiederum weittragende politische Reformen auslösten und die Macht des Herrschers durch liberale Repräsentativregierungen verdrängten. Viele der neuen asiatischen Unternehmer kamen von außerhalb des feudalistisch-kapitalistischen Systems, wurden nicht in reichen Familien geboren und hatten keine Beziehungen und keinen Zugang zum Kapital von Verwandten, Regierungen oder Staatsbanken. Ein anschauliches Beispiel für einen Sektor, der unabhängig von einer schrecklich bürokratischen, korrupten und klassenbewussten Regierung floriert, ist die Software- und Generika-Pharma-Industrie in Indien. Sie hat bewiesen, dass die Marktkräfte – egal, wie schlecht eine Regierung ist – letztlich jedes Hindernis überwinden können. Ähnlich hat sich eine neue Unternehmerklasse in China außerhalb der kommunistischen Partei und des Staatssektors entwickelt. Ursprünglich wollten diese jungen Unternehmer, von denen viele im Westen ausgebildet wurden, nur Geld verdienen, reich werden und soziale Anerkennung erhalten. Aber als sie Steuern bezahlen mussten, war es nur eine Frage der Zeit, bis auch sie sich wünschten, Repräsentanten in der Regierung zu haben. Und an diesem Punkt kann man ein stärker strukturiertes kapitalistisches System im Sinne von Max Weber erwarten, das auch die Transparenz der asiatischen Firmen verbessern wird (Das soll nicht heißen, dass die Transparenz in Asien viel schlechter wäre als in den USA!).

In diesem Zusammenhang bin ich vor allem von den politischen Entwicklungen in Taiwan beeindruckt. 1996 bewies Lee Teng-hui, dass das chinesische Volk nicht untauglich für die Demokratie ist (wie es bis heute die meisten führenden Geschäftsleute Hong Kongs behaupten, einige westliche eingeschlossen, bemerkenswerterweise jene, die enge Geschäftsverbindungen zu China haben). Die Wahlen in Taiwan waren ein Meilenstein in der politischen Geschichte Asiens, weil sie wirklich frei waren. Präsident Lee zeigte, dass die 21 Millionen Chinesen, die in Taiwan leben, wirklich entschlossen sind, Freiheit und Demokratie voranzutreiben. Weiter sagte er, dass eine energische wirtschaftliche Entwicklung zu unabhängigem Denken führt. Und weiter: „Die Leute hoffen, dass sie fähig sein werden, ihren freien Willen vollkommen zu befriedigen und ihre Rechte voll geschützt zu sehen. Und dann folgt das Verlangen nach politische Reformen. Die Vitalität und Energie, die diese Reform freisetzt, ist die gleiche Kraft, die auch wirtschaftliches Wachstum antreibt. Deshalb müssen wirtschaftliche und politische Reformen zusammen weiterentwickelt werden." Lee glaubte auch, dass die Politik des Festlandes der wirtschaftlichen Liberalisierung eigene interne Bestrebungen und Druck für politische Reformen mit sich bringen würde.

Das demokratische System Taiwans, welches das unabhängige Denken und den freien Willen der Menschen betont, stand zu dieser Zeit dem autoritären System Chinas, das die Menschen kontrolliert und Dissidenten verhaftet, absolut unversöhnlich gegenüber. Und als Präsident Zhang Zemin die Wiedervereinigung mit Taiwan unter dem gleichen „Ein Land – zwei Systeme"-Prinzip wie mit Hong Kong anbot (indem man Taiwan erlaubte, seine eigenständige Gerichtsbarkeit, Regierung und Armee zu unterhalten), war Lee der Ansicht, dass „China in Freiheit und Demokratie wiedervereint werden soll".

Die Spannungen zwischen Taiwan und China waren entstanden, weil Peking Taiwan als Provinz Chinas betrachtet (eine historische Behauptung mit wenig Begründung), während Taiwan eine Vielzahl von Punkten ins Feld führt, die sein Streben nach Unabhängigkeit begründen. Für China ist ein unabhängiges Taiwan aus strategischen Gründen nicht akzeptabel (eine feindliche Macht könnte es als Basis benutzen, um die Schifffahrt in der Straße von Taiwan zu kontrollieren). Auch würde ein unabhängiges Taiwan ein Präzedenzfall sein für andere „Provinzen" (vor allem Tibet und Muslim Xinjiang), ebenfalls nach Unabhängigkeit zu streben. Auch stemmt sich China weiterhin gegen eine Demokratie (so wie wir sie kennen) als politisches System. Der ehemalige Premierminister Li Peng bezeichnete sie als „die Saat des Teufels", der er niemals erlauben würde, auf chinesischem Boden gesät zu werden. Die „Bourgeoise Demokratie" von Hong Kong und Taiwan wurde wiederholt vom „People's Liberation Army Daily" angegriffen. Die westliche, parlamentarische Demokratie wurde als Schwindel denunziert – als ein Instrument der kapitalistischen Ausbeutung, während die Leser des „PLA Daily" dazu gedrängt wurden, „die Führerschaft der Kommunistischen Partei zu kritisieren", um „sozialen Tumult" zu verhindern.

Ich persönlich bin der Auffassung, dass zur Zeit die Gefahr einer militärischen Auseinandersetzung zwischen China und Taiwan nicht besteht – vor allem weil China nicht das nötige militärische Potenzial hat, um eine Offensive zu starten. Die Geschäftsverbindungen über die Straße von Taiwan sind sehr intensiv geworden, da die meisten taiwanischen Unternehmen Montagewerke und Joint Ventures mit mächtigen Firmen des chinesischen Festlandes unterhalten. Während also die Politiker weiterhin über das Schicksal Taiwans diskutieren, werden die Geschäftsleute eine mehr pragmatische Vorgehensweise wählen, die zu stärkeren Verbindungen zwischen den beiden Völkern führt. In diesem Zusammenhang wirken die kürzlichen Schritte hin zu direkten Flugverbindungen ermutigend und zeigen, dass unter wirtschaftlichen Gesichtspunkten ein relativ unabhängiges Taiwan und eine totalitäre Führung in China miteinander vereinbar sind. Es scheint, dass im Fall der taiwanischen Unabhängigkeit die Worte Voltaires passend sind: „Wenn es um Geld geht, gehören alle Leute der gleichen Religion an!"

Insgesamt glaube ich, dass der Trend hin zur Demokratie und zur echten Marktwirtschaft sowie zu einem kapitalistischen System in Asien, historisch betrachtet, unumkehrbar ist. Dass dieser Übergang zu Spannungen führt, überrascht nicht weiter. Länder mit einer starken und nach vorne blickenden Führung wie Taiwan, Südkorea und Singapur werden wohl fähig sein, diese schwierige Phase zu bewältigen. Dagegen haben Länder, deren Regierungen sich dem Wandel widersetzen, eine eher ungewisse Zukunft. Sogar Indonesien, das unter Sukarno und Suharto sehr feudalistisch organisiert war, hielt im Jahr 2001 öffentliche und faire Wahlen ab, aus denen Megawati Sukarnoputri als Sieger hervorging.

Auch ist es sehr wahrscheinlich, dass wir in Chinas politischem System in den nächsten Jahren große Veränderungen sehen werden. Diese Veränderungen dürften parallel zur bereits erwähnten Finanzkrise auftreten. Gleichzeitig werden die nötigen Finanz- und Wirtschaftsreformen eingeleitet.

Noch ein weiterer Punkt lässt mich optimistisch sein. Als die ehemals kommunistischen und sozialistischen Länder sich in den 80ern und frühen 90ern öffneten, waren sie so gut wie gar nicht auf die Marktwirtschaft und ein Wettbewerbsumfeld im Unternehmenssektor vorbereitet. Diese „Volkswirtschaften im Übergang" hatten nicht nur eine sehr armselige Infrastruktur, es fehlte ihnen auch an den Institutionen, die nötig sind, damit der Kapitalismus erfolgreich sein kann. Ein Beispiel: Unter der Planwirtschaft der kommunistischen Regime gab es kein Steuersystem, weil die Arbeiter einen Nettolohn erhielten und alle Unternehmen dem Staat gehörten. Plötzlich sahen sich diese Volkswirtschaften mit der Marktwirtschaft konfrontiert, in der Steuern erhoben werden müssen. Deshalb kann man sich gut vorstellen, wie komplex der Übergang von der kommunistischen auf eine marktwirtschaftliche Volkswirtschaft war. Als diese ehemals kommunistischen Länder sich öffneten, war ihr Unternehmenssektor für den internationalen Wettbewerb so gut wie nicht vorbereitet. Den heimischen Firmen fehlte es an Kapital, Management-Know-how, Marketingfähigkeiten, modernen Produktionstechniken und Vertriebskanälen. Auch hatten sie praktisch keinen Zugang zu den Finanzmärkten, da die Banken entweder überhaupt keine Kredite vergaben oder diese nur staatseigenen Firmen gewährten. Es ist kein Wunder, dass die westlichen Multinationalen, die in diese „Übergangs-Ökonomien" einstiegen, einen solch riesigen Wettbewerbsvorteil hatten. Mit der überlegenen Qualität ihrer Produkte, den Marketingfähigkeiten und dem nahezu unbeschränkten Zugang zu Finanzmitteln durch die internationalen Kapitalmärkte fiel es ihnen nicht schwer, auf die Schnelle 50 bis 70 Prozent der Märkte für ihre Produkte zu erobern. In der Tat waren die 90er für Firmen wie Coca-Cola, Gillette, Procter & Gamble, Unilever, Nestlé, Nike, McDonald's, Kellogg's oder Starbucks sehr gute Jahre. Zusätzlich stieg die Profitabilität vieler Multinationalen an, als Outsourcing zum Tagesthema wurde. Indem sie Produktionsstätten in den teuren westlichen Ländern schlossen und ihre Produktion nach Asien verlagerten, konnten die Profitmargen in die Höhe getrieben werden.

Doch ich befürchte, dass sich in den kommenden Jahren die Unternehmen der aufstrebenden Volkswirtschaften rächen werden. In den 90ern lernten sie von den Methoden der ausländischen Wettbewerber, wie man erfolgreich Geschäfte macht, denn viele Ausländer waren Joint Ventures eingegangen, die Wissen, Fähigkeiten und Produktionstechnologien auf die lokalen Partner übertrugen. Durch den Prozess des Outsourcens eigneten sich die lokalen Firmen zudem all jene Technologien an, die nötig sind, um Güter unter dem eigenen Namen zu produzieren. Deshalb zweifle ich nicht daran, dass wir mit der Zeit mehr und mehr chinesische und andere Marken sehen werden, die Marktanteile in ihren Heimatmärkten gewinnen und darüber hinaus in die Weltmärkte drängen, um den etablierten Marken Konkurrenz zu machen. Wer hat denn vor 30 Jahren schon jemals etwas von Samsung, Kia Motors, Hyundai, Daewoo, Acer, Shu Uemura, Issei Miyaki, Yamamoto, Shiseido und Red Bull gehört, von Firmen wie Dr. Reddy´s, Wipro, Infosys, Reliance Industries, TSMC, UMC, Sampoerna, Posco, Legend, Konka, Haier und Singapur Airlines, um nur einige zu nennen? Von jetzt an wird das Leben der Multinationalen viel schwieriger werden – eine Tatsache, die sich bereits in ihrer armseligen Aktienmarktentwicklung der letzten Zeit abzeichnet.

Ein weiterer Aspekt muss im Zusammenhang mit den Multinationalen bedacht werden. Bis vor kurzem standen Patent- und Lizenzgebühren kaum zur Diskussion. Aber mit dem Aufstieg der Antiglobalisierungsbewegung kamen die Patente zunehmend unter Druck – vor allem im Falle der pharmazeutischen Firmen, deren Medikamente arme Länder häufig nicht kaufen können. Nach meiner Meinung hat sich nun Pandoras Büchse geöffnet, und wir werden mehr und mehr aufstrebende Volkswirtschaften sehen, die ihre Patent- und Lizenzgebühren neu verhandeln oder ganz einfach missachten. Ich kann einfach kein Szenario erkennen, unter dem eine Milliarde Chinesen und Inder einige hundert Dollar für Microsoft-Programme und rund 50 US-Dollar für eine Hewlett-Packard-Druckerkartusche bezahlen werden, wenn Letztere für rund einen Dollar pro Stück hergestellt werden kann.

Ein weiterer Punkt bestärkt meinen Optimismus in Bezug auf die asiatische Region und die Emerging Markets generell. Wegen des feudalen Kapitalismus, den ich oben beschrieben habe, und infolge der bemerkenswerten Stärke der amerikanischen Volkswirtschaft in den 90ern litten die aufstrebenden Volkswirtschaften unter einer starken Kapitalflucht. Im Ergebnis hatten einige Privatleute und Zentralbanken einen riesigen Geldbetrag hauptsächlich in den US-Kapitalmärkten geparkt. Wenn aber die politischen, sozialen und wirtschaftlichen Veränderungen, die ich oben hervorgehoben habe, in die Realität umgesetzt werden, wären Bedingungen geschaffen, die zu einer massiven Rückführung der Gelder aus Übersee führen. Dies würde zu einer stärkeren Investmentaktivität führen und die einheimischen Vermögenswerte ansteigen lassen. Ganz konservativ schätze ich, dass die Indonesier rund 100 Mrd. US-Dollar außerhalb ihres Landes besitzen. Die Argentinier unterhalten mindestens 50 Mrd. US-Dollar in ausländischen Bankkonten, und die russischen Übersee-Vermögen dürften ebenfalls recht beachtlich sein.

Einmal mehr möchte ich die Leser daran erinnern, dass nach der Asien-Krise das Preisniveau in dieser Region im Vergleich zu den industrialisierten Volkswirtschaften extrem niedrig geworden ist. Aus diesem Grund wäre die Rückführung ausländischer Geldbestände wirtschaftlich sinnvoll, sobald die Marktwirtschaft und das kapitalistische System stärker institutionalisiert würden. Wie man in Abb. 4 sehen kann, haben die international tätigen Banken, die alle ganz enthusiastisch bis zur Krise an asiatische Länder Kredite vergeben haben, anschließend ohne Zögern ihre Kredite um rund 50 Prozent gekürzt. Ich habe keinen Zweifel daran, dass die Kreditvergabe der internationalen Banken wieder an Fahrt aufnehmen wird, wenn

Abbildung 4

KREDITE KÜRZEN
Internationale Bank-Kredite (ausstehende Beträge)

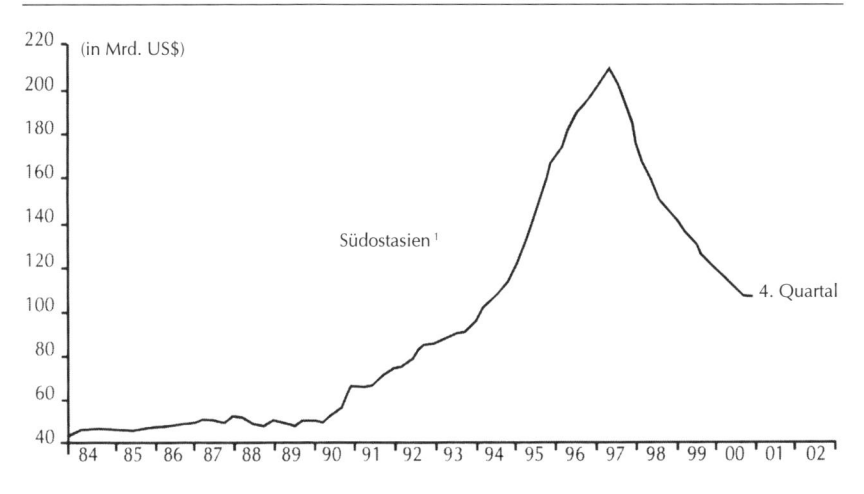

die Unterscheidung zwischen dem „Risiko Asien" und dem „Sicheren Hafen US-Finanzwerte" nicht mehr zutrifft.

Deshalb wird die Kombination von Rückführung ausländischer Vermögen durch Einheimische, Wiederaufnahme der Kreditvergabe der internationalen Banken und dem verbesserten Klima an den internationalen Kapitalmärkten für asiatische Schuldner wahrscheinlich Liquiditätsbedingungen in Asien schaffen, die ein neues Zeitalter einleiten könnten: die Entdeckung und Entwicklung der Region.

Epilog

Wohlstandsungleichgewicht – der große Schatten

Ich könnte noch viel länger damit fortfahren, Gründe für meinen Optimismus für die langfristigen Aussichten der asiatischen Region aufzuzählen. Aber so gründlich eine solche Analyse auch wäre, sie bliebe wegen der extremen Komplexität des Themas oberflächlich, wenn man bedenkt, wie riesig die sozialen und wirtschaftlichen Unterschiede innerhalb Asiens sind. Wie kann man auch Asien generalisieren, wenn man über gut entwickelte Länder wie Japan, Südkorea, Taiwan und Singapur und gleichzeitig über meist unterentwickelte Regionen wie die ländlichen Gebiete Indiens, Chinas und all der anderen Länder redet – so wie über Bangladesch, dessen BIP bei einer Bevölkerung von mehr als 110 Millionen geringer ist als das von Singapur mit einer Bevölkerung von drei Millionen?

Wenn man das heutige Asien mit dem Westeuropa der Vergangenheit oder von heute vergleicht, so fällt auf, dass es in Westeuropa niemals so große Unterschiede im Niveau der sozialen und wirtschaftlichen Entwicklung gegeben hat wie heute in Asien. Zugegebenermaßen gab es lange Zeit eine große Differenz zwischen der wirtschaftlichen Entwicklung in Großbritannien und Deutschland auf der einen Seite und Süditalien, Griechenland sowie Portugal auf der anderen Seite. Aber das Loch im Einkommens-, Wohlstands- und Industrialisierungsniveau war immer wesentlich kleiner als in Asien.

Dieses Missverhältnis im Entwicklungsniveau stellt auf der einen Seite eine riesige Chance dar, auf der anderen schafft es Probleme – beide müssen näher erklärt werden. Die Chance liegt, wie klar nachzuvollziehen ist, im Waren- und Dienstleistungsaustausch, da der Außenhandel vor allem zwischen Ländern mit komplett unterschiedlichen Wettbewerbsvorteilen vorteilhaft ist – eine Einsicht, zu der erstmals David Ricardo vor fast 200 Jahren gelangte, als er Argumente für den Freihandel suchte. Es ist offensichtlich, dass der Handel zwischen zwei ähnlichen Ländern, wie beispielsweise Deutschland und Frankreich, nur einen beschränkten makroökonomischen Einfluss hat. Wenn Deutschland 100.000 französische Autos mehr importiert und Frankreich im Gegenzug 100.000 deutsche Autos mehr einführt, werden die Wachstumsraten nicht angehoben. Die Zufriedenheit der Konsumenten könnte vielleicht steigen, weil einige Deutsche ganz scharf darauf sind, französische Autos zu fahren, und umgekehrt. Aber wenn man das mit dem Handel zwischen Japan und Bangladesh vergleicht – Japan produziert Güter, die nicht in Bangladesch hergestellt werden, während Bangladesch mit seinen extrem niedrigen Arbeitskosten arbeitsintensive Güter herstellen kann, deren Produktion in Japan völlig kostenineffizient wäre –, dann kann der Außenhandel die Wachstumsraten und die Lebensstandards beider Länder merklich anheben.

Somit wird klar, welchen Effekt ein fast freier Handel für die ganze Region bedeuten würde: Mit der Zeit würden die Gelder aus Handel und Investment in jene Sektoren und Regionen in Asien geleitet, die einen Wettbewerbsvorteil genießen, und dies würde die Wachstumsraten der Region im Gesamten anheben. Aus diesem Grund bin ich davon überzeugt, dass die wirtschaftliche Entwicklung Asiens in Zukunft weit weniger von Exporten in den Westen abhängig sein wird. Aber das riesige Einkommens- und Wohlstands-Ungleichgewicht – nicht nur in Asien, sondern in der ganzen Welt – wird natürlich auch eine Reihe von politischen und wirtschaftlichen Problemen mit sich bringen. Ich bin überzeugt, dass der Wohlstands- und Einkommensunterschied zwischen den wenigen reichen und den vielen armen Ländern eine der größten wirtschaftlichen Herausforderungen sein wird, mit denen wir es in den nächsten Jahren zu tun haben werden – eine Herausforderung, die meinen Zukunftsoptimismus dämpft. Dies möchte ich näher erklären.

1998 hatte Indonesien, ein Land mit rund 200 Millionen Einwohnern, ein Pro-Kopf-BIP von 300 US-Dollar (nach Abwertung). Die Schweiz, ein Land mit rund sieben Millionen Einwohnern, hatte ein Pro-Kopf-BIP von fast 40.000 US-Dollar. Damit war das Pro-Kopf-BIP der Schweiz rund 133-mal so groß wie das von Indonesien, und das Gesamt-BIP war rund viermal größer. Indien hatte eine Bevölkerung von rund einer Milliarde Menschen und ein Pro-Kopf-BIP von rund 400 US-Dollar. Mit 400 Milliarden US-Dollar war sein BIP nur marginal größer als das der Schweiz!

Die US-Aktienmarktkapitalisierung übersteigt heute die Elf-Billionen-Dollar-Grenze und beträgt rund 53 Prozent der Weltmarktkapitalisierung. Aber die US-Bevölkerung macht mit rund 285 Millionen weniger als fünf Prozent der Weltbevölkerung aus. Die Lebenserwartung in den meisten entwickelten Ländern beträgt rund 80 Jahre, während sie in den armen Ländern Asiens und Afrikas häufig nur bei 50 Jahren liegt. Das Gleiche gilt für die Sterblichkeitsrate: Sie liegt bei weniger als zehn von 1.000 Geburten in den entwickelten Ländern und bei über 100 in den ärmsten Regionen der Welt. In den USA gibt es mehr als 2.000 Ärzte für eine Million Menschen, in Ländern wie Indonesien weniger als 100. Während 98 Prozent der Kinder in den USA eine weiterführende Schule besuchen, gilt das für weniger als zehn Prozent in den ärmsten Ländern. Ebenso sind Multi-Millionen-Dollar-Gehälter für Vorstände in den industrialisierten Ländern üblich, wohingegen rund 1,5 Milliarden Menschen (25 Prozent der Weltbevölkerung) weniger als 1,60 US-Dollar pro Tag verdienen.

Wohlstands- und Einkommensungleichgewichte sind nichts Neues; es gab sie während der gesamten Geschichte. Aber niemals zuvor war der Unterschied im Lebensstandard für eine so große Anzahl von Menschen rund um den Globus so groß. Ich möchte Richard Steckel zitieren, einen Professor an der Ohio-State-Universität, der sich auf vergleichende Wirtschaft spezialisiert hat: „Wir haben im 20. Jahrhundert diesen erstaunlichen Wechsel gesehen – bei dem die Bevölkerungen in den entwickelten Ländern mit riesigen, effizienten Märkten, wie Europa und Amerika und Teile Asiens, alle anderen überholt haben."

Wie kam es zu diesen noch nicht dagewesenen Ungleichgewichten (auch wenn einige Akademiker diese bezweifeln), und wie könnten sie sich künftig auf die globale Wirtschaft auswirken? Und wenn die Gesetze von der Rückkehr zum Durchschnitt immer noch gelten, wie werden diese Ungleichgewichte wieder beseitigt?

Wenn man die langfristigen Trends in der weltweiten Bevölkerung betrachtet, kann man feststellen, dass es bis zum Jahr 1000 praktisch kein Wirtschaftswachstum gab, danach sehr langsames Wachstum bis ca. 1750 und dann sehr starkes Wachstum bis heute (siehe Tabelle 1). Während also das Welt-BIP um weniger als das Siebenfache zwischen dem Jahr 1 und dem Jahr 1800 angestiegen ist, wuchs es dann in weniger als 200 Jahren um das 40fache. Ebenso stagnierte die Weltbevölkerung zwischen den Jahren 1 und 1000, wuchs dann langsam bis ins Jahr

1800 und multiplizierte sich dann um das fast Sechsfache zwischen 1800 und heute. Diese Statistiken werden auch von den Zahlen aus Produktion und Handel belegt, die zwischen dem Jahr 1000 und 1700 nur wenig, aber anschließend starkes Wachstum zeigen – auch auf Pro-Kopf-Basis (siehe Tabelle 2).

Als wäre die Weltwirtschaft von einem magischen Zauberstab berührt worden – und zwar dem Zauberstab des Kapitalismus und der Industrialisierung –, begann sie mit Beginn des 19. Jahrhunderts mit wesentlich höheren Raten als jemals zuvor zu wachsen und schuf ein wirtschaftlichs Gleichgewicht, das für mehrere 1.000 Jahre existierte. Bis ins frühe 19. Jahrhundert hinein waren alle Volkswirtschaften hauptsächlich landwirtschaftlich ausgerichtet, mit einem äußerst geringen Grad an Urbanisation, der im Jahr 1750 nicht viel höher war als 2000 Jahre zuvor. Während die Urbanisationsrate schätzungsweise im Schnitt neun bis zwölf Prozent zwischen 300 v. Chr. und 100 v. Chr. betrug, lag sie 1750 immer

Tabelle 1

ÄRA DER EXPANSION 1
Weltwirtschaftswachstum bis 1995

Jahr	1	1000	1500	1820	1995
Weltbevölkerung	250	273	431	1,067	5,671
BIP in Mrd. US$[1]	106	115	235	720	29,423
Der Westen – Bevölkerung	25	33	65	156	739
BIP in Mrd. US$[1]	11	13	40	179	14,773
Der Rest – Bevölkerung	226	241	367	911	4,932
BIP in Mrd. US$[1]	95	102	195	541	14,651

[1] Gesamt-BIP in Milliarden in internationalen Dollars von 1990; Diese Schätzungen stammen aus Unterlagen von 1500 bis 1995 von A. Maddison, 1995, und *Chinese Economic Performance in the Long Run*, 1998, veröffentlicht vom OECD Development Center, Paris. Diese BIP-Zeitreihen wurden mit den Schätzungen für das BIP kombiniert und durch eine Kaufkraftkonversion – nicht durch Wechselkurse – hergeleitet und hier „internationale Dollars" genannt. Die provisorischen Zahlen vor dem Jahr 1500 wurden speziell für diesen Artikel angefertigt; Quelle: Angus Maddison, *Monitoring the World Economy*, 1995

Tabelle 2

ÄRA DER EXPANSION 2
Weltweites Produktions- und Handelswachstum, 1000–1990

	Insgesamt		Pro Kopf	
	1000-1700	1700-1990	1000-1700	1700-1990
Getreideproduktion	2-4x	14x	1-2x	2x
Eisen- und Stahlproduktion	4-9x	2,000x	2-3x	260x
Textilienproduktion	2-4x	29x	1-2x	4x
Energieproduktion	2-6x	280x	1-2x	4x
Internationaler Handel	6-12x	920x	3-4x	120x
Gesamtproduktion	2-4x	44x	1-2x	6x
Bevölkerung	2-3x	8x	-	-

Quelle: Paul Bairoch, *Victoires et deboires*, 1997

noch bei nur 15 Prozent, auch in Westeuropa. Aber mit dem Prozess der Industrialisierung stieg der Anteil der städtischen Bevölkerung als Prozentsatz der Gesamtbevölkerung schnell stark an und erreichte bis heute in den OECD-Ländern rund 80 Prozent.

In der Tat kann man argumentieren, dass die Jahre vor der Industriellen Revolution dadurch gekennzeichnet waren, dass es keine „sehr großen" Städte gab. Im Jahr 1800 existierten nur sechs Städte mit mehr als 500.000 Einwohnern (Peking, London, Kanton, Yedo (Tokyo), Konstantinopel und Paris), und nur eine, nämlich Peking, mit mehr als einer Million Einwohnern. Dies lag daran, dass die landwirtschaftlich nutzbaren Flächen nur unzureichend bearbeitet wurden und der sehr teure Transport die Expansion der Städte verhinderte. Aber mit der Industrialisierung und dem wesentlich verbesserten Transport (Eisenbahnen verringerten die Frachtkosten von Nahrungsmitteln in die Städte) nahm die Zahl der großen Städte zu mit dem Ergebnis, dass es heute weltweit rund 350 Städte mit mehr als einer Million Einwohner gibt. Es ist erstaunlich, dass die Bevölkerung der fünf größten Städte heute (Tokyo, New York, London, Chongqing und Shanghai) genauso groß ist wie die Bevölkerung der rund 2.000 Städte mit einer Bevölkerung von mehr als 2.000 Einwohnern im Jahr 1700!

Die Fortschrittsrate war aber in den verschiedenen Regionen sehr unterschiedlich. Vergleicht man das BIP-Wachstum im Westen (siehe Tabelle 1) mit demjenigen im Rest der Welt, dann sieht man, dass Ersteres um das 80fache zwischen 1820 und 1995 anstieg (von 179 Mrd. US-Dollar auf 14.773 Mrd. US-Dollar), das BIP der übrigen Welt aber nur um das 27fache (von 541 Mrd. US-Dollar auf 14.651 Mrd. US-Dollar). Die Tatsache, dass nun die westlichen Länder rund dreimal so schnell gewachsen sind wie die übrigen Länder in den zurückliegenden 180 Jahren, fällt nicht besonders auf, schließlich hatte der Industrialisierungsprozess seine Wiege in Westeuropa und den USA. Wesentlich mehr Sorge bereitet es zu sehen, wie sich die Entwicklung der Pro-Kopf-BIP in den reichen und in den armen Ländern seit damals auseinander entwickelt hat. Aus Tabelle 3 kann man erkennen, dass im Jahr 1800 die Einkommen der am weitesten entwickelten Länder (MDCs) und der am wenigsten entwickelten (LDCs) nicht besonders stark differierten: Doch in der Zeit danach wurde das Ungleichgewicht auffallend größer. Zwischen 1800 und 1995 stieg das Pro-Kopf-Einkommen der MDCs um ca. das 21fache an, aber in den LDCs stieg es nur um das 2,5fache. Während es also im Jahr 1800 bei den MDCs um das 1,2fache höher war als bei den LDCs, beträgt das Verhältnis heute mehr als 10.

Tabelle 3
DIE REICHEN WERDEN REICHER
Pro-Kopf-BIP, 1750–1995 (in US$ von 1960)

	am meisten entwickelte Länder	entwickelte Länder	am wenigsten entwickelte Länder	Welt
1750	230	182	188	188
1800	242	198	188	190
1860	575	324	174	218
1913	1,350	662	192	560
1950	2,420	1,050	200	590
1955	5,230	3,320[1]	480[2]	1,100

[1] über 21-mal; [2] über 2,5-mal; Quelle: Paul Bairoch, *Victoieres et deboires*, 1997

Ein noch größerer Unterschied wird in der wirtschaftlichen Entwicklung der reichsten im Vergleich zu den ärmsten Nationen offensichtlich. Im Jahr 1800 hatte das Vereinigte Königreich, damals das reichste Land der Welt, ein Pro-Kopf-BIP, das nur ein wenig mehr als zweimal so groß war wie das der ärmsten Nationen der Welt. Aber heute haben die reichsten Nationen, umgerechnet in Kaufkraft, ein Pro-Kopf-BIP, das 50-mal größer ist als das der fünf ärmsten Länder.

Natürlich könnte man die Exaktheit dieser Statistiken hinterfragen. Aber man kann auch die Kindersterblichkeitsrate, die Lebenserwartung, den Kalorienverbrauch, die Ernteerträge, die Urbanisationsraten, den Energieverbrauch und die Stahlproduktion betrachten – allesamt Indikatoren wirtschaftlicher Entwicklung. Hier wird klar, dass es Europa im Jahr 1800 besser ging als den ärmsten Ländern – aber bei weitem nicht so gut wie heute. Im Jahr 1800 betrug die Lebenserwartung in Europa rund 40 Jahre und nur rund 35 Jahre im Rest der Welt. Die Kindersterblichkeitsrate war in etwa gleich hoch, genauso wie die Urbanisationsrate und die Ernteerträge. Somit kann man durchaus darüber diskutieren, ob das Pro-Kopf-BIP im Vereinigten Königreich im Jahr 1800 eineinhalb- oder dreimal so hoch war wie in den ärmsten Ländern. Aber man braucht nicht darüber zu diskutieren, dass bis zum Jahr 1800 eigentlich jeder auf der Welt, mit Ausnahme einiger weniger, reicher Aristokraten, Grundbesitzer, Kunsthandwerker und Kaufleute, arm war.

Charles Singer zeigte in „A History of Technology" (Oxford, 1954), dass bis zum 16. Jahrhundert der Nahe Osten dem Westen in seinen Fertigkeiten und seiner Erfindungsgabe überlegen war, und der Ferne Osten wiederum war beiden überlegen; technologisch hatte der Westen dem Osten nicht viel entgegenzusetzen. Die Pro-Mann- und Pro-Landeinheit-Ertragsraten waren in Indien höher, wo es vor der Industriellen Revolution größere und reichere Stadtgebiete gab als in Europa. Aber es bestand kein Zwang, die landwirtschaftliche Produktivität zu verbessern. Anders in den nordeuropäischen Ländern: Hier war das Klima sehr rau und folglich sehr ungünstig; zusätzlich erforderte die größer werdende Bevölkerung Verbesserungen in den Produktionstechniken, die wiederum die Entwicklung der modernen Technology begünstigten. Die Entwicklung der Industrie im Westen, wie es Karl Marx in „Das Kapital" (Hamburg, 1867) erklärte, also war eine Konsequenz des Bedürfnisses der Gesellschaft, die Natur unter Kontrolle zu bringen.

Vor diesem Hintergrund sind die Industrielle Revolution und der Aufstieg des Westens zum Teil die logische Folge der großen Verbesserungen in der landwirtschaftlichen Produktivität, die in Westeuropa erzielt wurde: Sie zwang die Arbeiter, ihre Felder zu verlassen und Arbeit im Produktionssektor zu suchen. Während man also im Jahr 1750 rund 3.500 Arbeitsstunden benötigte, um einen Scheffel Weizen herzustellen, brauchte man im Jahr 1840 nur noch 250 Mann-Stunden für die gleiche Arbeit, im Jahr 1925 nur noch 74 Stunden und 1990 nur sieben Stunden. Während der vergangenen 200 Jahre hat kaum ein Sektor so dramatische Produktivitätsverbesserungen erlebt wie die Landwirtschaft – auch wenn niemand behaupten kann, dass die Landwirtschaft ein besonders profitabler Wirtschaftssektor gewesen sei, und das ganz sicher nicht in Europa nach der Öffnung der westlichen Territorien Amerikas. In Abb. 1 kann man erkennen, dass die landwirtschaftliche Produktivität die Produktivität der Nicht-Landwirtschaft seit 1950 überholt hat. Ich erwähne dies, weil einige Ökonomen argumentierten, dass US-Aktien wegen der großen Produktivitätsfortschritte eine höhere Bewertung rechtfertigen als in der Vergangenheit.

Von besonderer Bedeutung für den Aufstieg Westeuropas war auch die Idee der Chancengleichheit, die es dem Einzelnen ermöglichte, sein höchstes Potenzial zu entwickeln, und in vielen europäischen Ländern zu Beginn des 19. Jahrhunderts zur Einführung der Grundschulpflicht führte. In diesem Zusammenhang muss klargestellt werden, dass zu Beginn der Industriellen Revolution Europa nicht wesentlich reicher war als andere Regionen der Welt und dass die Verbreitung des Wissens dort sehr groß war. Während im Jahr 1800 in einigen fortschrittlichen europäischen Ländern wie England fast 90 Prozent der Menschen lesen und schreiben konnten, waren in den weniger entwickelten Ländern 90 Prozent Analphabeten. In der Tat scheint es, als ob dank überlegenen Wissens einige fortschrittliche europäische Länder und Amerika bessere Ausgangsbedingungen hatten. Relativ hohe Ausbildungsniveaus erlaubten es der ländlichen Bevölkerung, in die Städte zu ziehen und in den Industrieprozess integriert zu werden. (Ich benutze den Aus-

Epilog

Abbildung 1

HARTE ARBEIT
Produktivitätsausstoß pro Stunde – Landwirtschaft vs. Nicht-landwirtschaft

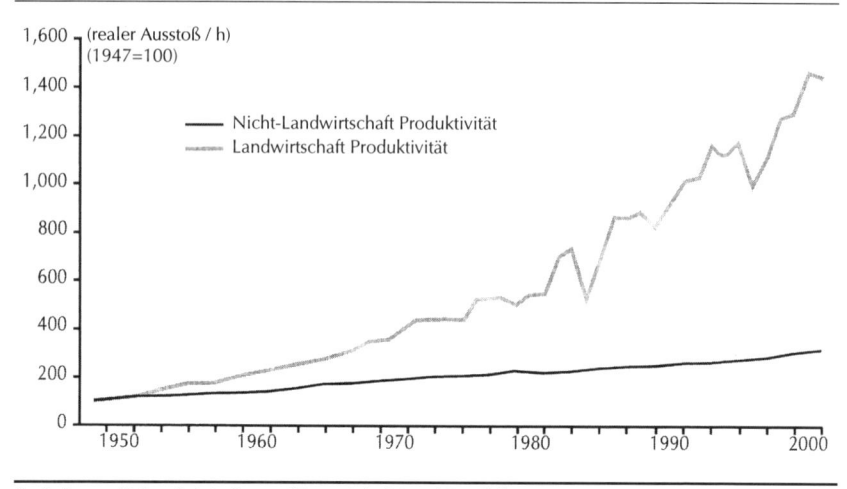

```
1,600 ┐ (realer Ausstoß / h)
       │ (1947=100)
1,400 ┤
       │        ── Nicht-Landwirtschaft Produktivität
1,200 ┤        ···· Landwirtschaft Produktivität
1,000 ┤
  800 ┤
  600 ┤
  400 ┤
  200 ┤
    0 ┴────┬────┬────┬────┬────┬────┐
        1950  1960  1970  1980  1990  2000
```

Quelle: Bureau of Labour Statistics, Bureau of Economic Analysis und Gary Shilling

druck „fortschrittliche europäische Länder", weil einige europäische Länder, wie Serbien, Griechenland und Portugal, genauso unterentwickelt und arm waren wie Länder der Dritten Welt].

Ich möchte hinzufügen, dass das Fehlen von Ausbildung in den ländlichen Regionen von aufstrebenden Volkswirtschaften weiterhin ein riesiges Problem darstellt, da es deren Integration in die moderne Wirtschaft behindert oder völlig unmöglich macht.

Die Industrielle Revolution im Europa und Amerika des 19. Jahrhunderts hatte einige unerwünschte Konsequenzen für die weniger entwickelten Länder. Wegen der enormen Produktivitätsgewinne des Westens in Landwirtschaft und Industrie wurden Produkte aus den LDCs wesentlich weniger wettbewerbsfähig. So war die Arbeitsproduktivität in den Baumwollspinnereien im Jahr 1830 in England bereits rund 14-mal höher als in Indien. Als Ergebnis dieser Produktivitätsgewinne – und wahrscheinlich auch des kolonialen Systems – erlebten die LDCs eine Deindustrialisierung im 19. Jahrhundert. In Bezug auf eine aktuelle Studie über die Deindustrialisierung Indiens fiel das Verhältnis der industriellen Bevölkerung zur Gesamtbevölkerung in Bihar von 18,6 Prozent zwischen 1809 und 1813 auf 8,5

Prozent im Jahr 1901. Ebenso ging der Anteil der Arbeitskräfte, die im Produktions- und Konstruktionssektor tätig waren, zwischen 1881 und 1911 um die Hälfte von 35 Prozent auf 17 Prozent zurück.

Ein weiterer Grund für den relativen Abstieg der LDCs in den zurückliegenden 100 Jahren waren die Erfindungen, die den Bedarf an Rohstoffen immer weiter verringerten, von denen die LDCs abhängig waren. Im 20. Jahrhundert lösten synthetisches Plastik und Fasern Gummi und Naturfasern bei der Produktion von Reifen und Textilien ab (siehe Tabelle 4). Die schnellen Produktivitätssteigerungen in den MDCs und die Deindustrialisierung in den LDCs führten somit zu einem Anstieg des Wohlstandsungleichgewichts. Wie der Wirtschaftshistoriker Paul Bairoch („Disparities in Economic Development since the Industrial Revolution", New York, 1981) nachgewiesen hat, konnte man mit dem durchschnittlichen Lohn eines englischen Stadtarbeiters im Jahr 1780 rund sechs bis sieben Kilo Weizen kaufen. Gleichzeitig, so schätzt er, konnten indische Arbeiter, genauso wie die Arbeiter in anderen Ländern der Dritten Welt, rund fünf bis sechs Kilo Weizen von ihrem Tageslohn kaufen. Aber bis 1910 stieg der Lohn des englischen Arbeiters nachhaltig an, und er konnte 33 Kilo kaufen, wohingegen sich die Löhne in Indien kaum bewegten und man dort immer noch nur fünf bis sechs Kilo kaufen konnte. (Wie Schätzungen zeigen, sind die indischen Löhne, in Kaufkraft gerechnet, sogar gefallen.) Heute kann der Arbeiter in den industrialisierten Ländern bei einem Einkommen von rund 100 US-Dollar pro Tag von seinem Tageslohn 1.250 Kilo Weizen kaufen, während der Lohn eines indischen Arbeiters mit rund drei US-Dollar nur für rund 37 Kilo ausreicht. Das zeigt, dass das Einkommensungleichgewicht im Verlauf des 20. Jahrhunderts größer geworden ist.

Tabelle 4

NATURPRODUKTE AUF DEM RÜCKMARSCH
Weltweite Gummi- und Textilproduktion, 1913–1990

Verhältnis von synthetischen Fasern in	Gummi (%)	Textilfasern (%)
1913	0.0	0.2
1928	0.0	1.4
1936	0.5	5.0
1950	29.0	12.0
1960	48.0	16.0
1970	63.0	24.0
1980	65.0	40.0
1990	65.2	39.0

Quelle: Paul Bairoch, *Victoires et deboires*, 1997

Die Gründe für dieses größer werdende Wohlstands- und Einkommensungleichgewicht zwischen den reichen und den armen Ländern sind äußerst komplex, und zahlreiche Soziologen und Volkswirtschaftler haben versucht, sie zu erklären – mit unterschiedlichen Ergebnissen. Es ist einfach zu erkennen, dass Europa und die USA aufgrund ihrer großen Fortschritte in der landwirtschaftlichen Produktivität und als Folge der frühen Industrialisierung die Spitzenposition eingenommen haben. Aber warum kam es gerade dort im 19. Jahrhundert zur Industrialisierung, warum nicht in anderen Regionen der Welt zu einer viel früheren Zeit? Einige Wirtschaftswissenschaftler erklären dies damit, dass die Industrielle Revolution im Westen ein historischer „Unfall" war. Die Römer und später die Chinesen hatten bereits „moderne Technologien" entwickelt, und sie hätten bereits damals mit ihren Fähigkeiten das industrielle Zeitalter einläuten können. Aber warum taten sie es nicht? Und warum kopierte der Rest der Welt nicht einfach die Produktionstechniken aus Westeuropa und den USA im 19. Jahrhundert und industrialisierte sich, genauso wie es Japan Ende des 19. Jahrhunderts machte?

Wir haben oben bereits gesehen, dass Westeuropa dank seines überlegenen Wissens und angesichts eines förderlichen moralischen Hintergrunds bereits zu Beginn des 19. Jahrhunderts durchstartete. Wissen und spezielle Fertigkeiten waren sicherlich der eine Faktor für die Industrialisierung Japans. Ein anderer Faktor war die Fähigkeit zum Wandel, der in den armen Nationen schwächer ausgeprägt war als in den wohlhabenden Gesellschaften. Zusätzlich scheint es einen Vorteil für die reichen Nationen dahingehend gegeben zu haben, dass die Länder, die sehr früh Wohlstand schaffen konnten, darüber hinaus noch zusätzlichen Wohlstand erreichen konnten gegenüber den Ländern, die „hinter" ihnen lagen. Die reichen Länder hatten auf jeden Fall eine stärkere Verhandlungsmacht und konnten günstige Bedingungen für jeden Vertrag aushandeln, indem sie nur eine einzige Person in mächtiger Position bestechen mussten – was für das „verwickelte" Schwellenland vielleicht ungünstig, aber für den Einzelnen, der die Transaktion ermöglichte, ein großer Vorteil war. (Ein großes Vermögensungleichgewicht erhöht die Korruption, weil Firmen aus reichen Ländern „Gefälligkeiten" von armen, einheimischen Regierungsmitarbeitern und Unternehmensvorständen kaufen können – eine übliche Praxis in den physischen Rohstoffmärkten sowie bei Großprojekten im Bereich Infrastruktur und Ressourcen!)

Zudem sind die reichen Länder eher in der Lage, ihre hohen Ausbildungsniveaus, Gesundheits-Levels und den Einsatz neuer Technologien zu finanzieren, als die armen.

Nun sollte Folgendes bedacht werden. Ich habe gezeigt, dass seit Begin des 19. Jahrhunderts die am meisten entwickelten Länder wesentlich schneller gewachsen sind als die weniger entwickelten. Mehrere Untersuchungen belegen, dass sich die US-Wirtschaft – im Vergleich zur Weltwirtschaft – in den späten 90ern stärker als jemals zuvor entwickelte. Zusätzlich sind die Pro-Kopf-Einkommen in den MDCs in etwa zehnmal stärker gestiegen als in den LDCs. Aber während sich die Kluft zwischen Arm und Reich noch mehr vergrößern kann, kann auf sehr lange Sicht keine Region, kein Land und keine Firma schneller wachsen als die Welt als Ganzes. Daher glaube ich, dass es letztlich entweder zu einer Beschleunigung des Weltwirtschaftswachstums und zu einer gravierenden Verbesserung in den Wirtschaftsbedingungen für die Schwellenländer oder zu einer Abschwächung des Wirtschaftswachstums in den am meisten entwickelten Ländern kommen wird – vor allem in den USA. Auch eine Kombination ist möglich.

Die Balance finden

Wie sind also die Aussichten für ein schnelleres Wirtschaftswachstum in den LDCs? Wie in Kapitel 9 gezeigt, hängt das Wirtschaftswachstum in den aufstrebenden Volkswirtschaften von Exporten, ausländischen Direktinvestitionen, einheimischen Ausgaben und Investments ab. Auf der einen Seite sollte sich Exportwachstum in ressourcenreichen, aufstrebenden Volkswirtschaften ein wenig verbessern, wenn ich mit der Annahme steigender Rohstoffpreise für die nächsten Jahre richtig liege. Auf der anderen Seite kann man keine große Verbesserung bei den Industrieprodukten für den Export erwarten, da die Preise hier eine deflationäre Tendenz zeigen und die Nachfrage in den westlichen, industrialisierten Ländern wahrscheinlich in nächster Zukunft schwach bleibt. Ausländische Direktinvestitionen, die seit 1997 zurückgegangen sind (außer in China, der ehemaligen Sowjetunion und in Vietnam), werden sich wohl stabilisieren, aber es ist unwahrscheinlich, dass sie stark zunehmen werden, da Überkapazitäten bestehen. Einheimische Nachfrage und Investments könnten aber sehr wohl stark zunehmen – vor allem in Asien, weil das Schuldenniveau in den vergangenen fünf Jahren reduziert wurde und der Bedarf an Privathäusern weiterhin hoch ist. Vor allem die Urbanisierung Asiens, die zu einer schnellen Expansion sehr großer Städte geführt hat, sollte für den Immobiliensektor sehr günstig sein (siehe Abb. 2). Nachdem also die aufstrebenden Volkswirtschaften nun womöglich die Talsohle erreicht haben (vielleicht noch nicht in Lateinamerika), nachdem sie 1997 abgestürzt waren, ist

Abbildung 2

LANDFLUCHT
Anzahl der Städte mit mehr als zehn Millionen Einwohnern

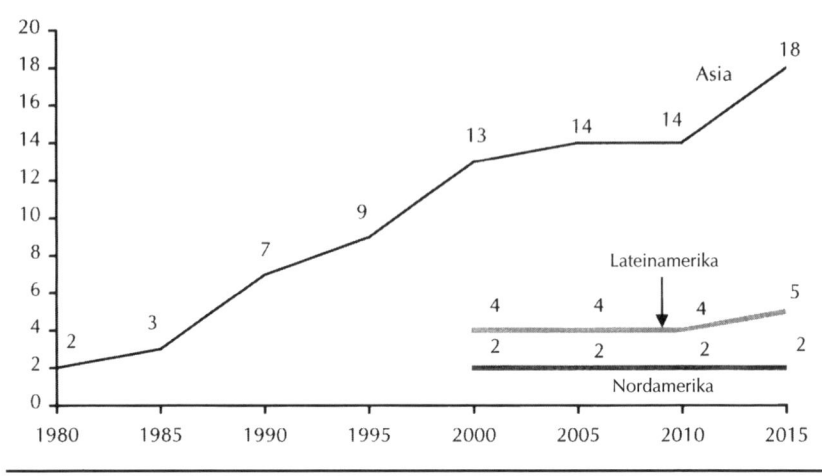

[Diagramm: Entwicklung 1980–2015 für Asia (2, 3, 7, 9, 13, 14, 14, 18), Lateinamerika (4, 4, 4, 5) und Nordamerika (2, 2, 2, 2)]

Quelle: United Nations

eine große Verbesserung der Wachstumsraten in der nahen Zukunft noch nicht wahrscheinlich.

Meiner Meinung nach liegt das Problem – nicht nur für die LDCs, sondern auch für die gesamte Weltwirtschaft – im niedrigen Einkommensniveau der Arbeiter ohne Ausbildung (nach den kürzlichen Abwertungen ist das Problem sogar noch größer); dieses führt zu unzureichender Kaufkraft und zu Minderverbrauch (siehe die Theorie von Hobson in Kapitel 6). Für eine Weile stieg der Verbrauch in den 90ern stark an, als die industrialisierten Länder den LDCs Geld liehen und die einheimischen Kreditmärkte mit phänomenaler Geschwindigkeit expandierten. Aber als der Kreditzyklus nach unten drehte, kollabierte der Konsum, und seitdem hat er sich nur moderat verbessert. Unter der Annahme, dass das niedrige Lohnniveau der Arbeiter ohne Ausbildung in den LDCs das Hauptproblem ist (neben vielen anderen), stellt sich die Frage, wohin diese Entwicklung führen wird. Man könnte argumentieren, dass mit der Globalisierung die Löhne in den LDCs eine steigende Tendenz aufweisen werden – das kann der Fall sein, muss aber nicht.

Zum Beispiel gibt es heute hochproduktive, moderne Produktionsmethoden, die nur einen sehr geringen Arbeitseinsatz erfordern. Größe und Tragweite dieser

Prozesse ermöglichen es einem modernen und effizienten Unternehmen, Güter zu niedrigeren Einzelpreisen zu produzieren und abzusetzen als die kleinen Firmen in den Gastländern. Auch können diese mächtigen und finanziell starken Firmen es sich erlauben, Dumping zu betreiben, um Marktanteile zu gewinnen oder auch um die lokalen Wettbewerber zu eliminieren. Ein internationales Unternehmen kann sich das so lange locker leisten, wie die Gewinne in anderen Ländern groß genug sind, um den Verlust im Gastland zu decken. Später, wenn der lokale Wettbewerber dann eliminiert worden ist, können die Preise nachhaltig erhöht und Gewinne erzielt werden. Daher könnten ausländische Direktinvestitionen von effizienten und großen Unternehmen in aufstrebenden Volkswirtschaften sogar zu einem Beschäftigungsrückgang führen! Der Optimist mag nun denken: „Großartig!" und argumentieren, dass dieser Fall so ähnlich gelagert ist wie die Produktivitätsverbesserungen zu Beginn des 19. Jahrhunderts in der europäischen Landwirtschaft, durch die Arbeitskräfte freigesetzt wurden, die dann in den Fabriken arbeiten konnten (siehe oben). Genauso würden die Produktivitätsverbesserungen in den LDCs deren Arbeitskräfte freisetzen, damit sie als Softwareingenieure, Disney-Park-Bedienstete oder Forscher arbeiten. Anders die Meinung eines Pessimisten: Er sähe dies als „Katastrophe" und würde dies damit begründen, dass die Deindustrialisierung Indiens im 19. Jahrhundert ein Ergebnis der enormen Produktivitätsfortschritte in Britannien gewesen ist.

Natürlich gibt es ein Problem mit modernen, arbeitssparenden Produktionsmethoden. Ein Beispiel ist China: Die staatseigenen Unternehmen sind hochgradig ineffizient, und sie beschäftigen rund 110 Millionen Menschen. Hätte China einen absolut freien Markt ohne Staatssubventionen (in Form von Bankkrediten, die nicht zurückgezahlt werden), würden 80 Prozent dieser Angestellten ihren Job verlieren. Aber da die Arbeitslosenrate in den Städten bereits bei rund 15 Prozent und darüber liegt, würden große soziale Probleme auftreten. Die Wahrheit liegt wohl irgendwo zwischen diesen beiden extremen Ansichten, aber es gibt wenig Zweifel, dass in Chinas ein plötzlicher Abbau des Systems der staatseigenen Betriebe zu massiven temporären Verwerfungen führen würde (was zu einem weiteren Aufschieben von Reformen führen könnte).

Ein anderer Weg, die Billiglohn-Probleme der LDCs zu beseitigen, wäre, die Preise von Gütern und Dienstleistungen drastisch zu reduzieren und sie für die armen Länder der Welt bezahlbar zu machen. Wenn die Preise von PCs, Handys, Medikamenten, Autos, Boeings 747 und anderen Produktionsgütern komplett zusammenbrächen, dann würde die Nachfrage sofort stark steigen und einen „deflationären Boom" auslösen. Hoffentlich wird dieser Prozess – der in gewissem Umfang bereits begonnen hat – ein langfristiger Trend. Es ist wahrscheinlich der einzige Weg aus dem Dilemma des Wohlstands-Ungleichgewichts. Aber ich bezweifle, dass westliche Regierungen und Multinationale diese Entwicklung als günstig erachten, da die Produktpreise fallen und die Profitabilität leiden würde!

Was kann man aber erwarten, wenn das Wohlstands- und Einkommensungleichgewicht zwischen den MDCs und den LDCs noch größer wird? Ich erwarte eines der folgenden Szenarien: Entweder wird die Weltwirtschaft „nachlassen", so wie sie es kürzlich getan hat, oder soziale und politische Spannungen werden weiter ansteigen. In der Vergangenheit kam es in Gesellschaften, deren Wohlstandsungleichgewicht auf ein extremes Niveau gestiegen war, letztlich zu Revolutionen und schließlich zum sozialen Umbruch (solche Ungleichgewichte waren sicherlich auch ein Grund für den Verfall Roms). Wie Will Durant herausgestellt hat, „kann die Konzentration (von Wohlstand) einen Punkt erreichen, an dem allein die Menge der vielen Armen die Fähigkeiten der wenigen Reichen verdrängt; dann generiert das instabile Gleichgewicht eine kritische Situation, die in der Geschichte mehrmals dadurch gelöst wurde, dass die Gesetzgebung den Wohlstand neu verteilte oder eine Revolution die Armut neu verteilte."

Somit bleibt das aktuelle, in diesem Ausmaß noch nie dagewesene Wohlstands- und Einkommensungleichgewicht nach meiner Meinung das vordringlichste Thema, mit dem sich Wirtschaftspolitiker konfrontiert sehen werden. Bis jetzt scheint es, als wüssten viele von diesem Problem nichts. Vielleicht sind sie auch nicht ausreichend qualifiziert, um eine Lösung zu finden, welche die bestehenden Ungleichgewichte beseitigt. Es gibt Ökonomen, die behaupten, dass sich in den vergangenen Jahren das Wohlstandsungleichgewicht in der Welt verringert hat. Ich teile diese Ansicht nicht – man bedenke, wie die massiven Währungsabwertungen in einigen aufstrebenden Volkswirtschaften in den vergangenen Jahren das Dollar-Einkommen der Leute reduziert haben! Auch sollte man sich in Erinnerung rufen, dass im Jahr 1914 Henry Ford den Tageslohn für einen Autobauer von 2,34 US-Dollar bei einer Neun-Stunden-Schicht auf fünf US-Dollar für eine Acht-Stunden-Schicht erhöht hat (der Jahreslohn betrug schätzungsweise 1.250 US-Dollar). Mit einem solch hohen Lohn (das Wall Street Journal bezeichnete ihn als ein wirtschaftliches Verbrechen) konnte ein Ford-Arbeiter zweimal im Jahr mehr als zwei Autos „Modell T" kaufen, die damals für rund 360 US-Dollar kosteten. Im Gegensatz dazu verdienen die meisten Arbeiter in der Produktion in den aufstrebenden Volkswirtschaften heute weniger als 600 US-Dollar p. a. – ein bisschen mehr als die Hälfte der monatlichen Parkgebühren für mein Motorrad in Hong Kongs New World Tower gegen Ende der 90er. Daher können die meisten Arbeiter in den sich entwickelnden Ländern von einem 15.000-Dollar-Auto nur träumen.

Meiner Meinung nach zwingt uns die tiefe Schlucht, die die Armen dieser Welt von den Reichen trennt, dazu, noch sorgfältiger darüber nachzudenken, wie wir eine Balance zwischen Fortschritt und Wohlstand in unseren hochentwickelten westlichen Ländern und der großen Anzahl mittelloser Menschen in der Welt herstellen können. Diese können ihren Lebensunterhalt nicht verdienen und sehen keinen anderen Weg, um ihren Kummer auszudrücken, als in Gräueltaten.

Trotz dieser Bedenken und trotz meines Pessimismus in Bezug auf die US-Wirtschaft sehe ich optimistisch in die Zukunft. Das mag jene Leser überraschen, die meinen Namen mit „Doom and Gloom" (Verhängnis und Finsternis) verbinden. Aber wie ich in der Einleitung geschrieben habe, geht es in diesem Buch nicht darum, wirtschaftliche Desaster und kolossale Booms vorherzusagen, sondern mein Bestreben ist, Chancen zu beleuchten – Chancen in einer Welt, in der sich die wirtschaftlichen, politischen und sozialen Bedingungen ständig und dank der Verbesserungen im Transportwesen, der Kommunikation und dem globalen Wissenstransfer immer schneller verändern.

Ich habe versucht, das weltweite wirtschaftliche Gleichgewicht zu beschreiben, das vor dem Verfall des Kommunismus bestand und auch bevor die Globalisierungsentwicklung gestört wurde. Und ich habe versucht zu zeigen, dass wir genauso dramatische Veränderungen erfahren wie nach den großen Entdeckungsreisen und nach der Industriellen Revolution. Die Beschleunigung des Wandels selbst – der jetzt nachweislich ist, wenn sich Regionen öffnen, in die Marktwirtschaft eintreten und industrialisieren –, zusammen mit der Tatsache, dass so viele bevölkerungsreiche Länder (die ehemalige Sowjetunion, China und Indien) in das freie, globale, kapitalistische System eintreten werden, wird tatsächlich eine „neue Weltordnung" schaffen.

Im neuen Zeitalter der asiatischen Selbst-Entdeckung ist es nicht schwer, eine solch umfassende Transformation zu erwarten, die eine „Win-win"-Situation für alle schaffen wird. Einige Sektoren werden verlieren, während andere fortbestehen und enorme Zuwächse verzeichnen. Neue Städte, Niedriglohn-Industrieregionen und dynamische Unternehmen werden in den Markt eintreten, um die etablierten Wohlstandszentren und erfolgreichen Geschäftsmodelle zu verdrängen. Genauso werden einige Finanzmärkte expandieren und gedeihen, während andere seitwärts laufen werden – oder sogar verfallen, wie Japan seit 1990.

Epilog

Es ist immer noch unklar, ob diese neue Weltordnung eine weit verbreitete Deflation bringen wird, wie es einige Wirtschaftswissenschaftler befürchten, oder ob sie eine neue Inflationswelle auslöst. Ich meine, dass einige Sektoren und Regionen Deflation erfahren werden – entweder durch absolute Preisrückgänge oder durch Währungsverfall –, wohingegen diejenigen, die bereits massive Deflation erfahren haben, steigende Preise sehen werden. Inflation und Deflation können also eine ganze Zeit lang nebeneinander existieren. Zudem darf man nicht vergessen, dass auch in einem stark deflationären Umfeld die Preise von Rohstoffen und Vermögensgegenständen schnell ansteigen können, da deren jeweilige Preistrends nicht vom allgemeinen makroökonomischen Preistrend geleitet, sondern von den Kräften von Angebot und Nachfrage speziell in ihren eigenen Märkten getrieben werden. Ein Beispiel: Der südkalifornische Immobilienboom von 1882 bis 1886 fand inmitten einer der längsten Deflationsperioden statt, den die USA jemals erlebt haben – ein deflationärer Boom von 1864 bis zum Ende des 19. Jahrhunderts. Während also der übergeordnete künftige Preistrend einen bedeutenden Einfluss auf die Besitzer von Festzinspapieren und auf die Bewertung von Aktien haben wird, halte ich es für einen Investor wichtiger, sorgfältig darüber nachzudenken, welche Märkte unter jeder Art von makroökonomischem Szenario Gewinne machen können. Ich habe dieses Thema im Ausblick für Rohstoffe und aufstrebende Volkswirtschaften näher behandelt. Im schlimmsten anzunehmenden Szenario wird der Knackpunkt sein, die billigsten Produzenten herauszupicken, da im heutigen Wettbewerbsumfeld nur die Widerstandsfähigsten überleben können.

Es gibt einen letzten Punkt, den ich ansprechen möchte. In Kapitel 2 habe ich versucht zu zeigen, dass die Zentralbanken zwar das Liquiditätsvolumen, das in die Weltwirtschaft fließt, kontrollieren können, aber sie können nicht kontrollieren, wohin das Geld fließt, wenn es zur Neige gegangen ist. Diese Frage ist wichtig, weil die US-Fed und andere Zentralbanken heute eine extrem expansionäre Geldpolitik betreiben, um eine Rezession und eine Deflation um jeden Preis zu verhindern. In einem fast grenzenlosen globalen Wirtschaftssystem ist es denkbar, dass eine solche Geldpolitik den deflationären Druck verstärkt, weil die künstlich niedrigen Zinssätze zu noch größeren Kapazitätsausweitungen in Ländern mit sehr niedrigen Preisniveaus führen können, wie in China, Vietnam und Indien.

Somit führen niedrige Zinssätze zu zusätzlichen Kapazitäten, und diese produzieren ein zusätzliches Angebot an Produktionsgütern und Dienstleistungen in den bereits übersättigten Märkten. Das alles kann also absolut kontraproduktiv sein. In einem deflationären Umfeld könnte es die Lösung sein, die Produktionskapazitäten so schnell wie möglich zu reduzieren – das erfordert aber einen starken Willen. Dass ein solcher fehlte, war in den zurückliegenden zehn Jahren in Japan für die jetzige wirtschaftliche Misere verantwortlich.

Worauf ich hinaus will, ist Folgendes: Wenn sich die Geldpolitik und die Zentralbankinterventionen in die Marktwirtschaft als Fehlschlag erweisen, wie ich es glaube, dann müssen diejenigen Wirtschaftbücher der Nachkriegsgeschichte neu geschrieben werden, in denen steht, dass Geld- und Fiskalpolitik die Zentren der Wirtschaft sind. Auch erwarte ich, dass die Macht der Zentralbanken stark reduziert werden wird. Letztlich wird es auch den glühendsten Anhängern der Zentralbanken dämmern, die glauben, dass „Geldpolitik immer funktioniert" – wie der frühere Fed-Gouverneur Wayne Angell vor kurzem im Sender CNBC, kundtat dass in einer Wirtschaft nur die Marktkräfte „immer" funktionieren. Interventionen in einen Markt führen immer nur zu zusätzlichen Missverhältnissen und zu unbeabsichtigten Konsequenzen. Die Öffentlichkeit wird durch die schnell sprechenden Kommentatoren und Pseudo-Wirtschaftswissenschaftler, die den wirtschaftlichen Sophismus und die Allmächtigkeit der Zentralbanker und vor allem Alan Greenspans verbreiten, einer Gehirnwäsche unterzogen. Aber wenn sie dann doch irgendwann merkt, dass die Zentralbanker nicht klüger sind als die Zentralplaner der ehemals kommunistischen Regime, wird es eine Kehrtwende geben, und geldpolitische Reformen werden auf die Liste der Tagesordnungspunkte kommen. Zu dieser Zeit werden die heutigen lockeren geldpolitischen „Arrangements" durch ein diszipliniertes Geldsystem mit automatischen Stabilisatoren, Überprüfungen und Ausgleichsfunktionen ersetzt. Zentralbanker werden sich nicht länger in fragwürdige, von Regierungen manipulierte Wirtschaftsstatistiken einmischen können. Ich denke, dass im Geldsystem der Zukunft Gold eine wichtige Rolle spielen wird – die einzige Währung, deren Angebot nicht bis ins Unendliche ansteigen kann.

Ich erwarte, dass die neue Weltordnung nicht nur das Ergebnis der enormen Veränderungen ist, die auf die Weltwirtschaft zukommen werden, sondern dass sie auch das Ergebnis einer neuen Wirtschaftstheorie sein wird, die wesentlich stärker an die Österreichische Schule der Volkswirtschaftslehre angelehnt sein wird. Damit erkläre ich meinen langfristigen Zukunftsoptimismus: Ich betrachte es als entscheidend, dass die Marktkräfte die Wirtschaftsaktivität antreiben und nicht irgendwelche „Zentralplaner" – ob diese nun als alteingesessene Beamte totalitärer Regime auftreten oder ob sie als kluge Zentralbanker verkleidet sind.

Literaturverzeichnis

Afrahon, Albert: Les crises périodiques de surproduction, Paris, 1913

Andersun: History of Commerce, London, 1788

Ashton, T. S.: Iran And Steel In The Industrial Revolution, Manchester, 1924

Ashton, T. S.: Economic Fluctuations In England 1700-1800, Oxford, 1959

Bairoch, Paul; Levy-Leboyer, Maurice: Disparities in Economic Developement since the Industrial Revolution, New York, 1981

Bairoch, Paul: Victoires et déboires, Éditions Gallimard, 1997

Badger, Ralph, E.: Investment Principles and Practices, New York, 1935

Beer, A.: Geschichte des Welthandels, Wien, 1864

Benner, Samuel: Benners Prophecies of Future Ups and Downs in Prices, Cincinnati, 1884

Bernstein, Peter: Against The Gods, New York, 1996

Bernstein, Peter: The Power of Gold, New York, 2000

Blanqui, A. : Résume de L'histoire du Commerce et de L'industrie, Paris, 1826

Board of Governors of the Federal Reserve System, International Discussion Paper, Preventing Deflation; Lessons from Japan's Experience in the 1990s, No. 729, June 2002

Böhm Bawerk, Eugen (von): Kapital und Kapitalzins, Jena, 1921

Braudel, Fernand: The Mediterranean, New York, 1972

Braudel, Fernand: Civilisation and Capitalism 15th– 18th Century, New York, 1979

Bresciani-Turroni, Constantino: The Economics of Inflation, August M. Kelley, 1968 (first puhlished by Universita Bocconi in 1931)

Brooks, Juhn: Once In Golconda, New York, 1969

Bullock, Hugh, The Story of Investment Companies, New York, 1959

Burton, Theodore: Financial Crisis, New York, 1910

The Cambridge Economic History of Europe, Cambridge, 1965

The Cambridge Economic History of India, Cambridge, 1982

The Cambridge Economic History of China, Cambridge, 1980

The Cambridge Economic History of Southeast Asia, Cambridge, 1992

Cannan, Edwin: A History of the Theories of Production and Distribution, London, 1893

Chancellor, Edward: Devil Take The Hindmost, New York, 1999

Chandler, Tertius: Four Thousand Years of Urban Growth, New York, 1987

Chi, C.: Key Economic Areas in Chinese History, Nev York, 1970

Cipolla, Carlo: The Economic History of World Population, Baltimore, 1962

Cipolla, Carlo: Guns, Sails and Empires, Minerva Press, 1965

Cipolla, Carlo: The Fontana Economic History of Europe, Collins/Fontana Books, 1976

Cipolla, Carlo: Before The Industrial Revolution, Nev York, 1993

Clough, Shephard; Cole, Charles: Economic History of Europe, Boston, 1952

Clark, John, J.; Cohen, Morris: Business Fluctuations, Growth, and Economic Stabilisation, New York, 1963

Cootner, Paul, H.: The Random Character Of Stock Market Prices, Cambridge, MA, 1964

Cowles, Virginia: The Great Swindle, London, 1960

Derry, T. K.; Williams, Trevur: A Short History of Technology, Oxford, 1960

Dewey, Edward: Cycles – The Science of Predictions, New York, 1947

Diamond, Jared: Guns, Germs, And, Steel, New York, 1997

Doolittle, Justus: Social Life of the Chinese, London, 1868

Douglas, P. H.: Controlling Depressions, New York, 1935

Dreman, David: Psychology and the Stuck Market, New York, 1977

Durant, Will: The Story of Civilisation, New York, 1954

Encyclopaedia Britannica

Engels, Frederik: Socialism: Utopian and Scientific (translated by E. Aveling), London, 1892

Estey, James A.: Business Cycles, New York, 1941

Etherton, P. T.; Tiltman, Hessell: Manchuria, The Cockpit of Asia, London, 1933

Evans, Morier D.: The History of the Commercial Crisis, 1857–58 and the Stock Exchange Panic of 1859, New York, London 1859 (reprinted New York, 1969)

Fisher, Irving: The Stock Market Crash – And After, New York, 1930

Fisher, Irving: Booms and Depressions, New York, 1932

Fisher, Irving: The Debt-Deflation Theory of the Great Depression, London, 1933

Fisher, Irving: Inflation?, London, 1933

Foxwell, (ed), Jevons; Stanley, W.: Investigations in Currency and Finance, London, 1884

Frasca, Charles: Stock Swindlers And Their Methods, New York, 1931

Fridson, Martin, S.: It Was a Very Good Year, New York, 1998

Friedman, Milton; Schwanz, Anna: A Monetary History of the United States, 1867–1960, Princeton, 1963

Gaettens, Richard: Inflationen, München, 1955

Galbraith, John Kenneth: The Great Crash 1929, Boston, 1988

Garnier, J. : Du Principe de Population, Paris, 1857

Gayer, A. D.: Monetary Policy and Economic Stabilisation, New York, 1935

Gernet, J.: A History of Chinese Civilisation, Cambridge, 1982

Gibbon, E.: The History of the Decline and Fall of the Roman Empire, London, 1780

Gibson, Alexander: Economic Geography, New Jersey, 1979

Graham, Frank, D.: Exchange, Prices, And Production in Hyper-Inflation: Germany, 1920–1923, New York, 1930

Guyot, Yves: La Science Économique, Paris, 1881

Haberler, Gottfried: Prosperity And Depression, New York, 1946

Haberler, Gottfried: Readings in Business Cycle Theory, London, 1950

Hall, Peter: Cities In Civilisation, New York, 1998

Halley Stewart Lecture: The World's Economic Crises, London, 1931

Harrod, R.F.: The Trade Cycle, Oxford, 1936

Hayek, Friedrich A.: Monetary Theory and the Trade Cycle, London, 1933

Hayek, Friedrich A.: Prices and Production, London, 1931

Hicks, J. R.: A Contribution to the Theory of the Trade Cycle, Oxford, 1950

Hicks, J. R.: Essays in World Economics, Oxford, 1959

Hippokrates: Influence of Atmosphere, Water, and Situation, in: Greek Historical Thought from Homer to the Age of Heraclius, translated by AJ Toynbee, 1924

Hobson, John A.: The Evolution of Modern Capitalism, London, 1894

Hobson, John A.: Free-Thought In The Social Sciences, New York, 1926

Hobson, John A.: The Economics of Unemployment, London, 1931

Hobson, John A.: Confessions of an Economic Heretic, London, 1938

Homer, Sydney: A History of Interest Rates, New Jersey, 1971

Homer, Sydney: The Great American Bond Market, Selected Speeches, Dow Jones-Irwin, 1978

Huntington, Ellsworth: World Power and Evolution, New Haven, 1919

Hunold, Albert: Vollbeschäftigung, Inflation und Planwirtschaft, Aufsätze von verschiedenen Ökonomen, Zürich, 1951

Hyndman, H. M.: Commercial Crises of the Nineteenth Century, London, 1892 (reprinted New York, 1967)
Issawi, C.: The Economic History of the Middle East, Chicago, 1966
Jacobs, Jane: The Economy of Cities, New York, 1969
Jerome, Harry: Migration And Business Cycles, New York, 1926
Jevons, Stanley William: The Theory of Political Economy, London 1888
Jones, Edward: Economic Crises, New York, 1900
Juglar, Clément: Des crises commerciales et de leur retour périodique en France, en Angleterre et aux États-Unis, 2nd ed., Paris, 1889
Kaufman, Henry: Interest Rates, the Markets, and the New Financial World, New York, 1986
Kaufman, Henry: On Money And Markets, New York, 2000
Keynes, John Maynard: The Economic Consequences Of The Peace, London, 1919
Keynes, John Maynard: A Tract On Monetary Reform, London, 1923
Keynes, John Maynard: A Treatise On Money, London, 1930
Keynes, John Maynard: The General Theory of Employment Interest And Money, London, 1936
Kindleberger, Charles: Manias, Panics, And Crashes, New York, 1978
Kindleberger, Charles: A Financial History of Western Europe, New York, 1993
Kennedy, Paul: The Rise and Fall of the Great Powers, New York, 1987
Kondratieff, Nikolai: The Long Wave Cycle (translated by Guy Daniels), New York, 1984
Landes, David, S.: The Wealth and the Poverty of Nations, NewYork, 1998
Lavington, F.: The Trade Cycle, London, 1925
Le Bon, Gustave: The Crowd, Norman S. Berg, Publisher, Sellanraa, Dunwoody, Georgia
Levy, Jerome: Economics Is An Exact Science, New York, 1943
Mackay, Charles: Extraordinary Popular Delusions ans the Madness of Crowds, New York, 1993
McCulloch, J. R.: The Principles of Political Economy; 2nd ed., London 1930
McCulloch, J. R.: Treatises And Essays on Subjects Connected With Economical Policy, Edinburgh, 1833
McNeill, William: The Rise of the West, Chicago, 1963
McNeill, William: Plagues and Peoples, New York, 1976
McNeill, William: The Pursuit of Power, Chicago, 1982
McNeill, William: History of Western Civilisation, Chicago, 1986
Maddison, A.: Monitoring the World Economy, 1995
Marx, Karl: Kapital, Erstveröffentlichung posthum in deutsch 1885
Meason, Malcolm R.L.: The Profits Of Panics, London, 1866
Mill, James: The History of British India, London, 1826
Mill, John Stuart: Principles of Political Economy, 7th ed., London, 1871

Mises, Ludwig von: The Theory of Money and Credit, New York, 1935

Mitchell, Wesley Clair: Business Cycles, Berkley, 1913

Mitchell, Wesley Clair: What Happens During Business Cycles, National Bureau of Economic Research, New York, 1951

Morgenstern, Oskar: The Limits Of Economics, London, 1937

Mulhall, Michael: History of Prices Since The Year 1850, London, 1885

Nairn, Alasdair: Engines That Move Markets, John Wiley & Sons, 2002

Naisbitt, John: Global Paradox, London, 1994

National Bureau of Economic Research, Conference on Business Cycles, New York, 1951

Necker, M.: De L'Administration des Finances de France, 1789

Neill, Humphrey: The Art Of Contrary Thinking, Caldwell, 1954

Nisbet, Robert: History Of The Idea Of Progress, New York, 1980

Noel, O.: Histoire du Commerce du Monde, Paris, 1894

North, S.N.D.: A Century of Population Growth, Washington, 1909

Norwich, John J.: A History of Venice, New York, 1982

Olson, M.: The Rise and Decline of Nations, New Haven, 1982

Pacey, Arnold: Technology in World Civilisations, Oxford, 1990

Paepke, Owens C.: The Evolution of Progress, New York, 1993

Pares, B.: A History of Russia, London, 1949

Parnell, Henry: On Financial Reform, London, 1830

Pigou, A. C.: The Ecomomics of Welfare, London, 1920

Pigou, A. C.: Industrial Fluctuations, London, 1927

Pigou, A. C.: The Economics of Stationary States, London, 1935

Pigou, A. C.: Employment and Equilibrium, London, 1949

Pigou, A. C.: Income, London, 1955

Pokrovsky, M. N.: Brief History of Russia, London, 1933

Pratt, Sereno: The Work of Wall Street, New York, 1921

Prechter, Robert; Frost, Alfred: Elliott Wave Principle, Georgia, 1978

Prechter, Robert: At the Crest of the Tidal Wave, Georgia, 1995

Remer C. F.: Foreign Investments in China, New York, 1933

Riesman, David: The Lonely Crowd, New Haven, 1950

Roll, Erich: A History Of Economic Thought, London, 1938

Rogers, James, E.: The Economic Interpretation of History, London, 1895

Röpke, Wilhelm: Crises and Cycles, London, 1936

Röpke, Wilhelm: Jenseits von Angebot und Nachfrage, Zürich, 1966

Rosenberg, Nathan; Birdzell, L. E. Jr.: How the West Grew Rich, New York, 1986

Rothbard, Murray: The Panic of 1819, New York, 1962

Salvatore, Dominick: World Population Trends And Their Impact On Economic Development, New York, 1988

Say, Jean-Baptiste: Cours Complet D'Economie Politique, Bruxelles, 1844

Schumpeter, Joseph: The Analysis of Economic Change, The Review of Economic Statistics, Vol. 17, No. 4, May 1935

Schumpeter, Joseph: Business Cycles, Philadelphia, 1939

Schumpeter, Joseph: Capitalism, Socialism, and Democracy, New York, 1942

Schumpeter, Joseph: History of Economic Analysis, London, 1954

Seligman, Edwin: The Economic Interpretation of History, New York, 1924

Shilling, Gary, A.: Deflation, New Jersey, 1998

Singer, Charles; Hall, A. R.; Williams, Trevor: A History of Technology (5 volumes), Oxford, 1954–8

Slater, F. R.: Sir Thomas Gresham, London, 1925

Smith, Walter; Cole, Arthur: Fluctuations in American Business, 1790-1860, Cambridge, 1935

Sobel, Robert: The Big Board, New York, 1965

Sobel, Robert: Panic On Wall Street, New York 1968

Sombart, W.: Der Moderne Kapitalismus, Leipzig, 1928

Speck, E.: Handelsgeschichte des Altertums, Leipzig, 1906

Temple, Robert: The Genius of China, New York, 1986

Temple, William: Observations upon the Provinces of the United Netherlands, 1720 (reprinted Cambridge, 1932)

Thompson, Robert L.: Wiring A Continent, Princeton, 1947

Thornton, Henry: An Inquiry into The Nature and Effects of The Paper Credit of Great Britain, London, 1802

Timoshenko, V.P.: World Agriculture and the Depression, Michigan Business Studies, Vol. V, No. 5, 1953

Tinbergen, Jan: The Dynamics of Business Cycles, London, 1950

Tooke, Thomas: Thoughts and Details on the High And Low Prices of The Last Thirty Years, London, 1823

Tooke, Thomas: A History of Prices, London, 1838

Toynbee, Arnold J.: A Study of History, London 1947, Toynbee 0 (beachten Sie besonders das Kapitel „The Comparability of Societies")

Tracy, (Comte) Destutt: Traite D'Economie Politique, Paris, 1825

Trollope, Anthony: The Way We Live Now, New York, 1996

Tugan-Baranowsky, Michael: Studien zur Theorie und Geschichte der Handelskrisen in England, Jena, 1901

Underwood Faulkner, Harold: American Economic History, New York, 1935
US Department of Commerce and Labour: A Centur of Population Growth, Washington, 1909
Veblen, Thorstein: The Theory of the Leisure Class, New York, 1899
Veblen, Thorstein: The Theory of Business Enterprises, New York, 1904
Veblen, Thorstein: The Higher Learning In America, New York, 1918
Von Wieser, Friedrich: Das Gesetz der Macht, Wien, 1926
Weber, Max: Wirtschaftsgeschichte, Leipzig, 1923
Weber, Max: Protestant Ethic and the Spirit of Capitalism, New York, 1930
Wicksell, Knut: Interest and Prices, London, 1936
Wigmore, Barrie A.: The Crash and Its Aftermath, Westport, 1985
Wise, Murray: Investing in Farmland, Chicago, 1989
Wirth, Max: Geschichte der Handelskrisen, Frankfurt, 1874
Zahorchack, Michael, (ed.): Climate, The Key to Understanding Business Cycles, New Jersey, Tide Press, 1980

Register

A

Abu Dhabi 282
Abwertung 95, 174, 232, 235, 304, 317, 319, 321, 323, 352
Acapulco 272, 275
Acer 348
achämenidische Reich 257
Aden 266, 275
Afrika 64, 160, 260, 275
Ägypten 255, 257, 258, 260, 262, 263, 265, 275
AIG 130
Akbar 285
Aktien 15, 22, 23, 31, 33, 35, 37, 38, 39, 40, 42, 46, 47, 54, 58, 63, 64, 67, 84, 85, 88, 90, 92, 93, 95, 97, 98, 99, 101, 102, 103, 104, 105, 106, 107, 108, 110, 111, 112, 129, 146, 148, 149, 150, 158, 159, 164, 167, 169, 170, 171, 172, 173, 176, 178, 182, 184, 186, 187, 188, 189, 190, 192, 194, 195, 196, 197, 198, 200, 202, 203, 205, 208, 209, 213, 215, 217, 219, 221, 224, 225, 228, 234, 237, 238, 240, 241, 243, 244, 245, 246, 249, 250, 251, 252, 255, 293, 294, 295, 296, 297, 298, 299, 300, 302, 304, 306, 313, 325, 328, 330, 343, 366

Alexander der Große 257
Alexandria 255, 258, 262, 266, 275, 276, 277, 282
Algier 275
Al-Mansur 261
Almoravid 255
Alpen 263, 266
Amalfi 61, 263, 282
Amax 186
Amerika 19, 26, 32, 60, 70, 71, 72, 75, 78, 82, 83, 87, 124, 146, 147, 148, 166, 170, 192, 260, 265, 267, 282, 286, 288, 292, 316, 322, 353, 357, 358
Amoy 271, 275
Amsterdam 61, 67, 267, 268, 270, 277
Anaconda 186
Andalusien 261
Andaman Sea 336
Angkor 66, 283
Angola 62
Anleihen 15, 23, 39, 40, 43, 44, 46, 47, 58, 83, 84, 92, 99, 105, 137, 146, 164, 167, 171, 193, 202, 210, 217, 219, 225, 227, 228, 240, 251, 304, 323, 327, 343
Antwerpen 61, 264, 266, 267, 275, 277, 282, 322
Araber 261
Arabien 260

377

Argentinien 52, 82, 96, 98, 106, 107, 112, 170, 234, 238, 251, 314, 329, 330
Arkansas 295
Ashurbanipal 257
Asian Wall Street Journal 208, 218
Asiatische Entwicklungsbank 225
Asien 7, 12, 13, 19, 20, 23, 25, 29, 35, 37, 50, 51, 53, 61, 69, 70, 96, 107, 151, 153, 157, 159, 160, 190, 201, 205, 207, 208, 209, 210, 211, 212, 213, 214, 215, 216, 217, 219, 220, 222, 224, 225, 227, 229, 231, 232, 234, 235, 244, 245, 255, 263, 265, 266, 268, 270, 271, 272, 275, 278, 286, 288, 309, 322, 331, 333, 335, 336, 337, 339, 341, 342, 343, 344, 346, 348, 350, 351, 352, 361
Asien-Krise 20, 49, 51, 55, 69, 77, 108, 115, 213, 218, 221, 223, 226, 228, 233, 238, 337, 349
Assyrien 257
Astra 229
Atahuallpa 60
Athen 275
Atlas 238
Augsburg 265
Augustus 17, 318, 319, 321, 325
Australien 73, 170, 195, 213, 271, 280, 299, 304, 337
Autos 63, 124, 229, 243, 352, 363, 364
Avon 63
Ayala 238
Azteken 18, 64

B

Babylon 256, 257, 275, 282, 283, 318
Bache & Co 208
Bactria 255, 275
Baghdad 16, 261, 265
Bahia 275, 325
Balearen 262
Balkan 262, 265
Baltimore 253
Bangalore 50, 91, 287
Bangkok 49, 213, 272
Bangladesh 20, 352
Bankwesen 264
Bank Credit Analyst 9, 50, 152

Banque Royale 295, 296, 297, 303, 304, 313
Bantam 269
Barcelona 275
Bärenmarkt 29, 53, 55, 58, 90, 150, 159, 162, 164, 176, 197, 307, 309
Baring-Krise 82, 227
Baring Securities 69
Batavia 268, 270, 275, 282
Baumwolle 57, 72, 73, 74, 76, 80, 157, 269, 307, 314, 327, 342
Beardstown Ladies 193, 198
Belgien 188
Bengal 270
Benguet 238
Berber 255, 261, 262
Bergen 264
Berkshire Hathaway 130
Berlin 81, 83, 84, 257, 271
Bern 306
Biotech 194
Birmingham 287
Blanqui 265, 268
Bloomberg 101
Blue Chips 207
Boeing 160
Bolivien 60, 272
Bolschewiken 140
Bonds 47, 194, 226
Boom 29, 61, 75, 77, 92, 95, 97, 99, 101, 102, 103, 104, 106, 107, 119, 121, 122, 124, 125, 126, 142, 146, 147, 148, 152, 158, 165, 173, 178, 180, 187, 188, 189, 190, 199, 200, 209, 212, 222, 225, 226, 228, 268, 293, 306, 364, 366
Bordeaux 264, 275
Boston 201, 275, 326
Brasilien 52, 98, 160, 201, 234, 238, 251, 314, 330
Bremen 275
Bridgewater Associates 9, 47, 51
Brie 263
Broker 96, 99, 105, 106, 171, 208, 217, 220
Brügge 264, 266, 275, 282
Bubble 62, 110, 170, 174, 176, 187, 191, 196, 199, 205, 291, 293, 301, 306, 314
Budapest 257
Buddhismus 66

Buenos Aires 49, 239
Buffalo 74, 85, 253
Bukhara 275
Bullenmarkt 22, 32, 33, 37, 40, 46, 91, 108, 158, 174, 177, 182, 184, 190, 307, 314, 325, 330
Bunker Ramo 64
Burma 65, 272, 333
Burroughs 63
Business Week 43, 197, 220
Byblos 257
Byzanz 260, 262, 263

C

Cadiz 61, 257, 275, 282
Calgary 100
Caligula 319
Canberra 282
Cape Town 275
Cartagena 275
Cebu 266
Ceylon 266, 268
Champagne 208, 263
Charles V 265
Chicago 75, 172, 253, 271, 321
Chile 330
China 12, 13, 18, 20, 25, 26, 50, 51, 52, 53, 61, 65, 71, 74, 82, 91, 98, 100, 112, 113, 119, 122, 155, 160, 178, 190, 208, 210, 211, 213, 218, 232, 235, 248, 251, 255, 258, 260, 262, 269, 270, 271, 272, 274, 275, 278, 279, 282, 286, 287, 292, 295, 316, 322, 333, 335, 336, 337, 338, 340, 341, 342, 343, 345, 346, 361, 363, 365, 366
Christentum 66, 260
Cincinnati 253
Cleveland 74, 253
CNBC 33, 101, 184, 185, 201, 367
CNN 101, 161, 184, 201
Coca-Cola 161, 347
Cochin 266
Commodore 198, 203
Computervision 203
Conoco 186
Cordoba 255, 261, 277, 282
Crassus 322

Credit Suisse 319
Ctesiphone 261
Cyprus Mines 186

D

Daewoo 348
Daimler 243
Dallas 100, 197, 228, 253, 276
Damme 264
Danzig 275
Datapoint 203
Deflation 29, 43, 44, 46, 54, 119, 122, 127, 145, 148, 167, 234, 251, 311, 312, 313, 314, 328, 366
Delhi 186, 272
Deng Xiaoping 98
Denver 100, 197, 327
Depression 60, 61, 71, 73, 75, 76, 77, 80, 83, 87, 99, 115, 117, 118, 119, 122, 124, 125, 126, 127, 130, 131, 132, 133, 134, 140, 142, 144, 146, 147, 148, 150, 151, 153, 156, 164, 167, 171, 174, 211, 224, 234, 238, 244, 302, 323
Detroit 74, 253
Deutschland 17, 71, 81, 91, 179, 188, 234, 240, 243, 245, 279, 280, 311, 314, 340, 342, 351, 352
Devisenbeschränkungen 186, 189
Dictaphone 64
Digital Equipment 64
Diocletian 322
Disney 63
Dome Petroleum 197, 198
Domitian 321
Donau 17, 262
Dow Jones 52, 63, 86, 87, 89, 90, 172, 174, 202, 203
Drexel Burnham Lambert 209

E

East India Company 61, 191, 199, 268, 269
Edelmetalle 42, 44
EF Hutton 208
Einzelhandel 63
Eisen 81, 83, 260
Eisenbahn 26, 84, 141, 170, 341

Elfenbeinküste 73
Elliott Wave 192, 312
Emerging Markets 7, 13, 35, 41, 50, 52, 53, 57, 58, 69, 71, 74, 84, 89, 93, 108, 111, 112, 113, 159, 165, 173, 182, 189, 194, 252, 310, 348
England 62, 64, 76, 85, 138, 139, 265, 268, 269, 271, 298, 300, 302, 306, 357, 358
Entdeckungsreisen 252, 254, 275, 288, 292, 365
Enteignung 243, 297, 319
Erie-Kanal 74
Euphrat 256, 275
Europa 18, 21, 49, 50, 55, 57, 70, 71, 73, 76, 77, 79, 81, 83, 84, 87, 147, 153, 157, 158, 165, 188, 211, 213, 226, 264, 269, 270, 273, 274, 296, 302, 306, 313, 322, 342, 353, 356, 357, 358, 360
Exporte 20, 50, 80, 97, 98, 210, 211, 217, 218, 230, 231, 232, 233, 235, 335, 337, 342, 343

F

Fannie Mae 47
Federal Open Market Committee (FOMC) 313
Federal Reserve Board 43, 128, 148, 307
Ferdinand III 261
Fez 262
Flandern 264
Florenz 61, 263
Florida 172
Fondsmanager 95, 185, 187, 210, 218
Fortune 247
François I 265
Frankreich 17, 70, 79, 138, 139, 188, 263, 265, 270, 280, 294, 296, 302, 303, 307, 311, 316, 318, 352
Französische Revolution 155
Freie Märkte 335
Fugger 267
Fuzhou 271, 275

G

Gades 257, 275
Geldangebot 190, 296, 298, 299, 301, 304, 314, 318, 319, 326
Geldfluss 217
Geldpolitik 45, 101, 128, 150, 162, 178, 215, 251, 302, 313, 327, 328, 330, 366, 367
General Electric 130
Genf 282
Genseric 260
Genua 61, 263, 264, 267, 275, 277, 282, 322
Getreide 53, 74, 264, 314, 327, 338
Getty Oil 186
Gewürze 260, 264, 268, 269
Gillette 347
Glücksspiel 66, 294
Globalisierung 77, 170, 362
Goa 266, 268, 275, 282
Gold 7, 13, 23, 35, 41, 42, 54, 57, 58, 60, 61, 69, 72, 76, 80, 103, 145, 146, 171, 172, 178, 182, 185, 190, 194, 197, 198, 200, 204, 209, 234, 237, 240, 249, 260, 273, 291, 294, 297, 298, 303, 310, 312, 313, 314, 318, 319, 321, 322, 330, 367
Golf von Suez 258
Griechen 27, 280
Großbritannien 79, 164, 327, 338, 351
Große Depression 148, 151, 162
Guam 272
Guangzhou 269, 274
Gummi 57, 160, 233, 292, 359

H

Hadrian 258, 322
Haier 348
Haiti 62
Halliburton 197
Hamburg 116, 275, 306, 357
Hangzhou 273, 274, 275, 282
Hang Seng Index 172
Harvard Economic Society 150
Havanna 257, 275
Hedge Funds 225, 226, 227
Henri IV 265
Henry VIII 265

High-Tech 15, 193, 194, 195, 198, 293
Hinduismus 66
HM Sampoerna 234
Holland 188, 240, 270, 271, 303, 306
Hollywood 161
Homer 9, 317, 318, 325
Hong Kong 13, 18, 19, 25, 27, 35, 50, 75, 85, 103, 104, 105, 107, 108, 172, 176, 178, 207, 208, 209, 210, 211, 218, 238, 251, 254, 271, 272, 277, 280, 282, 285, 286, 287, 336, 340, 345, 346, 365
Hotels 95, 99, 102, 104, 106, 213, 225, 232
Houston 100, 228, 253, 276
Ho Chi Minh 26, 50, 257, 288
Hugenotten 267, 278, 285
Hunnen 280, 285
Hyperinflation 29, 60, 99, 186, 197, 211, 224, 234, 237, 238, 240, 243, 245, 246, 248, 251, 260, 311, 312
Hyundai 348

I

IBM 63
Illinois 75, 295
Illinois River 75
IMF 186
Immobilien 33, 42, 44, 46, 47, 50, 58, 62, 64, 75, 76, 83, 92, 95, 97, 101, 102, 103, 106, 130, 153, 159, 166, 167, 172, 178, 185, 186, 188, 194, 211, 213, 225, 233, 234, 237, 240, 245, 252, 297, 304, 306, 313, 325
Indexierung 10, 40
Indien 18, 25, 26, 35, 52, 61, 71, 82, 112, 113, 160, 258, 260, 265, 266, 269, 272, 287, 325, 333, 343, 345, 352, 356, 358, 359, 365, 366
Indonesien 35, 52, 53, 97, 98, 103, 106, 112, 208, 209, 215, 218, 228, 235, 251, 266, 314, 322, 335, 337, 347, 352, 353
Industrielle Revolution 26, 60, 81, 142, 357, 358, 360
Inflation 7, 22, 29, 32, 43, 44, 46, 54, 87, 89, 95, 99, 101, 103, 126, 146, 148, 156, 164, 170, 171, 174, 178, 185, 213, 237, 238, 239, 240, 244, 246, 250, 251, 284, 297, 298, 311, 312, 313, 314, 317, 318,

319, 321, 323, 325, 326, 328, 329, 330, 366
Infosys 348
Infrastruktur 52, 113, 210, 233, 246, 254, 276, 277, 279, 281, 347, 360
Innovation 67, 91, 141, 142, 281, 343, 344
International Herald Tribune 315
Investmentthemen 7, 13, 28, 31, 33, 34, 35, 37, 39, 40, 42, 53, 57, 209
Iowa 295
Irak 16, 17, 256, 261
Iran 17, 100, 197
Islam 66, 261, 262, 280
Isolation 25, 26, 288
Issei Miyaki 348
Istanbul 263, 276
Italien 188, 321

J

Jakarta 49, 208
James Capel 208
Japan 12, 19, 20, 23, 25, 39, 40, 44, 50, 55, 57, 67, 84, 96, 100, 103, 120, 126, 153, 157, 158, 159, 162, 174, 176, 182, 187, 195, 197, 198, 204, 205, 208, 209, 211, 212, 215, 219, 222, 231, 246, 255, 266, 269, 271, 272, 278, 279, 286, 304, 328, 336, 337, 340, 342, 351, 352, 360, 365, 367
Jasdaq 188
Java 269, 270, 271
Jay Cooke & Co 83
Jerusalem 257, 262
Jones Lang Wootton 221
Judentum 66
Jugoslawien 155

K

K-Mart 63
Kaffa 18, 264, 275
Kaffee 52, 57, 160, 233, 269, 309, 314, 337, 338
Kaifeng 273
Kairo 63, 276
Kakao 73, 160, 233
Kalifen 261
Kalifornien 72, 77, 80, 145, 170, 172, 275
Kalkutta 269, 270, 271

381

Kambodscha 25, 333
Kanal 74, 75, 84, 86, 142, 158, 170, 194, 258
Kanton 269, 270, 271, 306, 355
Kapitalismus 53, 58, 61, 62, 89, 140, 151, 158, 185, 219, 246, 269, 279, 291, 335, 347, 348, 354
Karibik 275
Karthago 255, 257, 275, 283
Kashgar 255, 262, 275
Kaufkraft 20, 105, 118, 119, 120, 153, 160, 356, 359, 362
Kennecott 186
Kennedy, Paul 316
Khotan 255, 275
Kia Motors 348
Kleinasien 262, 265
Köln 265
Kondratieff-Wellen 134, 151, 228
Konkurs 62, 64, 87
Konstantin 260, 322, 325
Konstantinopel 255, 260, 262, 263, 264, 275, 276, 281, 282, 325, 355
Konsum 13, 22, 46, 97, 105, 118, 120, 209, 212, 231, 244, 327, 339, 362
Konsumgüter 119, 121, 122, 154, 217
Kontraktion 107, 122, 145, 153, 163
Korea 272
Koreakrieg 155
Korsika 16, 262
Kosdaq 188
Kowloon 271
Krösus 257
Kredit 11, 75, 125, 172, 294, 296, 300, 312, 325
Kreditexpansion 31, 44, 99, 101, 121, 124, 126, 127, 130, 161, 224
Kreta 264
Kreuzzüge 169, 180, 262
Krieg 15, 16, 17, 61, 65, 67, 79, 117, 146, 149, 155, 164, 171, 182, 237, 256, 259, 268, 272, 280, 281, 282, 283, 321, 336
Krim 79, 264
Krim-Krieg 155
Kuala Lumpur 49
Kuba 113
Kublai Khan 273, 285
Kunst 42, 59, 65, 103, 207, 304
Kunst als Investment 65
Kupfer 55, 209, 267, 319, 337, 338

L

Lancashire 287, 323
Lancaster 287
Landwirtschaft 65, 115, 116, 117, 118, 139, 151, 153, 156, 157, 159, 160, 161, 165, 210, 246, 256, 257, 268, 276, 286, 322, 357, 358, 363
Laos 25, 333
Lateinamerika 50, 51, 70, 82, 87, 96, 100, 103, 105, 107, 108, 115, 124, 151, 153, 156, 190, 210, 213, 216, 224, 225, 234, 238, 245, 275, 312, 314, 328, 339, 361
Legend 348
Lemnos 264
Levitz Furniture 63
Limpiao 266
Liquidität 39, 41, 45, 50, 79, 80, 104, 186, 210, 213, 226, 243, 283, 306, 307, 310, 325
Lissabon 61, 67, 266, 268, 275, 277
Li Peng 346
Lombard Street Research 152
London 61, 67, 80, 82, 83, 84, 100, 117, 122, 123, 125, 128, 131, 145, 146, 148, 164, 220, 261, 264, 267, 270, 271, 277, 282, 286, 302, 303, 306, 327, 355
Los Angeles 253
Louisiana 294
Luanda 275
Lübeck 264, 275
Luftfahrt 63

M

Macau 266
Madinat al-Salaam 261
Malacca 266, 268, 270, 271, 275, 276
Malaysia 35, 52, 97, 105, 106, 108, 209, 218, 228, 235, 251, 254, 314, 335, 337
Manaus 284, 325
Manchester 287
Manien 7, 12, 169, 170, 173, 174, 176, 177, 198, 199, 204, 226, 301
Manila 49, 208, 266, 272
Manlichs 265
Marathon Oil 186
Marco Polo 273

Marrakesch 262
Marseilles 275
Mathura 275
Medien 19, 32, 35, 180, 189, 195, 196, 201, 203, 219
Medina 261
Megawati Sukarnoputri 347
Memorex 64
Memphis 276
Merck 130
Merrill Lynch 208
Merv 275
Mesopotamien 256, 261
Mexiko 98, 160, 174, 201, 210, 216, 223, 224, 234, 235, 276, 312, 322, 328, 329, 330
Micron Technology 203
Militärmacht 272, 281, 335
Minderverbrauch 117, 118, 119, 153, 362
Minenwerte 38, 41, 57, 67
Minnesota 295
Mississippi 75, 188, 191, 291, 293, 294, 295, 296, 297, 298, 302, 303, 306
Mississippi Company 191, 291, 294, 295, 296, 297, 298, 303, 306
Missouri 295
Mithradates III 322
Mittelmeerraum 26
Mittlerer Osten 98
MIT System Dynamics Group 152
Mohawk Data 64
Molinos 239
Mombasa 275
Monaco 282
Mongolei 113, 337
Mongolen 18, 273, 274, 280, 285
Montesquieu 265
Montreal 275
Morgan Stanley 69, 83
Mosambique 266
Moskau 27, 50, 250, 257

N

Nabopolassar 257
NAFTA 217, 235
Nagasaki 266, 268, 275
Nasdaq 32, 34, 37, 40, 42, 46, 57, 170, 173, 195, 196, 202, 203, 234, 309

Nationalismus 99, 217, 281
NCR 64
Negraponte 264
Nero 319
Neuseeland 73, 280, 337
Newport 275
New Amsterdam 62
New Economy 34, 82, 103
New Orleans 85, 253, 275
New York 19, 28, 62, 74, 80, 83, 84, 87, 98, 118, 119, 142, 144, 147, 149, 183, 196, 214, 261, 267, 271, 275, 279, 282, 287, 316, 355, 359
Nike 347
Nikkei 195, 215
Nil 258, 275
Nineveh 283
Ningbo 266, 271, 274, 276
Nordkorea 25, 113, 240, 333
Normandie 264
Novgorod 264
Nürnberg 265

O

Oak Industries 203
Odessa 275
Oktober-Crash 45
Öl 17, 35, 52, 57, 67, 73, 103, 158, 174, 186, 187, 194, 197, 198, 209, 223, 228, 251, 256, 276, 292, 336, 337, 338
OPEC 54, 197
Opium 160, 269, 270, 271
Orient 265, 266, 286
Ormuz 266, 275
Österreich 81, 82, 188
Österreichische Schule der Volkswirtschaftslehre 367
Osteuropa 50, 51, 65, 98, 157, 213, 218, 248
Ouro Preto 325

P

Pagan 283, 316
Pakistan 336
Palästina 263, 264, 265
Palmöl 53, 233, 337

383

Paris 80, 82, 83, 121, 171, 188, 265, 272, 282, 295, 303, 306, 355
Parvus 135
Pataliputra 275
Pax Americana 17, 316, 319, 325
Pax Romana 17, 319
Peking 50, 167, 194, 273, 282, 287, 336, 346, 355
Permsky Motors 250
Persepolis 257
Persien 260, 262, 316
Peru 62, 98, 112, 238, 239, 330
Petra 259, 275
Pfizer 130
Philadelphia 74
Philex 238
Philip 265, 267, 293, 316, 322
Philip II 265, 267, 316, 322
Philip V 293
Phönizier 257, 280
Picardo 239
Pisa 263
Pittsburgh 253
Plantagen 57, 62, 72, 293, 342
PLDT 238
Pleite 62, 74, 76, 84, 86, 87, 92, 105, 110, 146, 162, 182, 220, 228, 283, 303
Polaroid 63
Portugal 267, 322, 325, 351, 358
Posco 348
Potosi 60, 272, 276, 284, 322
Prag 257
Preiskontrollen 64
Preuflen 81
Procter & Gamble 347
Produktion 19, 21, 60, 85, 98, 117, 118, 121, 122, 125, 126, 127, 135, 138, 139, 157, 163, 165, 212, 230, 233, 235, 244, 249, 252, 256, 286, 303, 322, 340, 341, 342, 343, 348, 352, 354, 359, 364, 366
Propaganda 183, 184
Prostitution 66
Psychologie 11, 29, 43, 107, 145

Q

Quebec 275
Quito 325

R

Radio 63, 91, 292
Rangoon 272
Red Bull 348
Reflation 126
Reis 337
Reliance Industries 348
Religion 66, 346
Rentenmark 243
Rezession 15, 52, 83, 84, 87, 126, 131, 140, 142, 147, 148, 150, 153, 156, 162, 163, 171, 174, 182, 210, 211, 213, 215, 223, 228, 231, 307, 310, 327, 328, 329, 366
Rhodos 264, 275
Riga 275
Rio de Janeiro 275
Rohstoffe 12, 13, 22, 33, 42, 44, 53, 54, 58, 74, 96, 139, 141, 154, 157, 158, 159, 160, 161, 165, 166, 233, 256, 269, 297, 304, 309, 310, 314, 327, 337, 366
Rom 18, 259, 260, 262, 277, 281, 282, 283, 284, 316, 318, 319, 323, 325
Römer 17, 27, 258, 280, 318, 360
Rotes Meer 258
Royal African Company 199
Russland 41, 50, 52, 65, 79, 82, 87, 98, 99, 100, 112, 155, 157, 165, 221, 225, 231, 234, 240, 245, 246, 247, 248, 249, 250, 251, 272, 278, 314, 336, 338

S

S&P 500 38, 40, 42, 43, 64
Sacramento 77
Salem 275
Salomon Brothers 44
Sammlerstücke 42, 46, 159, 171
Samsung 348
Sansibar 275
Santa Fe International 186
San Diego 326
San Francisco 47, 253, 326
San Miguel 238
Sardinien 262
Schifffahrt 320, 346
Schlumberger 197

Schuhe 52, 212
Schulden 45, 75, 103, 120, 128, 130, 133, 145, 146, 147, 161, 187, 211, 220, 230, 239, 297, 298, 312
Schweiz 91, 278, 280, 340, 352
Seide 260, 268, 269, 273
Seidenstraße 255, 258, 262, 266
Semitismus 258
Sennacherib 257
Seoul 27, 94, 208
Serbien 358
Severus 322
Sevilla 267, 275
Shairp, David 9, 219
Shanghai 19, 26, 27, 50, 91, 167, 257, 271, 272, 274, 275, 279, 286, 287, 288, 355
Shapur I 259, 322
Shiseido 348
Shu Uemura 348
Sidon 255, 257, 275
Silber 54, 57, 58, 60, 103, 171, 178, 182, 185, 197, 198, 209, 237, 260, 267, 269, 270, 272, 294, 297, 307, 313, 314, 319, 322
Silicon Valley 47, 85, 91, 287
Singapur 25, 27, 91, 98, 103, 106, 208, 210, 218, 254, 270, 271, 272, 276, 277, 280, 282, 347, 348, 351
Slawen 262
Software 52, 345
Sogdiana 262
South Sea Company 62, 172, 173, 191, 291, 293, 294, 298, 299, 300, 301, 302, 303, 306
Sowjetunion 61, 70, 85, 113, 246, 255, 288, 335, 336, 361, 365
Sozialismus 26, 50, 180
Spanien 60, 61, 260, 261, 265, 266, 267, 272, 284, 285, 316, 318, 322, 323, 325
Spekulation 11, 80, 83, 101, 110, 111, 149, 159, 172, 174, 178, 186, 187, 188, 189, 194, 195, 205, 301, 304
Sperry Rand 64
Sri Lanka 52, 214
St. Lawrence River 74
St. Louis 75
St. Petersburg 257
Stahl 20, 52, 63, 91
Standard Oil 186

Starbucks 161, 347
Steuern 18, 148, 333, 334, 345, 347
Strafle von Taiwan 346
Strategen 9, 12, 19, 32, 34, 39, 51, 154, 210, 218, 238
Südafrika 52, 97
Südamerika 147, 218, 275, 278, 293
Südkorea 19, 25, 35, 67, 91, 96, 208, 209, 210, 211, 214, 228, 254, 286, 287, 337, 340, 347, 351
Suharto 347
Sukarno 347
Suleiman 265, 281
Superior Oil 186
Surat 275
Susa 257
Syrien 260, 261, 262, 265

T

Taipei 27, 208
Taiwan 19, 25, 35, 67, 91, 103, 176, 194, 208, 210, 211, 215, 254, 272, 286, 287, 336, 337, 340, 345, 346, 347, 351
Tangier 275
Tarik 261
Telefon 208
Templeton 69
Texas 91, 174, 197, 228, 286
Texila 275
Textilien 52, 217, 235, 260, 264, 359
Thailand 35, 52, 53, 96, 97, 98, 103, 105, 106, 210, 211, 218, 221, 228, 235, 251, 314, 337
Theben 257, 276
Tianjin 276
Tiberius 318
TMT 35
Tokkin Funds 192
Tokyo 195, 355
Toledo 261
Tourismus 19, 65, 95, 97, 103, 212
Trajan 321, 322
Transportwesen 254, 365
Tripolis 275
TSMC 348
Tunis 275
Turfan 255, 275
Türkei 79

Türken 260, 262, 265, 281, 323
Tyre 257, 258, 275
Tyrus 255

U

Überalterung 64, 66, 176
Überexpansion 125, 130, 224
Überinvestition 117, 121, 124, 126, 130, 162, 225
Überinvestitionstheorie 130, 162
Überproduktion 74, 153
Uganda 285
Ulan Bator 26, 288
UMC 348
Ungarn 265
Unilever 347
University Computing 64
Unterhaltung 52
Unternehmensvorstände 33, 101, 103
UPS 130
Uralmash 250
Urbanisation 26, 354
Urban II 264
Usbekistan 262
US Treasury 186, 210

V

Valerian 259, 322
Vandalen 260
Venedig 61, 67, 262, 263, 264, 265, 266, 267, 275, 277, 281, 282, 284
Venezuela 112
Vermögensklassen 12, 13, 33, 38, 41, 43, 44, 46, 53, 92, 95, 97, 185, 234, 304
Vertrag von Breda 62
Vickers da Costa 69, 208
Vietnam 16, 18, 25, 52, 61, 65, 113, 119, 213, 248, 251, 255, 272, 314, 325, 333, 337, 339, 361, 366
Volkswirtschaft 20, 52, 53, 57, 71, 84, 85, 87, 91, 95, 96, 171, 226, 229, 231, 250, 336, 342, 347, 348
Volkswirtschaftler 84, 119, 123, 132, 135, 148, 158, 228
Voltaire 28

W

Wal-Mart 38
Wall Street 33, 170, 189, 197, 198, 316, 364
Wall Street Journal 316, 364
Wang 203
Washington 16, 183
Weimarer Republik 314
Weizen 57, 157, 166, 267, 307, 357, 359
Weltbank 225
Weltwirtschaft 7, 11, 15, 21, 26, 28, 29, 43, 52, 55, 58, 91, 108, 115, 119, 135, 153, 154, 155, 157, 161, 163, 220, 223, 251, 254, 266, 288, 293, 307, 309, 310, 327, 354, 361, 362, 364, 366, 367
Wenzhou 274
Wertpapiere 80, 87, 158, 209, 217
Westeuropa 122, 135, 211, 260, 270, 316, 318, 322, 344, 351, 355, 357, 360
Wettbewerb 18, 19, 27, 63, 64, 66, 87, 89, 154, 178, 210, 211, 233, 266, 283, 284, 300, 333, 341, 347
White Weld 38, 208
Wien 9, 81, 83, 84, 185
Wipro 348
Wirtschaftsgeographie 61, 253, 286, 287
Wisconsin 295
Wohlstand 45, 60, 62, 65, 66, 69, 71, 72, 73, 76, 97, 104, 110, 112, 116, 127, 131, 142, 157, 161, 170, 180, 212, 233, 237, 256, 257, 262, 263, 264, 267, 275, 278, 279, 280, 281, 283, 284, 292, 306, 316, 321, 322, 323, 341, 360, 364, 365
WTO 154

X

Xerox 63, 284
Xianmen 275

Y

Yamamoto 348

Z

Zentralasien 266, 339
Zentralbanken 31, 41, 115, 127, 178, 201, 210, 251, 296, 302, 310, 317, 349, 366, 367
Zhang Zemin 345
Zimbabwe 243
Zinssätze 22, 44, 46, 47, 76, 99, 101, 104, 106, 124, 125, 128, 130, 137, 148, 149, 151, 158, 162, 164, 165, 178, 185, 189, 201, 202, 216, 221, 225, 262, 296, 314, 317, 318, 321, 323, 325, 366
Zucker 57, 307, 314
Zyklen 11, 12, 28, 70, 71, 91, 92, 113, 116, 132, 135, 137, 138, 139, 140, 151, 156, 161, 283
Zypern 264

Notizen

Notizen

Notizen

Notizen

Notizen

DIE FONTÄNE DES WOHLSTANDS

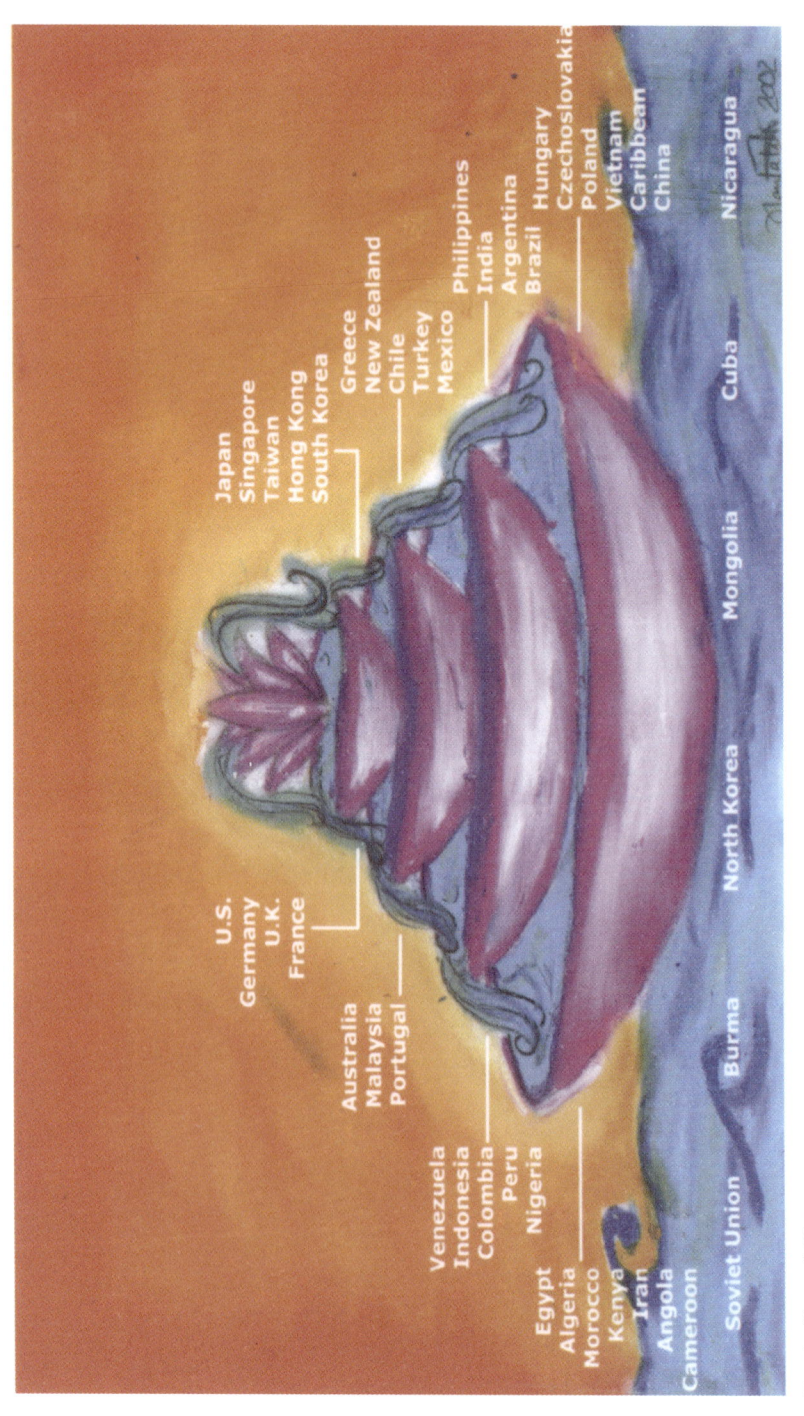

U.S.
Germany
U.K.
France

Japan
Singapore
Taiwan
Hong Kong
South Korea

Greece
New Zealand
Chile
Turkey
Mexico

Philippines
India
Argentina
Brazil

Hungary
Czechoslovakia
Poland
Vietnam
Caribbean
China

Australia
Malaysia
Portugal

Venezuela
Indonesia
Colombia
Peru
Nigeria

Egypt
Algeria
Morocco
Kenya
Iran
Angola
Cameroon

Soviet Union

Burma

North Korea

Mongolia

Cuba

Nicaragua

Illustration: Nantamada Faber